BERND SCHÜTZE

Aufgabe und rechtliche Stellung der Landschaftsplanung im räumlichen Planungssystem

Schriften zum Umweltrecht

Herausgegeben von Prof. Dr. Michael Kloepfer, Berlin

Band 45

Aufgabe und rechtliche Stellung der Landschaftsplanung im räumlichen Planungssystem

Vergleichende rechts- und verwaltungswissenschaftliche Studie zur Aufgabe und Leistungsfähigkeit der Landschaftsplanung in den Flächenländern

Von

Bernd Schütze

Duncker & Humblot · Berlin

Die Deutsche Bibliothek – CIP-Einheitsaufnahme

Schütze, Bernd:
Aufgabe und rechtliche Stellung der Landschaftsplanung im räumlichen Planungssystem : vergleichende rechts- und verwaltungswissenschaftliche Studie zur Aufgabe und Leistungsfähigkeit der Landschaftsplanung in den Flächenländern / von Bernd Schütze. –
Berlin : Duncker und Humblot, 1994
(Schriften zum Umweltrecht ; Bd. 45)
Zugl.: Freiburg (Breisgau), Univ., Diss., 1989
ISBN 3-428-08146-3
NE: GT

Fotoprint: Color-Druck Dorfi GmbH, Berlin
Printed in Germany

ISSN 0935-4247
ISBN 3-428-08146-3

Vorwort

In Zeiten von politischem Umbruch und wirtschaftlicher Rezession haben Fragen des Natur- und Umweltschutzes selten große Konjunktur. Daß auch jetzt nichts anderes gilt, zeigte jüngst einmal mehr das Scheitern der geplanten Novellierung des Bundesnaturschutzgesetzes. Indes hat nicht nur die Legislative naturschutzpolitisch zurückgeschaltet. Auch in Planungspraxis und -wissenschaft ist die Aufbruchsstimmung früherer Jahre eher melancholischen Tönen gewichen: Angesichts des weiter unaufhaltsamen Artenrückgangs und des ungebremsten Flächenverbrauchs zieht dort Ernüchterung ein. Diese Skepsis macht auch vor der Bewertung der Landschaftsplanung, neben der Eingriffsregelung einer der großen Neuerungen der Kodifikation des Bundesnaturschutzgesetzes von 1976, nicht halt. Im Gegenteil: Als der Rat von Sachverständigen für Umweltfragen in seinem Umweltgutachten 1987 von der Landschaftsplanung als einem möglicherweise bereits gescheiterten Vorhaben sprach, regte sich in fachlicher wie juristischer Literatur kaum Widerspruch; eher scheint es, als hätte der Rat einem verbreiteten Unbehagen seine Stimme geliehen.

Dieser Einschätzung möchte die vorliegende Arbeit entgegentreten. Auf der Basis einer vor allem verwaltungswissenschaftlichen Analyse des Rechts der Landschaftsplanung mit ihren Beziehungen zu den verteilenden, naturschützenden und eingreifenden Instrumenten des Planungsrechts wirbt sie für ein realistisches und von den Planungsträgern auch erfüllbares Aufgabenverständnis und plädiert dafür, nicht jeden Eingriff in Natur und Landschaft und jeden Artenrückgang einem vermeintlichen Versagen des Instrumentariums der Landschaftsplanung anzulasten. Dieses Anliegen leitet auch den Blick auf die exemplarisch herangezogenen unterschiedlichen landesrechtlichen Regelungen. Sie werden nicht als defizitäre Folge einer schwachen bundesrechtlichen Rahmenregelung wahrgenommen, sondern als je besondere *Chance* für unterschiedliche Teilbereiche des landschaftsplanerischen Aufgabenverständnisses verstanden und daraufhin befragt. Auch insoweit tritt die Arbeit für eine behutsamere Bewertung ein. Ihr erscheint ein positives Verständnis der landesrechtlichen Sonderwege angezeigt. Sie wertet die dort zu Tage getretenen unterschiedlichen Lösungen als zunächst notwendigen Schritt bei der Bewältigung der Herausforderung der Implementation eines zunächst noch in der Erprobungsphase befindlichen, völlig neuen, querschnittskoordinierenden Planungsinstrumentes in einer weitgehend verfestigten Planungslandschaft.

Die Arbeit wurde von der Juristischen Fakultät der Albert-Ludwigs-Universität Freiburg im Sommersemester 1989 als Dissertation angenommen und für die Veröffentlichung – unter Berücksichtigung der Entwicklung in den neuen Ländern – auf den Stand von Dezember 1993 gebracht.

Ohne ein anregendes, aufmunterndes, Rat gebendes, freundliches, zusammen also: stets hilfreiches Umfeld hätte auch diese Arbeit so nicht entstehen können. Zu nennen sind zunächst die Freunde und Kollegen aus dem rechtswissenschaftlichen Bereich: Georg Hermes, Renate Philipp, Frank Rottmann, Karsten Sach sowie Joachim Wieland und Nina Dethloff. Aus gemeinsamen Weihenstephaner Tagen zählen unter den Landschaftsplanern dazu: Meine liebe Frau und Gefährtin Edith Schütze, die nicht nur, aber eben auch fachlichen Rat gab, Ursula Engels-Pöllinger sowie Detlev Rossmann. Wichtige und freundliche Hilfestellung bei meinem Anliegen, die fachlichen Probleme und Fragen der Landschaftsplanung zu verstehen, vermittelten weiterhin: Herr Professor Dr. Wolfgang Haber, Herr Dr. Fritz Dume sowie Herr Arnd Winkelbrandt. Ihnen allen gilt mein herzlicher Dank ebenso wie den Kollegen am Verwaltungsgericht Freiburg, die zum Abschluß manches aufmunternde Wort gaben.

Besonderen Dank sage ich meinem geschätzten akademischen Lehrer, Herrn Professor Dr. Rainer Wahl, der diese Arbeit vielfältig gefördert, mir vor allem während meiner Tätigkeit an seinem Institut viele Impulse vermittelt, kreative Fragestellungen aufgezeigt und nicht zuletzt mit stets liebenswürdiger und freundlicher Haltung eine Arbeitsatmosphäre geschaffen hat, von der ich sehr profitiert habe und in der auch unter den Kollegen ein wechselseitig anregendes Klima wissenschaftlichen Arbeitens entstand. Anteil daran hatte auch die von Herrn Professor Dr. Dr. Dr. h.c. Ernst-Wolfgang Böckenförde, Richter des Bundesverfassungsgerichts, und Herrn Professor Dr. Wahl gemeinsam mit ihren Mitarbeitern abgehaltene regelmäßige Diskussionsrunde, die ebenfalls die wissenschaftliche Argumentation sehr beförderte. Für die Erstellung des Zweitgutachtens schließlich schulde ich Herrn Professor Dr. Thomas Würtenberger Dank.

Merzhausen, im April 1994 *Bernd Schütze*

Inhaltsverzeichnis

A. Einführung

I. Die Problemlage

1. Unsicherheiten im Status der Landschaftsplanung

Stets haben sich Standort und Entwicklung des Naturschutzes auch an Bestand und Verfassung seiner Instrumente ablesen lassen: Angefangen im Ausgang des 19. Jahrhunderts mit rechtlichen (Not)Behelfen und vielfach auf freiwilliger Basis[1], fand er im RNG[2] mit dem Instrumentarium des Flächenschutzes eine erste Konsolidierung[3], bis er heute, auf Grundlage des BNatSchG[4] mit seinem wesentlich erweiterten Zielkatalog[5], über eine Instrumententrias verfügen kann, die seinen Handlungsraum beträchtlich erweitert hat: die Schutzgebietsverfahren[6], die Eingriffsregelung[7] und die Landschaftsplanung[8]. Dabei hat die Einführung der Landschaftsplanung, zusammen mit der Eingriffsregelung im Gesetzgebungsverfahren als "die eigentliche Neuerung" im BNatSchG bezeichnet[9], im Umbruch und der Weiterentwicklung des Naturschutzes einen besonderen Markstein gebildet. Mit ihr wurde nämlich erstmals der Versuch unternommen, von dem nur punktuell und häufig genug nur reaktiv agierenden Handlungsmuster des Flächenschutzes zu einer prinzipiell flächendeckenden und vorausschauenden Naturschutzarbeit überzugehen: Landschaftsplanung soll Naturschutzbelange im gesamten Planbereich eines Landes,

---

[1] Zur Geschichte der frühen Naturschutzbemühungen und ihrer bescheidenen rechtlichen und organisatorischen Ausstattung vgl. die instruktiven Berichte von *Schnitzler*, *Moewes* und *Schoenichen* in: *Schoenichen* (Hrsg.), Wege zum Naturschutz, S. 9 ff., S. 28 ff. und S. 120 ff. Vgl. weiter *Weber*, in: Beiträge zum Recht der Wasserwirtschaft und zum Energierecht, Festschrift für Gieseke, S. 97 f.

[2] Vom 26. Juni 1935, RGBl. I S. 821.

[3] Dazu *Weber* (Fn. 1), S. 99 ff.

[4] In der Fassung vom 12. März 1987, BGBl. I S. 889; zuletzt geändert durch Gesetz vom 22.04.1993, BGBl. I S. 446.

[5] §§ 1 Abs. 1, 2 Abs. 1 BNatSchG.

[6] §§ 12 – 19 BNatSchG.

[7] §§ 8, 9 BNatSchG.

[8] §§ 5 – 7 BNatSchG.

[9] BT/Drs. 7/3879, S. 20.

einer Region oder einer Kommune zur Geltung bringen[10] und sie soll nicht nur die schon eingetretenen Landschaftsschäden katalogisieren und beseitigen helfen, sondern den beplanten Landschaften auch Entwicklungsperspektiven aufzeigen[11].

Damit ist auch das Naturschutzrecht merklich von der in den siebziger Jahren aufgekommenen Umweltdebatte und der in ihr verbreiteten Überzeugung geprägt, daß "Umweltschutz (auch/d. V.) durch planende Gestaltung"[12] sicher- und herzustellen sei: Umweltschutz kann sich nicht auf die punktuelle Bewältigung bereits entstandener Umweltprobleme durch Überwachung und nachträgliche Eingriffe beschränken[13]. Er muß auch planend und vorsorgend schon der Entstehung solcher Entwicklungen vorbeugen[14]. Wie aber auch manch anderes Instrument des planerischen und vorsorgenden Umweltschutzes noch immer kränkelt[15], steht es – mehr als fünfzehn Jahre nach Verabschiedung des BNatSchG – auch mit der Verfassung der Landschaftsplanung nicht zum Besten. Im Gegenteil: Während der Flächenschutz zwar langsam, aber immerhin stetig vorangetrieben wird[16] und die Eingriffsregelung allmählich Konturen erlangt und Wirkungen zeitigt[17], ist die Landschaftsplanung so schwach, daß mancher schon das Scheitern dieses Projekts drohen sieht[18].

---

[10] Vgl. §§ 5 Abs. 1, 6 Abs. 1 i. V. m. § 1 Abs. 1 BNatSchG. Eine zusätzliche Planungsebene für das Gebiet der Landkreise und kreisfreien Städte ist in Thüringen eingeführt, vgl. § 3 Abs. 2 Nr. 3 VorlThürNatG.

[11] Ebd.

[12] So der Titel des richtungsweisenden Aufsatzes von *Steiger* zu den drei Handlungsdimensionen im Umweltschutz, ZRP 1971, S. 133 ff.

[13] *Rehbinder*, RabelsZ 1976, S. 400; *Steiger* (Fn. 12), S. 134 f.

[14] *Steiger* (Fn. 12), S. 137 ff.; *Rehbinder* (Fn. 13), S. 400; *Breuer*, Der Staat 1981, S. 402; *Hoppe*, VVDStRL 38, S. 228 ff., insb. S. 235 u. S. 240 f.; *Klöpfer*, Umweltrecht, S. 101 ff.; Der Rat von Sachverständigen für Umweltfragen, Umweltgutachten 1978, BT/Drs. 8/1938, TZ. 14; Umweltprogramm der Bundesregierung 1971, BT/Drs. 6/2710, S. 8.

[15] Etwa die Luftreinhalteplanung nach § 47 BImSchG, vgl. *Erbguth/Schlarmann*, UPR 1982, S. 346 und *Schmidt-Aßmann*, DÖV 1979, S. 4. Allgemeine Skepsis auch bei *Breuer* (Fn. 14), S. 404.

[16] Einen Überblick, insbesondere über die Situation bei den Naturschutzgebieten, gibt *Pohl*, in: 10 Jahre Bundesnaturschutzgesetz, S. 128 ff. Vgl. dazu auch *Erz*, Geographische Rundschau 1987, S. 310.

[17] Vgl. dazu nur *Breuer*, NuR 1980, S. 89 ff., und *Gassner*, NuR 1985, S. 180 ff., jeweils m.w.N. Skeptisch indes *Burmeister*, Der Schutz von Natur und Landschaft vor Zerstörung, aufgrund auch rechtstatsächlicher Erhebungen, passim.

[18] *Salzwedel*, in: 10 Jahre Bundesnaturschutzgesetz (Fn. 16), S. 14. Ein "weitgehendes Versagen der Landschaftsplanung" – aber auch der Engriffsregelung – beobachtet Der Rat von Sachverständigen für Umweltfragen, Kurzfassung des Umweltgutachtens 1987, S. 21, Tz. 40. Skepsis auch bei *Pielow*, NuR 1987, S. 165 und *Kreuzer*, in: *Künkele/Heiderich*, Naturschutzgesetz für Baden-Württemberg, Vor § 7, Rn. 11. Kritisch auch *Schomerus*, Defizite im Naturschutzrecht, S. 27; *Hübler*, DÖV 1991, S. 91 ff.; *Hahn*, Das Recht der Landschaftsplanung, S. 200.

Punktuell hat die Landschaftsplanung zwar bereits beträchtliche Erfolge erzielen können. Ein breiter Durchbruch ist bislang aber nicht gelungen: Gravierende Unterschiede zwischen den verschiedenen landesrechtlichen Konzepten verhindern noch immer, daß überhaupt ein einheitliches Aufgabenverständnis entsteht[19]; auch wenn es tatsächlich und rechtlich geboten wäre, werden vielerorts Pläne erst gar nicht aufgestellt[20]; wo Pläne aufgestellt wurden, sind nicht selten fachliche Defizite festzustellen[21]; und schließlich zeigt sich immer häufiger, daß Naturschutzplanungen auch dort im Rahmen anderer, ad hoc entwickelter informaler Verfahren *neben* der Landschaftsplanung abgewickelt werden, wo eigentlich ihre Zuständigkeit begründet und auch entsprechende Planungskapazität vorhanden wäre[22]: Die Lage der Landschaftsplanung ist kritisch[23].

Viel spricht allerdings dafür, daß die Krisenerscheinungen nicht Folge einer prinzipiellen Schwäche des gesamten Aufgabenansatzes sind, sondern daß sie vielmehr auf unzureichenden gesetzlichen Regelungen beruhen: auf unpräzisen oder widersprüchlichen Aufgabenkreisen[24], auf unpraktikablen Organisationsformen[25] oder auf unzureichenden Abstimmungsergebnissen und Aufgabenüberschneidungen im Verhältnis zu anderen Instrumenten des Naturschutzes

---

[19] *Salzwedel* (Fn. 18), S. 14; *Mrass*, in: 10 Jahre Bundesnaturschutzgesetz (Fn. 16), S. 68 f.

[20] Zum Stand der Landschaftsplanung in den Ländern vgl. die Angaben bei *Stich/Porger/Steinebach*, Örtliche Landschaftsplanung und kommunale Bauleitplanung, S. 43 ff. Angaben zum Stand gibt auch *Hahn* (Fn. 18), S. 202 ff. Kritisch auch die Einschätzung bei *Bartelheimer/Copak*, Landschaftsplanung als Instrument der Umweltpolitik, S. 124 ff. und passim, aufgrund einer eingehenden rechtstatsächlichen Untersuchung der Planungspraxis in Nordrhein-Westfalen.

[21] Vgl. etwa die Untersuchung von *Kaiser/Neumeyer*, in: Veröffentlichungen für Naturschutz und Landschaftspflege Baden-Württemberg 1980, S. 47 ff., S. 68 und die Zusammenfassung S. 86. Kritisch auch *Richter*, in: Aktuelle Fach- und Rechtsprobleme der Landschafts- und Grünordnungsplanung und ihres Verhältnisses zur Kommunalen Bauleitplanung, S. 37. Vgl. im übrigen die aufschlußreiche Neuregelung im LPflG R.-Pf., das in § 17 a nunmehr vorschreibt, daß Landschaftspläne nur noch von Diplomingenieuren der Fachrichtung Landespflege oder ähnlich qualifizierten Personen und nur nach dem Nachweis von 2 Jahren praktischer Tätigkeit auf dem Gebiet der landespflegerischen Planung erarbeitet werden dürfen (!).

[22] So soll etwa in Baden-Württemberg die Verteilung der erheblichen Mittel aus dem sog. Wasserpfennig – § 17 a – 17 f WG in der Fassung vom 27. Juli 1987, GBl. 224 –, die dem Naturschutz zugeschlagen werden, nicht etwa durch das Landschafts(rahmen)programm – § 7 Abs. 2 NatSchG BW –, sondern von einem neu zu etablierenden "Ökologieprogramm" besorgt werden.

[23] Mit Recht warnen aber *Scholich/Winkelbrandt*, in: Integration der Landschaftsplanung in die Raumplanung, S. 26 ff., vor einer zu großen Erwartungshaltung gegenüber den Chancen der Landschaftsplanung, zu schnellen Veränderungen beim Zugriff auf die natürlichen Ressourcen beizutragen und plädieren dafür, der Einfügung der Landschaftsplanung in die Planungslandschaft Zeit zu lassen.

[24] Darauf hat schon früh *Stich*, UPR 1983, S. 185 f. hingewiesen.

[25] Vgl. etwa zu der Frage, ob auf örtlicher Ebene die *Gemeinden* Träger der Landschaftsplanung sein sollen *Pielow*, NuR 1986, S. 66; *Stich/Porger/Steinebach* (Fn. 20), S. 186 f.

und der räumlichen Planung[26]. Mit diesen Fragen befaßt sich die Arbeit: Sie untersucht die unterschiedlichen Aufgabenmodelle, Organisationsvarianten und die verschiedenartigen Modalitäten der Einbindung der Landschaftsplanung in das räumliche Planungssystem, die in den (Flächen)ländern auf Grundlage des BNatSchG eingeführt wurden. Sie leistet damit einerseits einen Beitrag zu der bis jetzt weithin unzureichenden Systematisierung und Ordnung der verschiedenen landesrechtlichen Regelungen und Konzepte und daher auch zu deren Vergleichbarkeit[27]. Andererseits möchte sie auch der Diskussion über eine Novellierung des Rechts der Landschaftsplanung[28] Anstöße vermitteln: Das landschaftsplanerische Instrumentarium braucht eine aufgabenadäquatere[29] Fassung.

2. Aufgabentypisierende Merkmale der Landschaftsplanung

Dabei zeigt sich allerdings schnell, daß die Aufgabe, der sich die Gesetzgeber bei der Einrichtung der Landschaftsplanung gestellt sahen und sehen, beträchtliche Schwierigkeiten birgt. Sie fordert nämlich einerseits ein Instrument, mit dem die gravierenden Bedrohungen der natürlichen Lebensgrundlagen zu bewältigen sind, das sich aber andererseits auch in den Kontext des räumlichen Planungssystems einfügt: Die Probleme, vor denen die Landschaftsplanung steht, sind sowohl in fachlicher wie in rechtlicher Hinsicht enorm:

---

[26] Zum letzteren – auch generell – *Schmidt-Aßmann* (Fn. 15), S. 4; vgl. dazu auch *Erbguth/Schlarmann* (Fn. 15), S. 346 und *Breuer* (Fn. 14), S. 404.

[27] Bis jetzt hat die Literatur vor allem einzelne Fragen im Bereich der Organisation der Landschaftsplanung systematisch aufbereitet; vgl. dazu vor allem *Hendler*, NuR 1981, S. 45 f.; *Erbguth*, UPR 1983, S. 140; *Stich* (Fn. 24), S. 185. Die Aufgabenvarianten im Landesrecht sind dagegen bis jetzt kaum analysiert; nur beschreibend in dieser Richtung *Stich/Porger/Steinebach* (Fn. 20), S. 19 ff.

[28] Vgl. etwa die Tagungsberichte und -bände: Landschaftsplanung und Bauleitplanung; Der Landschaftsplan nach den Naturschutzgesetzen; Landschaftsplanung – Erfahrungen mit dem neuen Naturschutzrecht; Aktuelle Fach- und Rechtsprobleme der Landschafts- und Grünordnungsplanung und ihres Verhältnisses zur kommunalen Bauleitplanung; 10 Jahre Bundesnaturschutzgesetz; Integration der Landschaftsplanung in die Raumplanung. Vgl. auch die Studie von *Stich/Porger/Steinebach* (Fn. 20), S. 191 ff.; *Pielow*, NuR 1986, S. 60 ff. Ebenfalls dazu: *Hendler*, NuR 1981, S. 41 ff.; *Wahl*, in: Umweltplanungen und ihre Weiterentwicklung, S. 54 ff.; *Erbguth*, UPR 1983, S. 137 ff.; *Ebersbach*, Rechtliche Aspekte des Landverbrauchs am ökologisch falschen Platz, S. 250 ff.; *Hahn-Herse/Kiemstedt/Wirz*, Landschaft + Stadt 1984, S. 66 ff. und S. 83 ff.; *Pfeifer/Wagner*, DVBl. 1989, S. 792 ff.; *Hübler* (Fn. 18), S. 91 ff.; *Gassner*, UPR 1988, S. 321 ff.; *Hahn* (Fn. 18), S. 198 ff.; Anforderungen an ein neues Bundesnaturschutzgesetz, Vorschläge der ad-hoc-Arbeitsgruppe der Akademie für Raumforschung und Landesplanung, in: Das Gartenamt 1991, S. 483 ff.

[29] Zu dieser Grundfrage im Umweltrecht *Breuer* (Fn. 14), S. 401.

a) Der fachliche Bedarf: Herstellung von landschaftsgerechten Raumnutzungen

Die Dimension der fachlichen Probleme ist evident: Immer mehr Arten sind vom Aussterben bedroht[30], finden in der Bundesrepublik keine Lebensräume mehr; immer mehr Fläche wird überbaut, für biologische Funktionen unwiederbringlich verbraucht[31]; der Zugriff auf die Fläche wird in vielen Ballungsräumen immer intensiver, ökologische Ausgleichsräume schwinden mehr und mehr. Schleichend, aber manifest werden viele Räume in der Bundesrepublik immer naturferner, so naturfern, daß schon heute nur etwa auf der Hälfte der Landesfläche "für natürliche oder naturnahe Ökosysteme überhaupt eine Chance besteht, mehr als Promilleanteile der Fläche besiedeln zu können"[32].

Davon ist die Pflanzen- und Tierwelt nicht alleine betroffen. Indirekt, wenn auch nur über längere Ursachenketten und in aller Regel nicht zeitlich unmittelbar, vermittelt sich die Verarmung der natürlichen Umwelt auch dem Menschen: Ohne ausreichende ökologische Ausgleichsflächen verändert sich in den Ballungsräumen das Klima negativ[33]; Trinkwasserressourcen werden knapper, wenn Wälder nicht erhalten werden; der Pestizideinsatz in der Landwirtschaft und damit auch die Belastung der Nahrungsmittel steigt ebenso wie der Energiebedarf bei der Nahrungsproduktion, wenn immer weniger natürliche Nützlinge zur Verfügung stehen[34]; wenn Schutzwälder in den Alpen nicht nur durch sauren Regen, sondern auch durch Übernutzung zerstört werden, werden Alpentäler nicht mehr bewohnbar sein, für den Tourismus nicht mehr zur Verfügung stehen und deshalb auch als Wirtschaftsfaktor ausfallen[35].

---

[30] Wirbeltiere werden zu ca. 50 % als gefährdet angesehen: *Nowak*, in: *Olschowy* (Hrsg.), Natur- und Umweltschutz in der Bundesrepublik Deutschland, S. 327; bei wirbellosen Tieren reicht die Gefährdung von 12 % bis zu 52 %, vgl. *Kaule*, Arten- und Biotopschutz, S. 14; Farn- und Blütenpflanzen gelten zu 30 % als bedroht, vgl. *Sukopp*, in: *Olschowy* (Hrsg.), ebd., S. 252.

[31] Allein im Zeitraum von 1935/38 bis 1976 nahm der Anteil der überbauten Fläche in der Bundesrepublik von 5, 1 % bis auf 9, 5 % zu und hat sich damit nahezu verdoppelt; vgl. dazu und zur Beurteilung der Flächennutzungen unter ökologischen Gesichtspunkten *Buchwald/Hügelen*, in: *Buchwald/Engelhardt* (Hrsg.), Handbuch für Planung, Gestaltung und Schutz der Umwelt, Bd. 1, S. 186 ff.

[32] *Kaule* (Fn. 30), S. 13.

[33] Dazu *Georgii*, in: *Buchwald/Engelhardt* (Hrsg.), Handbuch für Planung, Gestaltung und Schutz der Umwelt, Bd. 2, S. 140.

[34] Vgl. dazu *Haber*, in: Bayerisches Landwirtschaftliches Jahrbuch, Sonderheft 1/1977, S. 17 ff., insb. S. 19; s. zu diesen Fragen auch *Hampicke*, Landschaft + Stadt 1979, S. 70 ff.

[35] Vgl. das von der Arbeitsgemeinschaft *Schober/Kaule* entworfene Szenario, in: Deutscher Alpenverein (Hrsg.), Der Bergwald stirbt, S. 10, S. 12, S. 14 f.

Wer dem Zugriff auf die natürliche Umwelt nicht schon aus ethischen[36] oder wissenschaftlichen[37] Gründen Einhalt gebieten will, der muß daher zumindest um der natürlichen "Lebensgrundlagen des Menschen"[38] willen tätig werden. Auch wenn der Mensch von den geschätzten 45.000 in der Bundesrepublik heimischen Arten nur 500 als Nahrungsgrundlage, als visuelle "Staffage" in der Landschaft[39] oder zu anderen Zwecken unmittelbar braucht[40]: Auch auf Arten, die uns nicht unmittelbar zugute zu kommen scheinen, kann nicht verzichtet werden.

Sollen auch sie erhalten bleiben, dann müssen die Naturschutzbemühungen freilich bei vielen Bedrohungsfaktoren ansetzen: Der Kreis derer, die die natürlichen Grundlagen belasten, ist groß. Moderne Landwirtschaft nutzt heute auch kleinste Restflächen, entwässert feuchte und bewässert trockene Standorte[41] und steht daher an erster Stelle der Verursacher des Artenrückganges[42]; Siedlungs- und Industrieflächen greifen immer weiter und intensiver in die Landschaft aus und zerstören damit über die reine Flächeninanspruchnahme hinaus auch durch vielerlei Folgewirkungen – Luftverunreinigungen, Klimaveränderungen, Grundwasserbelastungen und -absenkungen, Bodenbelastungen – zahlreiche Lebensräume gefährdeter Tier- und Pflanzenarten; Verkehrsflächen und -bänder verinseln zusammenhängende Lebensräume und beschneiden so die natürlichen Verbreitungsgebiete vieler Arten, die diese Flächen nicht überwinden können[43]; schließlich belasten auch Tourismus und Freizeitnutzungen immer mehr Naturräume – der Mensch hinterläßt selbst dann noch Spuren, wenn

---

[36] Vgl. dazu nur *Spaemann* und *Rock*, in: *Birnbacher* (Hrsg.), Ökologie und Ethik, S. 180 ff. und S. 72 ff.; *Jonas*, Das Prinzip Verantwortung, S. 29 f., S: 246 f., S. 369 ff.; *Altner*, in: *Baumann* (Hrsg.), Rechtsschutz für den Wald, S. 114 ff.

[37] Vgl. *Erz* in: *Buchwald/Engelhardt* (Hrsg.), Handbuch für Planung, Gestaltung und Schutz der Umwelt, Bd. 3, S. 561 f.

[38] § 1 Abs. 1 BNatSchG; skeptisch gegenüber dieser nur anthropozentrischen Naturschutzbegründung *Soell*, in: *Salzwedel* (Hrsg.), Grundzüge des Umweltrechts, S. 488 ff., S. 490; *Kolodziejcok/Recken*, Naturschutz und Landschaftspflege, § 1 BNatSchG, Rn. 21 ff.

[39] Vgl. zur Erlebniswirksamkeit von – flurbereinigten – Landschaften *Wöbse*, Landschaft + Stadt 1984, S. 33 ff.

[40] *Kaule* (Fn. 30), S. 14 f.

[41] Umfassend zu den Auswirkungen der Landwirtschaft auf den Naturhaushalt: Der Rat von Sachverständigen für Umweltfragen, Umweltprobleme der Landwirtschaft, S. 161 – 179; zusammenfassend *Hampicke* (Fn. 34), S. 71.

[42] Vgl. die Tabelle 11 in *Sukopp/Trautmann/Korneck*, Auswertung der Roten Liste der gefährdeten Farn- und Blütenpflanzen in der Bundesrepublik Deutschland für den Arten- und Biotopschutz, S. 108.

[43] Dazu und zu anderen Auswirkungen des Straßenbaus *Mader*, Der Konflikt Straße Tierwelt aus ökologischer Sicht; dort zur Verinselungsproblematik S. 28 ff. und S. 32 ff.; dazu auch *Reichelt*, NuL 1979, S. 336. Zur Dimension dieses Problems vgl. die Kartierungen von *Lassen*, NuL 1979, S. 333 f., und NuL 1987, S. 532 ff., die zeigen, daß im Zehnjahreszeitraum zwischen 1977 und 1987 die unzerschnittenen verkehrsarmen Räume über 100 km^2 um 18 % abgenommen haben.

er in der noch intakten natürlichen Umwelt einen Ausgleich für verarmte und ausgeräumte Landschaften sucht[44].

Schon diese Skizze von Belastungsfaktoren und -wirkungen zeigt, daß zum einen mit Maßnahmen des Flächenschutzes alleine dem bedrohlichen Artenschwund kein Einhalt geboten werden kann. Selbst wenn, wie gefordert[45], 5 % der Fläche der Bundesrepublik unter Naturschutz stünden: Maßnahmen zur Sicherung der natürlichen Grundlagen müssen überall und bei allen Verursachern ansetzen; die Nutzungsformen müssen generell umweltverträglich sein, damit die Lebensmöglichkeiten möglichst vieler Arten erhalten werden können[46]. Die Vielfältigkeit der Ressourcenbelastungen und ihrer Folgewirkungen zeigt weiterhin aber auch, daß landschaftsgerechte Nutzungsformen nicht nur in isolierten und punktuellen Verfahren, nämlich im Rahmen der Eingriffsregelung herzustellen sind: Notwendig ist auch ein Instrument, das auch die vielfältigen Wechselbeziehungen unter den einzelnen Nutzungen und Nutzern zu erfassen und zu steuern vermag.

Hier setzt die Landschaftsplanung an: Sie soll die Belastungen der Landschaft umfassend, überall im Planungsraum, und zusammenhängend, mit Blick auf die ökologischen Wechselwirkungen, analysieren und auf einen breiten Kreis von Nutzern und Nutzungen bezogene Vorschläge zur Sicherstellung landschaftsgerechter Nutzungsformen und -intensitäten entwickeln[47].

b) Die rechtliche Aufgabe: Herstellung von Querkoordination

Freilich hat die in der Literatur verbreitete Forderung nach einer derartigen planerisch-vorsorgenden Bewältigung der Bedrohung der natürlichen Umwelt erst das Problem formuliert: So notwendig sie scheint, so schwierig ist sie rechtlich zu bewirken; sie soll schließlich weder in die "Allmachtsvision einer totalen staatlichen Wirtschaftslenkung ökologischer Provenienz"[48] ausufern

---

[44] Dazu *Fritz/Lassen/Mrass*, Untersuchungen zur Belastung der Landschaft durch Freizeit und Erholung in ausgewählten Räumen, Schriftenreihe für Landschaftspflege und Naturschutz H. 15. Vgl. auch *Scharpf*, in: *Buchwald/Engelhardt* (Fn. 37), S. 345 ff.

[45] *Kaule* (Fn. 30), S. 369 ff., insb. S. 373. Vgl. dazu auch: Abschlußbericht der Projektgruppe "Aktionsprogramm Ökologie", S. 25, Tz. 40; bezogen auf sämtliche Schutzkategorien des Naturschutzrechts ist dort gefordert, 10 % der Landesfläche unter Schutz zu stellen.

[46] *Kaule* (Fn. 30), S. 364.

[47] Erstes Anschauungsmaterial über die Aufgaben der Landschaftsplanung bieten *Deixler*, Landschaftsplanung in Bayern, S. 5 ff. und *Grebe/Tomasek*, Gemeinde und Landschaft, S. 30 ff.

[48] *Breuer* (Fn. 14), S. 394. Warnend auch *Hoppe* (Fn. 14), S. 236.

noch in die "Ohnmachtsvision"[49] einer unverbindlich-wirkungslosen Selbstbeschäftigung der Naturschutzverwaltung abgleiten.

Auf dieses alte Koordinationsproblem sucht die Landschaftsplanung, so ist einführend nachzuweisen, mit neuen rechtlichen Mustern zu reagieren. Prägend sind insoweit vor allem zwei rechtliche Merkmale ihres Instrumentariums. Zum einen kennzeichnet sie der Verzicht auf die unmittelbare Verbindlichkeit ihrer Planungsergebnisse: Nach übereinstimmender Regelung[50] der Bundesländer entfaltet sie nicht aus sich heraus rechtliche Wirksamkeit, sondern nur über andere Planungen und Entscheidungen, zumeist über gesamträumliche Pläne. Bindungen gehen nicht vom Landschaftsplan selbst, sondern erst von den in anderen Plänen oder Entscheidungen aufgenommenen Vorgaben aus. Die Landschaftsplanung dient nur der Vorbereitung, nicht dem Abschluß räumlicher Nutzungsentscheidungen: sie ist *Vorlauf*planung[51], auf eine Stufung des Planungsprozesses abzielend. In der Landschaftsplanung werden die zu beplanenden Probleme nur oder doch vorwiegend aus Naturschutzsicht analysiert; die sich daran anschliessende verbindliche Planung kann, unter Rückgriff auf das von der Landschaftsplanung aufbereitete Abwägungsmaterial, weitere Gesichtspunkte einbeziehen und eine abschließende Entscheidung treffen. Adressaten, Nutznießer dieses Vorlaufs, darin liegt das zweite rechtliche Charakteristikum, sind vor allem Planungen jeweils derselben Planungsebene. Die (Landschafts)Planung gilt also nicht in erster Linie der nächst tieferen Planungsebene. Sondern sie ist vor allem in *horizontale* Abstimmungsbeziehungen eingebunden. Dazu ist sie nach den auch insoweit weitgehend übereinstimmenden Landesregelungen dreistufig aufgebaut: Jeweils parallel zu einer der drei Planungsebenen der gesamträumlichen Planung ist eine Ebene der Landschaftsplanung eingerichtet worden[52], die ihre Planungsergebnisse jeweils an Planungen der "eigenen" Ebene zu adressieren hat.

Mit diesen rechtlichen Merkmalen präsentiert sich die Landschaftsplanung als eigenständiger Planungstypus im Planungssystem. Sie ist zwar augenfällig in das räumliche Planungssystem mit seinen längeren "Handlungsketten"[53] eingebunden: Weil nicht alle Probleme der räumlichen Nutzung in einem planeri-

---

[49] *Breuer* ebd.

[50] Ausnahme: die örtliche Landschaftsplanung in Nordrhein-Westfalen, vgl. § 33 ff. LG NW.

[51] So die treffende Kennzeichnung von *Dolde*, in: Dokumentation zur 4. wissenschaftlichen Fachtagung der Gesellschaft für Umweltrecht e. V., S. 108; ihm folgend *Soell* (Fn. 38), S. 512. Ähnlich auch *Gerschlauer*, DVBl. 1979, S. 605, und *Gaentzsch*, NuR 1986, S. 97: *Vor*planung.

[52] Auf der Ebene der Landesentwicklungsplanung das *Landschaftsprogramm* – § 5 Abs. 1 BNatSchG –, auf der Ebene der Regionalplanung den *Landschaftsrahmenplan* – § 5 Abs. 1 BNatSchG – und auf der Ebene der Bauleitplanung den *Landschaftsplan* – § 6 Abs. 1 BNatSchG. Vgl. aber die thüringische Sonderregelung oben Fn. 10.

[53] Ausdruck von *Wahl*, Rechtsfragen der Landesplanung und Landesentwicklung, Bd. 1, S. 88.

schen Zugriff zu lösen sind, werden einzelne Fragen in verschiedene Abstimmungsvorgänge aufgespalten und die einzelnen Abstimmungen in rechtlich geordnete Ableitungszusammenhänge eingestellt; es differenzieren sich in einem geschlossenen Planungssystem einzelne Planungsinstrumente heraus, die je einen Ausschnitt aus größeren Problemzusammenhängen bearbeiten und dabei rechtlich an andere Planungen angekoppelt sind[54]. Solche Ableitungszusammenhänge sind aber in der Regel als rechtlich verbindliche eingerichtet; die nachfolgende Planung soll nicht die schon getroffenen Entscheidungen einer vorgehenden Planungsebene wieder verwerfen können. Anders eben bei der Landschaftsplanung; hier ist das Modell einer "persuasorischen" Planung[55], in Inter-Ressort-Beziehungen schon abgelöst geglaubt, unter veränderten Umständen neu belebt.

Dahinter mag man eine Scheu des Gesetzgebers vor der Einführung einer restriktiven, verbindlichen Naturschutzplanung vermuten; schließlich ist auch sonst kein Ressort darauf verwiesen, bei der Durchsetzung seiner Belange alleine auf die Überzeugungskraft der Sachargumente zu setzen. Der näheren Betrachtung stellt sich indessen das Modell der persuasorischen Landschaftsplanung als durchaus plausibles rechtliches Reaktionsmuster auf die spezifischen Herausforderungen horizontaler, ressortübergreifender Querkoordination dar. Diese ist in der Planungspraxis besonders schwer herzustellen; die angestammte Beharrlichkeit der Fachressorts ist fachübergreifenden Koordinationsanforderungen gegenüber in aller Regel überlegen[56]. Sie ist gleichwohl unabweisbar geboten; für den Bereich des Naturschutzes zeigt das der skizzierte Befund deutlich. Auf diesen Bedarf hat das Planungsrecht bisher mit zwei verschiedenen Koordinationsmustern reagiert: Bei den Gesamtplanungsinstrumenten mit dem Versuch, zentrale Aspekte verschiedener Ressortaufgaben in *einem* planerischen Zugriff aufeinander abzustimmen[57]; bei den Fachplanungsinstrumenten mit *punktueller* Koordination, geleitet von dem Fachplanungsträger unter Beteiligung der betroffenen Fachressorts[58]. Beiden Ansätzen sind jedoch typische Defizite zu eigen: Gesamtplanerische Instrumente zeigen sich überfordert, wenn zu viele Einzelziele aufeinander abgestimmt werden

---

[54] Eingehend dazu *Wahl* (Fn. 53), S. 88 ff. und S. 114 ff.

[55] Die Bezeichnung der Landschaftsplanung als persuasorisch greift die Einordnung der Landesplanung nach 1945 als "persuasorische Landesplanung" auf, die auf rechtliche Verbindlichkeit ebenfalls nicht zurückgreifen konnte; vgl. *Wahl* (Fn. 53), S. 187.

[56] Vgl. dazu nur *Scharpf*, in: Standort und Stellenwert der Raumordnung, S. 33 f.; *Wagener*, in: Politikverflechtung zwischen Bund, Ländern und Gemeinden, S. 131 f., S. 134 f. mit dem prägend gewordenen Diktum von der "vertikalen Ressort-'Kumpanei'"; *Wahl*, Rechtsfragen der Landesentwicklung und Landesplanung, Bd. 2, S. 146 ff.

[57] Modell der *positiven* Koordination; vgl. *Rückwardt*, S. 39, und *Scharpf*, in: Gesellschaftlicher Wandel und politische Innovation, S. 173 ff.

[58] Modell der *negativen* Koordination; vgl. *Rückwardt* (Fn. 57), ebd., *Scharpf* (Fn. 57), ebd.

sollen[59]; Fachplanungen drohen tendenziell "fremde" Fachbelange zu vernachlässigen[60]. Vor diesem Hintergrund bietet die persuasorische, auf Integration in andere Planungen angelegte (Landschafts)Planung, also: die Aufspaltung des Abstimmungsprozesses in eine vorlaufende, unverbindliche und eine abschließende, verbindliche Phase, eine zusätzliche Strategie zur Stützung von Inter-Ressort-Abstimmungen. Im Planungsvorlauf sind naturschutzrelevante Fragen eingehender zu untersuchen, als in der (jedenfalls auch) auf andere Fragen ausgerichteten integrativen Planung selbst[61]. Damit ist nicht nur der Verfahrensökonomie gedient. Vor allem kann auf diese Weise sichergestellt werden, daß Naturschutzbelange überhaupt in ausreichendem Maße zum Gegenstand von Inter-Ressort-Abstimmungen werden[62].

II. Gang der Untersuchung

1. Nochmals: Die Fragestellung

Der skizzierte Sonderstatus der Landschaftsplanung wirkt sich auch auf die hier unternommene Untersuchung aus: Er scheidet einerseits manche Frage aus, die traditionell im Planungsrecht gestellt ist und rückt andererseits Fragen in den Mittelpunkt, denen ansonsten weniger Bedeutung zukommt.

Ausgeschieden sind die meisten Fragen, die sich auf die rechtliche Hierarchie und auf die rechtlichen Wirkungen unter und von Planungsinstrumenten richten. Weil die Landschaftsplanung in aller Regel als rechtlich unverbindliche Planung eingerichtet worden ist[1], braucht sich die Arbeit nur wenig mit ihren Wirkungsmechanismen und gar nicht mit Vorrängen gegenüber anderen

---

[59] Grundlegend zu den Überforderungstendenzen positiver Koordinationsansätze *Scharpf* (Fn. 57), S. 173 ff. Warnend auch *Wahl* (Fn. 28), S. 45 ff.

[60] Vgl. aus allgemeiner Perspektive zu den Defiziten negativer Koordination *Scharpf* (Fn. 57), S. 174 f.; *Rückwardt* (Fn. 57), S. 40. "Vorsichtige" Skepsis gegenüber der ausreichenden Beachtung von Umweltbelangen in sektoralen Planungen bei *Schmidt-Aßmann* (Fn. 15), S. 3; kritisch insoweit auch *Hoppe* (Fn. 14), S. 247.

[61] So auch die verbreitete Auffassung im juristischen Schrifttum; vgl. nur das von *Dolde* zusammengefaßte Beratungsergebnis des Arbeitskreises B der 4. wissenschaftlichen Fachtagung der Gesellschaft für Umweltrecht, in: Dokumentation (Fn. 51), S. 108 f.; ihm folgend *Soell* (Fn. 38), S. 512. Ähnlich auch *Stich/Porger/Steinebach* (Fn. 20), S. 184 ff.; *Schmidt-Aßmann*, NVwZ 1987, S. 273; *Wahl* (Fn. 28), S. 60. Zustimmend auch *Pfeifer/Wagner* (Fn. 28), S. 793.

[62] Positiv zur Einrichtung einer rechtlich unverbindlichen Landschaftsplanung deshalb auch *Schmidt-Aßmann* (Fn. 61), S. 273. Kritisch dagegen *Hübler* (Fn. 18), S. 93, der bemängelt, daß der Landschaftsplanung Instrumente zur Implementation fehlen.

[1] Ausnahme: die örtliche Landschaftsplanung in Nordrhein-Westfalen; vgl. § 33 ff. LG NW.

Planungsinstrumenten oder mit Konzentrationswirkungen[2] zu befassen. Statt dessen beschäftigt sie sich vor allem mit der Frage, *welchen* Instrumenten des räumlichen Planungssystems die Landschaftsplanung *wie* zugeordnet ist:

Da die Landschaftsplanung als Vorlaufplanung für andere Planungsinstrumente konzipiert ist, unterscheiden sich einzelne Modelle zum einen durch den Kreis der von ihr "bedienten" Planungen. Die erste zentrale Frage ist daher, welche Instrumente Vorgaben erhalten: die gesamträumliche Planung, die Eingriffsfachverwaltungen oder die Naturschutzverwaltung? Der Fachwissenschaft und großen Teilen der juristischen Literatur ist die Antwort eindeutig: *alle* naturschutzrelevanten Planungsinstrumente; die Landschaftsplanung soll *das* Planungsinstrument des Naturschutzes sein[3]. Schon einfache praktische Erwägungen lassen daran aber zweifeln: Da die verschiedenen, als Adressaten der Landschaftsplanung in Frage kommenden Planungsinstrumente Naturschutzfragen jeweils in völlig unterschiedlichen Zusammenhängen und mit je spezialisierten Schwerpunkten bearbeiten, scheint es fraglich, ob die Landschaftsplanung tatsächlich alle naturschutzrelevanten Planungen erfassen kann. Im Sinne dieser Überlegung gilt deshalb der Sichtung der Planungsadressaten der Landschaftsplanung ein zentraler Augenmerk der Arbeit.

Unterschiede unter den landesrechtlichen Modellen gibt es weiter im Modus der Zuordnung der Landschaftsplanung zu den adressierten Planungen: Die Landschaftsplanung kann organisationsrechtlich mit einem adressierten Planungsträger eng verbunden sein oder große Distanz zu ihm aufweisen; sie kann ihm gut zuarbeiten können, es können aber auch Reibungsverluste den Planungsvorlauf weitgehend wertlos machen. Diesen Fragen gilt das weitere, zweite zentrale Interesse der Arbeit: der Untersuchung, *wie* die Landschaftsplanung den einzelnen Planungsadressaten zugeordnet und ob jeweils eine aufgabenadäquate Zuordnung gefunden ist. Mit dieser Frage berührt die Untersuchung vor allem verwaltungswissenschaftliche Überlegungen über die verwaltungspraktischen Auswirkungen bestimmter Organisationslösungen oder einzelner Aufgabenzuordnungen; die Diskussion der in der Praxis gewonnenen Feststellungen über die Implikationen einzelner landesrechtlicher Lösungen nimmt deshalb breiten Raum ein.

---

[2] Allgemein zu diesen typischen Fragen des Planungsrechts nach materiellen Kollisionsregelungen *Brohm*, Entwicklungen im Raum- und Stadtplanungsrecht, S. 19 f.

[3] Aus der fachlichen Literatur vgl. nur *Olschowy* (Hrsg.), Natur- und Umweltschutz in der Bundesrepublik Deutschland, S. 818; *Buchwald*, in: *Buchwald/Engelhardt* (Hrsg.), Handbuch für Planung, Gestaltung und Schutz der Umwelt, Bd. 3, S. 26; Inhalte und Verfahrensweisen der Landschaftsplanung, S. 6. Aus der juristischen Literatur vgl. *Ebersbach*, Rechtliche Aspekte des Landverbrauchs am ökologisch falschen Platz, S. 250; *Kreuzer*, in: *Künkele/Heiderich*, Naturschutzgesetz für Baden-Württemberg, Vor § 7 Rn. 1.

Mit diesem Interesse mustert die Untersuchung das Landesrecht: der Vergleich verschiedener Regelungen soll die Bandbreite möglicher Lösungen für die eingangs skizzierte Problemlage abstecken und die Basis für eine aufgabenadäquate Weiterentwicklung des Rechts der Landschaftsplanung bereiten. Dabei stellt sich die Untersuchung einerseits einem wesentlich breiteren Untersuchungsfeld als bisherige Analysen: Sie bearbeitet alle drei Planungsebenen der Landschaftsplanung: die Ebene des Landschaftsprogramms, des Landschaftsrahmenplans und des örtlichen Landschaftsplans. Damit ist nicht in erster Linie bezweckt, die *vertikalen* Abstimmungsbeziehungen in der Hierarchie der Planungsebenen zu analysieren. Vielmehr sollen jeweils die ebenenspezifischen Eigenarten, aber auch ihre Gemeinsamkeiten hinsichtlich der *horizontalen* Einbindung in das räumliche Planungssystem entwickelt werden. Dieses Fragen setzt sich zwar der Gefahr aus, einzelne rechtliche Detailfragen zugunsten der ebenenübergreifenden Perspektive zu vernachlässigen. Nur ein solches Vorgehen, das einzelne rechtliche Merkmale auch als ebenenspezifische Besonderheit identifizieren kann, bietet aber auch die Chance, die grundsätzlichen und vordringlichen Fragen im Recht der Landschaftsplanung zu klären.

In einer weiteren Hinsicht beschränkt die Untersuchung ihr Material allerdings: auf das Recht der Flächenländer. Da das räumliche Planungssystem in den Stadtstaaten anderen Regeln folgt und anderen Bedingungen unterworfen ist als in den Flächenländern, fehlt ohnehin jede Vergleichbarkeit; die Analyse wäre mit dieser Sondersituation nur überfrachtet.

2. Das Vorgehen

Aus der skizzierten Fragestellung ergibt sich der Gang der Untersuchung: Sie bemüht sich Abschnitt B zunächst um eine kurze Bestandsaufnahme des gegenwärtigen Stands der landschaftsplanungsrechtlichen Diskussion in der juristischen (B I) und fachlichen (B II) Literatur, ehe sie dann im Abschnitt C ausführlich die landesrechtliche Ausgestaltung der Landschaftsplanung sichtet und systematisiert: ihre Aufgaben (C II), Organisationsvarianten (C III) und Wirkungen (C IV). Diesen Überlegungen vorangestellt ist die Frage nach dem bundesrechtlichen Rahmen (C I).

Im Abschnitt D ist dann auf Basis dieser Feststellungen eingehend das Verhältnis der Landschaftsplanung zu den adressierten Instrumenten des räumlichen Planungssystems erörtert. Im ersten Schritt wird dabei zunächst das Verhältnis zu den gesamträumlichen Planungen – überörtliche gesamträumliche Planung (D I) und örtliche Bauleitplanung (D II) – analysiert; der zweite Schritt behandelt das Verhältnis zu den Fachplanungen: Naturschutz- (D III) und Eingriffsplanungen (D IV).

Abschnitt E gilt schließlich der Bewertung des gegenwärtigen Zustandes und dem Ausblick auf weitere Entwicklungen. Dazu geht er zunächst nochmals und zusammenfassend auf die Problematik der Einrichtung und die Kennzeichen des gegenwärtigen Stands der Landschaftsplanung ein, ehe dann eine Bewertung vorgenommen wird und Novellierungsvorschläge diskutiert werden.

III. Begriffsabgrenzungen

Vergleichende Untersuchungen landesrechtlicher Vorschriften stehen häufig vor dem Problem unterschiedlicher Begrifflichkeiten. So ist es auch hier. Zwar sind die Begriffe im Landesrecht der Landschaftsplanung nicht so divergierend wie die Regelungsmodalitäten. Einzelne Unterschiede weisen aber auch sie auf.

Die Arbeit benutzt dagegen durchgehend, auch wo einzelne Bundesländer andere Bezeichnungen gewählt haben, den Begriffsapparat des BNatSchG. Sie bezeichnet daher den hochstufigen Plan, der der Landesentwicklungsplanung zugeordnet ist und Naturschutzfestsetzungen für das gesamte Land trifft, als *Landschaftsprogramm*[1]; der Landschaftsplan im Bereich der Regionen, dem Regionalplan zugewiesen, wird als *Landschaftsrahmenplan* bezeichnet[2]; der örtliche Landschaftsplan, auf die Bauleitplanung bezogen, wird als *Landschaftsplan* gekennzeichnet[3]. Hier tritt allerdings insofern eine Überschneidung auf, als die Arbeit, wo es notwendig ist, auch generell das Ergebnis der Landschaftsplanung als "Landschaftsplan" bezeichnet, gleich, ob es sich um eine hochstufige oder um eine örtliche Planung handelt. Solch ein genereller Begriff ist jedoch unabdingbar; schließlich sollen auch Aussagen getroffen werden können, die sich auf alle drei Planungsebenen beziehen. Um nicht noch einen weiteren Begriff einzuführen, lehnt sich dabei die hier gewählte Bezeichnung an die Überschrift zum 2. Abschnitt des BNatSchG an, die den Planungs*vorgang* allgemein als Landschafts*planung* bezeichnet; es bietet sich deshalb an, auch das *Ergebnis* der Landschaftsplanung insoweit als Landschafts*plan* zu kennzeichnen.

Nicht auf begriffliche Prägungen im Bundes- oder Landesrecht, sondern auf eine rechtswissenschaftliche Systematisierung geht das Begriffspaar *Gesamt*planung und *Fach*planung zurück, das hier zur Ordnung der rechtlichen Bezie-

---

[1] § 5 Abs. 1 BNatSchG.

[2] Ebd.

[3] § 6 Abs. 1 BNatSchG.

hungen der Landschaftsplanung zu den Instrumenten des räumlichen Planungssystems verwandt wird. Zwar ist diese Begriffsbildung zu Recht kritisiert worden, weil sich im Planungsrecht immer häufiger Zwischenformen eingeschoben haben, auf die die ursprüngliche Unterscheidung[4] nicht mehr zutrifft[5]; wie sich noch zeigen wird, ist gerade die Landschaftsplanung ein typisches Beispiel für die Auflösung der strengen Trennung zwischen diesen idealtypischen Planungsformen[6]. Da das Begriffspaar und die damit vorgenommene Ordnung der Planungsinstrumente in der planungsrechtlichen Literatur nach wie vor eine breite Verwendung hat[7], folgt die Untersuchung aus Systematisierungsgründen dieser Differenzierung gleichwohl. Im Sinne dieser Terminologie grenzt sie daher ab zwischen einerseits den gesamträumlichen Planungen, nämlich der zentralen Landesplanung, der Regionalplanung und der Bauleitplanung[8], und andererseits den Fachplanungen, also den von den Fachverwaltungen verantworteten Planungsinstrumenten. Unter diesen nimmt sie nochmals eine Unterscheidung vor, die darauf abhebt, ob es sich um Planungen des Naturschutzes handelt – Naturschutzfachplanungen – oder ob es sich um Planungen handelt, die Eingriffe in Natur und Landschaft[9] zulassen oder vorbereiten; diese werden als Eingriffsplanungen bezeichnet.

---

[4] Entwickelt von Forsthoff und Blümel, vgl. nur *Forsthoff/Blümel*, Raumordnungsrecht und Fachplanungsrecht, S. 18 f.

[5] Vgl. nur *Wahl*, Rechtsfragen der Landesplanung und Landesentwicklung, Bd. 1, Das Planungssystem der Landesplanung, Grundlagen und Grundlinien, S. 17 f., S. 275 f.; Zwischenformen zwischen beiden Kategorien konstatiert auch *Brohm*, Entwicklungen im Raum- und Stadtplanungsrecht, S. 21.

[6] *Wahl* (Fn. 5), S. 276; *Brohm* (Fn. 5), S. 21. Vgl. zu den durch sie aufgeworfenen Einordnungsproblemen auch *Hendler*, NuR 1981, S. 41 und *Erbguth*, UPR 1983, S. 137 f.

[7] Vgl. nur *Ronellenfitsch*, Einführung in das Planungsrecht, S. 5, S. 6; *Erbguth*, Raumordnungs- und Landesplanungsrecht, S. 4, Rn. 6; *ders.* (Fn. 6), S. 137; *Schmidt-Aßmann*, in: *Salzwedel*, (Hrsg.), Grundzüge des Umweltrechts, S. 126 f.; *Hendler* (Fn. 6), S. 41; auch *Brohm* (Fn. 5), S. 16.

[8] Vgl. zu dieser Ordnung nur *Ronellenfitsch* (Fn. 7), S. 6.

[9] Legaldefinition des Eingriffs in § 8 Abs. 1 BNatSchG.

B. Der Diskussionsstand in der Literatur

Seit ihrer Einführung durch das BNatSchG erfährt die Landschaftsplanung in der Literatur große Aufmerksamkeit; bei fachlich interessierten Autoren wie im juristischen Schrifttum gleichermaßen. Dabei waren von Anfang an mehrere Motive leitend: Das Bemühen um die Sichtung und den Vergleich unterschiedlicher landesrechtlicher (Sonder)Wege[1]; die Aufarbeitung verschiedener Organisationsmodalitäten[2]; die kritische Prüfung, ob die Landschaftsplanung eine aufgabenadäquate Regelung gefunden hat[3]; die Entwicklung von Novellie-

---

[1] Dafür interessierten sich vor allem frühe Untersuchungen: *Stich*, in: Die neue Rechtsentwicklung im Naturschutz und Probleme der Landschaftsplanung, S. 58 ff.; *ders.*, in: Analyse und Fortentwicklung des neuen Naturschutzrechts in der Bundesrepublik Deutschland, S. 502 ff. Vgl. zu der in den frühen Überlegungen vor allem interessierenden Frage der örtlichen nw. Landschaftsplanung *Peine*, in: Analyse und Fortentwicklung des neuen Naturschutzrechts in der Bundesrepublik Deutschland, S. 481 ff.; *Fatheuer*, Der Landkreis 1978, S. 387 ff. *Hoppe/Schlarmann*, NuR 1981, S. 17 ff; *Soell*, NuR 1980, S. 6. Neuere Untersuchungen bei *Hoppe/Erbguth*, in: Landschaftsplanung – Erfahrungen mit dem neuen Naturschutzrecht, S. 446 ff.; *Ebersbach*, Rechtliche Aspekte des Landverbrauchs am ökologisch falschen Platz, S. 250 ff.; *Stich/Porger/Steinebach*, Örtliche Landschaftsplanung und kommunale Bauleitplanung, S. 17 ff. Aus fachlicher Sicht vgl. die Bestandsaufnahmen in: Landschaftsplanung – Erfahrungen mit dem neuen Naturschutzrecht, S. 470 ff.; Der Landschaftsplan nach den Naturschutzgesetzen, S. 76 ff., und die Länderberichte in *Stich/Porger/Steinebach*, S. 95 ff.

[2] Hier liegt ein Schwerpunkt der literarischen Befassung mit der Landschaftsplanung. Vgl. dazu nur *Hendler*, NuR 1981, S. 45 ff.; *Erbguth*, UPR 1983, S. 140 ff.; *Hoppe/Erbguth* (Fn. 1), S. 454 ff.; *Ebersbach* (Fn. 1), S. 261 ff.; *Stich*, UPR 1983, S. 185; *Wahl*, in: Umweltplanungen und ihre Weiterentwicklung, S. 58 ff.; *Engelhardt* und *Dolde* in: Dokumentation zur 4. wissenschaftlichen Fachtagung der Gesellschaft für Umweltrecht e.V., S. 89 ff. und S. 101 ff; *Gerschlauer*, DVBl. 1979, S. 605 ff.; *Hofherr*, UPR 1987, S. 90 ff.; *Pfeifer/Wagner*, DVBl. 1989, S. 790. Ausführlich *Hahn*, Das Recht der Landschaftsplanung, S. 69. Darauf auch eingehend *Fischer*, Die Anpassung des Naturschutzrechts an die Erfordernisse modern verstandenen Naturschutzes und die Bedeutung anderer Rechtsgebiete bei der Durchsetzung naturschützerischer Ziele, dargelegt anhand des Konzeptes des Biotopverbundsystems, S. 42 ff. Unter treffendem Hinweis auf verwaltungspraktische Angleichungen unter den Ländern ordnet die Modelle auch *Scharmer*, in: Integration der Landschaftsplanung in die Raumplanung, S. 198 f. Aus fachlicher Sicht vgl. *Gaede*, in: Landschaftsplanung und Bauleitplanung, S. 16 ff.; *ders.*, in: Verwirklichung der Landschaftsplanung in der Regional- und Kommunalplanung, S. 7 ff.

[3] Dazu vor allem Überlegungen für die örtliche Ebene: *Gerschlauer* (Fn. 2), S. 605 ff.; *Pielow*, NuR 1986, S. 60 ff.; *Stich/Porger/Steinebach* (Fn. 1) mit Praktikerberichten – S. 95 ff. – und eigenen Überlegungen, S. 184 ff. Alle Planungsstufen behandelt *Ebersbach* (Fn. 1), S. 381 ff. Eingehend zu dieser Frage für die regionale Planungsebene der Band: Integration der Landschaftsplanung in die Raumplanung, mit dem zusammenfassenden Beitrag von *Gassner/Piest*, S. 11 ff. und Praktikerberichten – S. 41 ff. Aus fachlicher Sicht für die örtliche Ebene vgl. die Praktikerberichte in *Stich/Porger/Steinebach* (Fn. 1), S. 95 ff.; *Hahn-Herse/Kiemstedt/Wirz*, Landschaft + Stadt 1984, S.

rungsvorschlägen[4] und in jüngerer Zeit das in der praktischen Planungswirklichkeit besonders relevante Verhältnis von Landschaftsplanung und kommunaler Bauleitplanung[5].

Eine erste Durchsicht dieser Untersuchungen unternimmt die folgende Bestandsaufnahme. Dabei geht es angesichts der Fülle von Einzelfragen, die im weiteren Verlauf der Überlegungen zu klären sind, noch nicht um Einzelheiten. Vorerst sind vielmehr die Grundlinien in der juristischen und fachlichen Literatur interessant: der gesicherte Bestand, aber auch die Schwierigkeiten und Defizite des Schrifttums bei der Behandlung der Landschaftsplanung. Leitend ist dabei das Interesse an einer nochmaligen Präzisierung der Fragestellung: Was ist der weitere Untersuchungsbedarf für die Standortbestimmung der Landschaftsplanung?

I. Das juristische Schrifttum

1. Die Aufgabenbestimmung

a) Das gesicherte Aufgabenverständnis

Das juristische Schrifttum erblickt in der Landschaftsplanung eine Planung mit zwei Aufgaben"richtungen"[1]: Zum einen soll sie den ökologischen Beitrag zu den gesamträumlichen Planungen und gegenüber flächenwirksamen Fachplanungen, wie etwa Flurbereinigung, Straßenbau oder anderen erbringen; zum zweiten soll sie die fachspezifisch eigenen Maßnahmen des Naturschutzes programmieren[2]; sie hat, in der der Fachliteratur entlehnten Formulierung[3], eine *querschnittsorientierte* und eine *sektorale* Komponente[4]:

---

83 ff. Zur Frage der Bewährung der Landschaftsplanung aus jüngerer Zeit: *Heidtmann*, NuR 1993, 68 ff.; *Pfeifer/Wagner* (Fn. 2), S. 789 ff.; *Schomerus*, Defizite im Naturschutzrecht, S. 117 ff.

[4] Unter den Genannten insbesondere *Gerschlauer* (Fn. 2), S. 607 ff.; *Stich/Porger/Steinebach* (Fn. 1), S. 191 ff.; *Schmidt-Aßmann*, NVwZ 1987, S. 273; *Hahn* (Fn. 2), S. S. 198 ff.

[5] Dazu *Ramsauer*, NuR 1993, 108 ff.; *Gaentsch*, NuR 1990, S. 1 ff.; eingehend *Pfeifer*, Landschaftsplanung und Bauleitplanung und *Baumeister*, Die Integration der örtlichen Landschaftsplanung in die Bauleitplanung; *Mitschang*, Die Belange von Natur und Landschaft in der kommunalen Bauleitplanung, S. 55 ff. mit einer Schilderung der landesrechtlichen Regelungen, S. 68 ff.; vgl. auch *Stich*, WuV 1992, S. 157 ff. mit einer eingehenden Schilderung der Rechtslage in den Bundesländern.

[1] So die prägnante Formulierung von *Gerschlauer*, DVBl. 1979, S. 603; ähnlich auch *Wahl*, in: Umweltplanungen und ihre Weiterentwicklung, S. 60.

[2] *Ebersbach*, Rechtliche Aspekte des Landverbrauchs am ökologisch falschen Platz, S. 147 und S. 251; *Fatheuer*, Der Landkreis 1978, S. 386; *Kreuzer*, in: *Künkele/Heiderich*, Naturschutzgesetz für Baden-Württemberg, vor § 7, Rn. 4; *Hendler*, NuR 1981, S. 42; *Bernatzky/Böhm*, Bundesnatur-

Querschnittsbezogen agiert sie danach dort, wo Naturschutzerfordernisse in die Planungen eingebracht werden, die natürliche Ressourcen beanspruchen: bei den gesamträumlichen Planungen und den Eingriffsfachplanungen. Hier wird ihr die Aufgabe zugewiesen, die Naturschutzimplikationen dieser Planungen zu überprüfen[5]; sie soll die Daten und Informationen beschaffen, die nötig sind, damit die gesamt- und die fachplanerischen Instanzen sachgerechte und ökologisch vertretbare Entscheidungen treffen können[6]; kurz: sie soll die ökologischen Entscheidungskriterien[7] für die naturnutzenden Planungen liefern. Die *sektorale* Aufgabenkomponente wird demgegenüber verstanden als der eigene Zuständigkeitsbereich von Naturschutz und Landschaftspflege: die Naturschutzaktivitäten im engeren Sinne und die freiraumbezogene Erholung[8]. Auch hier hat die Landschaftsplanung Entscheidungen im Rahmen weiterer Verfahren vorzubereiten: Sie soll die Daten aufbereiten und in planerische Konzepte einbinden, die notwendig sind, damit einerseits Maßnahmen zum Schutz bedeutsamer Biotope und bedrohter Artenbedrohte ergriffen[9] und andererseits geeignete Erholungsräume entwickelt und gestaltet[10] werden können.

Ist die Landschaftsplanung damit mit beiden Aufgabenkomponenten in eine *Vorlauf*funktion eingewiesen, so trifft diese Funktionsorientierung im Schrifttum auf breite Zustimmung. Nach häufig geäußerter Auffassung kann der "'selektiven Wahrnehmung' der (Fach)Planungsbehörden" nur mit einem ausgelagerten Verfahren entgegengewirkt werden, das alles aus Naturschutzsicht Relevante zusammenzustellen vermag[11]; und auch die naturschutzbezogenen Vollzugsakte sind nach verbreiteter Ansicht auf eine vorgeschaltete Datenerhebung

---

schutzrecht, § 6, Rn. 5; *Diemer*, Naturschutz als kommunale Aufgabe, S. 53; *Gerschlauer* (Fn. 1), S. 603; *Wahl* (Fn. 1), S. 60.

[3] Vgl. nur *Buchwald*, in: *Buchwald/Engelhardt* (Hrsg.), Handbuch für Planung, Gestaltung und Schutz der Umwelt, Bd. 3, S. 28; *Olschowy*, in: *ders.* (Hrsg.), Natur- und Umweltschutz in der Bundesrepublik Deutschland, S. 819 f.; Inhalte und Verfahrensweisen der Landschaftsplanung, S. 12 ff.

[4] *Ebersbach* (Fn. 2), S. 147, S. 251; *Kreuzer* (Fn. 2), Vor § 7, Rn. 4; *Gerschlauer* (Fn. 1), S. 603; *Hendler* (Fn. 2), S. 42.

[5] *Ebersbach* (Fn. 2), S. 255.

[6] *Ebersbach* (Fn. 2), S. 256.

[7] *Diemer* (Fn. 2), S. 53.

[8] *Fatheuer* (Fn. 2), S. 386; *Ebersbach* (Fn. 2), S. 147 und S. 251; *Kreuzer* (Fn. 2), Vor § 7, Rn. 4; *Bernatzky/Böhm* (Fn. 2), § 6, Rn. 5; *Diemer* (Fn. 2), S. 53; *Gerschlauer* (Fn. 1), S. 603.

[9] Dazu näher *Ebersbach* (Fn. 2), S. 251 ff.; *Gerschlauer* (Fn. 1), S. 603.

[10] Dazu *Ebersbach* (Fn. 2), S. 253 f; *Gerschlauer* (Fn. 1), S. 603 f.

[11] So das von *Dolde* zusammengefaßte Beratungsergebnis des Arbeitskreises B der 4. wissenschaftlichen Fachtagung der Gesellschaft für Umweltrecht, in: Dokumentation zur 4. wissenschaftlichen Fachtagung der Gesellschaft für Umweltrecht e.V., S. 108 f.; dem folgend *Soell*, in: *Salzwedel* (Hrsg.), Grundzüge des Umweltrechts, S. 512. Ähnlich auch *Stich/Porger/Steinebach*, Örtliche Landschaftsplanung und kommunale Bauleitplanung, S. 184 ff.; *Schmidt-Aßmann*, NVwZ 1987, S. 273.

und Zielformulierung angewiesen[12]. *Schmidt-Aßmann* macht deshalb in der Funktion der Landschaftsplanung, "Informationen zu geben und Überzeugungsarbeit zu leisten", einen eigenständigen Wert "neben dem ius strictum" aus: "Die langfristige Verfolgung von Umweltinteressen" brauche nicht nur imperative Steuerung, sondern als Basis auch Modelle "eines soft law"[13].

b) Klassifizierungsprobleme und Defizite

Sind sich in der generellen Aufgabenkennzeichnung die meisten Autoren einig, so zeigen sich allerdings bei der näheren Aufgabenbestimmung auch Unsicherheiten, ausgelöst durch die Sonderstellung der Landschaftsplanung als einer sowohl auf die gesamträumlichen wie auch auf die engeren fachlichen Aufgaben bezogenen Planung. Dieser Status hat in der Literatur eine – wenn auch nicht ausführlich diskutierte – Kontroverse hervorgerufen, die zunächst nur als Klassifizierungsproblem erscheint: über die Frage nämlich, ob die Landschaftsplanung als ein gesamträumliches oder ein fachliches Planungsinstrument einzuordnen ist. Die erste Position, von *Erbguth*[14] und *Hoppe*[15] bezogen, sieht die Landschaftsplanung nicht wie andere fachliche Planungen nur einem sektoralen Ziel verpflichtet; sie sei vielmehr, weil medienübergreifend auf den Naturhaushalt in seinem komplexen Wirkungsgefüge bezogen, mit einer umfassenderen Koordinierungsfunktion betraut[16]. Demgegenüber meint die Gegenposition, zuerst von *Hendler*[17] formuliert und von der überwiegenden Zahl der Autoren vertreten[18], daß die Landschaftsplanung den Raum nur unter fachlichen Gesichtspunkten zu gestalten habe[19] und daher auch als Fachplanung zu qualifizieren sei.

---

[12] *Wahl* (Fn. 1), S. 60 f.; *Dolde* (Fn. 11), S. 109; *Soell* (Fn. 11), S. 512; *Schmidt-Aßmann* (Fn. 11), S. 273.

[13] (Fn. 11), S. 273.

[14] UPR 1983, S. 138 und *ders.*, Landschaftsrahmenplanung im Zusammenhang mit Regional- und Landesplanung, Arbeitspapier 3/82 des Zentralinstituts für Raumplanung an der Universität Münster, S. 16 ff.

[15] *Hoppe/Erbguth*, in: Landschaftsplanung – Erfahrungen mit dem neuen Naturschutzrecht, S. 452. In eine ähnliche, wenn auch eher vermittelnde Richtung geht die Klassifizierung von *Pfeifer/Wagner*, DVBl. 1989, S. 793, die von einer *teilkoordinierenden* Planung sprechen.

[16] Vgl. nur *Erbguth*, UPR 1983, S. 138.

[17] (Fn. 2), S. 41.

[18] *Stich/Porger/Steinebach* (Fn. 11), S. 180; *Soell* (Fn. 11), S. 510; *Bernatzky/Böhm* (Fn. 2), Vorbemerkungen vor § 5, Rn. 2; *Ebersbach* (Fn. 2), S. 250; *Pielow*, NuR 1986, S. 61; *Engelhardt/Brenner*, Naturschutzrecht in Bayern, Art. 3, Rn. 2; *Höhnberg*, AgrarR 1982, Beilage I, S. 19; *Runkel*, DVBl. 1992, S. 1406.

[19] Vgl. nur *Hendler* (Fn. 2), S. 41; *Stich/Porger/Steinebach* (Fn. 11), S. 180.

Vordergründig scheint diese Kontroverse ein vorwiegend terminologisches Problem zu sein, verursacht durch die – schon erwähnte – Unschärfe des Begriffspaars "Gesamtplanung/Fachplanung"[20]: Weil sich zwischen die frühen, klassischen Repräsentanten der gesamträumlichen Planung einerseits und der fachlichen Planung andererseits heute vielfach Zwischenformen eingeschoben haben, haben diese Kategorien ohnehin an Leistungsfähigkeit zur begrifflichen Systematisierung von Planungsinstrumenten verloren. Nicht zufällig belegen deshalb auch viele die Landschaftsplanung mit Zwischenklassifikationen: Sie gilt als "sonstige Fachplanung"[21], als "spezielle"[22] oder "fachbezogene"[23] Gesamtplanung oder als "spezielle Umweltplanung"[24]. Bei näherem Hinsehen zeigen sich in der begrifflichen Auseinandersetzung freilich auch inhaltliche Unterschiede unter den jeweils zugrundeliegenden Aufgabenvorstellungen. Ist nämlich die Landschaftsplanung, nach der einen Auffassung, ein "(fachplanerischer) Annex" der gesamträumlichen Planungen[25] oder eine "in die Raumplanung integrierte" Planung[26], dann ist damit nicht nur eine systematisierende Zuordnung getroffen. Vielmehr drückt sich darin auch das Verständnis über einen vorrangigen Aufgabenschwerpunkt der Landschaftsplanung aus: Sie ist in dieser Blickrichtung vor allem Instrument zur Vorbereitung gesamträumlicher Planungsentscheidungen; die sektoralen Aufgaben stehen dagegen im Hintergrund, sind nur nachrangig zu bedienen. Anders demgegenüber, wenn die Landschaftsplanung "Fachplan des Naturschutzes und der Landschaftspflege" ist, dessen querschnittshafte Funktionen rechtlich nicht hervortreten[27]. Dann liegt der Aufgabenschwerpunkt bei sektoralen Aufgaben; die Unterstützung der gesamträumlichen Planungsinstanzen tritt zurück.

Die gekennzeichneten Differenzen in der juristischen Literatur hinsichtlich der Klassifizierung der Landschaftsplanung sind also nicht alleine Zeichen einer verbreiteten Unsicherheit über die systematische Zu- und Einordnung der Landschaftsplanung. Sie decken auch unterschiedliche Aufgaben*vor*verständnisse auf, die unterhalb der vermeintlich gesicherten Aufgabenanalyse beträchtliche Unterschiede in den Aufgabenschwerpunkten zur Folge haben. Sind schon dieser unausgetragenen Fragen wegen die Aufgaben der Landschaftspla-

---

[20] Vgl. dazu nur *Wahl*, Rechtsfragen der Landesplanung und Landesentwicklung, Bd. 1, S. 17 f., S. 275 f.

[21] *Hendler* (Fn. 2), S. 41. *Hahn* (Fn. 2), S. 28, bezeichnet sie als teilkoordinierende Fachplanung.

[22] *Erbguth* (Fn. 16), S. 138.

[23] *Brohm*, Entwicklungen im Raum- und Stadtplanungsrecht, S. 21.

[24] *Schmidt-Aßmann*, DÖV 1979, S. 4.

[25] *Ronellenfitsch*, Einführung in das Planungsrecht, S. 210.

[26] *Kreuzer* (Fn. 2), Vor § 7, Rn. 6.

[27] *Pielow* (Fn. 18), S. 61.

nung nochmals näher zu untersuchen, so zwingt dazu auch ein weiterer Grund. Der Umstand nämlich, daß die Literatur die Aufgaben der Landschaftsplanung alleine vom Boden der bundesrechtlichen Aufgabennormen aus analysiert hat. Zwar ist festgestellt worden, daß es derzeit unmöglich sei, "ein auch nur einigermaßen einheitliches Bild von den Aufgaben der (örtlichen) Landschaftsplanung zu gewinnen"[28]. Gleichwohl hat sich die Literatur mit landesrechtlichen Aufgabenbestimmungen überwiegend nicht näher befaßt; sie hat in eingehenden Untersuchungen vor allem unterschiedliche landesrechtliche Organisationsmodalitäten analysiert und bewertet[29].

Nun ist aber bekannt, daß das BNatSchG seine Rahmenkompetenz nur zögerlich ausgeschöpft hat[30]: Dem Druck der Bundesländer, die ihre zum Teil bereits eingeschlagenen, aber unterschiedlichen[31] Wege zur Etablierung der Landschaftsplanung nicht wieder korrigieren wollten[32], mochte der Bund nur wenig entgegensetzen. Steht deshalb zu vermuten, daß unterhalb des generellen Aufgabenrahmens des BNatSchG unterschiedliche landesrechtliche Aufgabenkonzepte entwickelt worden sind, dann ist auch die skizzierte Kontroverse über den Standort der Landschaftsplanung nicht auf Basis der bundesrechtlichen Aufgabennormen, sondern nur – für jedes Bundesland einzeln – auf Grundlage der Landesnaturschutzgesetze zu entscheiden. Dies wird sich bei näherer Untersuchung auch bestätigen: Das Landesrecht hält nicht alleine verschiedene Organisationskonzepte, sondern auch variantenreiche Aufgabenmodelle bereit, die, wie sich zeigen wird, im wesentlichen die Bandbreite der in der Literatur erwogenen Klassifizierungsansätze von einer Landschaftsplanung als "Fachpla-

---

[28] *Stich*, ZfBR 1986, S. 61.

[29] Beiträge dazu von *Hendler* (Fn. 2), S. 46; *Erbguth* (Fn. 16), S. 140 ff.; *Ebersbach* (Fn. 2), S. 261 ff.; *Hoppe/Erbguth* (Fn. 15), S. 454 f.; *Wahl* (Fn. 1), S. 58 ff.; *Hoppe*, in: Umweltplanungen und ihre Weiterentwicklung, S. 13 f.; *Engelhardt* und *Dolde* in: Dokumentation zur 4. wissenschaftlichen Fachtagung der Gesellschaft für Umweltrecht e. V., S. S. 91 f. und S. 101 ff.; *Soell* (Fn. 11), S. 512; *Bartlsperger*, in: Umweltvorsorge durch Raumordnung, S. 60; *Höhnberg* (Fn. 18), S. 20 ff.; *Gerschlauer* (Fn. 1), S. 605 f.; *Stich/Porger/Steinebach* (Fn. 11), S. 18 f.; *Hofherr*, UPR 1987, S. 90 ff.

[30] Vgl. dazu nur die prononcierte Kritik von *Stein*, in: Die neue Rechtsentwicklung im Naturschutz und Probleme der Landschaftsplanung, S. 21 ff. mit seiner Schlußfolgerung, der Gesetzgeber habe "den Weg des geringsten Widerstands" gewählt, S. 22; eingehend auch *Soell*, in: Analyse und Fortentwicklung des neuen Naturschutzrechts in der Bundesrepublik Deutschland, S. 555 ff.; vgl. auch *ders.*, NuR 1980, S. 2; *Hoppe/Erbguth* (Fn. 15), S. 446.

[31] Dazu *Stich*, in: Die neue Rechtsentwicklung im Naturschutz und Probleme der Landschaftsplanung, S. 60 ff. Allgemein zur mühsamen Entwicklungsgeschichte des BNatSchG und der zeitgleichen Verabschiedung der meisten Landesnaturschutzgesetze s. *Kolodziejcok/Recken*, Naturschutz, Landschaftspflege und einschlägige Regelungen des Jagd- und Forstrechts, 1100, Rn. 10 ff.

[32] Vgl. nur die Begründung des Bundesrates zu dem von ihm vorgelegten Entwurf eines BNatSchG, BT/Drs. 7/3879, S. 16 f., insbes. S. 21, mit der zusammenfassenden Feststellung (zur örtlichen Landschaftsplanung), es könne nicht "Sache eines Bundesrahmengesetzes zu dieser Zeit sein, die eingeleitete Entwicklung in dieser ebenso schwierigen wie wichtigen Frage durch Festschreibung eines bestimmten Zustandes abzubrechen."

nung des Naturschutzes"[33] einerseits bis zum "Annex der Gesamtplanung"[34] andererseits, abdecken[35].

2. Die Einordnung in das räumliche Planungssystem

Wie schon verschiedentlich erwähnt, befaßt sich das juristische Schrifttum vor allem mit unterschiedlichen landesrechtlichen Varianten der organisationsrechtlichen Einbindung der Landschaftsplanung in das räumliche Planungssystem: Es analysiert und klassifiziert Aufstellungsmodalitäten[36]; untersucht den Vorgang der Integration landschaftsplanerischer Aussagen in die überörtliche Gesamtplanung[37]; diskutiert die Auswirkungen und die Vor- und Nachteile der verschiedenen Organisationsmodelle[38]; und macht schließlich auch Vorschläge für bessere Organisationsformen[39].

Gewichtige Faktoren der rechtlichen Einbindung der Landschaftsplanung in das räumliche Planungssystem sind damit analysiert. Ohne die genaue Kenntnis der Aufgaben und Inhalte der Landschaftsplanung bleiben freilich auch Teile dieser Überlegungen lückenhaft. Zwar sind die Beziehungen der Landschaftsplanung zu den von ihr adressierten Planungsinstrumenten auch organisationsrechtlich vermittelt: Sie hat etwa im Verhältnis zur Regionalplanung eine andere Stellung, wenn sie vom Regionalplanungsträger selbst aufgestellt wird[40] als wenn sie von der Naturschutzbehörde verantwortet ist[41]. Organisationsrechtliche Beziehungen vermitteln jedoch nur eine Dimension bei der rechtlichen Einbindung der Landschaftsplanung in das räumliche Planungssystem. Die andere, und zunächst auch vorrangige, bilden Aufgabe und Funktion der Landschaftsplanung: Wiederum im Verhältnis zur Regionalplanung hat sie eine andere Stellung inne, wenn sie (nur) aufbereitet, welche Naturschutzgebiete in

---

[33] *Pielow* (Fn. 18), S. 61.

[34] *Ronellenfitsch* (Fn. 25), S. 210.

[35] Dazu unten S. 59 ff.

[36] So unter dem Gesichtspunkt der sog. Primär- und Sekundärintegration der Landschaftsplanung in die gesamträumlichen Planungen *Hendler* (Fn. 2), S. 45, ihm folgend *Soell* (Fn. 11), S. 513 f. und *Wahl* (Fn. 1), S. 58; unter dem ähnlichen Aspekt der unmittelbaren und mittelbaren Integration *Erbguth* (Fn. 16), S. 140 und *Hoppe/Erbguth* (Fn. 15), S. 453 f.; ähnlich auch – Parallelplanung/integrierte Planung – *Dolde* (Fn. 29), S. 101; ihm folgend *Hofherr* (Fn. 29), S. 89; unter dem Gesichtspunkt der vorlaufenden, mitlaufenden und integrierten Landschaftsplanung *Stich*, UPR 1983, S. 185.

[37] *Wahl*, in: Ökologische Vorrangbereiche, S. 65 ff.; *ders.* (Fn. 1), S. 54 ff.

[38] Vgl. die Nachweise oben Fn. 29.

[39] *Gerschlauer* (Fn. 1), S. 607 ff.; *Stich/Porger/Steinebach* (Fn. 11), S. 191 ff.; *Schmidt-Aßmann* (Fn. 11), S. 273.

[40] So etwa in Bayern, vgl. Art. 3 Abs. 1 Nr. 2 BayNatSchG.

[41] So etwa in Schleswig-Holstein, vgl. § 5 Abs. 1 LPflegG Schl.-H.

einer Region ausgewiesen werden sollen[42] als wenn sie im einzelnen untersucht, welche Naturschutzauswirkungen die in Aussicht genommenen Festsetzungen der Regionalplanung haben[43].

3. Fazit

Obwohl das juristische Schrifttum auf den ersten Blick ein weitgehend gesichertes Verständnis von Aufgabe und Funktion der Landschaftsplanung vermittelt, bleibt also in einer Hinsicht die mangelnde Befassung mit der landesrechtlichen Einrichtung der Landschaftsplanung nicht folgenlos: Ohne genaue Untersuchung der landesrechtlichen Aufgabennormen lassen sich weder die verschiedenen, in unterschiedlichen Systematisierungsansätzen zu Tage getretenen Aufgabenkonzepte verifizieren oder falsifizieren noch läßt sich die Diskussion über die Organisationsvarianten der Landschaftsplanung mit Gewinn führen. In erster Linie hat sich die Arbeit deshalb zunächst mit inhaltlichen Fragen zu befassen: Ohne konsistente Analyse der landesrechtlichen Aufgabenkonzepte ist die Stellung der Landschaftsplanung im räumlichen Planungssystem nicht ausreichend erfaßt[44].

II. Das fachwissenschaftliche Schrifttum

1. Die Aufgabenbestimmung

a) Die Ausgangslage

In der generellen Aufgabenkennzeichnung decken sich die fachwissenschaftlichen Vorstellungen, entwickelt allerdings weniger auf Grundlage rechtlicher Analyse als vielmehr vom Boden der fachlichen Aufgabenansprüche aus, weitgehend mit den eben skizzierten Überlegungen im juristischen Schrifttum; das ist auch wenig verwunderlich, hat doch schließlich die fachliche Literatur

---

[42] So im wesentlichen die Landschaftsrahmenplanung nach schl.-h. Muster; vgl. etwa den insoweit repräsentativen Landschaftsrahmenplan Plön, 1984 herausgegeben vom Minister für Ernährung, Landwirtschaft und Forsten, der auf nur 8 Seiten "allgemeine Maßnahmen" abhandelt, dagegen im einzelnen auf 26 Seiten die notwendigen Maßnahmen für Naturschutz und Erholung aufzeichnet.

[43] So § 16 Abs. 2 LPflG R.-Pf.

[44] Das Fehlen allgemeingültiger Vorstellungen über den Inhalt von Landschaftsplänen kritisiert in rechtspolitischer Hinsicht auch *Blume*, NuR 1989, S. 332.

die juristische Aufgabenanalyse entscheidend geprägt[1]. Landschaftsplanung ist danach *das* Planungsinstrument des Naturschutzes[2], ausdifferenziert in zwei Aufgabenkomponenten: Auf dem Gebiet des engeren Naturschutzes und der freiraumbezogenen Erholung hat sie *sektorale* Funktionen[3]; als ökologischer Beitrag zu den gesamträumlichen und fachlichen Planungen eignen ihr *querschnittsorientierte* Funktionen[4].

Die *sektorale* Komponente gilt zum einen den engeren fachlichen Aufgaben des Naturschutzes und der Landschaftspflege[5]: der Entwicklung von Maßnahmen des Flächen- und Objektschutzes, "Management"-Konzepte für geschützte Flächen, Konzepte zum Schutz oder zur Neuansiedlung von Biotopen oder Maßnahmen zum Schutz einzelner Arten[6]. Die zweite Planungsfunktion im Rahmen der sektoralen Aufgabenrichtung bezieht sich auf die freiraumbezogenen Erholungsaktivitäten, sie will die Landschaft "als Erlebnis- und Erholungsraum"[7] entwickeln: durch die Erschließung von Schutzgebieten[8], Freizeitanlagen oder stadtnahen Erholungsräumen[9].

Die querschnittsbezogene Planungskomponente erstrebt demgegenüber die Beeinflussung *anderer* Raumansprüche; die gesamträumlichen wie die fachlichen Planungen, die Eingriffe in Natur und Landschaft betreiben, sollen eine ökologische Orientierung erhalten. Hierfür hat die Landschaftsplanung einen *Beitrag* zu leisten: Sie kann zwar selbst nicht die verbindlichen Entscheidungen über die ökologischen Restriktionen zu Lasten anderer Raumansprüche treffen. Aber sie soll den gesamträumlichen und fachlichen Planungsinstanzen die Informationen liefern und die sich daraus ergebenden Anforderungen konkretisieren, die notwendig sind, damit diese naturschutzgerechte Entscheidungen tref-

---

[1] Das gilt vor allem für die einführenden Beiträge von *Olschowy*, in: *ders.* (Hrsg.), Natur- und Umweltschutz in der Bundesrepublik Deutschland, S. 819 f. und *Buchwald*, in: *Buchwald/Engelhardt* (Hrsg.), Handbuch für Planung, Gestaltung und Schutz der Umwelt, Bd. 3, S. 28.

[2] *Olschowy* (Fn. 1), S. 818; *Buchwald* (Fn. 1), S. 26; Inhalte und Verfahrensweisen der Landschaftsplanung, S. 6.

[3] *Olschowy* (Fn. 1), S. 820; *Buchwald* (Fn. 1), S. 28; Inhalte und Verfahrensweisen der Landschaftsplanung, S. 7.

[4] *Olschowy* (Fn. 1), S. 819; *Buchwald* (Fn. 1), S. 28; Inhalte und Verfahrensweisen der Landschaftsplanung, S. 7.

[5] Vgl. dazu *Heydemann*, in: Der Landschaftsplan nach den Naturschutzgesetzen, S. 61 ff.; Inhalte und Verfahrensweisen der Landschaftsplanung, S. 16; *Olschowy* (Fn. 1), S. 823.

[6] Inhalte und Verfahrensweisen der Landschaftsplanung, S. 17.

[7] Inhalte und Verfahrensweisen der Landschaftsplanung, S. 17; *Olschowy* (Fn. 1), S. 824.

[8] Zum Nutzungskonflikt zwischen Naturschutzzielen einer und Erholungsansprüchen andererseits vgl. allerdings *Erz*, in: *Buchwald/Engelhardt* (Fn. 1), S. 580; Inhalte und Verfahrensweisen der Landschaftsplanung, S. 19.

[9] Dazu Beirat (Fn. 2), S. 17 ff.; *Olschowy* (Fn. 1), S. 824; *Sollmann*, in: Der Landschaftsplan nach den Naturschutzgesetzen, S. 72 ff.

fen können. In diesem Sinne versteht sich die Landschaftsplanung als "Anwalt von Natur und Landschaft"[10]: In der Auseinandersetzung um die künftigen Raumentwicklungen will sie gegenüber den Raumansprüchen der Gesellschaft die Forderungen von Natur und Landschaft zur Geltung bringen.

b) Unsicherheiten und Überforderungen

Wie das juristische Schrifttum zeigt indes auch die fachliche Literatur unterhalb ihrer generellen, von einem breiten Konsens getragenen Aufgabenkennzeichnung in wichtigen Einzelfragen einige Unsicherheiten. Sie betreffen in erster Linie die gesamtplanungsbezogene Aufgabenkomponente und damit den Bereich, dem in den fachlichen Überlegungen die größte Aufmerksamkeit beigemessen wird. Denn hier entscheidet sich für den Erhalt der natürlichen Ressourcen wesentliches: Soweit nicht die allgemeine Raumnutzung naturschutzverträglich ausgestaltet werden kann, wird die Bedrohung der natürlichen Grundlagen auch mit dem wirkungsvollsten Schutzgebietskonzept nicht zu bewältigen sein[11]. Fordern deshalb Fachwissenschaftler und Planungspraktiker einhellig "die ökologische Orientierung der Raumordnung"[12, 13], so ist indes umstritten, von welchem Ansatz aus die Landschaftsplanung ihren Beitrag dazu entwickeln soll:

Die eine Seite, mehrheitlich vertreten[14], bezieht einen *anthropozentrischen* Standpunkt. Ausgehend von den vorhandenen und geplanten Nutzungen "fremder" Ressorts fragt sie nach den Auswirkungen, die sich durch die von diesen Nutzungen ausgelösten Ressourcenbelastungen anderen Nutzungen mitteilen. Typisch ist in dieser Blickrichtung etwa die Feststellung, daß Luftverunreinigungen durch Industriestäube zu Nutzungskonflikten mit Ackerbau, Forstwirtschaft, Siedlung und anderem führen[15]. Als Belastung erscheint nicht die Ressourcenveränderung an sich, sondern erst die von ihr ausgelöste Beeinträchti-

---

[10] *Olschowy* (Fn. 1), S. 820.

[11] *Kaule*, Arten- und Biotopschutz, S. 364; *Mrass*, in: Der Landschaftsplan nach den Naturschutzgesetzen, S. 27; *Erz*, Geographische Rundschau 1987, S. 314.

[12] So auch das Tagungsthema, unter dem sich die ARL 1978 mit diesen Fragen befaßt hat; vgl. Forschungs- und Sitzungsberichte der ARL, Bd. 131.

[13] Vgl. dazu nur die Beiträge von *Kiemstedt* und *Buchwald* in ARL (Fn. 12), S. 46 ff. und S. 63 ff. Vgl. weiter *Buchwald*, in: 20 Jahre Grüne Charta, S. 294; *ders.* (Fn. 1), S. 8 ff.; *Hahn-Herse/Kiemstedt/Wirz*, Landschaft + Stadt 1984, S. 67;

[14] *Hahn-Herse/Kiemstedt/Wirz* (Fn. 13), S. 67 ff.; *Buchwald* (Fn. 1), S. 32 ff.; *ders.* (Fn. 13), S. 294; *Kiemstedt* (Fn. 13), S. 49 ff.; Arbeitsgruppe TRENT, Typologische Untersuchungen zur rationellen Vorbereitung umfassender Landschaftsplanungen, Ms., S. 78 ff.; *Bierhals/Kiemstedt/Scharpf*, Raumforschung und Raumordnung 1974, S. 76 ff.; *Hahn-Herse*, in: Der Landschaftsplan nach den Naturschutzgesetzen, S. 48 ff.

[15] Vgl. dazu etwa die von *Buchwald* (Fn. 1) aufgestellten Matrizes, S. 38, S. 41 und S. 50.

gung anderer Nutzungen[16]; die Landschaftsplanung soll daher alle "ökologischen Auswirkungen[17], die von einem Nutzungsanspruch auf andere Nutzungsansprüche ausgehen", systematisch erfassen und bewerten[18]. Sie denkt deshalb in dem Dreischritt "Verursacher – Wirkung – Betroffene"[19] und schlägt auf dieser Grundlage eine Ordnung von "Nutzungsmustern" vor, die nicht mit gegenseitigen Störungen verbunden sind[20].

Diesen Überlegungen steht ein Ansatz gegenüber[21], der sich darauf beschränken möchte, das *aus Naturschutzsicht* anzustrebende Leitbild im Planungsraum zu installieren. Er sucht zunächst die Ziele des Naturschutzes und der Landschaftspflege zu formulieren: Konzepte für den Arten- und Biotopschutz, das Landschaftsbild, den Naturhaushalt und die Erholungsvorsorge[22]. Von dieser Basis aus entwickelt er zum einen "eigene" Flächenansprüche und begründet daneben die querschnittsorientierten Anforderungen an die "fremden" Nutzungen, die sich in gestuften Nutzungsrestriktionen niederschlagen: Bereiche, in denen Eingriffe unzulässig sein sollen, Nutzungs- und Bewirtschaftungsregelungen oder Nutzungseinschränkungen[23].

Scheint zunächst vom Ausgangspunkt der zweite Ansatz mit seiner naturschutzmotivierten Schutzrichtung wesentlich weitreichender zu sein als das erste, auf einen anthropozentrischen Ressourcenschutz beschränkte Konzept[24], so ist allerdings der planungspraktische Koordinierungsanspruch und vor allem: der vorlaufende Untersuchungsbedarf, bei dem ersten Konzept ungleich höher als bei dem zweiten. Während nämlich dort die Überlegungen "alleine" auf die fachlichen Anforderungen des Naturschutzes und der Landschaftspflege zu richten sind, müssen dort auch noch die verschiedenen ökologisch vermittelten Nutzungskonflikte und -interferenzen ermittelt, verarbeitet und minimiert werden; der Planungsaufwand erhält eine andere Dimension[25]. Nicht zuletzt des-

---

[16] Arbeitsgruppe TRENT (Fn. 14), S. 77.

[17] Bezogen auf alle Naturpotentiale: biotisches Regenerationspotential, biotisches Ertragspotential, klimatisches Regenerationspotential, Rohstoffpotential, Wasserhaushaltspotential, Erholungspotential. Zu ihrer Bedeutung im Rahmen der Landschaftsplanung vgl. nur *Kiemstedt* (Fn. 13), S. 50 ff.

[18] *Bierhals/Kiemstedt/Scharpf* (Fn. 14), S. 77.

[19] *Hahn-Herse* (Fn. 14), S. 51.

[20] Arbeitsgruppe TRENT (Fn. 14), S. 77.

[21] Vertreten von *Mrass* (Fn. 11), S. 20 ff.; *Mrass/Winkelbrandt*, Natur und Landschaft 1984, S. 292 f.; *Krause/Mrass/Winkelbrandt*, Natur und Landschaft 1985, S. 54 ff.

[22] *Krause/Mrass/Winkelbrandt* (Fn. 21), S. 56.

[23] *Krause/Mrass/Winkelbrandt* (Fn. 21), S. 57.

[24] Kritik an diesem Ansatz deshalb von *Mrass* (Fn. 11), S. 22 f.; dagegen *Hahn-Herse* (Fn. 14), S. 43 f.

[25] Vgl. dazu nur den Umfang der Überlegungen, die in den oben (Fn. 15) genannten Matrizes von *Buchwald* zusammengefaßt sind.

halb wird der anthropozentrische Ansatz kritisiert: *Krause* und *Henke* halten den Landschaftsplaner bei dieser Aufgabe für überfordert, da jeder objektive Versuch, "alle beachtenswerten Verflechtungen zwischen Natur und vielfältigen Nutzungen aufzuzeigen und zu bewerten ... angesichts der zu bewältigenden Datenvielfalt ... ins Uferlose abgleiten" müßte[26].

Ob dies tatsächlich zutrifft, ist hier ebensowenig zu entscheiden wie die Frage, ob das aufgezeigte naturschutzorientierte Konzept eine sachlich und fachlich angemessene Reaktion auf den querschnittsorientierten Bedarf der gesamträumlichen Planungen bietet. Immerhin wird allerdings auch aus anderer Richtung Skepsis an zu aufgeladenen Aufgabenkonzepten geäußert. So haben sich *Künkele*[27] und *Plachter*[28] dagegen gewandt, die Erarbeitung von Artenschutzprogrammen alleine der Landschaftsplanung zu überlassen; weil sie schon mit der Ermittlung der Grundlagendaten überfordert[29] und auch von der Regelungsdichte nicht in jeder Hinsicht für diese Aufgabe geeignet sei[30], solle diese Fachaufgabe einem eigenständigen Programm übertragen werden[31]. Und von anderer Warte aus hat auch *Hübler* geraten, die Landschaftsplanung "abzuspecken", anstatt ineffiziente Maximalkonzepte zu verfolgen[32].

2. Die Einordnung in das räumliche Planungssystem

Ist die geschilderte Kontroverse in erster Linie ein Zeichen für die noch unausgetragenen Probleme bei der präzisen Bestimmung der landschaftsplanerischen Aufgaben in der fachlichen Literatur, so ist sie in einer weiteren Hinsicht auch aufschlußreich für die Standortbestimmung der Landschaftsplanung im räumlichen Planungssystem. Der Landschaftsplanung drohen nämlich bei einem weitgefaßten Planungsansatz nach dem anthropozentrischen Muster nicht nur Überforderungen bei der Planerstellung. Sie droht bei diesem Konzept auch an dem Bedarf der gesamträumlichen Planungen vorbei zu produzieren. Denn diese sind in ihrer derzeitigen rechtlichen Ausgestaltung, vor allem auf über-

---

[26] Beispielhafte Untersuchungen von Wirkungszusammenhängen im Rahmen der Landschaftsplanung, Schriftenreihe für Landschaftspflege und Naturschutz H. 20, 1980, S. 215 mit Fn. 8.

[27] In: Verhandlungen der Gesellschaft für Ökologie Bd. 8, S. 33 ff.

[28] In: Stand und Entwicklung des Artenschutzes, Jahrbuch für Naturschutz und Landschaftspflege Bd. 34, S. 36 ff.

[29] *Künkele* (Fn. 27), S. 34.

[30] *Plachter* (Fn. 28), S. 54 ff.

[31] Zustimmend *Kuhn*, in: *Hölzinger* (Hrsg.), Die Vögel Baden-Württembergs, Bd. 1, Teil 1, S. 44. *Plachter* (Fn. 28) beobachtet im übrigen, daß auch die Länder überwiegend diesen Weg gegangen seien, S. 41.

[32] Referat anläßlich der Fachtagung "Der Beitrag der Landschaftsplanung zur Regional- und Bauleitplanung" am 15.09.87, Ms., S. 8, S. 10.

örtlicher Ebene als aggregierende und zusammenfassende Planungen[33], kaum darauf ausgerichtet, jede Einzelheit einer "ökologischen und visuellen Nutzungsverträglichkeitsprüfung"[34] aller räumlichen Nutzungen aufzunehmen und jede Nutzungsinterferenz zu verarbeiten.

Generell ist an diesem Punkt ein Defizit der fachwissenschaftlichen Überlegungen zu konstatieren: Ausführlich und eingehend richten sie sich auf die methodischen Probleme bei der Bewertung von Eingriffen in Natur und Landschaft und von Nutzungsveränderungen und auf die aus fachlicher Sicht notwendigen Schritte zur Eindämmung der schleichenden Zerstörung der natürlichen Grundlagen. Die Fachwissenschaften passen aber ihre Konzepte zu wenig an das bestehende rechtliche und fachliche Instrumentarium an[35], überlegen kaum, in welchen formalen Kategorien die von ihnen gewonnenen Ergebnisse den einzelnen Nutzungen und Nutzern gegenüber zur Geltung zu bringen sind. Das belegt besonders deutlich auch der Umstand, daß bislang die Raumordnungskonzepte der Raumwissenschaften[36], die jenseits der abstrakten Aufgabennormen im ROG und den Landesplanungsgesetzen Aufgaben und Inhalte der landes- und regionalplanerischen Planungen maßgeblich prägen, nahezu unverarbeitet geblieben sind. Zwar sind einzelne Untersuchungen zu den ökologischen Implikationen der gängigen Raumordnungskonzepte zu verzeichnen[37]. Und *Haber* hat auch Ansätze eines ökologisch orientierten Raumordnungskonzeptes entworfen: das Konzept der ökologisch differenzierten Landnutzung[38]. Gleichwohl hat das nicht dazu geführt, daß Fachwissenschaft oder Planungspraxis über die vorhandenen naturschutzgerichteten "Bausteine"[39] von Landes- und Regionalplanung[40] hinaus Planungselemente entwickelt hätten, die einen effektiven, aber angemessenen Einbau ökologischer Elemente in das

---

[33] Dazu im einzelnen unten S. 96 ff.

[34] *Hahn-Herse/Kiemstedt/Wirz* (Fn. 13), S. 69.

[35] Das kritisiert auch *Mrass* (Fn. 11), S. 21 f.

[36] Einen Überblick gibt *Dietrichs* in: Funktionsräumliche Arbeitsteilung, Teil I: Allgemeine Grundlagen, S. 25 ff.; vgl. auch *Fürst/Hesse*, Landesplanung, S. 26 ff.

[37] *Buchwald* (Fn. 1), S. 19 ff.; *ders.* (Fn. 13), S. 299; *Haber*, in: Die ökologische Orientierung der Raumplanung, S. 12 ff.; *Ganser*, in: ebd., S. 25 ff. *Rudischhauser*, Das raumplanerische Instrument großräumiger ökologischer Vorranggebiete. Vgl. auch *Bierhals/Lüderwald*, in: *Buchwald/Engelhardt* (Fn. 1), S. 555.

[38] In: Bayerisches landwirtschaftliches Jahrbuch 48, 1971, Sonderheft 1, S. 19 ff.; *ders.* (Fn. 37), S. 19 f. Vgl. dazu weiter *Schemel*, Landschaft + Stadt 1976, S. 159 ff.; *Buchwald* (Fn. 1), S. 11 ff.

[39] Ausdruck von *Wahl*, Rechtsfragen der Landesentwicklung und Landesplanung, Bd. 1, S. 164.

[40] Zum vorhandenen Bestand landes- und regionalplanerischer Planungselemente mit Naturschutzbezug unten S. 99 ff. und S. 103 ff.

Zentrale-Orte-Konzept[41], das Konzept der ausgeglichenen Funktionsräume[42] oder der funktionsräumlichen Arbeitsteilung[43] ermöglichen würden[44].

3. Fazit

Wie die juristische Literatur präsentiert also auch das fachliche Schrifttum auf einem hohen Abstraktionsniveau eine gesicherte und breit vertretene Aufgabenanalyse, zeigt aber Unsicherheiten bei wichtigen Einzelfragen der Aufgabenumsetzung. Dabei erweist sich neben dem Gesichtspunkt der drohenden Überforderung der landschaftsplanerischen Instrumente durch zu ausgeweitete Aufgaben vor allem ein Aspekt als wesentlich, der sich schon im juristischen Schrifttum gezeigt hat: Der Einbau der Landschaftsplanung in das räumliche Planungssystem und das Verhältnis zu ihren Planungsadressaten wird weitgehend mit formalen und organisatorischen Kategorien behandelt, unter dem Gesichtspunkt der rechtlichen Verbindlichkeit landschaftsplanerischer Darstellungen oder des Integrationsmodus in die gesamträumlichen Pläne diskutiert. Weitgehend fehlen aber Überlegungen zu den inhaltlichen Verknüpfungen zwischen den aufeinander bezogenen Planungsinstrumenten, zu den Planungsleistungen, die die adressierten Planungen von der Landschaftsplanung fordern. Für eine sachgerechte Erfassung der landschaftsplanerischen Funktion und auch für die adäquate Einbindung in das Planungssystem reicht es aber nicht aus, nur auf die fachlichen Bedürfnisse zur Abwendung der zunehmenden Naturschutzprobleme abzustellen. Notwendig ist vielmehr ein *doppelter Blick*: auf die Anforderungen des Naturschutzes *und* auf die instrumentellen Umsetzungsbedingungen.

Hat damit die Durchsicht der juristischen und fachlichen Literatur die Aspekte aufgezeigt, denen bisher in den Überlegungen zur Funktion der Landschaftsplanung zu wenig Beachtung zuteil geworden sind, so ist dadurch das Programm der weiteren Untersuchung in wesentlichen Punkten abgesteckt:

---

[41] Ausführlich dazu *Wahl*, Rechtsfragen der Landesentwicklung und Landesplanung, Bd. 2, S. 11 ff.

[42] Grundlegend dazu *Marx* in: Ausgeglichene Funktionsräume. ARL, Forschungs- und Sitzungsberichte Bd. 94, S. 1ff. und die Aufsätze in: Gleichwertige Lebensbedingungen durch eine Raumordnungspolitik des mittleren Weges. Kritik bei *Hübler* in: Beiträge zum Konzept der ausgeglichenen Funktionsräume, S. 73 ff. und *Hübler/Scharmer/Weichtmann/Wirz*, Zur Problematik der Herstellung gleichwertiger Lebensverhältnisse.

[43] Vgl. dazu die Bände Funktionsräumliche Arbeitsteilung, Teil 1 und Teil 2. In diesen Bänden Kritik von *Finke*, Funktionsräumliche Arbeitsteilung aus ökologischer Sicht (Teil 1, S. 61 ff.) und: Funktionsgruppe Ressourcenschutz (Teil 2, S. 269 ff.). Kritisch auch *Sträter*, Die Planungskonzeption der großräumigen Vorrangfunktionen.

[44] Vorschläge finden sich bei *Schmidt*, in: Integration der Landschaftsplanung in die Raumplanung, S. 126 ff.

Neben den auch in der Literatur erörterten organisationsrechtlichen Fragen legt sie ihr Augenmerk vor allem auf Konturierung der verschiedenen landesrechtlichen Aufgabenkonzepte, auf die Analyse der inhaltlichen Beziehungen und Restriktionen im Verhältnis der Landschaftsplanung zu den adressierten Planungsinstrumenten und auf den Gesichtspunkt der sachgemäßen Umsetzbarkeit der landschaftsplanerischen Aufgabenkonzepte.

C. Die landesrechtliche Ausgestaltung der Landschaftsplanung

I. Die bundesrechtlichen Vorgaben

Naturschutzrecht in der Bundesrepublik ist *föderales* Recht[1]. Zwar hat der Bund mehrere Anläufe unternommen, um auch für diese Materie die alleinige Gesetzgebungszuständigkeit zu erlangen; den Widerstand der Länder hat er dabei jedoch nicht zu überwinden vermocht[2]. Die Folgen für das Recht der Landschaftsplanung sind beträchtlich. Weil dem Bund die politische Kraft fehlte, um die Länder, die vielfach bereits eigene Naturschutzgesetze verabschiedet hatten[3], auf eine einheitliche Linie zu verpflichten[4], verzichtete er auf verschiedene ursprünglich diskutierte Regelungselemente, vor allem im organisationsrechtlichen Bereich[5]. Statt dessen beschränkte er sich in den §§ 5 und 6 BNatSchG im wesentlichen auf die generalklauselhafte Normierung der landschaftsplanerischen Aufgaben und auf einige Grundzüge der Vermittlung der Planungsergebnisse, die bis jetzt auf die Entwicklung des Landesrechts nur wenig disziplinierende Kraft ausüben konnten und eine bunte Vielfalt landesrechtlicher Vorschriften entstehen ließen[6].

Vor diesem Hintergrund sind die bundesrechtlichen Rahmenvorgaben für die Landschaftsplanung, in erster Linie also: die Aufgabennormen der §§ 5 und

---

[1] Art. 75 Nr. 3 GG verleiht dem Bund insoweit nur eine Rahmengesetzgebungskompetenz.

[2] Zu den verschiedenen Anläufen bis zur Entstehung des BNatSchG s. *Kolodziejcok/Recken*, Kommentar zum BNatSchG, Vorbemerkungen, Rn. 10 ff. Über die Entstehungsgeschichte berichtet auch *Baumeister*, Die Integration der örtlichen Landschaftsplanung in die Bauleitplanung, S. 20 ff.

[3] Darüber informiert *Stich*, in: Die neue Rechtsentwicklung im Naturschutz und Probleme der Landschaftsplanung, S. 60 ff.; vgl. auch *Kolodziejcok/Recken* (Fn. 2), Vorbemerkungen, Rn. 14.

[4] Kritisch dazu *Stein*, in: Die neue Rechtsentwicklung im Naturschutz und Probleme der Landschaftsplanung, S. 21 ff.; *Soell*, in: Analyse und Fortentwicklung des neuen Naturschutzrechts in der Bundesrepublik, S. 555 ff.; *Hoppe/Erbguth*, in: Landschaftsplanung – Erfahrungen mit dem neuen Naturschutzrecht, S. 446; *Schomerus*, Defizite im Naturschutzrecht, S. 118.

[5] Das betrifft insbesondere die zunächst vorgesehene Planungszuständigkeit der *Naturschutzbehörden*, vgl. den – allerdings auf der Annahme einer bundesrechtlichen Vollkompetenz basierenden – Entwurf der Bundesregierung vom 9. 7. 1973, BT/Drs. 7/886, §§ 5 Abs. 1, 6 Abs. 1 und 7 Abs. 1. Ähnlich der – von der bestehenden Rahmenkompetenz ausgehende – Entwurf der CDU/CSU-Fraktion vom 14. 3. 1973, BT/Drs. 7/324, § 8 Abs. 1.

[6] Vgl. nur die Übersicht von *Hoppe/Erbguth* (Fn. 4), S. 448 ff.

6 BNatSchG näher zu analysieren. Allerdings weniger, um die Grenzen landesrechtlicher Regelung zu bestimmen. Sondern vielmehr zur Offenlegung der landesrechtlichen Spielräume bei der Fixierung der landschaftsplanerischen Aufgaben. Hier ist die Perspektive schon im Ansatz anders als in der juristischen Literatur. Während diese, wie berichtet[7], die Aufgaben der Landschaftsplanung im wesentlichen alleine aus dem BNatSchG zu erschließen versucht und damit die bundesrechtliche Regelung unzulässig in die Nähe einer Vollregelung rückt, ist hier der Blick offen auch für die Fragen, die das BNatSchG *nicht* geregelt hat.

1. Die Aufgabennorm

Die Aufgaben der Landschaftsplanung sind im BNatSchG in der für die Bestimmung von Planungsaufgaben üblichen, lapidaren Kürze umschrieben[8]: "Die Erfordernisse und Maßnahmen zur Verwirklichung der Ziele des Naturschutzes und der Landschaftspflege sind in Landschaftsplänen darzustellen"[9]. Rechtlich fixiert ist damit die Grundentscheidung des BNatSchG für eine *planerische* Bewältigung der Naturschutzprobleme: Naturschutzfragen sollen nicht alleine der isolierten und isolierenden Einzelentscheidung überlassen, sondern im Zusammenhang betrachtet werden; das Aufgreifen von Einzelfragen durch verschiedene Akteure soll einer Gesamtschau weichen, die die ökologischen Wirkungszusammenhänge in den Blick zu nehmen weiß; die Verwirklichung von Naturschutzzielen soll sich nicht auf unverbundene punktuelle Maßnahmen beschränken, sondern auf ein planerisches und gestalterisches Gesamtkonzept gestützt sein: Auch im Naturschutzrecht hat das *Planmäßigkeitsprinzip*[10] Einzug gehalten. Daraus folgen die Aufgaben der Landschaftsplanung: die aus Sicht der jeweiligen Planungsebene relevanten Naturschutzfragen aufzugreifen; die generellen, zum Teil auch untereinander konfligierenden Naturschutzziele zu räumlich bezogenen Anforderungen zu konkretisieren[11]; und schließlich aus dem Anforderungskatalog ein abgestimmtes Maßnahmenkonzept zu entwickeln.

Die Grundentscheidung für einen planungsgeleiteten Naturschutz ist also bundesrechtlich festgelegt; sie könnte von den Ländern nicht übergangen wer-

---

[7] Oben S. 30.

[8] Dazu *Wahl*, Rechtsfragen der Landesplanung und Landesentwicklung, Bd. 1, S. 158 f.

[9] §§ 5 Abs. 1 und 6 Abs. 1.

[10] Dazu *Schmidt-Aßmann*, Grundfragen des Städtebaurechts S. 70 f.

[11] Zu dem langen, aber unerläßlichen Prozeß der Konkretisierung der Naturschutzziele s. *Schmidt-Aßmann*, NuR 1979, S. 4 f.

den. Wie aber die geschilderte Kontroverse innerhalb der Fachwissenschaft[12] zeigt, liegen die eigentlich umstrittenen und bedeutsamen Weichenstellungen für die Funktion der Landschaftsplanung auf einer anderen, tieferen Ebene, bei der konkreten Umsetzung dieses Auftrages. Bei den Fragen nämlich, ob die Landschaftsplanung alle ökologisch vermittelten Nutzungskonflikte im Planungsraum aufzuarbeiten und Lösungsansätze aufzuzeigen hat[13] oder ob sie sich auf die Entwicklung engerer fachlicher Konzepte und daraus abgeleiteter Anforderungen an andere Nutzer beschränken soll[14]; ob sie Aussagen zu *allen* räumlichen Nutzungen zu treffen und *alle* räumlichen Planungsinstrumente zu bedienen hat oder ob sie sich auf einen "abgespeckten" Aufgabenkatalog konzentrieren soll[15]; welcher Ausschnitt aus den sektoralen Fachaufgaben ihr zugewiesen werden soll[16]. Allgemein: welche Aufgaben in einem Planungszugriff nicht zu erfüllen sind, weil sie die Planungsinstanzen zu überfordern drohen[17]. Umstritten ist nicht, *daß* die Ziele des Naturschutzes (landschafts)planerisch zur Geltung zu bringen sind, sondern *welcher Adressat welche Vorgaben* im einzelnen erhalten soll; also: welcher Anteil an der umfassenden und aufwendigen Aufgabe der Konkretisierung der Ziele von Naturschutz und Landschaftspflege der *Landschaftsplanung* aufzutragen und welcher Anteil den *weiteren* Instrumenten des Naturschutzes zuzuweisen ist.

In diesem Streit ist die bundesrechtliche Aufgabennorm kaum mobilisierbar[18]. Sie ist ohnehin zu lapidar, als daß sie präzisen Einzelfragen einen ausreichenden Maßstab bieten würde. Vor allem ist aber auch die Einfügung einer auch bei anderen Planungsinstrumenten bekannten[19] *Erforderlichkeitsklausel* bedeutsam: Nach bundesrechtlicher Regelung hat die Landschaftsplanung die Naturschutzbelange nur insoweit aufzubereiten, wie es zur Verwirklichung der Naturschutzziele *erforderlich* ist. Zwar ist diese Klausel nur in die Aufgaben-

---

[12] Oben S. 34 ff.

[13] *Hahn-Herse/Kiemstedt/Wirz*, Landschaft + Stadt 1984, S. 67 ff; *Buchwald*, in: *Buchwald/Engelhardt* (Hrsg.), Handbuch für Planung, Gestaltung und Schutz der Umwelt, Bd. 3, S. 32 ff.; *Hahn-Herse*, in: Der Landschaftsplan nach den Naturschutzgesetzen, S. 48 ff. *Bierhals/Kiemstedt/Scharpf*, Raumforschung und Raumordnung 1974, S. 76 ff.

[14] *Mrass*, in: Der Landschaftsplan nach den Naturschutzgesetzen, S. 20 ff.; *Mrass/Winkelbrandt*, Natur und Landschaft 1984, S. 292 f.; *Krause/Mrass/Winkelbrandt*, Natur und Landschaft 1985, S. 54 ff.

[15] *Hübler*, Referat anläßlich der Fachtagung "Der Beitrag der Landschaftsplanung zur Regional- und Bauleitplanung", S. 8.

[16] Vgl. dazu *Künkele*, in: Verhandlungen der Gesellschaft für Ökologie Bd. 8, S. 33 ff.; *Plachter*, in: Stand und Entwicklung des Artenschutzes, S. 36 ff.

[17] Dazu *Krause/Henke*, Beispielhafte Untersuchungen von Wirkungszusammenhängen im Rahmen der Landschaftsplanung, Schriftenreihe für Landschaftspflege und Naturschutz H. 20, S. 215 mit Fn. 8; *Künkele* (Fn. 16), ebd.

[18] Das versuchen aber *Hahn-Herse/Kiemstedt/Wirz* (Fn. 13), S. 69.

[19] Vgl. insbesondere § 1 Abs. 3 BauGB.

bestimmung für die örtliche Ebene ausdrücklich eingefügt (§ 6 Abs. 1 BNatSchG). Aus dem Kontext ist aber zu schließen, daß sie immanent auch für die ansonsten wortgleiche Aufgabenbestimmung des § 5 Abs. 1 BNatSchG für die überörtliche Landschaftsplanung gilt. Darauf deutet zum einen schon der Wortlaut "Erfordernisse und Maßnahmen zur Verwirklichung der Naturschutzziele" in § 5 Abs. 1 BNatSchG hin; er weist keinen anderen sprachlichen Gehalt auf als die Klausel des § 6 Abs. 1 BNatSchG "erforderlich aus Gründen des Naturschutzes". Zum anderen zeigt auch eine systematische Überlegung, daß etwas anderes nicht gemeint sein kann. Denn wenn die Landschaftsplanung *alle* Naturschutzziele aufbereiten müßte, so würde sie stets auch das zu bearbeiten haben, was (nachfolgend) noch Gegenstand der *anderen* Naturschutzverfahren ist; die Landschaftsplanung wäre dann nicht nur bezüglich der generellen Vorgaben, sondern in jedem fachlichen Detail identisch mit den nachfolgenden Verfahren. Dies kann ihr Zweck kaum sein; sie mit Vorlauffunktionen zu betrauen, ist ja nur verständlich, wenn sie Abstimmungen leisten soll, die sonst gerade nicht zu erbringen sind.

Hat das BNatSchG also in die landschaftsplanungsrechtlichen Aufgabennormen jeweils eine Erforderlichkeitsklausel eingefügt, so ist auch über den Kreis der von der Landschaftsplanung zu bedienenden Planungen und die Arbeitsteilung unter den Naturschutzinstrumenten nichts Abschließendes festgelegt. Vielmehr ist den zur landesrechtlichen Umsetzung der Aufgabennormen berufenen Ländern[20] ein Spielraum überlassen, innerhalb dessen sie über die instrumentelle Einfassung der Landschaftsplanung entscheiden können. Er wird dirigiert und begrenzt durch das leitende Planmäßigkeitsprinzip: Soweit die planmäßige Konkretisierung der Ziele von Naturschutz und Landschaftspflege nur im Rahmen eines integrierenden Planungsverfahrens möglich ist, hat die Landschaftsplanung diese Aufgabe zu übernehmen. Soweit aber die Ziele des Naturschutzes und der Landschaftspflege ohne Verletzung des Planmäßigkeitsgrundsatzes und ohne Vernachlässigung ihrer materiellen Anforderungen auch in anderen Verfahren zur Geltung gebracht werden können, braucht es keine Landschaftsplanung.

Es zeigt sich also, daß das BNatSchG, dem Charakter als Rahmengesetz entsprechend, für die Aufgaben der Landschaftsplanung lediglich den Rahmen festgesetzt hat. Den Ländern ist bei der Errichtung der Landschaftsplanung Spielraum eingeräumt worden, den sie jeweils nach ihrer Einschätzung der verschiedenen Naturschutzaufgaben, des Kontexts der weiteren – zum Teil ja auch

---

[20] Vgl. § 4 Satz 2 BNatSchG.

landesrechtlich unterschiedlichen[21] – Naturschutzinstrumente und auch der Leistungsfähigkeit der Planungsinstanzen auszufüllen haben. Deutlich ist die Parallele zur bauplanungsrechtlichen Erforderlichkeitsklausel des § 1 Abs. 3 BauGB: Dort sind die *Gemeinden* berufen, je nach ihrem Planungskonzept zu entscheiden, ob und mit welcher Ausrichtung ein Bebauungsplan erforderlich ist[22]. Hier sollen die *Länder* den Einsatz des Planungsinstrumentes "Landschaftsplanung" an ihrer naturschutzrechtlichen Aufgabenkonzeption ausrichten. Sie können dabei die Landschaftsplanung als Vorlaufplanung für alle naturschutzrelevanten Verfahren einsetzen; sie können aber auch Teilfunktionen aus dem Planungsauftrag ausscheiden, wenn diese auch anderweitig umsetzbar sind.

2. Die bundesrechtlichen Direktiven für die Aufgabenkonkretisierung

Bei der weiteren Konkretisierung der landschaftsplanungsrechtlichen Aufgaben werden demgemäß verschiedene Gesichtspunkte eine Rolle spielen: die Naturschutzrelevanz einzelner Planungen und die Vordringlichkeit ihrer Beeinflußung; die Problemverarbeitungskapazität der Landschaftsplanung; die Zuordnung der Landschaftsplanung zu anderen Instrumenten und Instituten des Naturschutzrechts; Fragen der Planungsorganisation. Grundsätzlich können die Länder in dieser Hinsicht ihre eigenen Beurteilungen zugrunde legen; dazu ermächtigt sie der weite Rahmen der bundesrechtlichen Aufgabennorm. Sie sind dabei aber von bundesrechtlichen Vorgaben nicht völlig frei. Sondern das BNatSchG gibt der Aufgabenkonkretisierung verschiedene Richtpunkte: direkte durch die Bezeichnung einzelner Planungsinhalte, die jedenfalls in die Landschaftsplanung aufzunehmen sind; indirekte durch die Konstituierung der Ziele des Naturschutzrechts.

a) Direkte Vorgaben

Eine nähere Konkretisierung der Planungsaufgaben hat das BNatSchG in § 6 Abs. 2 für die *örtliche* Planungsebene getroffen. Im Rahmen des Erforderlichen soll der Landschaftsplan danach zum einen eine *Bestandsaufnahme* ent-

---

[21] Beträchtliche Unterschiede sowohl in materieller wie in organisatorischer Hinsicht ergeben sich vor allem in den Bereichen der vorbereitenden, internen Datenermittlung und Konzepterstellung sowie im Bereich der Förderprogramme, die freiwillige Naturschutzabsprachen, vor allem im Bereich der Landwirtschaft, abstützen sollen. Zu letzterem vgl. *Ebel/Hentschel*, Analyse und Wertung der Naturschutzprogramme einzelner Bundesländer.

[22] Statt aller *Söfker*, in: *Ernst/Zinkahn/Bielenberg*, BauGB – Kommentar, § 1 Rn. 40 ff., m.w.N.

halten: Sie soll den vorhandenen Zustand von Natur und Landschaft darstellen und einer Bewertung unterziehen (§ 6 Abs. 2 Nr. 1 BNatSchG). Zum anderen ein *Maßnahmenkonzept*, das auf die Steuerung der verschiedenen naturschutzrechtlichen Einzelmaßnahmen gerichtet ist: Dazu sollen "insbesondere" Vorgaben für die Handhabung der Eingriffsregelung nach § 8 BNatSchG[23], für den Gebietsschutz[24] und für den Artenschutz[25] in den Landschaftsplan aufgenommen werden.

Der Planungsauftrag für die örtliche Landschaftsplanung ist dadurch in zwei wesentlichen Merkmalen konkretisiert. Dies betrifft zum einen die Vorlauffunktion: Sie erschöpft sich nicht in der Entwicklung eines Anforderungskataloges für verschiedene Planungen, sondern äußert sich auch in der Erarbeitung und Veröffentlichung einer Bestandsaufnahme. Zwar rechnen Bestandsaufnahmen zu den selbstverständlichen Voraussetzungen jeder Planung; als rechtfertigende Planungsgrundlage sind sie zumeist auch mit der Planung selbst bekannt zu machen[26]. Bei der Landschaftsplanung als Vorlaufplanung; auch für Planungsträger, die nicht in die Naturschutzverwaltung eingebunden sind, haben sie jedoch eine zusätzliche Bedeutung. Hier hat die Bestandsaufnahme nicht nur, als quasi unselbständiger Teil, die auf ihr aufbauende Entwicklung des Maßnahmekonzepts zu tragen. Sondern ihr kommt eine selbständige Funktion derart zu, daß andere Planungen bei der vorgeschriebenen Sammlung des naturschutzrechtlichen Abwägungsmaterials auf die landschaftsplanerische Bestandsaufnahme zurückgreifen können: Die Vorlauffunktion der örtlichen Landschaftsplanung äußert sich auch in der Datenaufbereitung für andere Planungen[27].

Des weiteren ist durch § 6 Abs. 2 BNatSchG auch die bundesrechtliche Reichweite der örtlichen Landschaftsplanung fixiert. Da das Maßnahmekonzept des Landschaftsplans – im Rahmen des Erforderlichen – Aussagen zu den zwei wesentlichen Instrumenten des Naturschutzes (Eingriffsregelung, Gebietsschutz) enthalten soll, gibt der Bundesgesetzgeber zu erkennen, daß er der Landschaftsplanung eine Leitfunktion für die verschiedenen Naturschutzinstrumente einräumen will. Jedenfalls auf örtlicher Ebene ist damit auch in der bundesrechtlichen Aufgabenkonkretisierung der Planungsauftrag der Landschaftsplanung weit gespannt: Querschnittsorientierte Beiträge hat sie für die

---

[23] Dazu einführend die informativen Beiträge in: Rechts- und Verwaltungsaspekte der naturschutzrechtlichen Eingriffsregelung.

[24] Dazu *Soell* in: *Salzwedel* (Hrsg.), Grundzüge des Umweltrechts, S. 535 ff.

[25] Dazu *Soell* (Fn. 24), S. 544 ff.

[26] S. etwa §§ 5 Abs. 5 und 9 Abs. 8 BauGB.

[27] Das betonen auch – im Verhältnis zur Bauleitplanung – *Stich*, ZfBR 1986, S. 111 f., und *Schmidt-Aßmann*, NVwZ 1987, S. 273.

Fachplanungen zu erbringen; der Beitrag zu den fachlichen Verfahren richtet sich auf Gebiets- und Artenschutz. Offen gelassen ist alleine die Funktion der Landschaftsplanung für die Bauleitplanung. Zwar deutet § 6 Abs. 3 BNatSchG an, daß die Landschaftsplanung auch für sie Vorlauffunktionen erbringen soll: "Auf die Verwertbarkeit des Landschaftsplans für die Bauleitplanung ist Rücksicht zu nehmen". Die nähere Ausgestaltung ist jedoch den Ländern übertragen (§ 6 Abs. 4 BNatSchG).

Für die *überörtliche* Planungsebene sind keine vergleichbaren Vorgaben getroffen. Aus dem vorgegebenen Modus der rechtlichen Verbindlichmachung der landschaftsplanerischen Planungsergebnisse in § 5 Abs. 2 BNatSchG kann allerdings geschlossen werden, daß die überörtliche Landschaftsplanung jedenfalls für die gesamträumlichen Pläne Vorlauffunktionen zu erbringen hat: Sonst wäre nicht angeordnet, daß die raumbedeutsamen Erfordernisse und Maßnahmen der überörtlichen Landschaftspläne in die Pläne und Programme der Landesplanung aufgenommen werden sollen. Auf die Konkretisierung der Aufgaben, die der Landschaftsplanung in diesem Verhältnis zukommen, hat das BNatSchG allerdings verzichtet. Wohl deshalb, weil die Bestimmung der Aufgaben der von der überörtlichen Landschaftsplanung zu bedienenden Landesplanung in den Händen der Länder liegt: So können die Länder selbst die Aufgaben der Landschaftsplanung an die Ausgestaltung der Landesplanung anpassen[28].

b) Indirekte Vorgaben

Die landesrechtliche Aufgabenkonkretisierung ist des weiteren auch durch den Katalog der Naturschutzziele in den §§ 1 und 2 Abs. 1 BNatSchG angeleitet. Er dient als Maßstabsnorm: Von seinem "Forderungsinhalt"[29] her ist zu beurteilen, welche Darstellungen im Landschaftsplan "erforderlich", wie die Aufgaben der Landschaftsplanung zu konkretisieren sind[30].

Dieser Maßstabsfunktion drohen allerdings Fehleinschätzungen aus zwei Richtungen. Einerseits ist sie *überfordert*, wenn versucht wird, die Aufgabenschwerpunkte der Landschaftsplanung aus dem weitgreifenden Katalog der Naturschutzziele unmittelbar rechtlich zwingend zu deduzieren[31]. Dieser Ansatz nimmt die Optimierung der Naturschutzziele zum einzigen bestimmenden Faktor der Aufgabenkonkretisierung. Er gelangt damit zu der Notwendigkeit,

---

[28] *Bernatzky/Böhm*, Bundesnaturschutzrecht, § 5, Rn. 3.

[29] *Stich*, UPR 1983, S. 178.

[30] So auch *Stich*, ebd.

[31] So aber *Hahn-Herse/Kiemstedt/Wirz* (Fn. 13), S. 69.

die Landschaftsplanung zu einer umfassenden "ökologischen und visuellen Nutzungsverträglichkeitsprüfung"[32] auszubauen: "Wie anders als mit sektorenübergreifender Betrachtungsweise sollen "die Leistungsfähigkeit des Naturhaushalts und die Nutzungsfähigkeit der Naturgüter nachhaltig gesichert" werden?"[33] Diese Argumentation verkennt aber den rechtlichen Gehalt der §§ 5 Abs. 1 und 6 Abs. 1 BNatSchG. Zwar ist die Annahme plausibel, daß sich das weitgreifende Ziel "Sicherung der Funktionsfähigkeit des Naturhaushalts" in einem zusammenfassenden, integrierenden Planungsverfahren am wirkungsvollsten verfolgen läßt. Aber was erforderlich im Sinne der §§ 5 Abs. 1 und 6 Abs. 1 BNatSchG ist, muß nicht notwendig alleine aus diesem Gesichtspunkt hergeleitet werden. Denn dazu ist eine Bewertung nötig: wie sich die Anforderungen der Ziele zu den Bedingungen ihrer Umsetzung verhalten. So ist es den Ländern nicht verwehrt, in diesem Zusammenhang auch Überlegungen über den verfahrensökonomischen Einsatz der verschiedenen Naturschutzinstrumente anzustellen oder den Faktor "begrenzte Problemverarbeitungskapazität einer Planung"[34] in Rechnung zu stellen[35].

Richtig verstanden kommt deshalb dem Katalog der Naturschutzziele für die Konkretisierung der Aufgaben der Landschaftsplanung (nur) die Funktion *eines* Maßstabes unter anderen zu. Diese Funktion ist aber andererseits auch nicht zu *unterschätzen*. Zwar bieten Planungsziele in konkreten Planungssituationen regelmäßig keine zwingenden Entscheidungsanweisungen[36]. Hier sind die naturschutzrechtlichen Planungsleitsätze jedoch in ihrer aufgabenumschreibenden Funktion in den Blick genommen. In dieser Hinsicht steht nicht in Frage, was in der Umsetzung aus einem Naturschutzziel zu folgern ist, sondern *daß* dieses generelle Ziel überhaupt gesetzt, vor allem: den *Naturschutz*aufgaben zugewiesen ist. So mag es zwar unsicher sein, was etwa aus dem Ziel folgt, Beeinträchtigungen des Klimas auch durch landschaftspflegerische Maßnahmen auszugleichen[37]. Wichtig ist immerhin, daß dies überhaupt eine Natur-

---

[32] Ebd.

[33] Ebd.

[34] Dazu ausführlich *Wahl* in: Umweltplanungen und ihre Weiterentwicklung, S. 44 ff.

[35] Dieser Gesichtspunkt ist in der Rechtsprechung zur Bauleitplanung seit längerem anerkannt. Diese sucht den Optimierungsdrang der planungsrechtlichen Abwägungsfehlerlehre durch pragmatische Gesichtspunkte zu begrenzen: "Der Planer kann nicht alles berücksichtigen müssen. Eine Forderung, die darauf hinausliefe, wäre offensichtlich nicht erfüllbar und damit lebensfremd." BVerwGE 59, S. 87, 102. Zwar liegt hier eine andere Konstellation vor. Aber wenn schon ein *Planungsträger* bei der Realisierung seiner Planungspflichten seine begrenzte Planungskapazität berücksichtigen darf, so kann es dem *Gesetzgeber* nicht verwehrt sein, diesen Gesichtspunkt bei der gesetzlichen Fixierung einer Planungsaufgabe zu berücksichtigen. Allgemein dazu *Schwarze*, Administrative Leistungsfähigkeit als verwaltungsrechtliches Problem, DÖV 1980, S. 581 ff., insb. S. 588 f.

[36] Dazu allgemein *Oberndorfer*, Die Verwaltung 1972, S. 253 ff., insb. S. 266.

[37] § 2 Abs. 1 Nr. 8 BNatSchG.

schutzaufgabe ist. Denn daraus ergibt sich auch, daß die Länder jeweils die instrumentelle Umsetzung zu prüfen haben: durch die Landschaftsplanung oder durch andere Instrumente?

Wegen der vom BNatSchG vorgenommenen Neuordnung des Naturschutzrechts hat das besondere Bedeutung; durch sie ist ja nicht nur das Naturschutzinstrumentarium, sondern auch seine Aufgabe grundlegend erweitert worden. Bundesrechtlich und für alle Länder verbindlich[38] drückt sich dies auch und gerade in den Zielen des Naturschutzes aus. Sie bilden deshalb einen wesentlichen Fixpunkt bei der Einrichtung und Konsolidierung des Naturschutzes in den Bundesländern; wo andere Aufgaben auf eine gewachsene Verwaltungstradition aufbauen können, ist dies hier durch gesetzliche Zielvorgaben ersetzt. Die Maßstabsfunktion der Naturschutzziele auch für die Einrichtung der Landschaftsplanung in den Ländern ist deshalb nicht gering zu schätzen.

aa) § 1 Abs. 1 BNatSchG

Fällt der Blick in diesem Zusammenhang auf die Naturschutzziele, so sind zunächst die neugefaßten generellen Aufgabenmerkmale des Naturschutzes, die in § 1 Abs. 1 BNatSchG zum Ausdruck gebracht sind, bedeutsam: "Natur und Landschaft sind im besiedelten und unbesiedelten Bereich so zu schützen, zu pflegen und zu entwickeln, daß 1. die Leistungsfähigkeit des Naturhaushalts, 2. die Nutzungsfähigkeit der Naturgüter, 3. die Pflanzen- und Tierwelt, sowie 4. die Vielfalt, Eigenart und Schönheit von Natur und Landschaft als Lebensgrundlagen des Menschen und als Voraussetzung für seine Erholung in Natur und Landschaft nachhaltig gesichert sind."

Der Gehalt dieser Zielbestimmungen erschließt sich in besonderer Weise vor dem Hintergrund der von ihr abgelösten Regelungen des RNG[39]: Dezidiert ist mit ihr der von den Bundesländern eingeleitete Wandel vom überkommenen zum modernen Naturschutzverständnis aufgegriffen und zum Leitbild der staatlichen Naturschutzaktivitäten erhoben worden. Diese Weiterungen betreffen vor allem drei Aspekte: das Schutz*objekt*, die Schutz*ziele* sowie die Schutz*aufträge* des Naturschutzes.

Jeder Aspekt ist für die in Frage stehende Konkretisierung der Landschaftsplanung relevant. Dies gilt zunächst für das Schutz*objekt*. Nicht mehr alleine die besonders wertvollen Landschaftsbestandteile stehen unter dem Schutz

---

[38] § 4 Satz 3 BNatSchG.

[39] Vom 26. 6. 1935 (RGBl. I S. 821), vgl. dort vor allem den 1. Abschnitt "Anwendungsbereich des Gesetzes", §§ 1 – 6.

staatlicher Naturschutzpolitik, sondern Natur und Landschaft beanspruchen als Ganzes, "im besiedelten und unbesiedelten Bereich" hoheitliche Fürsorge. Diese Ausweitung folgt der der Schutz*ziele*: Naturschutz dient nicht mehr nur dem Schutz besonderer Arten, sondern ist auch auf die Sicherung "der Leistungsfähigkeit des Naturhaushaltes" und "der Nutzungsfähigkeit der Naturgüter" verpflichtet. Dadurch sind die Leistungen des Naturhaushaltes und der Naturgüter, also: die *natürlichen Ressourcen* insgesamt in den staatlichen Schutz einbezogen.

Daraus folgt Wesentliches für die Landschaftsplanung und ihre Aufgaben. Denn das Ziel der Sicherung der Leistungsfähigkeit des Naturhaushaltes gebietet es, im Sinne ökologischer Betrachtungsweise die *Wechselbeziehungen* unter den Naturgütern zu betrachten; nicht nur einzelne Ressourcen sollen nachhaltig gesichert, sondern auch das ökologische Wirkungsgefüge soll geschützt werden[40]. Diese Zielorientierung impliziert die Notwendigkeit neuer instrumenteller Umsetzung: Das ökologische Wirkungsgefüge läßt sich nicht *punktuell*, sondern nur in einer *Gesamtschau* der vielfältigen Wirkungsfaktoren erfassen; seine Steuerung bedarf einer koordinierenden Betrachtung, also eines *planerischen* Instrumentes, flächendeckend ausgerichtet. Das an Einzelmaßnahmen orientierte traditionelle Instrumentarium des Naturschutzes ist durch eine planerische Komponente zu ergänzen: Neben den überkommenen Instrumenten ist die Landschaftsplanung vor allem dort gefordert, wo diese die ökologischen Wirkungsbeziehungen aus dem Blick und der Steuerung zu verlieren drohen.

In diesen Zusammenhang ordnen sich auch die neuen Schutz*aufträge* ein: schützen, pflegen und entwickeln. In die Fortentwicklung des klassischen, grundsätzlich auf Bewahrung ausgerichteten[41] Naturschutzes ist die Erweiterung der Handlungsformen folgerichtig einbezogen. Sie umfassen nun alle Arten von Maßnahmen, die sich als notwendig zur Durchsetzung der Naturschutzziele erweisen[42]. Für die Landschaftsplanung und ihre Aufgaben tritt hier vor allem der Entwicklungsaspekt hervor: Gerade der Plan als Rahmen für eine zukunftsgerichtete Gestaltung eignet sich und ist gefordert, diesen Aspekt des Naturschutzes umzusetzen.

---

[40] *Heiderich* in: *Künkele/Heiderich*, Naturschutzgesetz für Baden-Württemberg, Kommentar, § 1 Rn. 7; *Kolodziejcok/Recken* (Fn. 2), § 1 Rn. 11.

[41] Vgl. *Bernatzky/Böhm* (Fn. 28), Einleitung Rn. 3 – 6. Freilich umfaßte auch der klassische Naturschutz Momente der Pflege und Entwicklung; vorwiegend aber nur in bezug auf die Erhaltung besonders schutzwürdiger Flächen; dazu *Hofmann*, Die rechtlichen Grundlagen des Naturschutzes und ihre besonderen Probleme im Bau- und Wasserrecht, S. 16 ff.

[42] *Kolodziejcok/Recken* (Fn. 2), § 1 Rn. 10; *Schmidt-Aßmann* (Fn. 11), S. 3; *Heiderich* (Fn. 40), § 1 Rn. 4.

bb) § 2 Abs. 1 BNatSchG

Ergeben sich aus diesen allgemeinen Aufgabenmerkmalen generelle Richtpunkte für die Präzisierung der Aufgaben der Landschaftsplanung, vor allem in ihrem Verhältnis zu anderen Instrumenten des Naturschutzes, so ist aus den Grundsätzen des § 2 Abs. 1 BNatSchG näheres zu den *Aufgabenfeldern* des Naturschutzes zu entnehmen. Zwar sind mit dem Katalog des § 2 Abs. 1 BNatSchG die Aufgaben des Naturschutzes noch nicht abschließend durchdrungen oder gar systematisch schlüssig aufgelöst[43]; darauf verweist schon die Formulierung "Die Ziele des Naturschutzes und der Landschaftspflege sind *insbesondere* nach Maßgabe folgender Grundsätze zu verwirklichen". Aber es läßt sich aus ihnen ersehen, auf welche Aufgabenfelder jedenfalls der Gesetzgeber die Grundaufgabe "Naturschutz" erstreckt hat.

Bei einer systematischen Zusammenschau lassen sich in dieser Hinsicht fünf Aufgabenbereiche ermitteln: die Erhaltung der Pflanzen- und Tierwelt; der Schutz des Bodens; Beiträge zur Sicherung von Wasser, Luft und Klima; die Erschließung von Erholungsflächen; die Erhaltung historischer Kulturlandschaften.

Es versteht sich, daß die *Erhaltung der Pflanzen- und Tierwelt* noch immer ein zentrales Aufgabenfeld bildet[44]. Aber auch hier sind Veränderungen in der Aufgabenstellung wahrzunehmen. Sie ist nicht mehr vorwiegend aus ideellen Motiven gespeist, sondern in das Ziel "Ressourcenschutz" eingebunden. Darauf verweist die Formel "als Teil des Naturhaushaltes" in § 2 Abs. 1 Nr. 10 BNatSchG: Pflanzen und Tiere sollen nicht (nur) um ihrer selbst willen, sondern in ihrer "dienenden" Funktion für das Wirkungsgefüge des Naturhaushalts geschützt werden[45]. Sie sollen zur Sicherung der Klimafunktionen beitragen, Grundwasserspeicherung ermöglichen oder Bodenabtrag verhindern[46]. Entsprechend zeigen sich spezifische Ausprägungen: Erhaltung unbebauter Flächen in funktionsfähiger Größe[47]; Sicherung der Vegetation, insbesondere ei-

---

[43] *Kolodziejcok/Recken* (Fn. 2), § 2 Rn. 1.

[44] Dieser Aufgabe dienen folgende Grundsätze: Nr. 10 – Schutz wildwachsender Pflanzen und wildlebender Tiere; Nr. 2 – Erhaltung unbebauter Bereiche; Nr. 9 – Sicherung der Vegetation; Nr. 5 – Abbau von Bodenschätzen.

[45] Allg. Auffassung. Vgl. nur *Kolodziejcok/Recken* (Fn. 2), § 2 Rn. 45; *Heiderich* (Fn. 40), § 2 Rn. 10.

[46] Instruktiv *Heiderich* ebd.

[47] § 2 Abs. 1 Nr. 2 BNatSchG.

ner geschlossenen Pflanzendecke[48]; Vermeidung der Vernichtung wertvoller Landschaftsteile beim Abbau von Bodenschätzen[49].

Hat das BNatSchG dem *Biotopschutz* ursprünglich nur wenig Aufmerksamkeit gewidmet, so ist diese Lücke nunmehr – nachdem bereits zuvor die meisten Bundesländer unter Nutzung der Kompetenz aus § 2 Abs. 2 BNatSchG entsprechende Grundsätze formuliert[50] hatten – durch die Novellierung des BNatSchG vom 10. 12. 1986[51] geschlossen worden. Der zentralen Bedeutung des Biotopschutzes für den Artenschutz wird jetzt zum einen im Grundsatzkatalog mit der allgemeinen Zielvorgabe Rechnung getragen, daß die Lebensstätten und -räume der wildlebenden Pflanzen und Tiere zu schützen, zu pflegen, zu entwickeln und wiederherzustellen sind[52]. Und zum anderen stellt § 20 c BNatSchG eine Reihe enumerierter besonders wertvolle Biotope[53] derart unter Schutz, daß sie nur bei Vorliegen besonderer Voraussetzungen[54] beeinträchtigt werden dürfen[55].

Das zweite Aufgabenfeld ist im Bereich des *Bodenschutzes* konstituiert. Zwar umfassen die naturschutzrechtlichen Ziele nicht die gesamte Palette dessen, was gerade in jüngerer Zeit in der umweltpolitischen Diskussion als notwendig zum Schutz des "dritten Mediums"[56] erachtet worden ist[57]. Dies konnte schon deshalb dem BNatSchG nicht zugrunde gelegt werden, weil zur Zeit seiner Entstehung ein neues mediales umweltpolitisches Teilziel "Bodenschutz" nicht einmal in Ansätzen zu erkennen war[58]. Zudem ist die Minderung der vielfältigen Schadstoffeinträge in den Boden als eines der wesentliche Zielsetzungen der Bodenschutzpolitik ohnehin nicht ausschließlich naturschutzrechtlich zu steuern. Gleichwohl enthält der Katalog des § 2 Abs. 1 BNatSchG eine

---

[48] § 2 Abs. 1 Nr. 9 BNatSchG.

[49] § 2 Abs. 1 Nr. 5 BNatSchG.

[50] Beispielhaft § 1 Abs. 1 Nr. 2 HENatG: "Feuchtgebiete, insbesondere sumpfige und moorige Flächen, Verlandungszonen, Altarme von Gewässern, Teiche und Tümpel sowie Trockenstandorte sind als Zufluchtstätten bedrohter Lebensgemeinschaften zu schützen, zu erhalten und, soweit möglich, neu zu schaffen."

[51] Zu dieser Novellierung *Apfelbacher*, NuR 1987, S. 241 ff.

[52] § 2 Abs. 1 Nr. 10 BNatSchG.

[53] Vgl. die Auflistung in § 20 c Abs. 1 BNatSchG.

[54] Ausgleichbarkeit der Beeinträchtigung oder Notwendigkeit der Maßnahme aus überwiegenden Gründen des Gemeinwohls, § 20 c Abs. 2 BNatSchG.

[55] Näher dazu *Apfelbacher* (Fn. 51), S. 248 ff.

[56] So die kennzeichnende Formel von *Lersner*: Das dritte Medium, Der Schutz des Bodens als umweltpolitische Aufgabe, NuR 1982, S. 201 ff.

[57] Eine Überblick bietet: Dokumentation der Gesellschaft für Umweltrecht zur 8. wissenschaftlichen Fachtagung 1984, S. 110 – 121. Vgl. weiter neben dem Beitrag von *Lersner* (Fn. 56) *Erbguth*, UPR 1984, S. 241 ff.

[58] Darauf verweist auch *Erbguth* (Fn. 57), S. 244.

Reihe von Teilzielen, die mittelbar oder unmittelbar auch dem Bodenschutz im heutigen Verständnis dienen.

Bedeutsam ist vor allem und zuerst die Direktive "unbebaute Bereiche insgesamt und auch im einzelnen in für ihre Funktionsfähigkeit genügender Größe zu erhalten"[59]. Dadurch ist die Eindämmung des enormen Flächenverbrauchs in der Bundesrepublik[60], wesentliches Anliegen der Bodenschutzbestrebungen, zur ausdrücklichen Aufgabe des Naturschutzes erhoben. Es ist offensichtlich, daß in diesem Zusammenhang vor allem an eine Steuerung über die Landschaftsplanung zu denken ist; denn eine wirksame Einbindung der vielen Verursacher des Flächenverbrauchs in koordinierte Strategien zur Flächensparung ist kaum anders als mit dem Handlungsinstrument "Plan" zu verwirklichen[61]. Dies bezieht sich vor allem auf die überörtlichen Planungsebenen; großräumige Dimensionen des Flächenverbrauches lassen sich zureichend nur von dieser Warte erfassen und steuern.

Der dritte Aufgabenbereich umfaßt Beiträge zum Schutz der natürlichen Ressourcen *Wasser*, *Luft* und *Klima*[62]. Zwar rechnen auch diese Aufgaben nicht vollständig zu den Naturschutzaufgaben; aber sie weisen viele Berührungspunkte auf: Gewässer als Landschaftselemente[63] bieten vielen Pflanzen- und Tierarten Lebensräume; Luftverunreinigungen gefährden Flora und Fauna, einige Auswirkungen können durch Schutzpflanzungen jedoch auch verringert werden; lokale Klimasituationen sind durch Grünzonen in vieler Hinsicht positiv zu beeinflussen. Deshalb gebietet der Katalog des § 2 Abs. 1 BNatSchG, diese Ressourcen "auch durch Maßnahmen des Naturschutzes und der Landschaftspflege" zu schützen. Planerische Aufgaben verbinden sich dabei vorwiegend mit den beiden letztgenannten Zielen; diese sind alleine durch punktuelle Maßnahmen kaum zu verwirklichen.

Schließlich ist der Aufgabenbereich des Naturschutzes noch durch die Teilziele "*Erschließung von Erholungsflächen*"[64] und "*Erhaltung historischer Kulturlandschaften*"[65] ausgewiesen. Hier sind wichtige Funktionen für die Landschaftsplanung im Bereich der Erholungsvorsorge angelegt. Wie sich aus der Formel: *Erschließung* von Erholungsflächen zeigt, ist die freiraumgebundene

---

[59] § 2 Abs. 1 Nr. 2.

[60] Dazu *Tesdorpf*, Landschaftsverbrauch passim.

[61] Das betont auch *Heiderich* (Fn. 40), § 2 Rn. 5.

[62] § 2 Abs. 1 Nr. 6 – Wasser; § 2 Abs. 1 Nr. 7 – Luft und Lärm; § 2 Abs. 1 Nr. 7 – Klima.

[63] *Kolodziejcok/Recken* (Fn. 2), § 2 Rn. 23.

[64] § 2 Abs. 1 Nr. 11 und 12 BNatSchG.

[65] § 2 Abs. 1 Nr. 13 BNatSchG.

Erholung nicht von selbst herzustellen, sondern sie bedarf planerischer Lenkung.

3. Die inhaltlichen Planungsdirektiven

Neben der allgemeinen Aufgabenumschreibung sind bei der gesetzlichen Einrichtung einer Planung stets auch die Vorgaben zu fixieren, die den Planungsprozeß inhaltlich dirigieren und ihm einen Rahmen geben sollen: Erstens die Richtpunkte, die das Planungsermessen gleichsam intern leiten; also die Gesichtspunkte, die im Rahmen der Abwägung zu berücksichtigen sind. Und zweitens die Vorgaben, die die Planung quasi extern binden, die verbindlich gemachten, nicht mehr zur Disposition stehenden Entscheidungen anderer Planungsträger[66]. Im Ansatz folgt auch das BNatSchG diesem Regelungsmuster[67]. Gleichwohl werfen die hier getroffenen Regelungen Probleme auf. Einerseits sind sie zum Teil nicht erschöpfend, weil sie den Kreis der bei der Landschaftsplanung beachtlichen Belange jedenfalls nicht unmittelbar bezeichnen[68]. Andererseits hat eine mißverständliche Formulierung bei der Konstituierung der rechtlichen Bindungen im Verhältnis der überörtlichen Landschaftsplanung zur Landesplanung Auslegungsschwierigkeiten hervorgerufen[69]. Und schließlich sind sie auch der Gefahr von Fehlinterpretationen ausgesetzt: Daß nämlich die gesicherte, aber am Material der rechtlich *verbindlichen* Planungsinstrumente entwickelte planungsrechtliche Dogmatik unbesehen auf die als rechtlich *unverbindliches* Instrument eingerichtete Landschaftsplanung übertragen wird.

Dem ist abschließend nicht in der Absicht nachzugehen, eine Planungsfehlerlehre für die Landschaftsplanung zu entwickeln; sie hätte, da Landschaftspläne kaum zur gerichtlichen Nachprüfung gelangen können, auch wenig Relevanz. Das Interesse richtet sich vielmehr auf die materiellrechtlichen Implikationen ihres Sonderstatus; ob und wie sich also ihre Sonderstellung in den Planungsvorgaben niederschlägt.

a) Die Abwägungsdirektiven

In dieser Blickrichtung ist zunächst die Abwägung von Interesse. Der "Normalfall" der rechtlich verbindlichen Planung ist bekannt: Dort hat sie sich auf

---

[66] Eingehend und grundlegend zu diesen beiden "Konstruktions"elementen *Wahl* (Fn. 8), S. 156 ff., m.w.N.

[67] Vgl. §§ 5 Abs. 2 und 6 Abs. 2 BNatSchG.

[68] Mittelbar kommt hier allenfalls die allgemeine Vorschrift des § 1 Abs. 2 BNatSchG in Betracht.

[69] Vgl. dazu § 5 Abs. 2 BNatSchG

alle Belange zu erstrecken, die positiv oder negativ von einem Vorhaben betroffen sind, sie hat das Für und Wider der Planung umfassend zu ermitteln und in die Entscheidung einzustellen; kurz: sie hat einen *allseitigen* Konfliktausgleich herzustellen[70]. Mit diesem Regelfall ist die Landschaftsplanung indes nicht unbesehen gleichzusetzen. Im Gegenteil: Da sie nur den planerischen Vorlauf einer abschließenden Planungsentscheidung bildet, fragt sich vielmehr, ob auch sie schon einen Ausgleich zwischen den Naturschutzbelangen und den konfligierenden Raumnutzungsinteressen herbeizuführen und daher auch letztere Belange eingehend zu ermitteln hat, oder ob sie sich auf eine *bereichsspezifische* Abwägung beschränken kann, die nur der umfassenden Ermittlung des Naturschutzmaterials und dem "internen" Konfliktausgleich innerhalb der – mitunter beträchtlich – divergierenden[71] Naturschutzbelange gilt. Kann also die Landschaftsplanung die ihr in der fachlichen Literatur zugeschriebene Rolle eines "Anwalts von Natur und Landschaft"[72] einnehmen oder ist auch sie schon auf die Ermittlung und den Ausgleich der Interessen im Streit zwischen Naturschutzbelangen einerseits und Naturnutzungsinteressen andererseits verpflichtet[73]?

Die §§ 5 und 6 BNatSchG geben darauf keine unmittelbare Antwort: Sie enthalten keine Abwägungsklausel nach dem Vorbild des § 1 Abs. 6 BauGB. *Bernatzky/Böhm*[74] wollen deshalb insoweit § 1 Abs. 2 BNatSchG heranziehen, der bestimmt, daß die aus den Zielen des Naturschutzes und der Landschaftspflege "sich ergebenden Anforderungen untereinander und gegen die sonstigen Anforderungen der Allgemeinheit an Natur und Landschaft abzuwägen" sind. Da diese Bestimmung für alle Maßnahmen zur Verwirklichung der Ziele des Naturschutzes und der Landschaftspflege von zentraler Bedeutung sei, gelte sie auch für den Landschaftsplan als "planerisches Mittel des Gesetzesvollzugs."[75]

Dem kann allerdings nicht gefolgt werden. Da die in den §§ 1 und 2 BNatSchG niedergelegten Ziele und Grundsätze des Naturschutzes und der

---

[70] Ständige Rechtsprechung seit BVerwGE 34, S. 301 ff., S. 309. Aus der umfangreichen Literatur vgl. *Weyreuther*, BauR 1977, S. 298 ff.; *Stelkens/Pagenkopf*, S. 669 ff. Im wesentlichen zustimmend auch *Hoppe*, DVBl. 1977, S. 136 ff.; *Redeker*, DÖV 1971, S. 759 ff.; *Schmidt-Aßmann*, BauR 1978, S. 105 ff.; *Schröder*, DÖV 1975, S. 308 ff.; *Papier*, DVBl. 1975, S. 461 ff.; jeweils m.w.N.

[71] Etwa zwischen den Belangen der freiraumbezogenen Erholung und den Naturschutzanforderungen, aber auch innerhalb der engeren Naturschutzziele selbst, vgl. dazu *Erz*, in: *Buchwald/ Engelhardt* (Fn. 13), S. 580 f.

[72] *Olschowy*, in: *ders.* (Hrsg.), Natur- und Umweltschutz in der Bundesrepublik Deutschland, S. 820.

[73] So *Bernatzky/Böhm* (Fn. 28), § 6 Rn. 8; *Soell* (Fn. 24), S. 500; *Schmidt-Aßmann*, (Fn. 11), S. 6.

[74] (Fn. 28), § 6 Rn. 8; *Soell* (Fn. 24), S. 5.

[75] *Bernatzky/Böhm* (Fn. 28), § 6 Rn. 8.

Landschaftspflege und mit ihnen daher auch die beiden Abwägungsklauseln in den §§ 1 Abs. 2 und 2 Satz 1 BNatSchG nicht nur für Planungsentscheidungen gelten, sondern auch in gebundene und Ermessensentscheidungen hineinwirken[76], können sie nicht selbst Entscheidungsspielräume konstituieren. Das zeigt sich bei gebundenen Entscheidungen deutlich. Zwar wirken die Ziele und Grundsätze auch hier, indem sie allgemeine "naturschutzbezügliche Tatbestandsmerkmale" näher konkretisieren[77]. Gleichwohl inkorporieren sie in diese Entscheidungen keine Abwägungsspielräume: Gebundene Entscheidungen mit Naturschutzbezug werden nicht durch § 1 Abs. 2 BNatSchG zu Planungsentscheidungen[78]. Nichts anderes kann dann aber auch für Normen mit planungsrechtlichem Einschlag gelten: § 1 Abs. 2 BNatSchG konstituiert nicht selbst Abwägungsspielräume, sondern er setzt sie voraus. Hier liegt auch erst die vom Gesetzgeber verfolgte Funktion der Abwägungsklausel. Weil er befürchtete, daß aus dem Ziel- und Grundsätzekatalog der §§ 1 und 2 BNatSchG bei verbindlichen Entscheidungen ein Vorrang für Naturschutz und Landschaftspflege interpretiert werden könnte, wollte er durch die wiederholten Abwägungsklauseln[79] auf die prinzipielle Gleichrangigkeit zwischen Naturschutzbelangen einerseits und den sonstigen Anforderungen an Natur und Landschaft andererseits verweisen und "klarstellen", daß die Ansprüche des Naturschutzes "grundsätzlich nicht dominieren"[80].

Fehlt somit eine spezialgesetzliche Abwägungsdirektive, so ist der Abwägungsauftrag der Landschaftsplanung unmittelbar aus dem rechtsstaatlichen Abwägungsgebot[81] herzuleiten. Ausgangspunkt ist dessen Funktion: rechtlich relevante, eigentumsverteilende Planungsentscheidungen einem "Höchstmaß"[82] an rechtlicher Bindung zu unterwerfen[83]. Diese Konstellation ist aber bei der Landschaftsplanung so nicht gegeben; sie bereitet verbindliche Entscheidungen nur vor, trifft sie nicht selbst. Rechtlich relevant werden deshalb alleine die Planungsergebnisse, die in der abschließenden Planungsentscheidung nicht mehr korrigiert werden. Das trifft aber nur für den "internen" Bereich von Naturschutz und Landschaftspflege zu: für die Zusammenstellung des natur-

---

76 Ausführlich *Schmidt-Aßmann* (Fn. 11), S. 6 ff.; *Soell* (Fn. 24), S. 500; *Steiger*, in: Analyse und Fortentwicklung des neuen Naturschutzrechts in der Bundesrepublik Deutschland, S. 472.

77 *Schmidt-Aßmann* (Fn. 11), S. 9; *Kolodziejcok/Recken* (Fn. 2), Vorbemerkungen vor § 1, Rn. 1; *Soell* (Fn. 24), S. 501.

78 *Schmidt-Aßmann* (Fn. 11), S. 8 f.; *Soell* (Fn. 24), S. 501; *Steiger* (Fn. 76), S. 472.

79 §§ 1 Abs. 2, 2 Satz 1, 5 Abs. 2, 8 Abs. 3 BNatSchG.

80 BT-Drs. 7/3879, S. 19; BT/Drs. 7/886, S. 28. Vgl. dazu auch *Kolodziejcok/Recken* (Fn. 2), § 1, Rn. 24; *Bernatzky/Böhm* (Fn. 28), § 1, Rn. 15.

81 Umfassende Nachweise bei *Weyreuther*, DÖV 1977, S. 419 mit Fn. 4-7.

82 BVerwGE 45, S. 309 ff., S. 324.

83 BVerwG ebd.; *Weyreuther* (Fn. 70), S. 295.

schutzrechtlich beachtlichen Abwägungsmaterials, für die fachliche Begründung der naturschutzbezogenen Anforderungen an die übrigen Nutzer von Natur und Landschaft und für den Interessenausgleich innerhalb der divergierenden Naturschutzziele. Die "externen" Zielkonflikte sind aber nach ausdrücklicher Anordnung des § 5 Abs. 2 BNatSchG – jedenfalls nochmals – im Rahmen der Entscheidung über die Aufnahme der landschaftsplanerischen Festsetzungen in die landesplanungsrechtlichen Pläne zu lösen. Äußern somit die landschaftsplanerischen Entscheidungen nur in dem "eigenen" fachlichen Bereich rechtlich relevante Vorwirkungen, dann fordert auch das rechtsstaatliche Abwägungsgebot nur insoweit eine umfassende Abwägung: daß die Landschaftsplanung nämlich in diesem Sektor alle relevanten Naturschutzdaten zusammenträgt[84], wertet und einen Ausgleich zwischen den betroffenen Naturschutzbelangen herbeiführt, der deren jeweiliges Gewicht nicht verletzt.

b) § 5 Abs. 1 BNatSchG

Ebenfalls Fragen der inhaltlichen Planungsvorgaben sind durch § 5 Abs. 1 BNatSchG aufgeworfen, der bestimmt, daß die Darstellungen der Landschaftsplanung unter "Beachtung der Grundsätze und Ziele der Raumordnung und Landesplanung" zu erarbeiten sind. Mit dieser Vorschrift verbinden sich zwei Probleme. Zum einen führt sie zu Interpretationsproblemen, weil sie abweichend von der gestuften Bindungswirkung des ROG für einerseits "Grundsätze" und andererseits "Ziele" der Raumordnung und Landesplanung eine einheitliche Bindungswirkung vorschreibt, nämlich die des Beachtens. Demgegenüber ist im ROG die Beachtenswirkung nur für die Ziele der Raumordnung und Landesplanung vorgeschrieben[85]; Grundsätze der Raumordnung und Landesplanung äußern dagegen, weil sie auf einem hohen Abstraktionsniveau formuliert sind und untereinander auch Zielkonflikte aufweisen[86], gem. § 2 Abs. 2 ROG nur eine Abwägungsverpflichtung. Können sie daher im rechtstechnischen Sinne Beachtenspflichten gar nicht auslösen, so haben *Hendler*[87] und *Erbguth*[88] zutreffend festgestellt, daß die Raumordnungsklausel in § 5 Abs. 1 BNatSchG nur im Sinne eines Berücksichtigungsgebotes aufzufassen ist[89].

---

[84] Dazu mit Blick auf die besondere Bedeutung dieser Planungsstufe im Umweltschutz *Weyreuther*, UPR 1981, S. 35 ff.

[85] Vgl. § 5 Abs. 4 ROG. Zum Rechtsgehalt vgl. nur *Wahl* (Fn. 8), S. 212 ff.

[86] Eingehend dazu *Wahl* (Fn. 8), S. 208 ff.

[87] NuR 1981, S. 44.

[88] UPR 1983, S. 139.

[89] Zustimmend auch *Ebersbach*, Rechtliche Aspekte des Landverbrauchs am ökologisch falschen Platz, S. 271.

Umstritten ist allerdings, ob dies auch für die Ziele der Raumordnung und Landesplanung gilt: *Hendler* ist der Auffassung, daß auch sie im Rahmen der Landschaftsplanung nur eine bloße "Orientierung" angeben, die "in begründeten Fällen" auch überwunden werden könne[90]; *Erbguth* hält dagegen insoweit an dem raumordnungsrechtlichen Beachtensbegriff fest und meint, auch die landschaftsplanerischen Planungsprozesse seien an die Ziele der Raumordnung und Landesplanung strikt gebunden[91]. Bei der Lösung dieser Streitfrage wird zu differenzieren sein: Soweit in Frage steht, ob die (regionale) Landschaftsrahmenplanung an die von der zentralen Landesebene festgesetzten Ziele gebunden ist[92] und ob sie dort gebunden ist, wo sie im "eigenen" sektoralen Bereich die landesplanerischen Ziele für den Bereich des Naturschutzes und der freiraumbezogenen Erholung weiterentwickelt, besteht keinerlei Grund, von dem raumordnungsrechtlichen Beachtensbegriff abzuweichen. Weder der insoweit eindeutige Wortlaut in § 5 Abs. 1 BNatSchG – "Beachten" – noch systematische Gründe lassen sich dafür heranziehen. Anders ist es jedoch in dem Aufgabenfeld der Landschaftsplanung, in dem sie im Vorlauf für landes- oder regionalplanerische Entscheidungen agiert. Insoweit ist nämlich in § 5 Abs. 2 BNatSchG ausdrücklich vorgesehen, daß die hier gewonnenen Ergebnisse der Landschaftsplanung erst nach einer von den Instanzen der Landes- und Regionalplanung zu vollziehenden "Abwägung mit den anderen raumbedeutsamen Planungen und Maßnahmen" in die landesplanungsrechtlichen Pläne aufzunehmen sind. Geht das BNatSchG also davon aus, daß die Landschaftsplanung ohnehin nur Vorschläge ausarbeitet, so besteht hier kein Bedarf, schon diese Vorlaufphase durch die Ziele der Raumordnung und Landesplanung zu steuern. Im Gegenteil: Da die Landschaftsplanung gerade Abwägungsmaterial für die Fortschreibung oder Neuaufstellung von landesplanungsrechtlichen Plänen bereitstellen und damit materiell an dem landesplanerischen Planungsprozeß selbst teilhaben soll, wäre eine derartige Bindung offenkundig verfehlt. Ergibt sich also hinsichtlich des auf die Landes- und Regionalplanung bezogenen Aufgabenfeldes der Landschaftsplanung ein Widerspruch zwischen der Beachtensklausel in § 5 Abs. 1 BNatSchG einerseits und der Integrationsklausel in § 5 Abs. 2 BNatSchG andererseits, so ist dieser daher dahingehend aufzulösen, daß die Beachtensklausel in diesem Aufgabenfeld nicht gilt.

---

[90] Fn. 87, ebd.

[91] Fn. 88, ebd.

[92] Darauf verweist auch *Ebersbach* (Fn. 89), S. 272 mit Fn. 99.

II. Die Aufgaben der Landschaftsplanung nach Landesrecht

Der aufgezeigte landesrechtliche Spielraum bei der Einrichtung der Landschaftsplanung in den Ländern wirkt sich zunächst bei der Aufgabenkonkretisierung aus. Das BNatSchG, so zeigte sich, hat mit der generellen Aufgabennorm "Darstellung der Erfordernisse und Maßnahmen zur Verwirklichung der Ziele des Naturschutzes und der Landschaftspflege" nur einen äußeren Rahmen für die Aufgabenstellung der Landschaftsplanung gezogen. Eine Entscheidung für eines der verschiedenen, fachwissenschaftlich umstrittenen Aufgabenkonzepte ist nicht getroffen[1]; sie ist den Ländern überlassen.

Soweit diese das Konkretisierungsbedürfnis erkannt und in Aufgabenbestimmungen umgesetzt haben, erfolgt das in der Regel nicht durch präzisere Aufgabenumschreibungen; da die Aufgaben"grundnormen" in nahezu allen Ländern mit der bundesrechtlichen Formulierung identisch[2] sind, ist ihnen die jeweilige landesrechtliche Ausrichtung der Landschaftsplanung nicht zu entnehmen. Dies besorgen Planungsinhaltsbestimmungen und Planungselemente: Damit bezeichnen die Länder, was sie zur Verwirklichung der Naturschutzziele für erforderlich halten. Dem analysierenden Blick bietet sich auf diesem Feld eine erhebliche Regelungsvielfalt. Dies betrifft nicht nur die inhaltliche Ausrichtung der Planung selbst, sondern auch die Dichte und Präzision ihrer gesetzlichen Einführung; ganz offenkundig befinden sich viele Landesnaturschutzgesetze insoweit noch im Stadium der Erprobung. Konnte *Schmidt-Aßmann* für die Bauleitplanung feststellen, daß sich in dem Katalog des § 9 BBauG der harte Kern einer langen Rechtstradition niedergeschlagen habe[3], so macht sich hier die geringe Erfahrung mit der Landschaftsplanung deutlich bemerkbar.

Diese Rechtslage hat die Literatur bislang von einer systematischen und systematisierenden Analyse der landesrechtlichen Aufgabennormen abgehalten; *Stich* etwa hat es mit der Feststellung bewenden lassen, es sei derzeit unmöglich, "ein auch nur einigermaßen einheitliches Bild von den Aufgaben der (örtlichen) Landschaftsplanung zu gewinnen"[4]. Dieser Verzicht ist aber durch die landesrechtliche Regelungsvielfalt nicht zu motivieren. Im Gegenteil: Gerade wegen der vielfach ungenügenden Präzisierung der landschaftsplanerischen

---

[1] S. oben S. 41 ff.

[2] § 7 Abs. 1 NatSchG BW; Art. 3 Abs. 1 und 3 BayNatSchG; § 3 BbgNatSchG; §§ 3 Abs. 2, 4 Abs. 1 HENatG; §§ 13 Abs. 1, 14 Abs. 1 NatSchG Me-Vo; § 4 Abs. 2, 6 Nds. NatSchG; §§ 15, 16 Abs. 1 LG NW; §§ 16 Abs. 1, 17 Abs. 1 LPflG R.-Pf.; §§ 8 Abs. 1, 9 Abs. 1 SNG; § 4 Abs. 1 SächsNatSchG; § 4 Abs. 1 NatSchG LSA; §§ 5 Abs. 1, 6 Abs. 1 LPFlegG Schl.-H.; § 3 Abs. 1 VorlThürNatG.

[3] Grundfragen des Städtebaurechts, S. 71.

[4] ZfBR 1986, S. 61.

Aufgaben ist sichtende Betrachtung gefordert; eine Konsolidierung der Landschaftsplanung kann nur durch eine systematische Analyse der verschiedenen Landesregelungen und der in ihnen zum Ausdruck gekommenen Aufgabenschwerpunkte in Gang gesetzt werden. Solcher Analyse, differenzierend nach den Adressaten des landschaftsplanerischen Vorlaufs, zeigen sich im Landesrecht drei Aufgabenmodelle: Nach dem einen hat die Landschaftsplanung ihren Schwerpunkt in der Vorbereitung der engeren *fachlichen Maßnahmen* des *Naturschutzes* (Gebiets- und Artenschutz); das zweite legt das Schwergewicht auf die Unterstützung *gesamträumlicher Planungen* und Entscheidungen; das dritte will umfassende Vorlaufleistungen, für *alle* oder doch die wichtigsten naturschutzrelevanten *Planungen* und Entscheidungen bieten.

1. Das naturschutzorientierte Aufgabenmodell

Auf der einen Seite des Aufgabenspektrums stehen die vornehmlich naturschutzorientierten Aufgabenmodelle. Ihre Aufgaben und die darauf bezogenen Planungsinhalte lassen sich anschaulich am Beispiel der *nordrhein-westfälischen* Landschaftsplanung der örtlichen Planungsebene beobachten[5, 6]. Zwar nimmt diese Variante im Recht der Landschaftsplanung eine – an dieser Stelle nicht näher zu erläuternde – Sonderstellung ein[7] und ist deshalb auch in der Literatur verschiedentlich kritischen Analysen unterzogen worden[8]. Ihre Auf-

---

[5] Zum nordrhein-westfälischen Recht vgl. *Schulzke*, in: Landschaftsplanung – Erfahrungen mit dem neuen Naturschutzrecht, S. 482 – 485. Eingehend und unter Verwertung von Praxiserfahrung auch *Heidtmann*, NuR 1993, S. 71 ff. Ebenfalls zu den Vor- und Nachteilen dieses Modells *Fischer*, Die Anpassung des Naturschutzrechts an die Erfordernisse modern verstandenen Naturschutzes und die Bedeutung anderer Rechtsgebiete bei der Durchsetzung naturschützerischer Ziele, dargelegt anhand des Konzeptes des Biotopverbundsystems, S. 52 ff. Kritisch zur nw. Sonderrolle *Gaentsch*, NuR 1990, S. 2. Eine eingehende Schilderung der nw. Rechtslage und insbesondere der Planungspraxis geben *Bartelheimer/ Copak*, Landschaftsplanung als Instrument der Umweltpolitik.

[6] Ähnliche Orientierungen nehmen landesrechtlich vor: auf Ebene des Landschaftsprogramms und des Landschaftsrahmenplans Mecklenburg-Vorpommern, Niedersachsen, Sachsen-Anhalt und Thüringen. Typusbildend ist die Regelung der §§ 4 Abs. 2, 5 Abs. 2 Nds. NatSchG. Danach ist die Integration von Festsetzungen der überörtlichen Landschaftsplanung in die gesamträumlichen Pläne nicht vorgesehen. Der Aufgabenschwerpunkt wird daher im Naturschutzvorlauf gesehen, wie sich (für die Ebene des Landschaftsrahmenplans) auch aus der Richtlinie vom 30.12.1982, Nds. MBl. 1983, S. 57 f. ergibt. Ähnliche Aufgabenbeschreibungen mit deutlichem Schwerpunkt bei den fachlichen Anforderungen des Naturschutzes bieten § 15 NatSchG Me-Vo, §§ 5 Abs. 2, 6 Abs. 2 NatSchG LSA und § 3 Abs. 2 VorlThürNatG. Auf der – nur in Thüringen eingeführten – Planungsebene der Landkreise enthält § 5 Abs. 1 VorlThürNatG eine ähnliche Regelung.

[7] Dazu *Hoppe/Schlarmann*, NuR 1981, S. 17 f.; vgl. zum Recht der nw. Landschaftsplanung weiter *Dopheide*, Recht und Planungsinstrumente des Naturschutzes und der Landschaftspflege, S. 97 ff.; eingehend dazu und zum Verhältnis zur Bauleitplanung auch *Schink*, Naturschutz- und Landschaftspflegerecht in Nordrhein-Westfalen, S. 270 ff.

[8] *Soell*, NuR 1980, S. 6 f.; *ders.*, in: *Salzwedel* (Hrsg.), Grundzüge des Umweltrechts, S. 513; *Ebersbach*, Rechtliche Aspekte des Landverbrauchs am ökologisch falschen Platz, S. 288 ff.; *Stich*,

gabenorientierung ist gleichwohl exemplarisch für den Typ der fachplanungsorientierten Landschaftsplanung.

Kennzeichnend ist die Konzentration auf die Vorbereitung von Planungen und Maßnahmen der Naturschutzbehörden, bei einem weitgehenden Verzicht auf die Bedienung gemeindlicher oder fachlicher Planungen: Der Landschaftsplan nach dem Modell Nordrhein-Westfalens ist vor allem Instrument der Fachverwaltung Naturschutz. Wesentlichen Einfluß auf diese Aufgabenorientierung nimmt schon der reduzierte Planungs*bereich*: Während alle anderen Bundesländer die Beplanung von Außen- *und* Innenbereich vorschreiben, soll gem. § 16 Abs. 1 LG *nur* der Außenbereich bearbeitet werden[9]; wo sonst die Aufmerksamkeit den Problemen des besiedelten *und* des unbesiedelten Raumes zu gelten hat, kann sie sich hier ganz auf die fachlichen Probleme des Außenbereichs einlassen.

Entsprechend ist der Katalog der Planungsinhalte ausgerichtet. Er bezieht sich auf Problemanalyse und Maßnahmevorbereitung im Freiraum, orientiert auf die Unterstützung der Naturschutzverwaltung. Dies gilt vor allem für den Maßnahmenteil. Aber auch die Analyse des Landschaftszustandes[10] und die Formulierung von Entwicklungszielen für die Landschaft[11] stehen vorwiegend im Dienst der Fachverwaltung. Zwar dient diese Datensammlung und Zielaggregation auch anderen Planungen als Vorlauf; nach § 33 Abs. 1 LG sind die Entwicklungsziele deshalb auch bei allen behördlichen Maßnahmen zu berücksichtigen. Aber diese Bestandsaufnahme richtet sich hier nicht primär auf eine umfassende "ökologische und gestalterische Verträglichkeitsprüfung der Raumnutzungen"[12]. Sondern auch sie dient vor allem der Vorbereitung von Maßnahmen der Naturschutzverwaltung. Denn wie sich aus § 26 Abs. 1 LG ergibt, ist der Maßnahmenteil des Landschaftsplans aus den Entwicklungszielen herzuleiten. Querbeziehungen ergeben sich deshalb nur bei den Nutzungen, die typischerweise großflächig auf den Freiraum ausgreifen und daher mit Maßnahmen des Naturschutzes in Konflikt geraten können: Vor allem also Land-[13]

in: Analyse und Fortentwicklung des neuen Naturschutzrechts in der Bundesrepublik Deutschland, S. 504 f.; *ders.*, UPR 1983, S. 185 mit Fn. 30; *Gerschlauer*, DVBl. 1979, S. 607; *Gaentsch* (Fn. 5), ebd.

[9] Zur Frage der Zulässigkeit dieser Beschränkung s. *Peine* in: Analyse und Fortentwicklung des neuen Naturschutzrechts in der Bundesrepublik Deutschland, S. 486; ablehnend auch *Gaentsch* (Fn. 5), S. 2.

[10] § 17 LG.

[11] § 18 LG.

[12] *Hahn-Herse/Kiemstedt/Wirz*, Landschaft + Stadt 1984, S. 68.

[13] Eingehend zum Verhältnis zwischen Landschaftsplanung und Flurbereinigung nach nw. Recht *Schlarmann/Erbguth*, Zur Durchsetzung von Umweltbelangen im Bereich der räumlichen Planung, S. 277 ff.

und Forstwirtschaft[14]; nach dem Katalog des § 17 Nr. 3 LG auch noch die berg-, abgrabungs-, wasser- und abfallwirtschaftlichen Nutzungen. Soweit die Fachverwaltungen auf diesen Bereichen Maßnahmen vornehmen, sollen sie die naturschutzrechtlichen Ziele berücksichtigen und nicht durch gegenläufige Entscheidungen konterkarieren.

Deutlich zeigt sich die fachbezogene Orientierung im Maßnahmenteil des Landschaftsplans: vorbereitet werden Maßnahmen der Naturschutzverwaltung. Offenkundig ist dies bei den Schutzgebieten[15]. Sie werden in Nordrhein-Westfalen unmittelbar durch den Landschaftsplan festgesetzt[16]. Da der Landschaftsplan als Satzung verabschiedet wird[17], bedarf es dazu keiner weiteren Rechtsakte. Der Landschaftsplan ist in dieser Hinsicht nicht nur vorbereitender, sondern auch *durchführender* Plan; Instrument zur Umsetzung originärer Naturschutzaufgaben. *Vorbereitungs*funktionen des Landschaftsplans gelten den Einzelmaßnahmen der Naturschutzbehörde nach § 26 LG. Dies sind Entwicklungs-, Pflege- und Erschließungsmaßnahmen, die zur Verwirklichung der Entwicklungsziele für die Landschaft erforderlich sind: Anlage oder Anpflanzung von Flurgehölzen, Hecken oder Schutzgehölzen; Aufforstungen; Pflegemaßnahmen zur Erhaltung bestimmter naturschutzwürdiger Flächen; Anlage von freiraumgebundenen Erholungseinrichtungen und anderes.

Der Landschaftsplan erweist sich in diesem letzten Punkt als typischer vorbereitender Fachplan. Aufgestellt vom Landkreis oder den kreisfreien Städten[18], obliegt diesen, soweit er nicht ohnehin unmittelbar rechtsverbindlich ist, auch die Durchführung[19]. Die formale Zuständigkeit für die Planverwirklichung liegt zwar bei den unteren Landschaftsbehörden; Planungs- und Durchführungszuständigkeit fallen also nicht im rechtlich strengen Sinne zusammen. Da aber die unteren Landschaftsbehörden beim Kreis oder den kreisfreien Städten angesiedelt sind[20], liegt der Vergleich mit anderen Fachplanungen, die typischerweise durch das Zusammenfallen von Planungs- und Durchführungszuständigkeit gekennzeichnet sind, dennoch nahe: Wie dort, so wird auch hier für die fachlichen Bedürfnisse des Naturschutzes von dem zuständigen Planungsträger ein Plan aufgestellt, der in der eigenen Verantwortung auch umzusetzen

---

[14] Beachte in diesem Verhältnis die Sonderregelungen in den § 27 Abs. 2 Nr. 2, 3 und § 35 LG. Dazu *Schlarmann/Erbguth* (Fn. 13), S. 285 ff.

[15] §§ 20 – 23 LG.

[16] § 19 LG.

[17] § 16 Abs. 2 LG.

[18] § 16 Abs. 2 LG. Zur verfassungsrechtlichen Zulässigkeit dieser Zuweisung s. *Hoppe/Schlarmann* (Fn. 7), S. 18 ff. Zweifelnd *Stich* (Fn. 8), S. 505. Zur Zulässigkeit neigen auch *Soell*, in: *Salzwedel* (Hrsg.), Grundzüge des Umweltrechts, S. 513 und *Ebersbach* (Fn. 8), S. 287.

[19] § 36 LG.

[20] § 8 Abs. 1 Satz 3 LG.

ist. Hier zeigt sich das wesentliche Merkmal des nordrhein-westfälischen Modells: Planungs- und Durchführungszuständigkeit sind zusammengefaßt im Bereich der Naturschutzverwaltung; es beruht "auf dem Prinzip der Bündelung von Planung, Durchführung, ordnungsbehördlicher Eingriffsermächtigung und Finanzierung"[21].

Die betont fachliche Ausrichtung wird durch eine besondere Ausgestaltung des planakzessorischen Instrumentariums zusätzlich aufgewertet. Im Gegensatz zu der Regelung der meisten anderen Bundesländer braucht sich nämlich die Landschaftsbehörde nicht auf die Sicherstellung oder Pflege des Status quo zu beschränken. Sondern sie kann, auf Grundlage des Landschaftsplans, auch die *Herstellung* eines bestimmten Landschaftszustandes anordnen. Etwa kann nach § 38 Abs. 2 LG dem Eigentümer aufgegeben werden, Anpflanzungen vorzunehmen, soweit "der Aufwand hierfür im Einzelfall gering ist"; ersatzweise kann ihm die Duldung der Maßnahme auferlegt werden, wenn sie nicht zu unzumutbaren Beeinträchtigungen der wirtschaftlichen Nutzbarkeit des Grundstücks führt[22]. Der übliche Handlungsrahmen der Naturschutzverwaltung in den anderen Ländern zeigt sich demgegenüber etwa in § 28 Abs. 3 Nds. NatSchG. Danach kann dem Nutzungsberechtigten nur die *Veränderung* schützenswerter Landschaftsbestandteile untersagt werden; die Verpflichtung zu Anpflanzungen kann nur zur Wiederherstellung des früheren Zustands ausgesprochen werden, wenn also entgegen der Schutzauflage ein geschützter Landschaftsbestandteil zerstört wurde. Bereits ausgeräumte Landschaften können auf diesem Wege nicht wieder naturschutzgerecht gestaltet werden.

Das Konzept Nordrhein-Westfalens zur Ausfüllung des bundesrechtlichen Aufgabenrahmens der Landschaftsplanung tritt also deutlich hervor: Verbunden mit einer entwicklungsorientierten Ausgestaltung des Umsetzungsinstrumentariums wird eine planerische Verwirklichung der Naturschutzziele vor allem im fachlichen Bereich der Naturschutzverwaltung für erforderlich gehalten; dort also, wo die Fachverwaltung selbst auf die Landschaft zugreifen kann. Zwar erbringt der Landschaftsplan auch Vorlaufleistungen für Eingriffsverwaltungen. Das Schwergewicht liegt dennoch auf der Planung für den eigenen Bereich: Punktuelles Agieren der Naturschutzverwaltung soll abgelöst werden durch planhaftes; Naturschutz soll nicht nur im Stil der Gefahrenabwehr, sondern auch vorsorgend, gestaltend und entwicklungsbezogen betrieben werden. Ein Beitrag zu einer umfassenden Querschnittskoordination, die, Ressortgrenzen überschreitend, *alle* Akteure im Bereich des Naturschutzes erfaßt und deren

---

[21] *Hoppe/Schlarmann* (Fn. 7), S. 18.

[22] § 39 LG, vgl. weiter § 40 LG.

Maßnahmen in ein Gesamtkonzept zusammenführt, wird mit diesem Modell jedoch nicht erbracht[23].

2. Gesamtplanungsorientierte Aufgaben

Das Gegenmodell zeigt sich in den gesamtplanungsorientierten Planungsinstrumenten. Als Beispiel mag das Modell der *niedersächsischen* örtlichen Landschaftsplanung dienen[24, 25]. Deren Aufgabennorm[26] bestimmt, daß die Gemeinden "Landschaftspläne zur Vorbereitung und Ergänzung ihrer Bauleitplanung, zur Vorbereitung von Maßnahmen nach § 28[27] sowie zur Gestaltung von Grünflächen, Erholungsanlagen und anderen Freiflächen ausarbeiten und im Rahmen ihrer Zuständigkeit durchführen".

Der Unterschied zum naturschutzorientierten Aufgabenmodell zeigt sich in zwei Merkmalen. Zum einen in der Aufgabenstellung: Der Landschaftsplan ist hier alleine Grundlagenplan für *gemeindliche* Naturschutzaktivitäten. Soweit die Gemeinde zur Verwirklichung der Naturschutzziele beizutragen hat und beitragen kann, soll sie dies durch den Landschaftsplan vorbereiten. Folgerichtig sind in der Aufgabennorm drei naturschutzrelevante Planungen und Maßnahmen bezeichnet, die im gemeindlichen Zuständigkeitsbereich liegen:

Zunächst die *Bauleitplanung*, in deren Rahmen in vielfältiger Weise auf die natürlichen Ressourcen zugegriffen wird. In dieser Hinsicht hat der Landschaftsplan die aus Naturschutzgesichtspunkten an die bauliche Entwicklung zu richtenden Anforderungen zu formulieren und durch Datenmaterial zu erhärten; also vor allem an die weitere Ausdehnung baulicher Nutzungen, der Durchgrünung des und der Zuordnung der Freiflächen im Siedlungsbereich. Dann, auf den Außenbereich zugreifend, die *Ausweisung geschützter Landschaftsbe-*

---

[23] Kritisch deshalb *Gaentsch* (Fn. 5), S. 2.

[24] Dazu *Gaede*, in: Landschaftsplanung – Erfahrungen mit dem neuen Naturschutzrecht, S. 476 ff.

[25] Ähnliche Schwerpunkte setzen auf Ebene des Landschaftsprogramms und des Landschaftsrahmenplans Bayern sowie Hessen und Nordrhein-Westfalen für den Landschaftsrahmenplan. Hier resultiert die Schwerpunktbildung aus dem Umstand, daß der jeweilige Landschaftsplan als Bestandteil des gesamträumlichen Plans ausgestellt wird und neben den gesamträumlichen Planelementen keine weitere Planungsaufgaben gesetzlich statuiert sind, so daß wegen der Bindung an die gesamtplanerischen Inhalte von einer gesamtplanungsorientierten Aufgabenstellung auszugehen ist. Auf örtlicher Ebene folgen dem niedersächsischen Modell einer Orientierung auf die gemeindlichen Aufgaben des Naturschutzes die Länder Sachsen und Sachsen-Anhalt. Dort ist die Aufgabenstellungen der Landschaftsplanung gem. § 7 Abs. 1 Sächs. NatSchG und § 7 Abs. 1 NatSchG LSA auf die Vorbereitung der kommunalen Bauleitplanung und – in Sachsen-Anhalt – kommunaler Naturschutzzuständigkeit beschränkt.

[26] § 6 Nds. NatSchG.

[27] Schutz von Landschaftsbestandteilen.

standteile gem. § 28 NatSchG. Hier hat die Gemeinde in dem gestuften System der Schutzausweisungen ihren Platz und kann originäre Naturschutzziele verfolgen, indem sie Bäume, Hecken, Wasserläufe und andere Landschaftsbestandteile unter Schutz stellt. Die Koordinationsfunktionen des Landschaftsplans richten sich darauf, über den Gesamtbedarf solchen Schutzes im Gemeindegebiet Auskunft zu geben und die verschiedenen Einzelmaßnahmen in einen sachlichen Zusammenhang zu stellen. Schließlich die *Gestaltung von Freiräumen*, traditioneller Bestandteil der Stadtgestaltung[28]. Die Gemeinden sorgen hier für freiraumbezogene Erholungsmöglichkeiten durch Anlage und Gestaltung von Parks, Grünanlagen, Sportflächen oder durch Erschließung von Aussenbereichen und gestalten die übrigen städtischen Freiräume zur Gliederung des Siedlungsbereichs. Dabei kommt dem Landschaftsplan zweierlei zu: Einmal die Vorbereitung der grundsätzlichen Konzeption der Freiflächenpolitik der Gemeinden; also die Ermittlung der verschiedenen Nutzungsinteressen und der dazu erforderlichen Flächen und die Planung einer sinnvollen räumlichen Zuordnung dieser Anlagen. Zum anderen kann der Landschaftsplan insoweit auch Gestaltungsplan sein, ergänzend neben dem Bebauungsplan, der sich wegen seiner Fixierung auf Nutzungszuordnungen für diese Aufgabe kaum eignet.

Im Verhältnis zu den Fachressorts werden dagegen nur wenige Vorlaufleistungen erbracht; weder die Naturschutz- noch die Eingriffsverwaltungen erhalten nennenswerte Vorgaben: Die Naturschutzverwaltung nicht, weil sich die in den Landschaftsplan aufzunehmenden Maßnahmen des Gebietsschutzes auf die von der Gemeinde wahrzunehmende Aufgaben beschränken[29]. Die Eingriffsverwaltungen nicht, weil im Landschaftsplan keine allgemeine Landschaftsanalyse und -bewertung nach dem Vorbild des § 6 Abs. 2 Nr. 1 BNatSchG enthalten ist, auf die andere Planungsträger bei ihren Planungen zurückgreifen könnten[30]. Nur im Flurbereinigungsverfahren können landschaftsplanerische Festsetzungen relevant werden, soweit nämlich von der Gemeinde auf Grund des Landschaftsplans unter Schutz gestellte Landschaftselemente im Rahmen der Flurbereinigung beseitigt werden sollen.

Diese Aufgabenorientierung zieht im niedersächsischen Modell den weiteren Unterschied zur nordrhein-westfälischen Landschaftsplanung nach sich: die Zuständigkeit der *Gemeinden* zur Aufstellung des Landschaftsplans. Fallen in Nordrhein-Westfalen Planungs- und Durchführungszuständigkeit in den Bereich der Naturschutzverwaltung, so liegt hier beides in den Händen der Ge-

---

[28] Vgl. dazu die Beiträge in dem Sammelband: Städtisches Grün in Geschichte und Gegenwart.

[29] Dazu *Gaede* (Fn. 24), S. 477.

[30] Dieser Umstand führt in Niedersachsen zu einer *Hochzonung* der Datenermittlung auf die Ebene des Landschaftsrahmenplans, dem mehr als in anderen Bundesländern Aufgaben der Datenbeschaffung übertragen sind. Vgl. dazu unten S. 111 ff.

meinde. Auch hier ist mit der Landschaftsplanung also eine klassische "Eigenplanung" eingerichtet worden. Allerdings eben nach der niedersächsischen Auffassung des im Sinne des § 6 Abs. 1 BNatSchG erforderlichen Planungsbeitrages der Landschaftsplanung für den Aufgabenbereich der Gemeinde: Hier wird weniger für notwendig gehalten, daß die Naturschutzverwaltung ihre Maßnahmen auf dieser Planungsebene koordiniert, sondern daß die Gemeinden ein planerisches Konzept für naturschutzrelevante Entscheidungen erarbeiten. Dagegen ist auch in diesem Aufgabenmodell kein Platz für Querkoordination, die die Grenzen des eigenen Handlungsbereichs überschreiten würde.

3. Das adressatenübergreifende Aufgabenmodell

Dem will das dritte Aufgabenmodell durch fach- *und* gesamtplanungsbezogene Planung abhelfen. Die Aufgaben der beiden anderen Modelle sollen in einer Planung zusammengeführt werden: Vorbereitungen für Naturschutzmaßnahmen im engeren Sinne, für die gesamträumliche Planung und zudem noch für die Beurteilung fachlicher Eingriffe. Anschaulich ist in dieser Hinsicht die *bayerische* Regelung der örtlichen Landschaftsplanung[31, 32].

Art. 3 Abs. 4 BayNatSchG listet die verschiedenen Inhalte des Landschaftsplans auf: Darstellung des vorhandenen Zustandes von Natur und Landschaft und seine Bewertung; allgemeine Naturschutzmaßnahmen; Schutzausweisungen; Maßnahmen zum Artenschutz; Maßnahmen zur Erholungsvorsorge; sowie Maßnahmen zur Gewässerunterhaltung. Festsetzungen zur Restringierung baulicher Nutzungen sind in diesem Katalog zwar nicht ausdrücklich aufgeführt; da aber der Landschaftsplan als Bestandteil des Bauleitplans aufgestellt wird[33], rechnen auch solche Festsetzungen zu seinem notwendigen Bestandteil[34].

Nach dem bayerischem Modell soll sich der Landschaftsplan also an alle naturschutzrelevanten Handlungsträger richten. Das gilt für die Bestandsauf-

---

[31] Dazu *Deixler*, NuR 1985, S. 228 ff.

[32] Diesem Modell folgen die meisten Bundesländer, nämlich auf Ebene des Landschaftsprogramms Baden-Württemberg, Brandenburg, Saarland und Sachsen; auf Ebene des Landschaftsrahmenplans Baden-Württemberg, Brandenburg, Rheinland-Pfalz, Saarland, Sachsen und Schleswig-Holstein sowie auf Ebene des Landschaftsplans Baden-Württemberg, Bayern, Brandenburg, Hessen, Rheinland-Pfalz, Saarland und Schleswig-Holstein. In diesen Ländern sind zwar regelmäßig keine näheren konkretisierenden Angaben zu den Planungsinhalten getroffen. Die Integrationsklauseln lassen aber erkennen, daß nicht alle Planinhalte in den gesamträumlichen Plan eingehen sollen. Deshalb kann davon ausgegangen werden, daß die Landschaftsplanung hier neben den gesamtplanungsbezogenen Aufgaben noch weitere Vorlauffunktionen übernehmen soll. Welche das sind, und wie weit sie reichen, steht allerdings weitgehend im Planungsermessen des Planungsträgers.

[33] Art. 3 Abs. 2 BayNatSchG.

[34] *Engelhardt/Brenner*, Naturschutzrecht in Bayern, Art. 3 Rn. 16.

nahme nach Art. 3 Abs. 4 BayNatSchG, die die natürliche Situation im Planungsgebiet umfassend zu analysieren hat[35] und deshalb allen Entscheidungsverfahren als Datenbasis dienen soll. Und es betrifft die Zielvorgaben: Die *Gemeinden* sind von ihnen insoweit betroffen, als sie im eigenen Handlungsbereich naturschützende Maßnahmen treffen oder naturschutztangierende Planungen vornehmen; der Landschaftsplan bietet in dieser Hinsicht diesselben Vorgaben wie schon beim niedersächsischen Modell beschrieben. Der *Naturschutzverwaltung* sollen, ähnlich dem nordrhein-westfälischen Modell, die Festsetzungen zum Gebiets- und Artenschutz dienen. Den *Eingriffsverwaltungen* gelten schließlich die Vorgaben im Rahmen der allgemeinen Schutzmaßnahmen, die auch Restriktionen für die Verfahren nach Art. 6 BayNatSchG (Eingriffsregelung) vorsehen können[36].

Das bayerische Aufgabenverständnis hebt sich damit deutlich von den beiden anderen Aufgabenmodellen ab. Die Landschaftsplanung will nicht nur Vorgaben für den Bereich des engeren Naturschutzes oder der Gemeinde erbringen, sondern soll *alle* naturschutzrelevanten Nutzungen bedienen. Naturschutzbelange sollen nicht nur im Handlungsbereich eines Maßnahmeträgers abgestimmt werden, sondern es sollen alle Fragen zusammengeführt und in ihren gegenseitigen Wechselbeziehungen beachtet werden können; alle Naturschutzaspekte sollen in einem Zugriff integriert werden.

Indessen resultieren aus solch breiten Aufgabenansätzen auch verschiedene inhaltliche, organisatorische und prozedurale Folgeprobleme, die sich bei den beschränkteren Aufgabenvarianten nicht zeigen und die die Länder bei der Einrichtung der Landschaftsplanung vor qualitativ andere Herausforderungen stellen. Das gilt zunächst für die schon im Literaturbericht verschiedentlich angesprochenen[37] Überforderungstendenzen: Landschaftsplanung, die sich nicht auf die planerische Unterstützung *eines* Planungsadressaten beschränken will, gerät schnell in die Gefahr, durch den gesteigterten Aufwand bei der Verarbeitung der fachlichen Informationen und durch das erhöhte Konfliktpotential überlastet zu werden. Dafür sorgt nicht nur die größere *Zahl*, sondern vor allem die unterschiedliche *Spezialisierung* der Planungsadressaten. Zwar befassen sich alle mit Fragen des Naturschutzes. Sie tun dies aber aus einer jeweils unterschiedlichen Warte und in unterschiedlichen Detailliertheitsstufen, wie sich exemplarisch im Vergleich zwischen dem regionalplanerischen und dem engeren fachlichen Zugriff zeigt: Regionalplanung betrachtet Naturschutzfragen

---

[35] Vgl. dazu etwa die Richtlinie für die Ausarbeitung und die Förderung von Landschaftsplänen vom 31. 10. 1975, zuletzt bekannt gemacht in LUMBl. 1978, S. 3, Abschnitt B 1; abgedruckt in *Engelhardt/Brenner* (Fn. 34), C 3. 6.

[36] Dazu *Grebe*, in: Landschaftsplanung – Erfahrungen mit dem neuen Naturschutzrecht, S. 520.

[37] Insbesondere oben S. 35 f.

stets aus einer zusammenfassenden, *aggregierenden* Sichtweise, die engere und eigentliche fachliche Arbeit des Naturschutzes ist dagegen geprägt durch spezialisierte, also: *detaillierte* Betrachtungen. Beide Regelungsebenen in ein stimmiges Gesamtkonzept zusammenzuführen ist zwar aus fachlicher Sicht wichtig; die Landschaftsplanung steht aber bei dieser Aufgabe vor ungleich höheren Herausforderungen als bei einem der beiden anderen Aufgabenkonzepte[38].

Prinzipielle Unterschiede ergeben sich im weiteren auch bei der Organisation der Landschaftsplanung. Treffen bei den beiden anderen Modellen Planungs- und Durchführungszuständigkeit zusammen, so gilt dies hier gerade nicht. Denn da sich die Planung nicht nur an einen, sondern an mehrere Adressaten richtet, kann sie nur zu einem Teil von dem Planungsträger selbst umgesetzt werden. In weiten Bereichen ist sie dagegen auf Umsetzung durch andere Maßnahmeträger verwiesen. Planungs- und Durchführungszuständigkeit treten notwendig auseinander.

Daraus resultieren zwei Problemfelder für die rechtliche Einrichtung der Landschaftsplanung. Zum einen bei der Bestimmung des Planungsträgers. Soll der umfassende Naturschutzplan durch die Naturschutzbehörde aufgestellt werden? Oder soll der gesamträumliche Planungsträger zuständig sein? Beide Lösungen sind mit spezifischen Nachteilen verbunden: In der Hand der Naturschutzverwaltung mag zwar die Planung von höherer Sachkompetenz getragen sein; jedenfalls auf der örtlichen Ebene ist sie aber zugleich mit Vollzugsproblemen belastet, weil die Gemeinden gegen eine dichte Naturschutzplanung der Naturschutzverwaltung regelmäßig ihre Planungshoheit mobilisieren werden[39]. Wird aber der günstigeren Umsetzungsbedingungen wegen der Gesamtplanungsträger mit der Planung beauftragt, dann sind Mängel in der Planungskompetenz zu erwarten[40].

Zum zweiten ist auch die Regelung der Verfahrensfragen und der Wirkungen der Landschaftsplanung für einzelne Adressaten von höherer Bedeutung als bei den beiden anderen Aufgabenmodellen. In verfahrensmäßiger Hinsicht ist hier nämlich nicht nur *Negativ*-, sondern *Positiv*koordination[41] herzustellen. Es reicht nicht aus, daß Einwendungen planbetroffener Träger öffentlicher Belange in das Planungsverfahren eingehen können, wie es im Bereich von Eigen-

---

[38] Näher dazu unten S. 95 f.

[39] Vgl. dazu auch die rechtlichen Bedenken von *Blümel*, Das verfassungsrechtliche Verhältnis von Gemeinden und Landkreisen, S. 29 ff., gegen die Zuweisung der Landschaftsplanung auf die Kreisebene; a. A. dagegen *Hoppe/Schlarmann* (Fn. 7), S. 19.

[40] Näher zu diesem vor allem auf örtlicher Ebene virulenten Problem unten S. 135 ff.

[41] Zum Begriff *Rückwardt*, Koordination des Verwaltungshandelns, S. 38 ff. Zu den verwandten Begriffen der Negativ- und Positiv*planung* s. *Lendi*, UPR 1982, S. 73 ff.

planungen regelmäßig der Fall ist[42]. Sondern die verschiedenen Planungsträger müssen ihre jeweiligen Beiträge zur Verfolgung der Naturschutzziele im und zum Gesamtkonzept abstimmen. Solche Abstimmung stellt sich nicht von selbst ein, sondern muß durch eingehende Verfahrensbestimmungen und -sicherungen hervorgebracht werden. Die integrierende Landschaftsplanung zieht deshalb prinzipiell höhere Verfahrensanforderungen nach sich als die anderen Modelle. Ähnliches gilt auch für die Bestimmung der Wirkungen der Planung. Da sie notwendig den Bereich des Planungsträgers verläßt, kann die Umsetzung nicht einfach auf die Erwartung gestellt werden, daß der Planungsträger die von ihm selbst beschlossene Planung auch durchführen werde. Zwar ist auch dies problematisch, wie die Literatur mit Bezug auf das niedersächsiche Modell zu Recht feststellt[43]. Aber soweit die Umsetzung über den Planungsträger selbst hinausreicht, ist auf rechtlich definierte Ableitungsbeziehungen nicht zu verzichten, die sowohl die Adressaten als auch die rechtliche Geltung der Planung bezeichnen.

Zwar stellen sich diese Probleme bei der Landschaftsplanung nicht in der sonst üblichen Weise, weil sie ja in nahezu allen Bundesländern nicht als rechtlich verbindliche Planung ausgestaltet wurde; die adressierten Planungen sind ohnehin nicht mit rechtlicher Verbindlichkeit an die landschaftsplanerischen Vorgaben zu binden. Das macht es aber zum einen nicht entbehrlich, die von der Landschaftsplanung adressierten Träger öffentlicher Belange frühzeitig in die Planung einzubeziehen und eine umfassende Abstimmung herzustellen; sonst ist ohnehin nicht zu erwarten, daß das Konzept in anderen Planungen Umsetzung findet. Noch entfällt deshalb die Notwendigkeit, im einzelnen zu bezeichnen, welche räumliche Planung welche landschaftsplanerischen Vorgaben in welcher Weise zu berücksichtigen haben[44]; jedenfalls zeigte etwa die – inzwischen allerdings abgelöste – Regelung des § 1 Abs. 5 BBauG[45], daß Planungszusammenhänge sinnvollerweise auch dann gesetzlich zu definieren sind, wenn sie nicht auf strikter rechtlicher Bindung beruhen[46].

---

[42] Vgl. etwa § 4 Abs. 1 BauGB.

[43] *Ebersbach* (Fn. 8), S. 286 ff.

[44] Beispielhaft etwa §§ 33 – 42 LG NW.

[45] In der Fassung vom 18. August 1976, BGBl. I, S. 2256, zuletzt geändert am 6. 7. 1979, BGBl. I S. 949.

[46] Das wird auch durch die Streichung im neuen BauGB nicht widerlegt, sondern eindrucksvoll bestätigt: Im Ergebnis läuft sie gerade auf eine – gewollte – Schwächung der Entwicklungsplanung hinaus; vgl. die Begr. zum Gesetzentwurf der BReg, BT-Drs. 10/4630, S. 61: "Durch den Verzicht auf die Berücksichtigungspflicht soll ... ein in der Sache oft nicht gebotener Prüfungsaufwand (!) vermieden werden. Das trägt zur Erleichterung (!) der Bauleitplanung bei."

III. Die Organisation der Landschaftsplanung nach Landesrecht

Die vorangegangenen Überlegungen haben bereits anklingen lassen, daß unterschiedliche Aufgabenkonzepte auch den Organisationsbedarf der Landschaftsplanung beeinflussen. Schon allgemein sind Planungsinstrumente auf leistungsfähige Organisationsstrukturen angewiesen: Ohne Unterstützung durch aufgabenadäquate Zuständigkeitszuweisungen, Mitwirkungs- und Kontrollbefugnisse und Verfahrensmodalitäten können Abstimmungen zwischen konfligierenden Zielen oder verschiedenen Aufgabenträgern nicht funktionieren[1]. Das gilt für die Landschaftsplanung in besonderer Weise. Da sie in der Regel zur Durchsetzung ihrer Planung nicht auf die "Ressource" Recht setzen kann, sondern auf die Zustimmung der adressierten Planungsträger angewiesen ist, muß sie noch mehr als andere Planungen *konsensbildend* wirken. Der prozeduralen Ausgestaltung der Abstimmungsprozesse kommt deshalb gesteigerte Bedeutung zu.

Relativ geringe Anforderungen stellen sich noch bei den Aufgabenmodellen, die nach Art der Eigenplanung auf die Steuerung im eigenen Handlungsbereich beschränkt sind. Sie sind im Grundsatz nicht auf die Zustimmung anderer Planungsträger verwiesen; jedenfalls können diese Planungen ohne Mitwirkung von Dritten verwirklicht werden. Bei allen anderen, umfassenderen Aufgabenmodellen bestehen dagegen prinzipiell höhere Organisationsanforderungen. Weil bei ihnen Planungs- und Durchführungszuständigkeit jedenfalls in Teilbereichen notwendig auseinanderfallen *muß* und daher mehrere Planungsträger in ein Naturschutzkonzept einzubinden sind, bringt solche Planung einen größeren Abstimmungsbedarf mit sich; zwangsläufig ist auch die Organisation des Planungsprozesses aufwendiger. Die Organisation der Landschaftsplanung ist aber nicht nur in Zusammenhang mit der jeweiligen Ausrichtung der Planungsaufgabe zu sehen. Auch die Besonderheiten der Planungsebenen sind relevant. So mag es zwar unter dem Aspekt der höheren fachlichen Kompetenz sinnvoll sein, die Umsetzung der weitgespannten Landschaftsplanung nach dem adressatenübergreifenden Aufgabenmodell in die Hände der *Naturschutzverwaltung* zu legen[2]. Wie aber die Zuständigkeitszuweisung in den Ländern zeigt, ist

---

[1] *Wollmann*, in: *Konukiewitz*, Die Implementation räumlicher Politik, S. 8, schätzt die Bedeutung "leistungsfähiger Implementationsakteure und Verfahren" sogar für "vielfach wichtiger ein als die detaillierte Regelung auf der "Programmebene". Für die Zwecke der weiteren Überlegungen kann auf eine eingehende Untersuchung des Verhältnisses zwischen Planung und Organisation verzichtet werden. Näheres bei *Fürst/Hesse*, Landesplanung, S. 39 f.; *Benz*, Regionalplanung in der Bundesrepublik Deutschland, S. 8 ff.; mit Bezug auf Umweltplanungen *ders.*, in: *Erbguth*, Weiterentwicklung raumbezogener Umweltplanungen, S. 158 ff.; *Konukiewitz* (s. oben), S. 235 f., je m.w.N.

[2] So prononciert *Stich*, ZfBR 1986, S. 112.

diese Lösung nur auf der überörtlichen Ebene gewählt worden[3]. Auf der örtlichen Ebene sind die *Gemeinden* mit dieser Aufgabe betraut[4]: Hier konnte die kommunale Planungshoheit mit Erfolg gegen fachliche Optimalvorstellungen mobilisiert werden[5].

Angesichts dieser verschiedenen Einflußfaktoren ist es nicht verwunderlich, daß die Organisation der Landschaftsplanung in den Ländern eine bunte Vielfalt zeigt. Zum einen ist dies Folge der unterschiedlichen Aufgabenkonzepte: unterschiedliche Aufgaben ziehen unterschiedliche Organisationsformen nach sich. Aber auch bei gleicher Aufgabenausrichtung lassen sich Organisationsunterschiede ausmachen: Beleg dafür, daß sich in den Ländern über die zweckmäßigste institutionelle Einrichtung der Landschaftsplanung noch keine einheitliche Auffassung ausgebildet hat. Auch hier ist manches noch im Versuchsstadium, bleibt Raum für unterschiedliche Prioritäten. Daran ist an dieser Stelle nichts zu kritisieren; im Gegenteil. Denn gerade angesichts der nicht gering zu schätzenden Bedeutung der Organisation der Landschaftsplanung für die Verwirklichung der anspruchsvollen Ziele erscheint der Wettbewerb der Länder um günstige und aufgabenadäquate Organisationsmodelle zunächst sinnvoll; Lösungen für das Organisationsproblem können sich nur aus der praktischen Erprobung unterschiedlicher Konzepte herausbilden.

Aus diesem Grund ist hier auch nicht das "optimale" Organisationsmodell zu entwickeln. Dazu bedürfte es eingehender empirischer Untersuchungen durch Fallstudien in verschiedenen Ländern. Hier interessiert vielmehr die systematische Bestandsaufnahme der verschiedenen Organisationsvarianten, ihres Zusammenhangs mit den Aufgabenkonzepten und ihrer wesentlichen rechtlichen Charakteristika. Bestimmend sind insoweit zwei Faktoren: Erstens die *Zuständigkeit*[6] zur Aufstellung von Landschaftsplänen, die entweder bei der *Naturschutzverwaltung* oder bei den *Gesamtplanungsträgern* liegt. Und zweitens die Unterschiede im Planerstellungs*modus*, die *Hendler*[7] mit der Bezeichnung

---

[3] Etwa § 7 Abs. 3 SNG.

[4] Eine *Kreiszuständigkeit* kennen nur § 16 Abs. 2 LG und – zusätzlich zur kommunalen Ebene – § 5 Abs. 1 VorlThürNatG.

[5] S. etwa *Gaedes* Hinweis über das Scheitern entsprechender Vorstellungen in Niedersachsen, in: Landschaftsplanung – Erfahrungen mit dem neuen Naturschutzrecht, S. 477.

[6] Auf deren Bedeutung haben vor allem hingewiesen *Ebersbach*, Rechtsaspekte des Landverbrauchs am ökologisch falschen Platz, S. 274 f, S. 299 und *Stich* (Fn. 2), S. 112.

[7] NuR 1981, S. 45 f. Ihm folgend *Ebersbach* (Fn. 6), S. 262; *Soell*, in: *Salzwedel* (Hrsg.), Grundzüge des Umweltrechts, S. 513 f.; *Wahl*, in: Umweltplanungen und ihre Weiterentwicklung, S. 58 ff.; ähnlich – unmittelbare/mittelbare Integration – *Erbguth*, UPR 1983, S. 140 und *Hoppe/ Erbguth*, in: Landschaftsplanung – Erfahrungen mit dem neuen Naturschutzrecht, S. 453 f.; ähnlich auch – Parallelplanung/integrierte Planung – *Dolde*, in: Dokumentation zur 4. wissenschaftlichen Fachtagung der Gesellschaft für Umweltrecht, S. 101. In der Sache hebt auch *Stich*, UPR 1983, S. 185, mit seinen Kategorien vorlaufende, mitlaufende und integrierte Landschaftsplanung auf diese Unterscheidung ab.

"Primär-" und "Sekundärintegration" umschrieben hat: darauf abhebend, ob der Landschaftsplan als Bestandteil des gesamträumlichen Plans (Primärintegration) oder als selbständiger Plan (Sekundärintegration) aufgestellt wird[8]. Diese Faktoren sind bislang zu wenig in ihrem Zusammenhang untersucht; überwiegend werden sie isoliert auf rechtliche und planungspraktische Folgen befragt[9]. Im *Zusammenspiel*, als konstitutive Elemente grundsätzlich zu unterscheidender Organisationsvarianten erscheinen sie dagegen selten.

Dieser hier vorgenommen Typisierung, auf Trägerschaft *und* den Aufstellungsmodus abhebend, zeigen sich drei Grundvarianten mit je unterschiedlichen Ansätzen für die Organisation landschaftsplanerischer Abstimmungsprozesse, und, daraus folgend, je verschiedenen rechtlichen Anforderungen bei der Einbindung konfligierender Planungsträger:

- von der *Naturschutzverwaltung* aufgestellter *selbständiger* Landschaftsplan (Parallelplanung[10] durch die Naturschutzverwaltung)[11]
- vom *Träger der räumlichen Gesamtplanung* aufgestellter *selbständiger* Landschaftsplan (Parallelplanung durch den Gesamtplanungsträger)[12]
- vom *Träger der räumlichen Gesamtplanung* aufgestellter *unselbständiger* Landschaftsplan (Integrierte Planung durch den Gesamtplanungsträger)[13].

---

[8] Bei dieser Systematisierung geht es zunächst nur um die Bestimmung des Verhältnisses zwischen Landschaftsplanung und gesamträumlicher Planung, vgl. *Hendler* (Fn. 7), S. 45. Für die Überlegungen zur Organisation der Landschaftsplanung läßt sie sich aber unter dem Gesichtspunkt des Aufstellungsmodus ebenso fruchtbar machen.

[9] So etwa bei *Ebersbach* (Fn. 6), S. 275, der bezüglich der (regionalen) Landschaftsrahmenplanung die bayerische, hessische und nordrhein-westfälische Regelung auf der einen und die baden-württembergische auf der anderen Seite als Beispiele für die Aufstellungs*zuständigkeit* der Regionalverbände in einem Atemzug nennt, obwohl in diesen Ländern ein je unterschiedlicher Aufstellungs*modus* eingeführt ist; Baden-Württemberg: Sekundärintegration, die anderen Länder: Primärintegration.

[10] Begriff von *Dolde* (Fn. 7), S. 101.

[11] Auf Ebene des *Landschaftsprogramms*: Baden-Württemberg, § 8 Abs. 1 NatSchG BW; Brandenburg, § 5 BdgNatSchG; Mecklenburg-Vorpommern, § 13 Abs. 2 NatSchG Me-Vo; Sachsen-Anhalt, § 5 Abs. 1 NatSchG LSA; Niedersachsen, § 4 Abs. 1 Nds. NatSchG; Saarland, § 8 Abs. 4 SNG. Auf der des *Landschaftsrahmenplans*: Brandenburg, § 6 Abs. 1, 2 BdgNatSchG; Mecklenburg-Vorpommern, § 14 Abs. 2 NatSchG Me-Vo; Niedersachsen, § 5 Abs. 1 Nds. NatSchG; Saarland, § 7 Abs. 3 SNG; Sachsen-Anhalt, § 6 Abs. 1 NatSchG LSA; Schleswig-Holstein, § 5 Abs. 1 LPflegG. Auf der des *Landschaftsplans*: (als Sondermodell, s. o.) Nordrhein-Westfalen, § 16 Abs. 2 LG.

[12] Auf Ebene des *Landschaftsrahmenplans*: Baden-Württemberg, § 8 Abs. 2 NatSchG. Auf der des *Landschaftsplans*: Baden-Württemberg, § 9 Abs. 1 NatSchG BW; Brandenburg, § 7 Abs. 1 BdgNatSchG; Hessen, § 4 Abs. 1 HENatG; Niedersachsen, § 6 Nds. NatSchG; Saarland, § 8 Abs. 2 SNG; Sachsen, § 7 SächsNatSchG; Sachsen-Anhalt, § 7 Abs. 1 NatSchG LSA; Schleswig-Holstein, § 6 Abs. 1 LPflegG; Thüringen, § 5 Abs. 1 VorlThürNatG.

[13] Auf Ebene des *Landschaftsprogramms*: Bayern, Art. 3 Abs. 1 Nr. 1 BayNatSchG; Sachsen, § 5 Abs. 1 SächsNatSchG; Thüringen (aber im Einvernehmen mit der Naturschutzverwaltung), § 4 Abs. 1 VorlThürNatG. Auf der des *Landschaftsrahmenplans*: Bayern, Art. 3 Abs. 1 Nr. 2

1. Parallelplanung durch die Naturschutzverwaltung

Der Organisationsmodus "Ausarbeitung eines eigenständigen Landschaftsplans durch die Naturschutzverwaltung" präsentiert sich zunächst und auf den ersten Blick als folgerichtige Organisationslösung für die naturschutzorientierten Aufgabenmodelle[14]. Soweit der Landschaftsplanung landesrechtlich die Aufgabe zugewiesen ist, im Schwerpunkt Maßnahmen der Naturschutzverwaltung vorzubereiten, verbindet sich damit auch die Ressortierung bei der Fachverwaltung Naturschutz[15]. Die Organisation folgt dem typischen Bild der Fachplanung: Planung *von* der Fachverwaltung *für* die Fachverwaltung. Weil sich der Abstimmungsbedarf im wesentlichen auf den eigenen Handlungsbereich beschränkt, fordert die Organisation des Planungsprozesses bei dieser Zuordnung von Zuständigkeit und Planungsaufgabe keine besonderen Vorkehrungen. Wie bei jeder Fachplanung reichen Regelungen aus, die sicherstellen, daß Gebietskörperschaften und betroffene Ressorts zu der Planung Stellung nehmen können[16]; weitergehende Abstimmungen sind für diesen Planungszugriff nicht zu organisieren.

Die Zuständigkeit der Naturschutzbehörde ist jedoch in manchen Naturschutzgesetzen auch für die beiden anderen Aufgabentypen gewählt: für die adressatenübergreifende[17] und die gesamtplanungsorientierte Landschaftsplanung[18]. Hier ist der Rahmen der Eigenplanung verlassen. Die Naturschutzverwaltung stellt den Landschaftsplan dann auch als Vorlaufplan für *andere* Planungsträger auf. Freilich begegnet eine solche Zuordnung nur bei den überörtlichen Planungsebenen; denn die örtliche Landschaftsplanung vertrauen alle Länder mit Ausnahme von Nordrhein-Westfalen sowie – zusätzlich zur gemeindlichen Ebene – Thüringen ausschließlich der kommunalen Planungszuständigkeit an. Im Bereich der überörtlichen Planung ist dieses Modell indes häufig anzutreffen, auch dann, wenn die Planung nicht nur auf die Vorbereitung der engeren naturschutzfachlichen Aufgaben beschränkt wird[19].

BayNatSchG; Hessen, § 3 Abs. 1 HENatG; Nordrhein-Westfalen, § 15 LG; Rheinland-Pfalz, § 16 Abs. 1 LPflG; Sachsen, § 6 Abs. 1 SächsNatSchG; Thüringen, § 4 Abs. 2 VorlThürNatG. Auf der des *Landschaftsplans*: Bayern, Art. 3 Abs. 2 BayNatSchG; Rheinland-Pfalz, § 17 Abs. 1 LPflG.

[14] Oben S. 59 ff.

[15] Vgl. die Nachweise oben S. 59, Fn. 6.

[16] S. etwa die Richtlinie für den Landschaftsrahmenplan nach § 5 Nds. NatSchG vom 30.12.1980, MBl. 1983, S. 57, Abschnitt 4.2 und 4.4.

[17] S. oben S. 65 ff.

[18] S. oben S. 63 ff.

[19] Das sind mit Ausnahme der oben auf S. 59 in Fn. 6 aufgeführten Länder alle in Fn. 11 bezeichneten landesrechtlichen Regelungen.

Die Trägerschaft der Naturschutzverwaltung auch für die adressatenübergreifende Landschaftsplanung hebt die besonderen fachlichen Ansprüche dieser Planung hervor. In der oben aufgezeigten grundsätzlichen Alternative der Zuständigkeit entweder der Gesamtplanungsträger oder der Naturschutzverwaltung haben die Länder bei diesem Modell den *fachlichen* Aspekten den Vorrang eingeräumt. Die Landschaftsplanung wird dann an ihrem Ausgangspunkt durch die fachbehördliche Problemwahrnehmung und ihre Zieldefinitionen determiniert; der in der Naturschutzverwaltung aggregierte Sachverstand kann ungehindert in die Planung eingehen. Die Naturschutzverwaltung, darauf verwiesen, die adressierten Planungsträger von der Notwendigkeit von Naturschutzrestriktionen zu überzeugen, kann durch die Vorgabe wohlfundierter "harter Daten und Fakten" die Überzeugungskraft der Landschaftsplanung selbst beeinflussen.

Die Zuständigkeit der Naturschutzbehörden trägt also den fachlichen Anforderungen der integrationsgerichteten Landschaftsplanung Rechnung. Sie garantiert indes nicht, daß das ehrgeizige Programm der Koordination der verschiedenen raumrelevanten Nutzungen tatsächlich zu verwirklichen ist. Das setzt weiteres, nämlich *Abstimmung* zwischen der Naturschutzverwaltung und den adressierten Planungsträgern, voraus. Denn die Chance der fachlich optimalen Planerstellung kann sich bei zu großer Distanz zu den anderen Planungsinstanzen leicht ins Gegenteil verkehren. Dem fachlichen Plan, zu restriktiv angelegt, droht tendenziell eine Schwächung seiner Wirkkraft[20].

Um dem zu begegnen, sind auf einer ersten Regelungsstufe *prozedurale* Beteiligungsformen der gesamträumlichen Planungsträger und der Fachverwaltungen an der Landschaftsplanung vorgesehen[21]. Die späteren Adressaten sollen schon in den Planungsprozeß einbezogen sein; schon dieser Abstimmungsprozeß soll auftretende Nutzungskonflikte ver- und in planerische Festsetzungen einarbeiten. Die Landschaftsplanung soll die Anforderungen des Naturschutzes nicht im Sinne der "reinen Lehre" formulieren, damit sie erst im Anschluß mit anderen Planungen abgeglichen werden[22], sondern von Beginn an den Ausgleich mit anderen Nutzungsinteressen suchen. Mit besonderer Akzentuierung kommt dieses Anliegen in der *saarländischen* Verfahrensregelung zur Ausarbeitung der von der obersten Naturschutzbehörde aufzustellenden Landschaftsrahmenpläne zum Ausdruck: Sie beschränkt sich nicht wie die übrigen Landesregelungen darauf, eine *Beteiligung* der berührten Behörden und

---

[20] Aus ähnlicher Motivation auch Skepsis bei *Wahl* (Fn. 7), S. 64 f., über eine umfassend integrierte Umweltplanung.

[21] Baden-Württemberg, §§ 8 Abs. 1, 5 Abs. 2 NatSchG; Saarland, § 7 Abs. 3, 4 SNG; Schleswig-Holstein, § 5 Abs. 1 Satz 1 LPflegG.

[22] So aber *Gaede*, in: Landschaftsplanung und Bauleitplanung, S. 21.

Planungsträger zu statuieren. Vielmehr wird den beteiligten Landesministern *Mitwirkung* an der Planerarbeitung eingeräumt[23]. Damit ist zwar keine materiellrechtlich fest umrissene Beteiligungsform bezeichnet. Dem Sprachgebrauch nach ist Mitwirkung aber mehr als Beteiligung. Es bringt zum Ausdruck, daß im Planungsverfahren nicht nur Anregungen und Einwände geltend gemacht werden können, sondern ein tatsächlicher, wenn auch im Ausmaß unbestimmter Einfluß auf die Entscheidung selbst eingeräumt ist. Dem rechtlichen Gehalt nach kommt dies einer Benehmensklausel[24] nahe[25].

Sieht man von dieser saarländischen Sonderregelung ab, bieten freilich die landesrechtlichen prozeduralen Beteiligungsvorschriften nur die *Grundlage* für die Abstimmung der verschiedenen Planungsträger. Daß sie in der Sache tatsächlich stattfindet, gewährleisten sie nicht; das setzt noch weiteres voraus. Denn der von ihnen eingerichtete Abstimmungsrahmen wird nur dann wirksam, wenn die angesprochenen Planungsträger auch abstimmungs*bereit* sind. Ob sie das sind, liegt außerhalb des Einflusses von Beteiligungsregeln. Wie die mühsame Geschichte der Koordinationsbestrebungen im Rahmen der Raumordnung und Landesplanung allerdings deutlich vor Augen führt, ist darauf durch Rechtsvorschriften auch kaum Einfluß zu nehmen: Regelmäßig zeigen sich sowohl Fachverwaltungen wie auch Gemeinden nur begrenzt bereit, eigene Handlungsspielräume in Koordinationsverfahren einzubringen und damit auf relativ autonome Gestaltungsmöglichkeiten zu verzichten[26]. Deshalb ist auch im Rahmen der Landschaftsplanung der Versuch einer übergreifenden Koordination verschiedener Handlungsträger als höchst anspruchs- und voraussetzungsvoll einzuschätzen; rechtliche Steuerung kann darauf nur begrenzt zugreifen[27].

Es überrascht deshalb nicht, daß das Landesrecht auf einer solchen zweiten Regelungsstufe nur wenige Ansatzpunkte bietet, die die von der Landschaftsplanung zu bedienenden Planungsträger zu tatsächlicher Koordination im Rahmen der Landschaftsplanung anhalten. Wenn, so geschieht dies regelmäßig nur durch indirekte Anreize. So wenn landesrechtlich, zumeist durch Richtli-

---

[23] § 7 Abs. 3 SNG.

[24] Dazu *Wolff/Bachof*, Verwaltungsrecht II, 4. Aufl. 1976, S. 122.

[25] Problematisch ist diese Einordnung von "Beteiligung" und "Mitwirkung", weil sie gewöhnlich als Oberbegriffe für rechtlich differenzierter ausgebildete Beteiligungsformen wie Anhörung, Benehmen oder Einvernehmen gewählt werden, vgl. *Wolff/Bachof* (Fn. 24), S. 119 ff. Zu den Beteiligungsformen speziell im Rahmen der Landesplanung: *Henrich*, Kommunale Beteiligung in der Raumordnung und Landesplanung, Bd. 1, S. 15 ff. m.w.N.

[26] *Scharpf*, in: Standort und Stellenwert der Raumordnung, S. 25 ff., insb. S. 31 ff.; *Fürst/Hesse* (Fn. 1), S. 16 ff., S. 109 ff. und S. 124 ff.; *Wahl*, Rechtsfragen der Landesplanung und Landesentwicklung, Bd. 2, S. 145 ff.; *Benz*, Regionalplanung in der Bundesrepublik Deutschland, S. 43 ff.; *Benz*, in: *Erbguth* (Fn. 1), S. 174 ff.

[27] Zu diesen Voraussetzung *Fürst/Hesse* (Fn. 1), S. 109 ff.; *Benz* (Fn. 26), S. 16 ff.

nien für nachgeordnete Fachbehörden, festgelegt ist, daß die Landschaftsplanung die naturschutzbezogene Grundlage für naturschutztangierende Fachmaßnahmen bildet. Beispielhaft ist in dieser Hinsicht der Erlaß über Flurbereinigung und Naturschutz in Baden-Württemberg[28]. Danach hat sich das Landesamt für Flurbereinigung vor der Anordnung von Flurbereinigungsverfahren mit der Naturschutzbehörde über die zu berücksichtigenden Belange des Naturschutzes abzustimmen[29]. Kommt dabei eine Einigung nicht zustande, so ist die Entscheidung dem Ministerium vorzulegen[30]. Da die Festsetzungen des Landschaftsplans die Grundlage dieser Abstimmung sind[31], ist es auch aus Sicht der Flurbereinigung sinnvoller, sich bereits im Rahmen der Landschaftsplanung um einen Ausgleich der divergierenden Positionen zu bemühen, als das auf spätere Abstimmungsverfahren zu verlagern. Zwar ist hier nicht zu untersuchen, wie verbreitet solche Vorgaben sind; wichtig ist aber, daß die Länder mit der Statuierung einer Quasi-Behördenverbindlichkeit auch durch untergesetzliche Vorschriften das Steuerungspotential der Landschaftsplanung wirksam kräftigen können.

Scheitern die anspruchsvollen Integrationsziele, so ist der von der Naturschutzverwaltung verantworteten Landschaftsplanung freilich nicht jede Bedeutung genommen. Denn im Grundsatz kann sie als persuasorische Planung wichtige Funktionen auch dann erfüllen, wenn sie (nur) die fachlichen Daten und Ziele des Naturschutzes aufbereitet, ohne sie mit anderen Planungen und Maßnahmen abzugleichen. Sie kann insofern flexibel agieren: Soweit sie auf abstimmungs*geneigte* Planungsträger trifft, bietet das Planungsverfahren Gelegenheit, eine weitgehende Abstimmung zwischen den verschiedenen Positionen herbeizuführen und die Beteiligten auf die Beachtung bestimmter Naturschutzanforderungen zu verpflichten. Soweit sie auf abstimmungs*abwehrende* Planungsträger trifft, kann sie sich auf die Formulierung der fachlichen Ansprüche beschränken und durch die Vorgabe von Naturschutzdaten wirken. Insoweit bringen auch die zunächst eher kritisch zu beurteilenden unpräzisen Aufgabendefinitionen vieler Landesnaturschutzgesetze einen Vorteil mit sich: Wenn danach häufig unsicher ist, ob die Landschaftspläne nur fachliche Daten und Ziele oder ob sie auch abgestimmte Naturschutzkonzepte erbringen sollen, können die Naturschutzverwaltungen sich den jeweiligen Planungskonstellationen anpassen.

---

[28] Vom 30.01.1986, GABl. S. 345.

[29] Ziffer 2.5.1. der Richtlinie.

[30] Ziffer 2.5.2. der Richtlinie.

[31] Ziffer 2.5.1. der Richtlinie.

2. Parallelplanung durch den Gesamtplanungsträger

Eine grundsätzlich andere Lösung der Zuordnungsprobleme zwischen Landschaftsplanung und den adressierten Planungen hält die gesamtplanungsgetragene Landschaftsplanung bereit: Landschaftsplanung in der Zuständigkeit des Trägers der gesamträumlichen Planung. Sie steht organisatorisch in besonderer Nähe zu dieser Planung und deren Planungsinstanzen; die Abstimmung zwischen beiden Planungen ist erleichtert. Soweit sie dabei als selbständiger Plan aufgestellt wird, dessen Festsetzungen nach dem Modell der Sekundärintegration erst nachträglich in die gesamträumlichen Pläne integriert werden[32], eignet ihr gleichwohl eine relative Eigenständigkeit: Mit der gesamträumlichen Planung eng verbunden, geht sie dennoch nicht völlig in ihr auf.

Dieser Organisationsmodus begegnet bei gesamtplanungsbezogenen "Eigenplanungen", die nur für die gesamträumliche Planung Vorlaufleistungen erbringen[33], wie auch bei adressatenübergreifenden Aufgabenvarianten, darauf ausgerichtet, gesamträumliche und fachliche Planungen vorzubereiten[34]. Der Schwerpunkt dieser Organisationsvariante liegt dabei auf der örtlichen Planungsebene: in neun von dreizehn Flächenländern ist die örtliche Landschaftsplanung so eingerichtet worden[35]; nur in Baden-Württemberg ist die, hier (auch) adressatenübergreifende Landschaftsrahmenplanung auf diese Weise organisiert.

Die Zuweisung der Landschaftsplanung in die Zuständigkeit des Gesamtplanungsträgers bietet vor allem den Abstimmungen zwischen der Landschaftsplanung und der gesamträumlichen Planung eine günstige Basis. Das beruht zunächst darauf, daß das zwischen beiden Planungen aufgebaute Konfliktpotential bei diesem Organisationsmodus tendenziell niedriger ist als bei einer selbständigen Landschaftsplanung in der Trägerschaft der Naturschutzverwaltung. Konflikte zwischen Naturschutzbelangen und anderen von der gesamträumlichen Planung zu beachtenden Belangen können eher im Rahmen der Landschaftsplanung ausgetragen werden, sie sind nicht erst auf den gesamtplanerischen Abgleich verwiesen. Die geringere Konfliktbeladenheit ist aber nur ein Vorteil. Beachtlich ist auch, daß die Landschaftsplanung bei dieser Lösung einen weit besseren Zugang zu den Daten, Informationen und Zielen der gesamträumlichen Planung erlangen kann. Die Zusammenstellung des naturschutzrechtlichen Abwägungsmaterials, die ökologische Bestandsaufnahme im

---

[32] Vgl. die Nachweise oben bei Fn. 12.

[33] Vgl. die Nachweise oben S. 63, Fn. 25.

[34] Vgl. die Nachweise oben S. 65, Fn. 32.

[35] Baden-Württemberg, Brandenburg, Hessen, Niedersachsen, das Saarland, Sachsen, Sachsen-Anhalt, Schleswig-Holstein, Thüringen.

Plangebiet, kann deshalb nämlich wesentlich gezielter auf die übrigen Planungen des Gesamtplanungsträgers ausgerichtet werden; die Landschaftsplanung kann eher zur ökologischen Grundlagenplanung der Gesamtplanung geraten. Jedenfalls für die Ebene der kommunalen Planung wird diese Lösung deshalb in der Planungspraxis besser beurteilt als jede andere, die die Landschaftsplanung in eine Distanz zur Gesamtplanung rückt[36]. Denn hier löst die traditionelle Betonung kommunaler Planungshoheit nach aller Erfahrung besondere Friktionen zwischen dem Steuerungsanspruch einer dezidiert naturschutzgerichteten Planung und der gesamtplanerischen Letztentscheidungszuständigkeit aus[37].

Soweit das Verfahren der Landschaftsplanung gleichwohl von der gesamträumlichen Planung relativ verselbständigt ist, kommt dies zweierlei zugute. Zum einen ist den Fragen des Naturschutzes in diesem Verfahren, speziell und ausschließlich auf die Konkretisierung der generellen und abstrakten naturschutzrechtlichen Ziele der §§ 1 Abs. 1 und 2 Abs. 1 BNatSchG gerichtet, höhere Aufmerksamkeit sicher als bei der unmittelbar in die gesamträumliche Planung integrierten Landschaftsplanung. Zwar mag der materielle Planungsauftrag die Planung nicht so stark dirigieren können wie im "Naturschutzmodell" die institutionelle Orientierung der Naturschutzverwaltung. Weil das Planungsverfahren jedoch nicht zugleich auch anderen Zwecken dient, wird jedenfalls die Problemwahrnehmung schärfer sein als bei der integrierten Landschaftsplanung. Die Ausgliederung der ökologischen Bestandsaufnahme und der naturschutzrechtlichen Zielkonkretisierung aus dem "eigentlichen" Verfahren der gesamträumlichen Planung entlastet dieses deshalb zum einen von den fachlich aufwendigen und anspruchsvollen Untersuchungen. Gleichzeitig bietet sie jedoch auch Gewähr dafür, daß diesen für die Berücksichtigung naturschutzrechtlicher Belange zentralen Fragen mehr als die in der Regel eher geringe Aufmerksamkeit zukommen kann.

Es kommt hinzu, daß bereits in dem abgesonderten Planungsverfahren der Abgleich zwischen den konfligierenden Interessen gesucht werden kann. Denn die eigenständige Landschaftsplanung gestattet nicht nur eine *Konkretisierung* der Naturschutzziele, sondern auch schon *ihre Abstimmung* mit anderen Raumnutzungsinteressen. So können etwa Aushandlungsprozesse und Entscheidungen über eine zusätzliche Ausweisung von Siedlungsflächen schon im Pla-

---

[36] So *Scharrel* und *Grebe*, in: Landschaftsplanung (Fn. 5), S. 471 und S. 522; Bericht über die hessische Landschaftsplanung, in: *Stich/Porger/Steinebach*, Örtliche Landschaftsplanung und kommunale Bauleitplanung, S. 134. Mit Blick auf mangelhafte Personalausstattung fragend allerdings *Heidtmann*, NuR 1993, S. 71.

[37] Sie ergeben sich vor allem nach dem nordrhein-westfälischen Modell der vom Kreis verantworteten Landschaftsplanung; dazu der kritische Bericht in: *Stich/Porger/Steinebach* (Fn. 36), S. 100 ff. A. A. dagegen der Bericht auf S. 114.

nungsprozeß der Landschaftsplanung stattfinden und getroffen werden; das muß nicht, nach Formulierung entsprechender landschaftsplanerischer Ziele, auf die Flächennutzungsplanung vertagt werden. Vor der umfassenden Integration aller räumlichen Belange können die Fragen der ökologischen Belastung der Landschaft gesondert untersucht und verhandelt werden.

Durch diese Problemabschichtung und Komplexitätsreduzierung kann die rationale Entscheidung im Rahmen der räumlichen Gesamtplanung beträchtlich erleichtert sein. *Rechtliche* Bindungen der auf die Landschaftsplanung folgenden Gesamtplanungen finden sich allerdings nirgends: Kein Land hat der Landschaftsplanung Formen ausdrücklicher "präjudizieller Wirkungen"[38], etwa nach dem Vorbild des Entwicklungsgebotes des § 8 Abs. 2 BauGB oder auch nur des § 1 Abs. 5 BBauG 1976[39], zugewiesen. Und auch für eine inzidente Bindungswirkung der Landschaftsplanung, wie sie *Gerschlauer*[40] herzuleiten sucht, gibt das Planungsrecht nichts her. Denn rechtliche Bindungsfolgen einer Planung sind nur *gesetzlich* zu statuieren: Wie gerade die nuancierten Unterschiede der §§ 1 Abs. 5 BBauG 1976 und 8 Abs. 2 BauGB oder die Differenzierungen im Recht der Raumordnung und Landesplanung[41] zeigen, kann die Rechtswirkung einer Planung nicht auf die Alternativen "bindend" oder "nicht bindend" reduziert werden. Das (positive) Planungsrecht kennt einen ganzen Kanon variabler Rechtsfolgen, mit denen die *Gesetzgeber* je mit gutem Grund unterschiedliche Abstimmungszusammenhänge zwischen Plänen hergestellt haben. Eine mit dem Hinweis auf die Selbstbindung des Planungsträgers[42] oder die zu geringe Bedeutung einer rechtlich unverbindlichen Planung[43] hergeleitete Bindungswirkung aber würde diese Differenzierungen überspielen, gesetzliche Ableitungszusammenhänge wären dann obsolet. Soweit deshalb die Länder die "Verbindlichkeit der Landschaftsplanung leider nicht explizit geregelt haben"[44], äußert sie auch keine rechtlich zu erfassenden Bindungswirkungen. Sie kann nur, wird aber auch regelmäßig *faktische* Auswirkungen auf die gesamträumliche Planung entfalten: Wenn nämlich deren Träger die Landschaftsplanung gerade dazu einsetzen, um die ökologischen Probleme der gesamträumlichen Planung in einem vorlaufenden Planungsverfahren zu ermitteln und abschließend abzustimmen.

---

[38] *Gerschlauer*, DVBl. 1979, S. 607.

[39] Zu den unterschiedlichen Rechtswirkungen des FNP und der (nach altem BBauG vorgesehenen) Entwicklungsplanung s. *Krautzberger*, in: *Battis/Krautzberger/Löhr*, BBauG, § 8 Rn. 2 ff. und § 1 Rn. 48 ff.

[40] (Fn. 38), S. 609; ihm folgend *Ebersbach* (Fn. 6), S. 292.

[41] Dazu *Wahl*, Rechtsfragen der Landesplanung und Landesentwicklung, Bd. 1, S. 207 ff.

[42] *Ebersbach* (Fn. 6), S. 292.

[43] *Gerschlauer* (Fn. 38), S. 609.

[44] *Gerschlauer* (Fn. 38), S. 609.

Es ist offensichtlich, daß die Einbindung der Landschaftsplanung in den gesamträumlichen (kommunalen) Zuständigkeitsbereich zwar dem Abgleich zwischen Naturschutz- und Naturnutzungsinteressen eine günstige Basis geschaffen hat; daß aber davon die Korrektivfunktion der Landschaftsplanung tangiert sein kann. Drohte die von der Naturschutzverwaltung verantwortete Landschaftsplanung zu restriktiv zu sein, so droht hier das Gegenteil: Landschaftsplanung, die von Anfang an den Interessen der gesamträumlichen Planung zu viel Raum gibt[45]. Dem suchen die Länder durch die durchgehend vorgeschriebene Beteiligung der Naturschutzbehörden[46] entgegenzuwirken. Sie soll verhindern, daß der Planungsprozeß alleine auf die Belange der gesamträumlichen Planung Bedacht nimmt, die Naturschutzanforderungen dagegen vernachlässigt werden. Vor allem durch Informationsleistungen und durch Kontrollwahrnehmung kann solcherart ein Gegengewicht gegen eine zu sehr gesamtplanungsorientierte Landschaftsplanung installiert werden.

Die Beteiligung der Naturschutzverwaltung alleine wird dies nicht immer gewährleisten können; weiteres muß hinzutreten: Sie muß auch Einfluß mobilisieren können[47]. Rechtlich wird das auf zweifache Weise abzustützen gesucht. Zum einen durch die organisationsrechtliche Ausgestaltung der Beteiligtenposition. Beispielhaft ist die Regelung Baden-Württembergs für das Verfahren der Landschaftsrahmenplanung. Sie begrenzt die Stellung der Naturschutzbehörde nicht auf das bloße Anhörungsrecht, sondern schreibt vor, daß der Landschaftsrahmenplan im *Benehmen* mit der (höheren) Naturschutzbehörde auszuarbeiten ist[48]; hier ist also auch Einfluß auf die Entscheidung selbst eingeräumt. Soweit dabei über wesentliche Fragen keine Einigung erzielt werden kann, ist zudem die Weisung des für die Landesplanung zuständigen Ministeriums einzuholen; diese bedarf des Benehmens mit dem Naturschutzministerium[49]. Dieses Vermögen der Naturschutzbehörde, gesamtplanerischen Entscheidungen mit Devolutivwirkung zu widersprechen, stärkt ihre Stellung in dem planerischen Aushandlungsprozeß zusätzlich. Die Geltendmachung von Naturschutzbelangen in der gesamtplanungsgetragenen Landschaftsplanung kann durch solche verfahrensrechtliche Ausgestaltung wirksam abgestützt sein.

---

[45] Deshalb wird in dem oben schon zitierten Bericht (Fn. 36), S. 114, die in Nordrhein-Westfalen vom Kreis verantwortete Landschaftsplanung als Korrektiv zur kommunalen Bauleitplanung nachdrücklich unterstützt.

[46] Baden-Württemberg, §§ 8 Abs. 2, 9 Abs. 1 NatSchG; Brandenburg, § 8 Abs. 1 BdgNatSchG; Hessen, § 2 Abs. 1 HENatG; Niedersachsen, § 56 Abs. 1 NatSchG; Saarland, § 8 Abs. 8 SNG; Sachsen, § 42 Abs. 2 SächsNatSchG; Sachsen-Anhalt, § 46 Abs. 1 NatSchG LSA; Schleswig-Holstein, § 6 Abs. 3 LPflegG; Thüringen, § 5 Abs. 1 Satz 4 VorlThürNatG.

[47] Das betont auch *Ebersbach* (Fn. 6), S. 302.

[48] § 8 Abs. 2 Satz 3 NatSchG BW.

[49] § 61 Abs. 1 NatSchG BW.

Bedeutsam sind weiterhin auch Genehmigungsvorbehalte. Deren landesrechtliche Gestaltung ist im einzelnen erst unten zu analysieren[50]. Ihre faktische Bedeutung illustriert schon hier die – wenn auch rechtlich nicht unproblematische – Handhabe durch die hessische Verwaltungspraxis. Da die Genehmigungsbehörden bei der Aufstellung oder Änderung von Bauleitplänen regelmäßig auch einen Landschaftsplan "einfordern", liegt es üblicherweise im Interesse der Gemeinden, mit der Naturschutzverwaltung zu einer Übereinkunft über die Inhalte des Landschaftsplans zu gelangen[51]; sie müßten sonst eine Blockade ihres Bauleitplanungsverfahrens fürchten. Der landschaftsplanbezogene Genehmigungsvorbehalt, restriktiv angewandt, erhält damit de facto die Funktion einer Einvernehmensklausel; die Position der Naturschutzbehörde im Abstimmungsprozeß der Landschaftsplanung ist aufgewertet[52, 53].

Soweit die Naturschutzbehörden ohne derartige materiell- oder verfahrensrechtliche Stärkungen in die Planungsprozesse der Landschaftsplanung einbezogen sind oder sie jedenfalls nicht in Anspruch nehmen, hängt für ihren Einfluß zuletzt viel von dem Gewicht ab, das den Naturschutzbelangen bei den direkt planungsbeteiligten Verwaltungseinheiten, aber auch in der planungsbegleitenden Öffentlichkeit und den planungskontrollierenden Aufsichtsinstanzen zukommt[54]. Der Planungseinfluß gerät dann, natürlicherweise, zum Spiegel der öffentlichen Aufmerksamkeit für die Fragen des Ressourcenschutzes.

Blieben bisher die Fachverwaltungen und -planungen aus den Überlegungen ausgespart, so folgt daraus nicht, daß sie nach dem Modell der selbständigen gesamtplanungsgetragenen Landschaftsplanung nicht auch mit Vorlauffunktionen bedient werden sollen. Im Gegenteil: Wie schon oben die Untersuchung der Aufgaben der Landschaftsplanung ergeben hat, ist der Ansatz weit verbreitet, gerade im Rahmen der örtlichen Landschaftsplanung alle naturschutzrelevanten Nutzungsrestriktionen in einem Naturschutzkonzept zusam-

---

[50] S. 148 ff.

[51] Aufschlußreich der Bericht eines Landschaftsarchitekten in *Stich/Porger/Steinebach* (Fn. 36), S. S. 136 ff. Der in der damals noch bestehenden HLfU für die hessische Landschaftsplanung federführende Gartenbaudir. *Heintze* drückte die übliche hessische Praxis etwas zurückhaltender aus: Der Notwendigkeit der Beteiligung der HLfU wurde "u.a. auch dadurch Nachdruck verliehen, daß die Regierungspräsidenten bei der Genehmigung der Bauleitpläne den Stellungnahmen der HLfU *eine besondere Bedeutung* beimessen."; so in: Landschaftsplanung – Erfahrungen mit dem neuen Naturschutzrecht, S. 492.

[52] Zweifelhaft ist freilich, ob sich diese Verwaltungspraxis auf die geltende Rechtslage nach dem HENatG stützen kann. Denn nach dem Wortlaut sowohl der Aufgabennorm als auch der sie verdichtenden Planungspflicht steht die Entscheidung über die Notwendigkeit und den Inhalt der Landschaftspläne *materiellrechtlich* voll im Planungsermessen der Gemeinden. Wiederum zeigt sich hier die enorme Bedeutung von Verfahrensvorschriften, die Definitionszuständigkeiten verteilen. Kritisch zur hs. Rechtslage auch *Stich* (Fn. 7), S. 185 mit Fn. 32.

[53] Eingehend zu diesem Fragenkreis unten S. 148 ff.

[54] Zu den Einflüssen der "Organisationsumwelt" auf Planung *Benz* (Fn. 26), S. 16 ff.

menzufassen; also nicht nur die Gemeinden, sondern auch die Naturschutz- und die Eingriffsfachverwaltungen mit Vorlauffunktionen zu versorgen. Die auf kommunaler Ebene in der Regel als selbständige und gemeindegetragene organisierte Landschaftsplanung soll sich nicht auf die Unterstützung der Bauleitplanung beschränken.

Dem steht das Organisationsmodell nicht grundsätzlich im Weg. Denn die Aufstellung eines eigenständigen Planwerks "Landschaftsplan" ermöglicht, daß seine Inhalte auch über den beschränkten Kreis der gesamträumlichen Festsetzungsmöglichkeiten hinausreichen können; daß sie also Maßnahmen der Naturschutzverwaltung ebenso zu erfassen und koordinieren vermögen wie Restriktionen für Eingriffsplanungen. Fraglich ist allerdings, ob diese rechtlichen Möglichkeiten von den nach Landesrecht bei diesem Organisationsmodell in der Regel zuständigen Gemeinden auch auszuschöpfen sind. Immerhin ist es schwer vorstellbar, daß deren fachliche Kompetenz und naturschutzbezogenen Ambitionen typischerweise so weit reichen, daß sie tatsächlich alle räumlichen Nutzer in ein Naturschutzkonzept einzubinden suchen[55].

3. Integrierte Planung durch den Gesamtplanungsträger

Bei der dritten Organisationsvariante schließlich geht die Landschaftsplanung ganz in der gesamträumlichen Planung auf: Der Landschaftsplan wird vom Gesamtplanungsträger als unselbständiger Teil des Gesamtplans erstellt[56]. Wesentliche Merkmale dieses Modus entsprechen, weil der Planungsträger identisch ist, der gerade behandelten Organisationsform: Er ist günstig für die Abstimmung der durch die Gesamtplanung berührten Naturschutzfragen, aber er droht den Eigeninteressen des Gesamtplanungsträgers mehr Raum zu lassen als den fachlichen Anforderungen des Naturschutzes. Die eben angestellten Überlegungen zu den fachlichen Charakteristika und dem rechtlichen Regelungsbedarf einer Landschaftsplanung in Hand des Gesamtplanungsträgers gelten deshalb entsprechend auch hier; sie brauchen insoweit nicht erneut aufgegriffen zu werden.

Einzugehen ist lediglich auf die Besonderheiten, die aus der Unselbständigkeit des Landschaftsplans resultieren. Sie scheint zunächst nur negativ zu Buche zu schlagen: Weil hier auch der aufmerksamkeitsleitende Effekt einer verselbständigten Planung entfällt, scheint die Landschaftsplanung hier von einer umfassenden ökologischen Vorlaufplanung besonders weit entfernt. Die größere Nähe zum "eigentlichen" gesamträumlichen Planungsprozeß bietet aber

---

[55] Dazu näher unten S. 158 ff. und S. 172.

[56] Vgl. dazu die Nachweise oben bei Fn. 13.

auch Vorteile. Zum einen, von den Protagonisten dieser Organisationsform zutreffend hervorgehoben, besteht hier kaum die Gefahr, daß die Landschaftsplanung durch unrealistische Optimalvorstellungen schwer abbaubare Konflikte zwischen den fachlichen und den gesamtplanerischen Planungsintentionen aufbaut[57]: die Gesamtplanung hat immer Zugriff zu den naturschutzbezogenen Abstimmungen. Dieser Umstand erweist sich auch dort von Vorteil, wo Naturschutzfragen in einem besonders engen Konnex zur gesamträumlichen Planung stehen. Das ist vor allem bei der kleinräumlichen Planung auf der Ebene der Bebauungs-, respektive Grünordnungsplanung zu beobachten. Mehr als die grundsätzliche Frage der Bebaubarkeit oder Unbebaubarkeit von Flächen ist dort die detaillierte Einbindung der baulichen Anlagen in die natürliche Umwelt zu klären, ist ihre räumliche Zuordnung oder der Ausgleich ihres Eingriffs zu bestimmen. Solche Fragen sind aber kaum auszugliedern, sie müssen unmittelbar mit den anderen Inhalten des gesamträumlichen Plans abgestimmt werden. Vorlaufende Planungen wirken deshalb in solchen Planungskonstellationen eher dysfunktional; der integrierte Landschaftsplan, der die Naturschutzanforderungen und den Eingriff in Natur und Landschaft in einem Zugriff bearbeiten kann, erweist sich als vorteilhaft.

Dieser Vorteil ist allerdings mit Nachteilen für die Einflußnahme auf die fachlichen Planungen verbunden. Weil kein selbständiger Plan aufgestellt wird, muß sich der Landschaftsplan voll dem Regime der gesamträumlichen Planung, also auch: den Begrenzungen ihrer Festsetzungsmöglichkeiten unterwerfen. Diese sind indes erheblich: Entweder auf die übergreifende Koordination fachlicher Planungen beschränkt[58] oder primär auf die baulichen Aspekte der räumlichen Nutzungen ausgerichtet[59], eignen sich die Festsetzungskataloge dieser Planungen jedenfalls nicht zum Transport detaillierter Vorgaben für Eingriffs- oder Naturschutzplanungen. Angesichts fachlicher Planungen beschränkt sich die gesamträumliche Planung typischerweise auf rahmenhafte Vorgaben[60]. Allerdings versuchen manche Länder, diesen tradierten Bestand der gesamträumlichen Festsetzungskataloge um naturschutzbezogene Festsetzungskategorien zu erweitern[61]: Soweit im Rahmen der Gesamtplanung zugleich auch Landschaftsplanung betrieben wird, soll sich diese auf weitere, naturschutzrechtlich begründete Festsetzungsmöglichkeiten stützen können; der

---

[57] *Hahn-Herse*, in: Landschaftsplanung und Bauleitplanung, S. 344 (Diskussionsprotokoll); *Höhnberg*, Beilage I/1982 in AgarR 10/1982, S. 20.

[58] So auf der überörtlichen Planungsebene, § 5 Abs. 1 ROG.

[59] So auf der Ebene der kommunalen Bauleitplanung, § 1 Abs. 1 BauGB.

[60] Eingehend zu den naturschutzbezogenen Festsetzungsmöglichkeiten der gesamträumlichen Planungen unten S. 96 ff. und S. 123 ff.

[61] Anschaulich etwa § 3 Abs. 2 HENatG, der *naturschutzrechtlich* die naturschutzbezogenen Planungskategorien der *Regionalplanung* fixiert. Vgl. auch Art. 3 Abs. 4 BayNatSchG.

gesamträumliche Plan soll um ökologiebezogene Funktionen ergänzt werden. Wie unten[62] im einzelnen zu zeigen ist, halten diese Ansätze einer rechtlichen Überprüfung aber nicht Stand: Die bundesrechtlichen Begrenzungen können weder auf der Ebene der überörtlichen noch auf der der örtlichen gesamträumlichen Planung nennenswert überspielt werden. Der Landschaftsplanung im Organisationsmodus "Primärintegration" bleibt deshalb der Zugang zu einem beträchtlichen Teil der planerischen Vorgaben verwehrt, die jedenfalls aus Naturschutzsicht bei einem weitgreifenden Aufgabenmodell für erforderlich gehalten werden[63].

IV. Die Wirkungen der Landschaftsplanung nach Landesrecht

Herrscht auf den anderen Regelungsebenen noch immer ein ausgeprägter Wettbewerb um die günstigsten Lösungen beim Einbau der Landschaftsplanung in das räumliche Planungssystem vor, so hat sich bei der Vermittlung der landschaftsplanerischen Planungsergbenisse an die Planungsadressaten die bereits skizzierte Grundentscheidung für eine rechtlich unverbindliche Landschaftsplanung auf breiter Front durchgesetzt: Die überwiegende Zahl der Länder hat davon abgesehen, die Landschaftsplanung mit eigener Rechtsverbindlichkeit auszustatten. Deshalb wirkt sie, soweit eigenständige Planwerke aufgestellt werden[1], *erstens* durch die sachliche Überzeugungskraft ihrer Planung und *zweitens* über die in die gesamträumlichen Pläne aufgenommenen Planinhalte. Formen einer rechtlich verbindlichen Landschaftsplanung statt des auf Integration in die gesamträumliche Planung angelegten Konzepts – begegnen demgegenüber, *drittens,* nur selten[2].

Damit ist nicht nur auf einem wichtigen und vor allem: typusprägenden[3] Regelungsfeld eine weitgehende Rechtseinheit und Konsolidierung des Rechts der Landschaftsplanung erreicht, sondern – wie bereits einleitend hervorgehoben[4] – auch eine gut begründete Strategie verbunden. Anstatt nämlich mit einer

---

[62] Vgl. insbesondere S. 123 ff. Vgl. dazu auch *Fischer*, Die Anpassung des Naturschutzrechts an die Erfordernisse modern verstandenen Naturschutzes und die Bedeutung anderer Rechtsgebiete bei der Durchsetzung naturschützerischer Ziele, dargelegt anhand des Konzeptes des Biotopverbundsystems, S. 46.

[63] Vgl. nur die Anforderungen von *Hahn-Herse/Kiemstedt/Wirz*, Landschaft + Stadt 1984, S. 68 ff., an die querschnittsorientierte Landschaftsplanung.

[1] Vgl. die Nachweise oben S. 71, Fn. 11 und S. 71, Fn. 12.

[2] So nur NW auf örtlicher Ebene, §§ 33 – 42 LG.

[3] Vgl. oben S. 18 ff.

[4] S. 18 ff.

neuen rechtsverbindlichen Planung zugleich auch zusätzliches Konfliktpotential aufzubauen, ermöglichen die Länder mit dem überwiegend verfolgten Modell der ausgelagerten[5], aber unverbindlichen Landschaftsplanung auf eine besonders plausible Weise die Abstützung der stets problematischen ressortübergreifenden Abstimmungen: Unbelastet von den Konflikten der endgültigen und rechtlich verbindlichen Nutzungsentscheidungen kann so zunächst das Material dieser Entscheidungen eingehender aufbereitet werden als im Rahmen der verbindlichen Entscheidungsverfahren selbst[6].

Das braucht nicht nochmals vertieft zu werden. Hier interessiert näher, welcher rechtliche Gehalt den drei Vermittlungspfaden – Datenpfad, Aufnahme in gesamträumliche Pläne und eigene Rechtsverbindlichkeit – zukommt, welche unterschiedlichen Restriktionen für die Landschaftsplanung damit je verbunden sind und welche rechtlichen Probleme insbesondere dem Versuch einer verbindlichen Landschaftsplanung beschieden sind.

1. Unverbindliche Planinhalte

Soweit die Länder die Landschaftsplanung nach den beiden Modellen der Parallelplanung[7] oder der Sache nach sogar in einzelnen Varianten der integrierten Landschaftsplanung[8] aus den Planungsverfahren der gesamträumlichen Planung ausgelagert und die Aufstellung eines eigenständigen Planwerks vorgesehen haben, liegt die erste, praktisch gleichwohl nicht bedeutungslose Wirkungsebene der Landschaftsplanung im persuasorischen Bereich: Ohne mit Rechtsverbindlichkeit ausgestattet zu sein, werden die Planungsergebnisse nach Art eines Sachverständigengutachtens[9] in die (Planungs)Verfahren der adressierten Entscheidungsträger eingespeist; die Landschaftsplanung wirkt über die Überzeugungskraft der angesammelten Daten und der fachlichen Argumente.

Diese Wirkungen sind freilich nicht nur faktisch. Sondern auch sie sind rechtlich vermittelt: durch die Abwägungsgebote, die – spezialgesetzlich ein-

---

[5] Vgl. die Nachweise oben S. 71, Fn. 11 und S. 71, Fn. 12.

[6] So auch die verbreitete Einschätzung im juristischen Schrifttum; vgl. das von *Dolde* zusammengefaßte Beratungsergebnis des Arbeitskreises B der 4. wissenschaftlichen Fachtagung der Gesellschaft für Umweltrecht, in: Dokumentation zur 4. wissenschaftlichen Fachtagung der Gesellschaft für Umweltrecht, S. 108 f.; ihm folgend *Soell*, in: *Salzwedel* (Hrsg.), Grundzüge des Umweltrechts, S. 512. Ähnlich auch *Stich/Porger/Steinebach*, Örtliche Landschaftsplanung und kommunale Bauleitplanung, S. 184 ff.; *Schmidt-Aßmann*, NVwZ 1987, S. 273; *Wahl*, in: Umweltplanungen und ihre Weiterentwicklung, S. 60.

[7] Vgl. die Nachweise oben S. 71, Fn. 11 und S. 71, Fn. 12.

[8] So in Nordrhein-Westfalen und Rheinland-Pfalz. Vgl. dazu unten S. 116 f.

[9] Ähnlich *Wahl* (Fn. 6), S. 60: Sachverständigenaussagen.

gerichtet oder kraft des Rechtsstaatsgebotes geltend[10] – die jeweils von der Landschaftsplanung adressierten Planungen dirigieren. Ist nämlich dadurch dem jeweiligen Planungsträger auferlegt, das naturschutzrechtlich relevante Abwägungsmaterial, also: die planbetroffenen Naturschutzbelange zu ermitteln und in die Abwägung einzustellen[11], so rückt auch das von der Landschaftsplanung zur Verfügung gestellte Datenmaterial, das diesen selbständigen Ermittlungsgang ersetzt, planungsrechtlich in die Kategorie des Abwägungsmaterials auf[12] und hat daher Anteil an den grundlegenden Sicherungen, die von der Rechtsprechung[13] und in der Literatur[14] aus dem Abwägungsgebot hergeleitet worden sind.

In *materieller* Hinsicht mag damit allerdings nicht viel auszurichten sein. Denn die Klassifizierung der landschaftsplanerisch bereitgestellten Daten und Ziele als Abwägungsmaterial weiterer Planungen impliziert zugleich auch die Überwindlichkeit dieser Belange im Planungsvorgang: Soweit nicht die objektive Gewichtigkeit der Naturschutzbelange "völlig verfehlt wird"[15], kann der Planungsträger unter den konfligierenden Belangen auch die Naturschutzbelange zurückstellen[16]. Daran ändern auch die Überlegungen nichts, die in jüngerer Zeit zur Frage möglicher Vorranganordnungen zugunsten von Umweltschutzbelangen angestellt worden sind[17]. Ohnehin verbietet sich nach allgemeiner Auffassung ein *genereller* oder *absoluter* Vorrang für die Ziele des Umweltschutzes[18]. Und selbst wenn man in § 50 BImSchG eine *relative* Vorranganordnung für die Belange des Umweltschutzes erblicken[19] und ihr darüber hinaus auch entscheidungsleitende Bedeutung beimessen[20] wollte, so hält jedenfalls das Naturschutzrecht mit der schon in anderem Zusammenhang be-

---

[10] Umfassende Nachweise bei *Weyreuther*, DÖV 1977, S. 419 mit Fn. 4-7.

[11] Grundlegend: BVerwGE 34, S. 301 ff., S. 309.

[12] *Wahl* (Fn. 6), S. 61.

[13] BVerwGE 34, S. 301 ff.; BVerwGE 45 – Flachglas, S. 309 ff.; BVerwGE 48 – B-42, 56 ff.; BVerwGE 56 – Flughafen Frankfurt, S. 110 ff.; BVerwGE 67, S. 74 ff.

[14] Vgl. aus dem umfangreichen Schrifttum insbesondere *Hoppe*, DVBl. 1977, S. 136 ff.; *ders.*, Jura 1979, S. 133 ff.; *Hoppe/Schlarmann*, Rechtsschutz bei der Planung von Straßen und anderen Verkehrsanlagen; *Schmidt-Aßmann*, BauR 1978, S. 106 ff.; *Weyreuther*, BauR 1977, S. 293 ff.

[15] BVerwGE 45, S. 309 ff., S. 315.

[16] Vgl. nur BVerwGE 34, S. 301 ff., S. 309.

[17] Vgl. insbesondere *Hoppe*, VVDStRL 38, S. 279 f.; *ders.*, in: Verwirklichung von Umweltschutz durch Raumordnung und Landesplanung, Arbeitsmaterial der ARL Nr. 90, S. 10 ff.; *Erbguth/Püchel*, NVwZ 1982, S. 651 ff.; *Feldhaus*, DÖV 1974, S. 617; jeweils m.w.N.

[18] Vgl. nur *Weyreuther*, UPR 1981, S. 38; *Schmidt-Aßmann*, DÖV 1979, S. 3; *Erbguth/Püchel* (Fn. 17), S. 651.

[19] So *Erbguth/Püchel* (Fn. 17), S. 656; *Feldhaus* (Fn. 17), S. 617; *Jarass*, BImSchG, § 50 Rn. 1: besonderes Gewicht; zurückhaltend *Hoppe* (Fn. 17), S. 279 f. Ablehnend: *Weyreuther* (Fn. 18), S. 38; *Stich/Porger*, Immissionsschutzrecht des Bundes und der Länder, Bd. 1, § 50 Rn. 20.

[20] Das bezweifelt *Weyreuther* (Fn. 18), S. 38; dagegen *Erbguth/Püchel* (Fn. 17), S. 656 Fn. 96.

handelten[21] Klausel des § 1 Abs. 2 BNatSchG eine andere Zuordnung vor: Naturschutzbelange und widerstreitende Naturnutzungsbelange sind hier prinzipiell gleichrangig[22].

Wichtige Sicherungen hält das Abwägungsgebot jedoch in *prozeduraler* Hinsicht bereit: daß nämlich die adressierten Planungsinstanzen die Daten und Zielvorstellungen der Landschaftsplanung auch verarbeiten. Dafür sorgt rechtlich zweierlei: Einmal das Gebot, die ermittelten Belange auch in die Abwägung einzustellen[23] und zum anderen die Maßgabe, gegenbenenfalls zu begründen, warum eine Entscheidung zu Lasten der Naturschutzbelange getroffen wurde[24]. Beides ist in seiner Bedeutung nicht gering zu veranschlagen. Denn wie *Weyreuther* zum einen zutreffend feststellt, ist gerade im Bereich des Umwelt-, respektive: Naturschutzes die Gefahr besonders groß, daß die planbetroffenen Belange nicht in ausreichendem Maße ermittelt und so auf "stille Weise" aus dem weiteren Abwägungsprozeß ausgeschieden werden[25]; "harte" Daten und Fakten vermögen deshalb in dieser Situation oftmals mehr zu bewirken als "ein weich formulierter, auslegungsbedürftiger rechtlicher Vorrang."[26] Der Effekt dieser Einflußnahme wird durch die auch aus dem Abwägungsgebot resultierende Begründungslast weiter gestärkt: Sie sichert, daß Naturschutzbelange nicht verdeckt, sondern nur auf Grund einer offenen und öffentlich zu machenden und daher auch: kontrollierbaren[27] Entscheidung hintangestellt werden können. Daß dem auch in der Praxis großes Gewicht beigemessen wird, zeigt sich zum einen an positivrechtlichen Vorschriften, die diese Sicherung weiter ausformen, indem sie – so beispielhaft in Rheinland-Pfalz[28] – den Trägern der

---

[21] Oben S. 53 ff.

[22] *Schmidt-Aßmann*, NuR 1979, S. 3; *Kolodziejcok/Recken/Apfelbacher*, Naturschutz, Landschaftspflege und einschlägige Regelungen des Jagd- und Forstrechts, § 1 Rn. 24; *Bernatzky/Böhm*, Bundesnaturschutzrecht, § 1 Rn. 15. BT/Drs. 7/3879, S. 19.

[23] Vgl. nur BVerwGE 34, S. 301 ff., S. 309.

[24] Dieses Gebot, grundsätzlich schon aus dem Rechtsstaatsprinzip abzuleiten – vgl. *Hoppe* in: *Hoppe/Menke*, Raumordnungs- und Landesplanungsrecht des Bundes und des Landes Rheinland-Pfalz, Rn. 455 –, ist im Planungsrecht in verschiedenen Vorschriften, teils mit unterschiedlichem Gehalt, ausgeformt: Vgl. für das Recht der Landes- und Regionalplanung die Nachweise bei *Kreft/Priester*, Die Begründung von Zielen der Raumordnung und Landesplanung in Raumordnungsplänen, S. 3 ff.; dort auch eingehende Überlegungen zu einer rechtsstaatlich gebotenen Begründungspflicht, S. 3 ff., S. 80; hierzu auch BayVGH DVBl. 1983, S. 1157 ff., S. 1161. Für das Bauplanungsrecht vgl. §§ 5 Abs. 5, 9 Abs. 8 BauGB; dazu BVerwG DVBl. 1971, S. 759, S. 762. Für Planfeststellungen vgl. § 69 VerwVfG; dazu *Hoppe/Schlarmann* (Fn. 14), Rn. 100 ff. Speziell für den Bereich des Umweltschutzes siehe auch *Erbguth/Püchel* (Fn. 17), S. 656 mit Fn. 93.

[25] Fn. 18, S. 35.

[26] *Wahl* (Fn. 6), S. 61.

[27] Siehe zu den praktisch besonders bedeutsamen Aufsichtsvorbehalten gegenüber der örtlichen Landschaftsplanung unten S. 148 ff.

[28] §§ 16 Abs. 4 Nr. 1, 17 Abs. 4 Nr. 1 LPflG. Vergleichbar §§ 13 Abs. 3, 14 Abs. 3 NatSchG Me-Vo. Ähnlich § 4 S. 4 BdgNatSchG, wonach zu begründen ist, warum den Inhalten der Land-

Regional- und der Bauleitplanung auferlegen, jeweils zu bezeichnen, welche Beeinträchtigungen von Natur und Landschaft mit ihrer Planung verbunden sind und aus welchen Gründen sie nicht zu vermeiden waren[29]. Aufschlußreich sind zum anderen auch die in der Praxis häufig zu beobachtenden Versuche, diese Sicherung gerade zu umgehen, indem adressierte Planungsträger auf eine "Vorbereinigung" des Landschaftsplans dringen[30]: Zu viele offen auszutragende Konflikte um die Inanspruchnahme natürlicher Ressourcen werden von den Adressaten der Landschaftsplanung ganz offenkundig als hinderlich empfunden.

2. Aufnahme in gesamträumliche Pläne

Der gleichwohl vermeintlich durchschlagskräftigere, weil: *rechtsverbindliche* Vermittlungspfad für landschaftsplanerische Inhalte vollzieht sich in den Varianten der nicht mit eigener Rechtsverbindlichkeit ausgestatteten Landschaftsplanung[31] über die gesamträumlichen Pläne: Soweit Festsetzungen der Landschaftsplanung in die landesplanungsrechtlichen Programme und Pläne oder in Pläne der Bauleitplanung eingegangen sind, nehmen sie an den bekannten Formen der rechtlichen Verbindlichkeit dieser Pläne[32] teil. Das Muster dieses Wirkungsmodus und seine rechtlichen Bedingungen sind – am Regelungsobjekt der überörtlichen Landschaftsplanung – repräsentativ für die gängigen landesrechtlichen Transformationsklauseln in § 5 Abs. 2 BNatSchG umrissen: Die Erfordernisse und Maßnahmen der Landschaftsplanung sollen "unter Abwägung mit den anderen raumbedeutsamen Planungen und Maßnahmen nach Maßgabe der landesplanungsrechtlichen Vorschriften der Länder" in die landesplanerischen Programme und Pläne aufgenommen werden[33].

---

schaftsplanung nicht Rechnung getragen werden kann; ebenso § 4 Abs. 3 SächsNatSchG; § 4 Abs. 3 NatSchG LSA; § 3 Abs. 6 VorlThürNatG.

[29] Aufschlußreich ist in diesem Zusammenhang auch, daß der Bund bei der Neufassung des BauGB einem entsprechenden Vorschlag des Bundesrates, der in die Erläuterungsberichte für Flächennutzungs- und Bebauungsplan Aussagen über die Umweltauswirkungen einbeziehen wollte, gerade *nicht* gefolgt ist; wenn auch die Ablehnung unter Verweis auf "die laufenden Prüfungen" im Zusammenhang mit der EG-UVP-Richtlinie erfolgte, so ist doch offenkundig, daß den Gemeinden dieser zusätzliche Begründungsaufwand erspart werden sollte. Drs. Nr. 16 des Ausschusses für Raumordnung, Bauwesen und Städtebau vom 20.02.86, S. 24, S. 38.

[30] Siehe etwa die bei *Miess*, in: Landschaftsplanung und Bauleitplanung, S. 233, wiedergegebenen aufschlußreichen Zitate. Exemplarisch ist auch der von *Valentin* berichtete "Verfahrenstrick", bei der Beratung eines Flächennutzungsplans die ökologischen Grundlagenkarten, die Nutzungskonflikte erkennen ließen, "aus Kostengründen" nur in einem Exemplar ausliegen zu lassen und damit de facto ihre Kenntnisnahme auszuschließen; in: Verwirklichung der Landschaftsplanung in der Regional- und Kommunalplanung, S. 97.

[31] Oben Fn. 1.

[32] § 5 Abs. 4 ROG; §§ 7, 8 Abs. 2, 10, 30, 32, 33 Abs. 1 Nr. 2 BauGB.

[33] Siehe zu den landesrechtlichen Transformationsklauseln den Nachweis oben Fn. 1.

Wenn auch landschaftsplanerische Inhalte durch die Aufnahme in die gesamträumlichen Pläne an deren Rechtswirkungen "partizipieren"[34] können, so ist demnach der Transformationsvorgang mehr als eine lediglich formale Verbindlichkeitserklärung[35]. Er erfolgt vielmehr unter zwei rechtlichen Kautelen, die – bei aller Bedeutung, die den ökologisch fundierten Festsetzungen der gesamträumlichen Pläne zukommt[36] – nicht immer zutreffend eingeschätzt werden: Die Planinhalte müssen vor der Aufnahme durch "das Nadelöhr der allseitigen Abwägung aller Raumansprüche"[37] und sie haben sich "inhaltlich und in der Ausdrucksweise"[38] den rechtlichen Bedingungen der aufnehmenden Planung unterzuordnen.

Daß das nicht ohne Folgen bleibt, darauf hat *Wahl*[39] nachdrücklich hingewiesen. Bei diesem Integrationsvorgang bleibt nämlich nicht nur das "auf der Strecke", was sich gegen andere Belange und Interessen nicht durchzusetzen vermag, also in der umfassenden Abwägung mit den anderen Raumansprüchen nicht besteht. Sondern, wichtiger noch, dabei verändert sich auch der Entscheidungsgehalt, vor allem: die Dichte der landschaftsplanerischen Festsetzungen, soweit sie nicht ohnehin im Vorgriff auf diese Integrationsverluste angepaßt worden sind. Denn zum einen sind die Festsetzungskategorien der gesamträumlichen Pläne im Vergleich zu engen fachlichen Planungsinstrumenten wesentlich beschränkter: auf die Erfordernisse der übergeordneten und zusammenfassenden Planung[40] bei den beiden überörtlichen Planungsebenen und auf die Anforderungen städtebaulicher Planung[41] bei der Bauleitplanung. Und auch aus einem weiteren Grund erweisen sich viele gesamträumliche Konfliktlösungen vornehmlich der überörtlichen Ebene als "fragmentarisch und partiell"[42]: Weil gesamträumliche Entscheidungen immer auch vor dem Problem stehen, Vorrangentscheidungen für längere Zeiträume treffen zu müssen, sind sie typischerweise kompromißhaft formuliert[43] und überlassen den nachfolgenden Entscheidungsverfahren einen nicht unbeträchtlichen Anteil ungelöster Konflikte.

---

[34] *Ebersbach*, Rechtliche Aspekte des Landverbrauchs am ökologisch falschen Platz, S. 265.

[35] *Wahl*, in: Ökologische Vorrangbereiche, S. 67 f.; *ders.* (Fn. 6), S. 54 f.

[36] Vgl. dazu nur – für die überörtliche Ebene – *Schmidt-Aßmann*, (Fn. 18), S. 6 f.; *Ebersbach* (Fn. 34), S. 146 ff.; *Erbguth/Schlarmann*, UPR 1982 und – für die örtliche Ebene – *Stich/Porger/Steinebach* (Fn. 6), S. 181 ff; *Schmidt-Aßmann* (Fn. 6), S. 271.

[37] *Wahl* (Fn. 35), S. 68.

[38] *Wahl* (Fn. 35), S. 66 f.

[39] Fn. 35, S. 65 ff. und Fn. 6, S. 54 ff.

[40] § 5 Abs. 1 ROG.

[41] § 1 Abs. 3 BauGB.

[42] *Wahl* (Fn. 6), S. 56.

[43] *Wahl* (Fn. 6), S. 56.

Will und soll die Landschaftsplanung an den Rechtsformen und Rechtswirkungen der gesamträumlichen Planung teilhaben, so muß sie sich diesen prinzipiellen Restriktionen unterordnen: Sie kann nicht alles in die gesamträumlichen Pläne transformieren, was aus fachlicher Sicht regelungsbedürftig und mit rechtlicher Verbindlichkeit auszustatten wäre. Diese Schranken, unten eingehend analysiert[44], machen diesen Vermittlungspfad indes nicht wertlos. Im Gegenteil: Wesentliche Grundentscheidungen über die Möglichkeiten der Inanspruchnahme natürlicher Ressourcen sind ohne die rechtlichen Formen der gesamträumlichen Pläne kaum zu treffen; weitere Verfahren, mehr den fachlichen Detailproblemen gewidmet, wären überfordert, sollten sie sich auch noch mit *grundsätzlichen* Fragen des Vor- und Nachrangs von Nutzungen befassen[45]. Gleichwohl machen solche Grundentscheidungen die – allerdings nur bei selbständigen Landschaftsplänen vorgesehenen – persuasorischen Planteile nicht entbehrlich: Was nicht über die gesamträumlichen Pläne vermittelt werden kann, ist dort auf der gutachtlichen Wirkungsebene zur Geltung zu bringen[46].

3. Unmittelbare Rechtsverbindlichkeit

Wohl nicht zuletzt dieser Restriktionen wegen suchen manche Länder die Landschaftsplanung – an Stelle oder neben den beiden anderen Wirkungspfaden – mit eigener Rechtsverbindlichkeit auszustatten: Nordrhein-Westfalen hält – für die örtliche Ebene – einen ausdifferenzierten Katalog verschiedener Bindungswirkungen bereit[47]; in Schleswig-Holstein sind die Landschaftsrahmenpläne – auch über die in den Regionalplan transformierten Inhalte hinaus[48] – bei der "Durchführung" des Landes- und Bundesnaturschutzgesetzes "zugrundezulegen"[49]; und in Bayern schließlich kann ein Landschaftsplan auch dann in den Rechtsformen und mit den Rechtswirkungen eines Bauleitplans aufgestellt

[44] S. 96 ff. und S. 123 ff.

[45] Deshalb wird in der fachlichen Literatur auch darauf hingewiesen, daß die kommunale Landschaftsplanung ohne die Unterstützung der regionalen Planungsebene überfordert ist; vgl. etwa *Valentin* (Fn. 30), S. 93. Derselbe Effekt ist auch in dem "Dreiecks"verhältnis zwischen Bauleit-, Fach- und Landesplanung zu beobachten: Soweit nicht schon auf überörtlicher Ebene grundsätzlich über fachliche Eingriffe in die kommunale Planungshoheit entschieden wird, vermögen sich die Gemeinden auch im nachfolgenden Planfeststellungsverfahren nur schwer zu behaupten; dazu *Wahl*, DÖV 1981, S. 597 f.

[46] Zustimmend auch *Wahl* (Fn. 6), S. 59 ff.

[47] Vgl. §§ 33 – 42 LG.

[48] § 5 Abs. 3 LPflegG.

[49] § 5 Abs. 2 LPflegG. Ähnliche Bindungsregeln hält § 5 Abs. 1 VorlThürNatG bereit, wonach die Pläne der nachgeordneten Planungsebenen "auf der Grundlage" der Inhalte der übergeordneten Pläne erstellt werden. Problematisch erscheint insoweit aber, daß die – von der Naturschutzbehörde verantworteten – Darstellungen des nach § 3 Abs. 2 Nr. 3 VorlThürNatG der Kreisebene zugeordneten Landschaftsplans als "Darstellung in die Flächennutzungspläne" aufzunehmen "sind".

werden, wenn ein Bauleitplan aus städtebaulichen Gründen nicht erforderlich ist[50]. Nicht auf die Mitwirkung anderer Planungsinstanzen oder auf die Kooperationsbereitschaft der Planungsadressaten angewiesen, soll die Landschaftsplanung hier also Ziele und Restriktionen des Naturschutzes (auch) aus "eigener Kraft" zur Geltung bringen können.

Scheint dieser Weg daher besonders attraktiv, weil: leistungsfähiger und einfacher handhabbar als die anderen Ansätze, so sind gleichwohl auch ihm Schranken gesetzt. Ein Grundproblem der Landschaftsplanung bleibt nämlich auch hier: Sie kann nicht in der ganzen Breite der Naturschutzaufgaben allen Planungsadressaten in jeder Hinsicht verbindlich vorschreiben, wie die natürlichen Ressourcen in Anspruch zu nehmen sind; derartige "totale"[51] ökologische Planung wäre, mit einer Vielzahl von Abstimmungsproblemen konfrontiert, überfordert[52], ganz abgesehen davon, daß sie auch rechtlich bedenklich wäre[53]. Vielmehr muß die Landschaftsplanung auch hier gewichtige Anteile des aufwendigen Entscheidungsprozesses über die Nutzung der natürlichen Grundlagen weiteren Verfahren und anderen Entscheidungsträgern überlassen. Ihre rechtlichen Bindungen müssen daher ausdifferenziert, in der Bindungsintensität wie in den Inhalten im einzelnen auf die verschiedenen Adressaten und die jeweiligen Entscheidungskonstellationen abgestimmt, also: gestuft werden, soll nicht schon der Planungsprozeß überfordert werden. Was bei den beiden anderen Wirkungsmodalitäten nicht zu regeln war, weil mit ihnen ohnehin keine oder nur eine begrenzte und wohl ausgebaute Rechtsverbindlichkeit verbunden ist, muß also hier gesetzlich im einzelnen eingerichtet werden: differenzierte Formen gestufter rechtlicher Verbindlichkeit zur Einpassung der Landschaftsplanung in das räumliche Planungssystem[54].

Dem kommt das Landesrecht allerdings nicht immer nach. Hervorzuheben ist insoweit die Regelung der, schon in anderem Zusammenhang behandelten[55], nordrhein-westfälischen Landschaftsplanung der örtlichen Ebene. Hier ist ein fein austariertes Bündel unterschiedlicher Rechtswirkungen für verschiedene Planungsadressaten vorgesehen: Die *allgemeinen* Entwicklungs*ziele* für die Landschaft – die Erhaltung vielfältig ausgestatteter Landschaften, die Anreicherung von Landschaften mit gliedernden Elementen, den Ausbau von Land-

---

[50] Art. 3 Abs. 5 BayNatSchG.

[51] *Breuer*, Der Staat 1981, S. 403.

[52] Darauf weist auch *Heidtmann*, NuR 1993, S. 71, für das Modell der nordrhein-westfälischen Landschaftsplanung hin, die er mit Problemen der Planumsetzung befrachtet sieht.

[53] *Breuer* (Fn. 51), S. 403.

[54] Grundlegend zu dem vergleichbaren Regelungsproblem im Bereich der Landesplanung *Wahl*, Rechtsfragen der Landesplanung und Landesentwicklung, Bd. 1, S. 160 ff.

[55] Oben S. 59 ff.

schaften für Erholungszwecke oder anderes[56] – sollen bei *behördlichen* Maßnahmen *berücksichtigt* werden[57]. Die Ausweisung von *Schutzgebieten* zieht *allgemein* geltende Veränderungs- und Beseitigungs*verbote* nach sich[58]. Soweit *Gemeinden* Eigentümer von Grundstücken sind, sind sie *generell* zur Durchführung im einzelnen zu bestimmender Maßnahmen verpflichtet[59]; *private* Grundeigentümer können dagegen nur unter bestimmten Voraussetzungen zur Vornahme oder Duldung einer landschaftspflegerischen Maßnahme verpflichtet werden[60].

Die anderen Länder verzichten demgegenüber auf derart ausdifferenzierte Regelungen. Schleswig-Holstein schreibt nur vor, daß die Landschaftsrahmenpläne bei der "Durchführung" des Naturschutzgesetzes "zugrundezulegen" sind[61]; Bayern übernimmt die Rechtswirkungen der Bauleitplanung[62]. Daß solches Vorgehen indes auf Probleme stößt, zeigt sich exemplarisch an einer inzwischen abgelösten Regelung des SNG. Danach waren die Planinhalte der Landschaftspläne aller drei Planungsebenen von allen öffentlichen Planungsträgern zu *beachten*[63]. Damit war eine Zweispurigkeit der Vermittlung landschaftsplanerischer Inhalte verfolgt: Auf der einen Seite stand die Übernahme landschaftsplanerischer Inhalte in die gesamträumlichen Pläne[64], auf der anderen Seite die eigenständige "Beachtlichkeit" der landschaftsplanerischen Inhalte für alle öffentlichen Planungsträger. Das Verhältnis dieser beiden Vermittlungspfade war indes ungeklärt: Weder ließ sich der gesetzlichen Vorschrift unmittelbar entnehmen, ob – auf überörtlicher Ebene – auch die gesamträumlichen Pläne durch die Inhalte der Landschaftsplanung gebunden werden sollen[65]. Noch war festgelegt, welche Inhalte im einzelnen in die Landschaftspläne eingehen und die umfassende und pauschale Beachtenswirkung auslösen sollten[66]. Zwar konnten manche dieser Probleme interpretatorisch gelöst werden: Wie *Hoppe* und *Erbguth*[67] überzeugend nachgewiesen haben, hätte eine

---

[56] Vgl. § 18 LG.

[57] § 33 Abs. 1 LG.

[58] § 34 LG.

[59] § 37 LG.

[60] § 38 – 40 LG.

[61] § 5 Abs. 2 LPflegG. Zur Interpretation dieser Klausel *Hoppe/Erbguth*, in: Landschaftsplanung – Erfahrungen mit dem neuen Naturschutzrecht, S. 463.

[62] Art. 3 Abs. 5 BayNatSchG.

[63] §§ 8 Abs. 7, 9 Abs. 7 SNG v. 31.01.79, SABl. S. 147. Vgl. dazu *Stich*, in: Landschaftsplanung – Erfahrungen mit dem neuen Naturschutzrecht, und *Hoppe/Erbguth* (Fn. 61), S. 509 ff. und S. 462 ff.

[64] §§ 8 Abs. 8, 9 Abs. 7 SNG v. 31.01.79, SABl. S. 147.

[65] Das kritisierten auch *Hoppe/Erbguth* (Fn. 61), S. 462.

[66] Dazu auch *Stich* (Fn. 63), S. 510.

[67] Fn. 63, S. 462.

Bindungswirkung der Landschaftsplanung für die überörtlichen Gesamtpläne den bundesrechtlich statuierten Abstimmungsvorrang der Raumordnung verletzt. Und auch die Frage der Planinhalte hätte sich unter Rückgriff auf die verfassungsrechtlich gesicherten Gestaltungsspielräume der adressierten Planungsträger, insbesondere der Gemeinden, im Zweifelsfall klären lassen. Dennoch ist der Landschaftsplanung mit derartigen Rechtsgrundlagen nicht gedient. Denn selbst wenn der Planungsauftrag im Wege der Auslegung präzisierbar ist: Da ohnehin viele der Planungsadressaten auf den neuen und umfassenden Koordinierungsanspruch mit ausgeprägten Abwehrstrategien reagieren, wird die Umsetzung der Aufgabe noch zusätzlich erschwert, wenn sich die Landschaftsplanung nicht auf einen klar umrissenen gesetzlichen Auftrag stützen kann, sondern mit den Adressaten erst noch in Aushandlungsprozesse darüber eintreten muß, welche Kompetenzen ihr zustehen.

Tatsächliche Kompetenzgewinne kann die Landschaftsplanung aus Formen eigener Rechtsverbindlichkeit daher nur ziehen, wenn die rechtlichen Grundlagen präzise sind. Zeigen sich hier im Landesrecht bedeutsame Unterschiede, so ist daran zweierlei zu beobachten. Zum einen fällt auf, daß gerade die Länder keine genauen Regelungen getroffen haben, die neben der eigenständigen Rechtsverbindlichkeit der Landschaftsplanung auch noch die Integration in die gesamträumlichen Pläne vorsehen: Offenkundig brauchten diese Länder den Weg der eigenen Verbindlichkeit der Landschaftsplanung nicht so im einzelnen vorzuzeichnen, weil sie hier – anders als in Nordrhein-Westfalen – auch noch auf einen anderen Wirkungsmodus zurückgreifen kann. Zum zweiten bestätigt sich daran die schon oben angestellte Überlegung, daß die rechtliche Einfassung der Landschaftsplanung um so schwieriger ist, je breiter ihre Aufgaben angelegt sind[68]. Denn schon der Regelungsbedarf für die alleine auf die engeren fachlichen Belange des Naturschutzes konzentrierte nordrhein-westfälische Landschaftsplanung[69] ist, wie gesehen, beträchtlich; hier konnte aber immerhin eine adäquate Regelung der Rechtswirkungen der Landschaftsplanung gefunden werden. Die anderen Länder dagegen, die wegen der breiteren Aufgabenorientierung ihrer Landschaftsplanung insoweit eine noch differenziertere Lösung entwickeln müßten, haben nur ungenügende Regelungen getroffen: Offenbar sind hier Ansätze einer eigenständigen Rechtsverbindlichkeit der Landschaftsplanung noch schwieriger einzurichten.

---

[68] Oben S. 68.

[69] Oben S. 59 ff.

D. Die Stellung der Landschaftsplanung im räumlichen Planungssystem

Nach dem bislang Dargelegten hängt für die Wirksamkeit der typischerweise rechtlich unverbindlichen, nur vorbereitenden Landschaftsplanung mehr als bei anderen, mit rechtlicher Verbindlichkeit ausgestatteten Planungsinstrumenten Wesentliches davon ab, wie die Beziehungen zu den anderen Planungen gestaltet sind. Da sie überhaupt nur Wirkungen entfaltet, wenn andere Planungsträger und -instrumente ihre Vorbereitungsleistungen aufgreifen, ist es von zentraler Bedeutung, wie und wie gut oder schlecht die Verbindungen zu diesen Planungen rechtlich beschaffen sind. Günstige Außenbeziehungen fördern die Wirkungen der Landschaftsplanung; ungünstige vereiteln sie. Die Untersuchung darf sich deshalb nicht nur auf die Aufgaben, den Organisationsmodus oder die Wirkungen der Landschaftsplanung beschränken. Sie muß auch die (Außen-)Beziehungen zu den verschiedenen adressierten Planungsinstrumenten einbeziehen, hat die rechtliche Stellung der Landschaftsplanung im räumlichen Planungssystem zu lokalisieren, muß also das inhaltliche und verfahrensmäßige Verhältnis zu anderen relevanten Planungen analysieren. In diesen Abschnitt treten die Überlegungen hier ein. Damit wechselt auch die Perspektive: Sie nimmt ihren Ausgang nicht mehr von den generellen, ebenen- und adressatenübergreifenden *naturschutzrechtlichen* Regelungen, sondern stellt die *Planungsadressaten* mit ihren verschiedenen inhaltlichen und rechtlichen Anforderungen an eine vorbereitende Naturschutzplanung in den Vordergrund: zunächst die gesamträumlichen (I. und II.), dann die fachlichen Planungen (III. und IV.).

I. Das Verhältnis zur überörtlichen Gesamtplanung

1. Das Zuordnungsproblem

Im Verhältnis zu den gesamträumlichen Planungen scheint die Standortbestimmung zunächst einfach. Denn unbeschadet aller sonstigen landesrechtlichen Unterschiede ist die Landschaftsplanung in den Ländern jedenfalls überwiegend damit beauftragt, die Gesamtplanungen zu unterstützen[1]: Landschaftsplanung ist regelmäßig mindestens der gesamträumlichen Planung zugeordnet. Freilich haben bereits die oben aufgewiesenen Organisationsunterschiede[2] Unsicherheiten über die Aufgabenzuweisungen im Verhältnis zwischen überörtlicher Landschafts- und Gesamtplanung erkennen lassen. Indes ist dieser Befund weniger überraschend als es scheint. Denn auch in der Diskussion in und unter den beteiligten Planungswissenschaften und in der Planungspraxis hat sich bislang keine einhellige Auffassung über die Aufgabenverteilung und die Zuordnungsmodalitäten zwischen überörtlicher Landschafts- und Gesamtplanung durchgesetzt. Die Protagonisten der Landschaftsplanung drängen überwiegend auf eine verstärkte "ökologische Orientierung der Raumplanung"[3] und fordern von der Landschaftsplanung in diesem Zusammenhang eine umfassende "ökologische und visuelle Nutzungsverträglichkeitsprüfung"[4]. Demgegenüber geben sich Vertreter der Raumplanung reservierter: Sie verweisen auf die begrenzte Konfliktverarbeitungskapazität und den zusammenfassenden Planungsauftrag der Raumplanung und plädieren für eine zurückhaltendere Behandlung ökologischer Fragen[5]. Und auch unter den Landschaftsplanern selbst gibt es kritische Stimmen, die vor einer Überlastung der Landschaftsplanung durch eine zu ausgeprägte Querschnittsorientierung warnen und eher die Beschränkung auf spezifisch fachliche Naturschutzaufgaben empfehlen[6].

Diese Unsicherheiten haben zwei wesentliche Ursachen. Bedeutsam ist erstens, daß nicht einmal abschließend entschieden ist, wieviel Umweltplanung die überörtlichen *Gesamtplanungen* selbst sein können und sollen[7]. Das wirkt unmittelbar auf die Landschaftsplanung zurück. Denn solange nicht festgelegt ist, welche Naturschutzfragen Gegenstand von überörtlichen gesamträumlichen Festsetzungen werden (können), kann kaum mit Gewinn über das Verhältnis zwischen Landschafts- und Gesamtplanung nachgedacht werden. Darüber hinaus ist nicht selten auch zu beobachten, daß unterschiedliche Aufgabenkonzepte für die *Landschafts*planung weniger diesem Planungsinstrument als vielmehr der ökologischen Orientierung der *Gesamt*planungen gelten: Die Frage

[1] Dem Schwerpunkt nach nur naturschutzorientierte Aufgaben verfolgen nur die oben S. 59, Fn. 6 aufgelisteten Länder.

[2] Oben S. 72 ff.

[3] So auch das Tagungsthema, unter dem die Akademie für Raumforschung und Landesplanung 1978 diesen Fragen nachging; Die Diskussion ist ebenfalls unter diesem Titel veröffentlicht: Die ökologische Orientierung der Raumplanung.

[4] Etwa *Hahn-Herse/Kiemstedt/Wirz*, Landschaft + Stadt 1984, S. 68 ff.

[5] So *Buchner*, in: Umweltvorsorge durch Raumordnung, S. 38 f.

[6] *Mrass*, Natur und Landschaft 1984, S. 555 ff.

[7] Dazu die Untersuchungen von *Schlarmann/Erbguth*, Zur Durchsetzung von Umweltbelangen im Bereich der räumlichen Planung, und von *Erbguth*, Weiterentwicklung raumbezogener Umweltplanungen, und die Beiträge in: Umweltplanungen und ihre Weiterentwicklung.

um die Ausrichtung der Landschaftsplanung gerät zum nur noch strategischen Vehikel in der Auseinandersetzung um den ökologischen Standard der Raumordnung.

Belasten schon die internen Unsicherheiten über den Grad der ökologischen Orientierung der überörtlichen Gesamtplanung das Verhältnis zwischen dieser und der Landschaftsplanung, so kommt zweitens eine weitere, bislang weitgehend unbeachtete Schwierigkeit von prinzipiellem Gewicht hinzu: nämlich die intendierten gesamtplanerischen und fachlichen Vorlaufleistungen der Landschaftsplanung so zusammenzuführen, daß beide Elemente gleichermaßen effizient zur Geltung kommen können. Der idealtypischen Vorstellung nach soll die Landschaftsplanung beides leisten: einerseits die naturschutzbezogenen Festsetzungen der überörtlichen gesamträumlichen Pläne vorbereiten und andererseits die naturschutzbezogenen Vollzugsmaßnahmen der Naturschutzverwaltung und der Eingriffsverwaltungen durch informatorische und konzeptionelle Vorgaben steuern[8]. Es ist allerdings schon darauf hingedeutet worden, daß für die Länder gerade in dieser Aufgabenkoppelung ein zentrales Problem bei der Einrichtung der Landschaftsplanung liegt. Nähere Überlegung zeigt nämlich, daß diese Aufgaben weniger Gemeinsamkeiten aufweisen, als häufig vermutet wird. Sie richten im Gegenteil ganz unterschiedliche Anforderungen an die Planung. Maßgebend ist der unterschiedliche Bedarf der zu unterstützenden Planungen: Gesamträumliche Planungen fordern wegen des Auftrags zu "überfachlicher" und "zusammenfassender" Planung[9] *integrierte* Daten und Zielvorstellungen; der fachliche Naturschutzvollzug, gefangen von den fachlichen Detailproblemen, verlangt *detaillierte* Daten und Vorgaben. Soll die Landschaftsplanung beide Aufgabenpole in sich vereinen, also Detailferne und -nähe zugleich einnehmen, so hat das deshalb zwangsläufig Spannungen zur Folge.

Daraus ergibt sich nicht notwendig, daß je nur eine der beiden Aufgabenkomponenten zur Geltung gelangen könnte. Jedenfalls stellt diese Spannungslage die Länder aber vor ein besonderes Optimierungsproblem, das auch für das Verhältnis zwischen der Landschaftsplanung und den überörtlichen gesamträumlichen Planungen von großer Bedeutung ist: Richten die Länder die Landschaftsplanung nämlich in (zu) enger Nähe der Gesamtplanungen ein, dann muß mit Einbußen für den engeren Naturschutz gerechnet werden; orientieren sie sie aber mehr auf die Vorbereitung der fachlichen Naturschutzaufgaben, dann werden die Gesamtplanungen keine optimale Unterstützung erlangen

[8] Anschaulich ist insoweit die übliche Aufgabenbezeichnung für die Landschaftsplanung als 1. querschnittsorientierte Planung für die Gesamt- und Fachplanungen und 2. sektorale Fachplanung für Naturschutz und Erholung. Vgl. näher und mit Nachweisen oben S. 32 f.

[9] § 5 Abs. 1 ROG.

können. Vor diesem Zuordnungsproblem sind die verschiedenen landesrechtlichen Lösungen verständlich: Sie können interpretiert werden als Versuch, unter den gegenläufigen Aufgabenanforderungen der Landschaftsplanung einen praktikablen Weg für eine breite und zugleich effiziente Planung zu suchen.

Diese im weiteren Verlauf näher begründete und spezifizierte These setzt sich vom größeren Teil der Literatur deutlich ab. Dort sind die hier beobachteten Spannungen bislang kaum wahrgenommen worden[10]. Sie konnten allerdings auch nicht wahrgenommen werden: Dazu befaßt sich das Schrifttum in aller Regel zu wenig mit den konkreten Aufgaben und Inhalten der Landschaftsplanung und den Bedingungen ihrer planerischen Umsetzung. Sein Interesse gilt anderen Fragen: dem Vorrang der Gesamtplanungen gegenüber der Landschaftsplanung[11] und den organisationsrechtlichen Beziehungen zwischen den Planungen[12], nur wenig aber dem inhaltlichen Verhältnis der beiden Planarten[13]. Hier dagegen wird den inhaltlichen Fragen eine größere Bedeutung beigemessen: Das Verhältnis der Plan*inhalte* ist, wie sich im weiteren Verlauf der Untersuchung noch zeigen wird, der entscheidende Faktor im Verhältnis der Landschaftsplanung zu den von ihr zu bedienenden Planungen. Vor der Analyse der landesrechtlichen Zuordnungsvarianten (unten 3.) steht deshalb, als Basis dieser Überlegungen und zur Abschätzung der landschaftsplanerischen Steuerungsmöglichkeiten im Rahmen des oben beschriebenen "rechtlichen Pfades" über die Landes- und Regionalplanung[14], eine nähere Untersuchung der spezifisch landesplanerischen und also notwendigerweise rahmenhaften naturschutzbezogenen Inhalte der Landes- und Regionalplanung.

2. Die naturschutzbezogenen Inhalte der überörtlichen Gesamtplanungen

a) Der generelle Planungsauftrag des ROG

Daß die Landesplanung Naturschutzfragen mit einer anderen Regelungsintensität behandelt und auch zu behandeln hat als die Naturschutzverwaltung mit

---

[10] Eine Ausnahme bildet insoweit alleine die Stellungnahme des Beirats für Naturschutz und Landschaftspflege beim Bundesminister für Ernährung, Landwirtschaft und Forsten, in: Inhalte und Verfahrensweisen der Landschaftsplanung, die feststellt, daß aus der Zuordnung der Landschaftsplanung zu mehreren Planungssystem ein Zuordnungsproblem erwachse, S. 8.

[11] *Hendler*, NuR 1981, S. 43 ff.; *Erbguth*, UPR 1983, S. 138 ff.; *Hoppe/Erbguth*, in: Landschaftsplanung – Erfahrungen mit dem neuen Naturschutzrecht, S. 453; *Ebersbach*, Rechtliche Aspekte des Landverbrauchs am ökologisch falschen Platz, S. 271 ff.

[12] *Hendler* (Fn. 11), S. 45 f.; *Erbguth* (Fn. 11), S. 140 ff.; *Hoppe/Erbguth* (Fn. 11), S. 453 ff.; *Ebersbach* (Fn. 11), S. 262 ff.

[13] Auf Planungsinhalte geht *Wahl*, in: Umweltplanungen und ihre Weiterentwicklung, S. 50 ff., ein.

[14] Oben S. 87 ff.

dem ihr zu Gebote stehenden Instrumentarium, ist banal und wird doch bei der Diskussion über das Verhältnis der Landschaftsplanung zur Landesplanung häufig nicht ausreichend beachtet. Zwar bestimmt § 2 Abs. 1 Nr. 8 ROG, daß auch Landes- und Regionalplanung "für den Schutz, die Pflege und Entwicklung von Natur und Landschaft, insbesondere des Naturhaushalts, des Klimas, der Tier- und Pflanzenwelt sowie des Waldes, für den Schutz des Bodens und des Wassers, für die Reinhaltung der Luft sowie für die Sicherung der Wasserversorgung, die Vermeidung und Entsorgung von Abwässern und Abfällen und für den Schutz der Allgemeinheit vor Lärm zu sorgen" haben[15]. Dieser Auftrag ist aber durch den generellen Aufgabencharakter von Landes- und Regionalplanung rechtlich begrenzt: Landesplanung ist übergeordnete, überörtliche und zusammenfassende Planung[16] und deshalb auch im Naturschutzbereich auf Rahmenvorgaben beschränkt.

Aus diesen Merkmalen ergeben sich die häufig übersehenen Grenzen des eigenständigen, nicht die gesamte Fachaufgabe an sich ziehenden *landesplanerischen* Naturschutzauftrages: Im Rahmen "zusammenfassender" Planung sind nur Naturschutzfragen von Bedeutung, die in eine Koordination vielfältiger sektoraler und räumlich wirkender Staatsaufgaben notwendig eingehen müssen, also in den Ausgleich mit wirtschaftlichen, sozialen und kulturellen Bedürfnissen[17]. Das Merkmal "überörtlich" konstituiert den räumlichen Bezugsrahmen dieses Koordinationsprozesses; in ihn gehen nur solche Naturschutzfragen ein, die von Einfluß und Bedeutung auf und für die Raumnutzungsstrukturen größerer Gebiete sind.

Ausführlich befaßt sich die Literatur in diesem Zusammenhang nur mit dem Merkmal "überörtliche Planung". Geleitet von dem Bemühen, den Handlungsspielraum der Gemeinden gegenüber dem Zugriff der Landes- und Regionalplanung abzusichern, sucht sie die Grenzen der koordinierenden Planung vor allem aus Art. 28 Abs. 2 GG zu bestimmen[18]. Die Landesplanung darf nicht so

---

[15] Zu Entstehungsgeschichte und Interpretation dieser Vorschrift ausführlich *Cholewa/Dyong/von der Heide/Arenz*, Raumordnung in Bund und Ländern, Bd. 1, Anhang VII zu § 2 Rn. 1 – 45.

[16] So die ausdrückliche Formulierung der meisten LPlG: Baden-Württemberg, § 1 Nr. 1; Bayern, Art. 1 Abs. 1 Nr. 1; Nordrhein-Westfalen, § 1 Abs. 1; Rheinland-Pfalz, § 4 Nr. 1; Saarland, § 1 Abs. 2. Die Formulierung geht zurück auf das Baurechtsgutachten des BVerfG, BVerfGE 3, S. 407, S. 425. Zur Interpretation siehe *Angst/Kröner/Traulsen*, Landesplanungsrecht für Baden-Württemberg, 2. Aufl. 1985, § 1 Rn. 4 – 6 und *Fruhen*, Rechtsfragen der Landesplanung in Nordrhein-Westfalen, Diss. Jur., S. 25 ff.

[17] *Angst/Kröner/Traulsen* (Fn. 16), § 1 Rn. 6.

[18] Grundlegend und mit dem Nachweis der verschiedenen Positionen *Wahl*, Rechtsfragen der Landesplanung, Bd. 1, S. 132 ff. und *Schmidt-Aßmann*, Grundfragen des Städtebaurechts, S. 125 ff, S. 153 f.; vgl. weiter *Roters*, Kommmunale Mitwirkung an höherstufigen Entscheidungsprozessen, S. 5 ff.; *Schmidt-Aßmann*, Fortentwicklung des Rechts im Grenzbereich zwischen Raumordnung und Städtebau, S. 54 ff. Aktuelle Probleme behandeln *Wahl*, DÖV 1981, S. 597 ff. und *Schmidt-Aßmann*, DÖV 1981, S. 237 ff.

effektiviert werden, daß die Kommunen von der verfassungskräftig gewährleisteten Planungshoheit[19] keinen Gebrauch mehr machen können. Die Diskussion um diese Fragen braucht hier allerdings nicht neu belebt zu werden[20]. Denn zum einen sind die Planungskategorien zur Konkretisierung naturschutzrechtlicher Ziele im geltenden Landesplanungsrecht ohnehin so ausgestaltet, daß den Gemeinden ausreichend Spielräume bei der Anpassung an Naturschutzvorgaben verbleiben[21]. Und im übrigen sind hier auch die kommunalen Abwehrpositionen nicht besonders stark ausgebildet. Die Sicherung *außer*örtlicher Freiräume, auf die sich die Landesplanung in der Regel beschränkt, weist im Sinne der Unterscheidung zwischen örtlichen und überörtlichen Angelegenheiten[22] jedenfalls keinen ausschließlichen Bezug zur örtlichen Gemeinschaft auf: Die Ausgleichsleistungen dieser Flächen kommen nicht alleine der planbetroffenen Gemeinde zugute, sie sind in größeren räumlichen Zusammenhängen von Bedeutung. Über sie unbeeinflußt von staatlichen Vorgaben zu entscheiden, ist deshalb den Gemeinden in Art. 28 Abs. 2 GG nicht garantiert[23].

Können sich die Grenzen zwischen überörtlicher und örtlicher Planung der Aufmerksamkeit der Literatur sicher sein, so gilt das nicht für die zwischen überfachlicher und fachlicher Planung. Die in dem Merkmal *zusammenfassende* Planung angelegten Begrenzungen der Landesplanung auf spezifisch überfachliche Koordinationsfunktionen werden im Gegenteil dann häufig verwischt, wenn es um Umwelt- und Naturschutzfragen geht. Denn hier begegnet eine andere Interessenlage als sonst üblich. Generell vermögen sich die Fachverwaltungen in der Planungspraxis gegenüber dem koordinierenden Steuerungsanspruch der Landesplanung häufig zu entziehen; die rechtliche Ausgestaltung im Verhältnis zwischen Landes- und Fachplanung[24] muß dann nach Wegen suchen, wie die Fachverwaltungen dennoch in die Gesamtplanung eingebunden werden können[25]. Hier ist die Situation anders, da sich *beide* Seiten, Landesplanung *und* Umwelt- und Naturschutz, um eine verstärkte Integration der Umweltfachplanungen in die Landesplanung bemühen. Denn durch eine verstärkte Einbeziehung umweltplanerischer Elemente in die Landesplanung

---

[19] Dazu *Widera*, Zur verfassungsrechtlichen Gewährleistung gemeindlicher Planungshoheit.

[20] Die Verteidigungslinien der Gemeinden sind gezogen bei innerörtlichen und gebietsscharfen Festlegungen; vgl. nur *Ernst/Suderow*, Die Zulässigkeit raumordnerischer Festlegungen für Gemeindeteile.

[21] Dazu sogleich unten S. 102 f. und S. 104 f.

[22] Zur Problematik und Notwendigkeit der Abgrenzung der beiden Bereiche siehe *Wahl*, Rechtsfragen der Landesplanung, Bd. 1, (Fn. 18), S. 136 ff.

[23] Im Ergebnis ebenso *Schmidt-Aßmann*, DÖV 1981, S. 245; *Ebersbach* (Fn. 11), S. 182; *Diemer*, Naturschutz als kommunale Aufgabe, S. 66 f.

[24] Dazu *Suderow*, Das Verhältnis der Fachplanungen zur Raumordnung und Landesplanung.

[25] Eingehend dazu *Wahl*, Rechtsfragen der Landesplanung, Bd. 2, S. 145 ff.; vgl. auch *Scharpf* in: Standort und Stellenwert der Raumordnung, S. 31 ff.

erwarten sowohl die Protagonisten der Landesplanung wie auch die des Umweltschutzes eine Stärkung ihrer jeweils als schwach eingeschätzten Position: Die Landesplanung soll von dem politischen Gewicht des Umweltschutzes profitieren; der Umweltschutz soll sich das konsolidierte Instrumentarium der Landesplanung zunutze machen[26]. Entsprechend sind auch hier die Bestrebungen der Fachwissenschaft: Die Landesplanung soll mit einer umfassenden, von der Landschaftsplanung fachlich betriebenen Umweltverträglichkeitsprüfung aufgeladen werden[27]. Und auch die juristische Literatur sucht die rechtlichen Möglichkeiten einer verstärkten Integration des Umweltschutzes in die Landesplanung auszuloten[28]. Im Gefolge dieser Tendenzen droht aber die spezifisch überfachliche Koordinationsfunktion der Landesplanung verloren zu gehen: *Landes*planung kann nicht zur umfassenden *Umwelt-* oder *Naturschutz*planung ausgebaut werden; sie ist ihrem Auftrag und ihrer organisatorischen Ausstattung wegen auch auf dem Sektor des Umwelt- und Naturschutzes nur zu *Teil*abstimmungen geeignet[29].

b) Die naturschutzbezogenen Planungselemente und -inhalte der zentralen Landesplanung

Das hat sich auch in den Planungselementen und -inhalten der Landesplanungssysteme der Länder niedergeschlagen: Die hochstufige Landesplanung ist auf *generelle* und *programmatische* Inter-Ressort-Abstimmung beschränkt. Planungselemente und -kategorien zur *räumlichen* Konkretisierung naturschutzrechtlicher Ziele sind für die zentrale Landesplanung nicht eingerichtet worden; sie finden sich erst in den inhaltsbestimmenden Normen der Regionalplanung[30]. Das zeigt anschaulich der LEP 1983 in Baden-Württemberg. Er räumt zwar dem Naturschutz in dem Kapitel "Einzelne Sachbereiche" einen besonderen Rang ein[31]. Der 10 Seiten umfassende Abschnitt räumlich-konkreti-

---

[26] *Erbguth/Schlarmann*, UPR 1982, S. 352; *Schmidt-Aßmann*, DÖV 1979, S. 2.

[27] Vgl. etwa *Hahn-Herse/Kiemstedt/Wirz* (Fn. 4), S. 67 f.; *Buchwald*, in: *Buchwald/Engelhardt* (Hrsg.), Handbuch für Planung, Gestaltung und Schutz der Umwelt, Bd, 3, S. 8 ff.

[28] *Leidig* formuliert das Programm schon im Titel: Raumplanung als Umweltschutz. Aus den zahlreichen Untersuchungen siehe des weiteren *Weimar/Leidig*, Die Umweltvorsorge im Rahmen der Landesplanung Nordrhein-Westfalen; *Kuhl*, Umweltschutz im materiellen Raumordnungsrecht; *Schlarmann/ Erbguth* (Fn. 7); *Erbguth* (Fn. 7).

[29] Auf die begrenzten Integrationsleistungen der Landesplanung hat vor allem *Wahl* (Fn. 13), S. 44 ff., hingewiesen. Vgl. auch *Schmidt-Aßmann* (Fn. 26), S. 7. Die Unterschiede zwischen Raumordnung und Umweltschutz betont auch *Buchner* (Fn. 5), S. 38 f.

[30] Detailliert § 3 Abs. 2 HENatG; vgl. auch § 8 Abs. 2 LPlG BW oder Art. 17 Abs. 2 BayLPlG.

[31] LEP 1983, vom 12.12.1983, GVBl. 1984, S. 37, ber. S. 324, Plansatz 2.1.

sierender Festsetzungen (zu den einzelnen Regionen) kennt aber nur zwei Plansätze, die die Erhaltung konkret bezeichneter Freiräume vorschreiben[32].

aa) Die programmatischen Naturschutzvorgaben

Die Bedeutung programmatisch-genereller Festsetzungen des "Programmteils"[33] der Landesentwicklungspläne ist allerdings nicht gering zu schätzen. Nicht alle, aber doch einige Länder nutzen sie zur grundlegenden Bestimmung des Geltungsanspruchs der Naturschutzbelange. Das geschieht zum einen, dem fachübergreifenden Charakter der Landesplanung entsprechend, durch querschnittsbezogene Festsetzungen. Sie formulieren die wesentlichen Anforderungen des Naturschutzes an die verschiedenen naturschutzrelevanten räumlichen Nutzungen wie Land- und Forstwirtschaft, Siedlung, Verkehr oder dem Abbau von Lagerstätten[34] und bestimmen so, welche Restriktionen diese aus Naturschutzgründen hinzunehmen haben. Zum anderen werden Präzisierungen für die Fachvorhaben des Naturschutzressorts selbst getroffen. In Form genereller Handlungsprogramme werden zum Teil sehr detaillierte fachliche Ziele vorgegeben; etwa durch die Konkretisierung der sachlichen Voraussetzungen für die Ausweisung von Schutzgebieten oder durch Schutz- und Pflegevorgaben für typische, ökologisch wichtige Lebensräume[35].

Auch wenn diese Vorgaben[36] der Konkretisierung durch weitere Planungs- und Nutzungsentscheidungen bedürfen und deshalb regelmäßig Umsetzungsspielräume belassen: Sie enthalten die Grundzüge des je in einem Land geltenden Naturschutzverständnisses und sind als solche für die nachfolgenden Entscheidungen und die nachgeordneten Entscheidungsträger wichtig: Einerseits bestimmen sie, mit welchen Privilegien und welchen Vorrängen einzelne Nut-

---

[32] 3.1.4; 3.5.2.

[33] Die Formulierung greift zurück auf die Differenzierung zwischen "Programmen" und "Plänen" in § 5 Abs. 1 ROG. Weil jedoch die Länder häufig nicht zwischen Programm und Plan unterscheiden, wird hier vom Programm- und Planteil gesprochen; vgl. dazu und zur Terminologie in den Ländern *Erbguth*, Bundes- und Landesrecht auf dem Gebiet der Raumordnung und Landesplanung, S. 87 f.

[34] Detaillierte Anforderungen enthält der Abschnitt "Nutzung der Landschaft und der Naturgüter" des LEP Umwelt des Saarlands vom 18.12.1979, Amtsbl. 1980, S. 345; zuletzt geändert am 24.07.90, ABl. 916; Abschnitt IV 2. a – h (Plansätze 121 – 190). Instruktiv auch die im Landschaftsrahmenprogramm Baden-Württemberg vom 3.10.1983 unter den Punkten 2.3 – 2.11 wiedergegebenen Plansätze des LEP 1983.

[35] Detaillierte fachliche Vorgaben sind im LEPr Bayern getroffen, LEPr 1984 vom 03.05.1984, GVBl. S. 121, ber. S. 337, Teil B I; zuletzt geändert durch VO vom 17.05.1988, GVBl. 114; vgl. auch LEPr Rheinland-Pfalz 1980 vom 17.03.1980, StAnz. S. 459, Abschnitt 5.3 und – weniger detailliert – LEP Baden-Württemberg 1983 (Fn. 31), Abschnitt 2.1.

[36] Einen recht ausführlichen Bericht über die naturschutzbezogenen Festsetzungen der Pläne der Länder gibt *Leidig* (Fn. 28), S. 319 ff. (Stand 1982).

zungen gegenüber den Anforderungen des Naturschutzes ausgestattet sind; andererseits bezeichnen sie, welche Restriktionen andere räumliche Vorhaben hinzunehmen haben[37].

Anschaulich sind insoweit die gravierenden Unterschiede, auf die *Wahl* bezüglich der Steuerung der Siedlungsentwicklung aufmerksam gemacht hat[38]: Nämlich zwischen Landesentwicklungsplänen, die die Gemeinden grundsätzlich auf das Recht der Eigenentwicklung beschränken[39] und solchen, die Zuwachs auch über den eigenen Bedarf der Gemeinden zulassen[40]. Zwar mag im einzelnen unsicher sein, was durch die Kategorie "Eigenbedarf" noch gedeckt und was durch sie gesperrt ist[41]. Sicher ist jedenfalls, daß den Gemeinden, denen prinzipiell zugestanden ist, Siedlungsfläche auch für externen Bedarf bereit zu halten, ein grundsätzlich anderer, größerer Entscheidungsspielraum zusteht als solchen, die auf Eigenbedarf beschränkt sind. *Dies* ist das grundlegende politische Datum, das durch die zentrale Landesebene gesetzt wird, sei letztlich die Umsetzung in konkrete Nutzungsentscheidungen noch so schwierig. Grundlegende politische Entscheidungen über die Zuordnung zwischen Naturschutz und konfligierenden Nutzungen lassen sich auch jeweils an den Veränderungen bei der Fortschreibung von Landesentwicklungsplänen ablesen; exemplarisch ist ein Beispiel aus Baden-Württemberg (LEP 1971 und LEP 1983): Gegenüber dem alten LEP beschränkt sich der LEP 1983 nicht darauf, nur die grundlegenden Ausbauziele für das Verkehrsnetz zu fixieren; es enthält als maßgebliche Vorgabe auch den Grundsatz "Ausbau vor Neubau"[42]. Zwar sind damit wiederum konkrete Planfeststellungsverfahren nicht in jeder Hinsicht determiniert und einzelne Entscheidungsprobleme nicht in jedem Fall gelöst. Aber für die Auseinandersetzung um einzelne Neubauvorhaben ist dennoch eine wichtige Vorgabe getroffen: Freiraumsicherung und Verkehrswegebau sind in einer neuen Weise in Beziehung zueinander gesetzt.

---

[37] Diese Bedeutung der programmatischen Vorgaben der Landesentwicklungspläne wird hier vor allem gegen Einwände der Literatur hervorgehoben, die wegen des rahmenartigen Charakters den hochstufigen Vorgaben wenig Steuerungsfunktion beimessen; so etwa *Ebersbach* (Fn. 11), S. 165 ff. Vgl. auch die generelle Kritik von *Scharpf* (Fn. 25) an formelhaften Programmen, S. 25 ff., S. 34 f.

[38] DÖV 1981, S. 599 f.

[39] Vgl. etwa die Plansätze 2.2.21 und 2.2.22 des LEP Baden-Württemberg (Fn. 31).

[40] So etwa Plansatz B 1.2.02 des nds. LRP I vom 01.06.1982, GVBl. S. 123.

[41] Dazu *Wahl* in: Verwirklichung von Umweltschutz durch Raumordnung und Landesplanung und Rechtliche Wirkungen landesplanerischer Festlegungen gegenüber gemeindlichen Planungen und Fachplanungen, S. 67 ff.

[42] Plansatz 2.5.14: "Dem Ausbau vorhandener Verkehrswege (ist) soweit wie möglich Vorrang vor dem Neubau einzuräumen".

bb) Die räumlich-konkretisierenden Naturschutzvorgaben

Die räumliche Ausformung der naturschutzbezogenen Programmvorgaben – aus Sicht der Landschaftsplanung interessanter, weil sie mehr Planungsleistungen braucht als die programmatischen Vorgaben – überläßt die zentrale Landesebene in der Regel den Regionen; von der Möglichkeit, Naturschutzziele auch räumlich zu verorten, macht sie nur sparsam Gebrauch:

Eine *indirekte* Steuerung mit Naturschutzbezug enthält die in allen Landesentwicklungsplänen vorgenommene Bezeichnung der Verdichtungs- oder Ordnungsräume und der Entwicklungsachsen[43]. Weil das landesplanerische Ziel des Freiraumschutzes in verdichteten Gebieten besondere Dringlichkeit hat, setzen die Landesentwicklungspläne der Siedlungsentwicklung in diesen Bereichen in der Regel besondere Restriktionen: So ist nach dem LEP 1983 von Baden-Württemberg[44] die über den Eigenbedarf hinausgehende Siedlungstätigkeit in Verdichtungsbereichen auf die Entwicklungsachsen zu konzentrieren; in den Verdichtungsräumen soll "ein System von größeren und kleineren Frei- und Erholungsräumen" erhalten werden; in den Randzonen um die Verdichtungsbereiche sind Freiräume für den ökologischen Ausgleich zu sichern[45]. Durch die verbindliche Zuweisung einzelner Gemeinden in eine dieser relevanten Gebietskategorien wird deshalb der Zugriff der Regionalplanung auf die gemeindliche Siedlungstätigkeit erleichtert. Nicht alleine die unterschiedlicher Beurteilung zugänglichen tatsächlichen Umstände begründen die besondere Verantwortung der im Verdichtungsbereich gelegenen Gemeinden; die Notwendigkeit der Freiflächenerhaltung folgt schon aus der verbindlichen Vorgabe der zentralen Planung.

Direkte Naturschutzvorgaben sind selten. Mit dem von vielen Ländern betriebenen Rückzug der zentralen Planungsebene aus der Region[46] geht tendenziell auch der Verlust konkreter Steuerungsmöglichkeiten auf dem Naturschutzsektor einher. Anschaulich zeigt dies der radikale bayerische Kurswechsel: Enthielt noch das LEPr 1976 detaillierte Vorgaben für jede der 18 Regionen, darunter auch raumbezogene Naturschutzziele[47], so sind die Regionenkapitel und mit ihnen die meisten räumlichen Naturschutzvorgaben im LEPr 1984 völlig weggefallen. Die Ursachen dieser Entwicklung sind hier nicht zu analy-

[43] Über die verschiedenen Gebiets- und Achsenkonzepte der Länder informieren *Döhne/Gruber*, Gebietskategorien, Zentrale Orte, Entwicklungsachsen und Entwicklungsschwerpunkte in den Bundesländern, S. 21 ff. und S. 67 ff.

[44] Fn. 31.

[45] Plansätze 1.6.21 und 2.2.22, 1.8.33 und 1.9.34 mit ihren jeweiligen Erläuterungen.

[46] *Benz*, Föderalismus als dynamisches System, S. 143 f.; *Wahl*, (Fn. 38), S. 598 f.

[47] Im Regionenteil – auf immerhin 220 S. (!) – jeweils unter dem Abschnitt II 1.

sieren[48]; in der Bewertung dürfte aber immerhin eine Rolle spielen, daß die mittlerweile als eigenständige und effektive Planungsebene etablierte Region den Steuerungsverlust der zentralen Ebene in vielem auszugleichen vermag. Diesem Rückzug wirkt im übrigen auch die Tendenz zum Einsatz der Planungskategorie "großräumiges Vorranggebiet"[49] nicht entgegen: Abgesehen davon, daß ökologische Kriterien die Ausweisung großräumiger Vorranggebiete kaum stützen können[50], werden solche Gebiete in der Regel auch nicht mit absoluter Priorität ausgestattet; sie würden sonst in ihrer großen Ausdehnung eine Vielzahl entgegenstehender Nutzungen unterbinden[51]. Im Ergebnis sind deshalb auch großräumige Vorrangkategorien nicht geeignet, dichte räumliche Vorgaben auf der zentralen Planungsebene zu formulieren[52].

c) Die naturschutzbezogenen Planungselemente und -inhalte der Regionalplanung

Ist bei der zentralen Planungsebene das charakteristische Merkmal der spezifisch landesplanerischen Behandlung von Naturschutzfragen in der Inter-Ressort-Abstimmung über die *generelle* Geltung der Naturschutzbelange auszumachen, so ist die regionale Ebene durch *räumliche* Konkretisierungsleistungen gekennzeichnet, die von der Landschaftsplanung einen höheren Datenvorlauf fordern. Auch hier begegnet allerdings ebenfalls die typische Form "zusammenfassender" Planung: Die Regionalplanung nimmt (nur) "Mittlerfunktionen" zwischen der hochstufigen zentralen und den einzelnen konkreten Planungen ein und beschränkt sich deshalb auf *grobe* räumliche Zuordnungen *größerer* Bereiche intensiver Nutzung einerseits und ökologischer Sicherung andererseits. In einem ersten Schritt räumlicher Zuordnung, konkreter als auf Landesebene und weniger konkret als im Rahmen kleinräumiger Entscheidungen, werden Freiflächen für ökologische Funktionen sichergestellt und dem (beeinträchtigenden) Zugriff anderer Nutzer entzogen.

---

[48] Eine ausführliche Analyse der Schwankungen von Zentralisierung und Dezentralisierung der (gesamt)räumlichen Planung und ihrer ursächlichen Faktoren bietet *Benz* (Fn. 46), S. 195 ff. und S. 220 ff. Bezogen auf Niedersachsen siehe *Cassing*, Raumordnung und Gemeindeentwicklung – zum Formwandel der Landes- und Regionalplanung in Niedersachsen.

[49] Zum Begriff und rechtlichen Gehalt der Kategorie siehe *Ebersbach* (Fn. 11), S. 170 ff.

[50] Dazu eingehend *Rudischhauser*, Das raumplanerische Instrument großräumiger ökologischer Vorranggebiete, S. 62 ff.

[51] Diese Unschärfe der Vorrangfestsetzungen kritisieren *Dietrichs* und *Kistenmacher* in bezug auf den ELRPr Niedersachsen, in: Perspektiven des künftigen niedersächsischen Landesraumordnungsprogramms, S. 18 ff. und S. 25 ff.

[52] Bezeichnend deshalb Plansatz C 1.5 05 des LRPr Niedersachsen (Fn. 40): "Überlagern sich in der zeichnerischen Darstellung ganz oder teilweise mehrere Vorranggebiete untereinander oder mit Vorrangstandorten oder Verkehrswegen, so sind diese Festlegungen im Regionalen Raumordnungsprogramm räumlich zu entflechten."

aa) Die naturschutzbezogenen Planungselemente

Dazu stehen drei Planungselemente zur Verfügung: Regionale Grünzüge, ökologische Vorrangbereiche und Siedlungszäsuren. Die Kategorien "regionaler Grünzug" und "ökologischer Vorrangbereich" haben sich im Landesplanungsrecht bereits etabliert[53, 54], das Planungselement "Siedlungszäsur" tritt dagegen seltener auf[55]. Die Elemente sind zwar in den Ländern im einzelnen unterschiedlich ausgeformt und benannt[56], zum Teil ist das Instrumentarium auch weiter ausdifferenziert als es diese Typisierung anzeigt. Für die hier verfolgten Zwecke reicht aber eine generalisierende Betrachtung zur Analyse der typisch regionalplanerischen Bearbeitung von Naturschutzfragen aus.

Das Planungselement der regionalen Grünzüge[57] sichert – typischerweise in Räumen, die starkem Siedlungsdruck ausgesetzt sind – eine erste grobe Zuordnung von besiedelten Bereichen einerseits und unbesiedelten Bereichen andererseits planerisch ab. Es schützt Freiräume zwischen Siedlungen und parallel zu Entwicklungsachsen. Dabei ist die *Funktion* des gesicherten Freiraums bei dieser Stufe planerischer Abstimmung (zunächst) unbeachtlich; im Vordergrund steht seine *Erhaltung*. Eine typische Formulierung des Regelungsgehalts findet sich im LEP BW: "Regionale Grünzüge sind zusammenhängende Bereiche, die für unterschiedliche ökologische Funktionen oder für die Erholung gegenüber der Besiedlung oder anderen funktionswidrigen Nutzungen gesichert werden sollen"[58]. Adressat der Ausweisung sind deshalb in erster Linie Kommunen. Sie werden durch den Grünzug gehindert, zu Zwecken der Siedlungstätigkeit auf den gesicherten Freiraum auszugreifen.

---

[53] Vgl. zu regionalen Grünzügen die Regelungen von Baden-Württemberg, LEP Baden-Württemberg (Fn. 31) 1.7.21; Bayern, Richtlinien für zeichnerische Darstellungen und für die Gestaltung des Regionalplans vom 31.8.1982, LUMBl. S. 79, 1.3.1.2.1; Hessen, § 3 Abs. 2 Nr. 3 HENatG; Rheinland-Pfalz, Richtlinien für die Arbeitsweise bei der Aufstellung regionaler Raumordnungspläne gemäß § 14 Abs. 3 LPlG vom 11.06.1981 MBl. S. 437, PlanZ 8743, und dem Saarland, LEP Umwelt (Fn. 34) Ziffer 33.

[54] Siehe zu ökologischen Vorrangbereichen die Bestimmungen von Baden-Württemberg, LEP Baden-Württemberg (Fn. 31) 1.7.23; Bayern, Richtlinie (Fn. 53) ebd.; Hessen, § 3 Abs. 2 Nr. 3 HENatG; Niedersachsen, VO über das Verfahren zur Aufstellung und Abstimmung sowie über die Art der Darstellung der regionalen Raumordnungsprogramme vom 20.10.1982, GVBl. S. 401, PlanZ 2.2; Nordrhein-Westfalen, Verordnung über Form und Art des Planungsinhalts der Landesentwicklungspläne, der Gebietsentwicklungspläne und der Braunkohlenpläne vom 5. 2. 1980, GV. S. 149, PlanZ 9 und 10, und dem Saarland, LEP Umwelt (Fn. 34), Ziffer 38.

[55] Etwa in Baden-Württemberg und Bayern.

[56] Hier wurde die Benennung des baden-württembergischen LEP zugrundegelegt: LEP Baden-Württemberg (Fn. 31), Plansätze 1.7.21 – 1.7.23.

[57] Siehe dazu die eingehende rechtstatsächliche Untersuchung von *Hoberg*, Synopse zum Stand der Regionalplanung in Baden-Württemberg, S. 101 ff.

[58] LEP Baden-Württemberg (Fn. 31) Plansatz 1.7.21.

Der *regionale Grünzug* dient also der Sicherung *des* Freiraums; der *ökologischer Vorrangbereich* bezweckt die Absicherung ökologischer Funktionen *im* Freiraum: Vorrangbereiche kommen dort zum Einsatz, wo starke Nutzungskonkurrenzen innerhalb von Freiräumen gegeben sind. Hier steht nicht im Vordergrund, daß der Freiraum überhaupt zu sichern ist. Bezweckt ist, jeweils eine bezeichnete Freiraumnutzung vor dem Zugriff anderer Nutzer, auch: Freiraumnutzer zu bewahren[59]. Die Kategorie vermag auch verschiedene Freiraumfunktionen innerhalb eines Freiraums zuzuordnen. Etwa kann ein Bereich vorrangiger landwirtschaftlicher Nutzung von einem Bereich vorrangig ökologisch verträglicher Nutzungen abgegrenzt werden. Die rechtliche Vorrangausstattung bezieht sich deshalb nicht alleine auf beeinträchtigende Siedlungstätigkeit; sie betrifft alle Nutzungen, die dem primärem Schutzzweck zuwiderlaufen[60].

Das Planungselement "Siedlungszäsur"[61] weist keinen unmittelbaren Zusammenhang zu den beiden anderen naturschutzbezogenen Kategorien auf. Es schützt nicht größere, zusammenhängende Freiräume *außerhalb* von Siedlungsbereichen, sondern dient dem Schutz kleinräumiger Siedlungs*zwischenräume*. Als gliederndes Element der Siedlungstätigkeit, vornehmlich im Zug von Entwicklungsachsen, soll es das unbegrenzte Zusammenwachsen benachbarter Orte verhindern. Es instrumentalisiert deshalb eine (begleitende) Zielvorgabe der Entwicklungsachsenkonzeption: Zwar sollen die Achsen das vorwiegende Potential für weitere Siedlungsentwicklung tragen[62]. Sie sollen aber dabei nicht zu "Siedlungsbändern" ausufern[63].

bb) Das Verhältnis zu Naturschutzfachmaßnahmen und -planungen

Der rahmenhafte Charakter der Regionalplanung bestätigt sich auch bei den naturschutzbezogenen Planungselementen; sie weisen einen geringeren rechtlichen Entscheidungsgehalt auf als die typischen naturschutzrechtlichen Gebietsschutzkategorien[64]. Anders als diese sind die naturschutzbezogenen Festsetzungen der Regionalplanung nicht jedermanns-, sondern nur behördenverbind-

---

[59] Vgl. Plansatz 1.723 des LEP Baden-Württemberg (Fn. 31): Vorrangbereiche sind Bereiche, in denen eine bestimmte naturbezogene Nutzung oder ökologische Funktion gesichert werden soll.

[60] Vgl. die niedersächsische Definition (Fn. 54): "Vorranggebiet für Natur und Landschaft: alle raumbedeutsamen Planungen und Maßnahmen müssen mit dieser Zweckbestimmung vereinbar sein."

[61] Dazu *Hoberg* (Fn. 57), S. 93 ff.

[62] LEP Baden-Württemberg (Fn. 31) 1.6.21; LEPr Bayern (Fn. 35) BII 1.1.

[63] LEP Baden-Württemberg (Fn. 31) 1.6.2; LEPr Bayern (Fn. 35) BII 1.5.

[64] Einen Überblick gibt *Soell*, in: *Salzwedel* (Hrsg.), Grundzüge des Umweltrechts, S. 535 ff.

lich[65]. Ihnen liegt deshalb auch nicht diesselbe intensive Befassung mit Einzelproblemen der ökologischen Situation zugrunde. Häufig stellen sie nicht auf einzelne Funktionen und Schutzaspekte ab, sondern auf den Ausgleich zwischen *aggregierte*n Freiraumbelangen einerseits und freiraumbeanspruchenden Nutzungen andererseits; sie lassen deshalb den (nachgeordneten) naturschutzrechtlichen Entscheidungen gewichtige Spielräume. Dies ist die Situation der Grünzüge und Grünzäsuren: Naturschutzbelange werden mit anderen Freiraumbelangen in einer räumlichen Zusammenschau verschmolzen, ohne daß damit ein Präjudiz für alle Einzelheiten notwendiger naturschutzrechtlicher Entscheidungen getroffen wäre; im Verhältnis der Freiraumnutzungen untereinander verbleibt im Gegenteil eine Vielzahl von Konflikten zur weiteren Bearbeitung in anderen Verfahren[66]. Aber auch soweit die Regionalplanung in einzelnen besonders konfliktbeladenen Situationen zur Einflußnahme auf Nutzungskonkurrenzen *im* Freiraum mit der Ausweisung von Vorranggebieten reagiert, verbleiben ausfüllungsbedürftige Spielräume: Vorrangkategorien wirken in verbindlichen Planungsverfahren nur als Abwägungsdirektiven; sie geben die notwendigen Entscheidungen nicht selbst vor.

Diese – im Auftrag der Regionalplanung als überfachliche Planung angelegte – Distanz zur fachlichen Planung wird verschiedentlich durchbrochen, allerdings ohne eine einheitliche Linie unter den Ländern[67]. Fast traditionell ist die Befassung der Regionalplanung mit der Ausweisung der naturschutzrechtlichen Schutzgebiete. Auch dabei zeigt sich indes in der rechtlichen Ausgestaltung, daß die Regionalplanung das fachliche Verfahren nicht zu ersetzen vermag. Zwar ist das sachliche und rechtliche Verhältnis zwischen der regionalplanerischen Sanktionierung der Schutzgebietsausweisung und dem naturschutzrechtlichen Ausweisungsverfahren bislang noch ungeklärt[68]; schon wegen der besonderen Zuständigkeits- und Verfahrensanforderungen der in Rechtssatzform ergehenden Schutzausweisungen wird aber das naturschutzrechtliche Verfahren durch die regionalplanerische Bezeichnung eines Gebietes als geplantes Schutzgebiet nicht überflüssig. Die regionalplanerische Befassung mit diesen fachlichen Vorhaben der Naturschutzverwaltung dürfte deshalb eher

---

[65] Dazu und zu den Folgerungen im Verhältnis zwischen Regional- und Naturschutzplanung eingehend *Wahl*, in: Ökologische Vorrangbereiche, S. 56 ff., 58 ff.

[66] Etwa zwischen Naturschutz und Landwirtschaft. Siehe dazu nur: Der Rat von Sachverständigen für Umweltfragen, Umweltprobleme der Landwirtschaft, S. 161 ff.

[67] Durch die Erörterung der Ausweisung von *Schutzgebieten*: Bayern, Hessen, Niedersachsen. (nur National- und Naturparke) und Rheinland-Pfalz; durch die Ausweisung von *Bereichen*, in denen die *Landschaft besonders zu pflegen* ist – Niedersachsen und Nordrhein-Westfalen oder in denen *Landschaftsschäden zu beseitigen* sind – Niedersachsen und Rheinland-Pfalz; durch die Ausweisung von "*Biotopschonbereichen*" in Baden-Württemberg.

[68] So die Kritik von *Stich* in: Aktuelle Probleme der Landesplanung in Baden-Württemberg, S. 30 f.

mit der Bilanzierung der verschiedenen raumrelevanten fachlichen Planungen in Zusammenhang stehen, als der Unterstützung naturschutzrechtlicher Detailaufgaben dienen[69].

In jüngerer Zeit werden der Regionalplanung auch Aufgaben übertragen, die noch weiter in den Aufgabenbereich der Naturschutzverwaltung hineinreichen. Exemplarisch ist die Ausweisung von Biotopschonbereichen, die gegenwärtig, durch die Landschaftsrahmenplanung vorbereitet, in Baden-Württemberg betrieben wird. Auf der Grundlage der Biotopkartierung Baden-Württemberg sollen im Regionalplan Flächen von mindestens 5 ha Größe als "regional bedeutsame Biotope" ausgewiesen werden, wenn sie als Standort gefährdeter Arten aus regionaler Sicht wertvoll sind[70]. Soweit sie verbindlich in den Regionalplan aufgenommen sind, sollen sie "in ihrer jeweiligen charakteristischen Ausprägung erhalten bleiben"; "unvermeidliche Landschaftseingriffe und raumwirksame Maßnahmen sollen so erfolgen, daß zumindest die landschaftlich wertvollen Kerngebiete in Zustand und Funktion nicht beeinträchtigt werden"[71]. Der Schutzstatus dieser Flächen entspricht dem allgemeinen Aussagegehalt der Regionalplanung; die Biotopschonbereiche sind also behördenverbindlich. Die Regionalplanung übernimmt damit eine (vorbereitende) Sicherungsfunktion, die ansonsten nach Maßgabe des Naturschutzrechts erst im Verfahren nach § 8 BNatSchG wahrzunehmen wäre. Zwischen die abstrakte Ebene der generellen naturschutzgesetzlichen Vorgabe und die konfliktreichen Aushandlungsprozesse um die rechtliche Zulässigkeit von Eingriffen in Natur und Landschaft der örtlichen Ebene schiebt sich die Regionalplanung mit dem (neuen) Instrument der Biotopschonbereiche; der fachlichen Bewertung "schutzwürdiger Bereich" fügt sie eine rechtlich maßgebliche Direktionswirkung bei, die von der Naturschutzverwaltung nicht herzustellen wäre. Daß sie dabei nicht alleine die fachliche Eignungsbewertung um die rechtliche Verbindlichkeitsklassifizierung ergänzt, ergibt sich aus ihrem überfachlichen Abwägungsauftrag. Die Regionalplanung bringt nicht nur ihre höhere rechtliche Autorität ein; sie hat ihrem Abstimmungsauftrag gemäß auch eine Bewertung

---

[69] Aufschlußreich ist die bayerische Richtlinie zur Landschaftsrahmenplanung (innerhalb der Regionalplanung): "Wenn auch die Ausweisung von Naturschutzgebieten, Naturdenkmälern oder schützenswerten Landschaftsbestandteilen nicht im Landschaftsrahmenplan erfolgt, so ist doch die Kenntnis dieser geschützten Flächen für alle raumbeanspruchenden Vorhaben von erheblichem Interesse." (Richtlinie über die) Landschaftsrahmenplanung in den Regionen vom 21.09.1976, LUMBl. S. 170, Zif. 3.3.3.

[70] So die Begründung zum Entwurf des Landschaftsrahmenplans des RV Südlicher Oberrhein, Kapitel Regional bedeutsame Biotope, S. 13.

[71] Plansätze 3.1.2 und 3.1.3 des Entwurfs zum Landschaftsrahmenplan des RV Baar-Heuberg, Stand 1983.

der konfligierenden Interessen vorzunehmen und das Planungsverfahren daran auszurichten[72].

Freilich zeigen sich am Beispiel dieses Aufgabenzuwachses auch die generellen Implikationen einer stärkeren Naturschutzorientierung der Regionalplanung: Daß nämlich der Abstimmungsaufwand dieses fachlich aufwendigen und politisch konfliktbeladenen Koordinierungsziels die Kapazitäten der regionalplanerischen Problembewältigung zu überfordern droht. Aufschlußreich ist insoweit das Prozedere, das der Regionalverband Südlicher Oberrhein gewählt hat, um diesen Überforderungstendenzen entgegenzuwirken. Er nutzte einerseits die in Baden-Württemberg gegebene förmliche Selbständigkeit der in seine Trägerschaft überwiesenen Landschaftsrahmenplanung und zudem die Möglichkeit, Teile des Landschaftsrahmenplans auch isoliert zu bearbeiten[73], und erarbeitete ein eigenständiges Planwerk "Regional bedeutsame Biotope": Das Konfliktpotential aus den zahlreichen räumlich-konkreten Vorgaben läßt sich offenbar nur in einem verselbständigten Verfahren angemessen verarbeiten. Man mag den Aufgabenzuwachs der Regionalplanung dennoch positiv bewerten, weil er einerseits das politische Gewicht der Regionalplanung und andererseits die Durchsetzbarkeit von Naturschutzbelangen stärkt. Zu beachten bleibt jedoch, daß eine effektive Umsetzung zusätzlicher (Naturschutz)Aufgaben nur bei einer gleichzeitigen Anpassung der Verfahrensstruktur und personellen Ausstattung der Regionalplanung möglich ist.

cc) Die Restringierung von Eingriffen

Regionalplanung ist nicht nur bei der Koordination der engen fachlichen Ansprüche des Naturschutzes gefragt. Auch die Versuche zur Restringierung der gemeindlich und fachlich gesteuerten Eingriffe in Natur und Landschaft setzen auf diese Planungsebene: Wegen ihrer im Vergleich zur hochstufigen Landesplanung größeren Nähe zu den einzelnen räumlichen Entscheidungen und deren Trägern und wegen ihrer höheren Entscheidungsdichte scheint gerade diese Ebene prädestiniert, die starke rechtliche Position der Landesplanung zu mobilisieren, um eine "ökologische und gestalterische Verträglichkeitsprüfung der Raumnutzungen" vorzunehmen[74].

Die Festsetzungselemente der Regionalplanung begrenzen diese Bestrebungen aber vorwiegend auf die Steuerung gemeindlicher und anderer vor-

---

[72] Vgl. zu den Modifikationen, die sich für die fachlichen Aussagen aus einer Übernahme in die Landes-, respektive Regionalplanung ergeben *Wahl* (Fn. 65), S. 66 ff.

[73] *Wiederhold*, in: Integration der Landschaftsplanung in die Raumplanung, S. 43.

[74] *Hahn-Herse/Kiemstedt/Wirz* (Fn. 4), S. 68.

nehmlich punktförmiger Planungen: Grünzäsuren und regionale Grünzüge sind ihrem rechtlichen Gehalt nach in erster Linie auf die gemeindliche Siedlungstätigkeit und andere räumlich begrenzte, punktförmige Eingriffe in Natur und Landschaft ausgerichtet. Hierin kommt ihnen allerdings auch zunehmend bedeutende Funktion zu, weil sich in der Regionalplanung eine Umorientierung von "der Siedlungsplanung zur Freiflächensicherung" vollzieht[75]. Da das ehrgeizige Vorhaben der Siedlungssteuerung durch Richtwerte aus verschiedenen Gründen gescheitert ist, verfolgt die Regionalplanung nunmehr das Ziel, die Expansion der Siedlungstätigkeit durch die Vorgabe nicht zu bebauender Freiflächen zu begrenzen[76]. Das ist sachlich bedeutsam. Denn anders als bei den oben behandelten Leistungen der Regionalplanung für die Koordination der Naturschutzfachfragen handelt es sich hier um Restriktionen, die durch andere Verfahren nicht zu erbringen sind: Fragen der Naturschutzwürdigkeit einzelner Flächen können auch in fachlichen Verfahren untersucht werden; gemeindliche Siedlungsausweisung kann nur im Wege der Rechtsaufsicht (§§ 6, 11 BBauG) und also nur in dem (seltenen) Fall unterbunden werden, wenn bei der Abwägung über die Inanspruchnahme zusätzlicher Fläche die äußersten Grenzen planerischer Abwägung verletzt wurden[77].

Bandinfrastrukturplanungen, Straßenplanungen etwa, entziehen sich dagegen in der Regel weitgehend einer eingehenden und umfassenden ökologischen Kontrolle durch die Regionalplanung. Ohnehin ist das Verhältnis zwischen der Regionalplanung und diesen fachlichen Planungen noch immer prekär[78]. Und außerdem ist auch das geschilderte Steuerungspotential der Regionalplanung nicht auf solche Vorhaben zugeschnitten: (Einzelne) Grünzäsuren helfen nicht, weil sie bei linienhaften Projekten allenfalls punktuelle Korrekturen bewirken. Grünzüge können nicht eingesetzt werden, weil sie ihrer Funktion nach nicht den ganzen Verlauf einer von der Fachverwaltung vorgesehenen Trasse überziehen können. Im Regelfall ist die Überprüfung fachlicher Vorhaben deshalb auf das *Fach*verfahren verlagert. Nur soweit die Regionalplanung selbst ein fachliches Vorhaben anstößt oder es wegen seiner grundlegenden Bedeutung aus Naturschutzgesichtspunkten einer vorgezogenen Untersuchung unterworfen wird, mag im Einzelfall eine Umweltverträglichkeitsprüfung auch auf dieser Ebene Relevanz haben.

---

[75] So die ausführlich begründete und empirisch fundierte These von *Benz* (Fn. 46), S. 372 ff., zur Weiterentwicklung des regionalplanerischen Instrumentariums.

[76] *Benz* (Fn. 46), S. 374.

[77] So der Ausgangsfall in der grundlegenden Entscheidung des BVerwG zum bauleitplanerischen Planungsermessen, BVerwGE 34, S. 301 ff.

[78] Dazu *Ahrens-Salzsieder*, DÖV 1987, S. 904 ff. Generell zum Verhältnis zwischen Landes- und Fachplanung *Wahl* (Fn. 25), S. 144 ff.

d) Zusammenfassend: Naturschutzkoordination durch Landes- und Regionalplanung

Die ausführliche Analyse der naturschutzbezogenen Planungskategorien hat den überfachlichen Charakter der überörtlichen Gesamtplanungen plastisch vor Augen geführt. Den Ergebnissen der fachlichen Überlegungen, Ermittlungen und Planungen wird nicht einfach die rechtliche Verbindlichkeit der gesamträumlichen Pläne beigefügt[79]. Fachliche Aussagen werden in *eigene*, von den Kategorien fachlicher Planung prinzipiell unterschiedene Planungselemente und -kategorien überführt; gesamträumliche Planung operiert erst und nur in und mit eigenen Kategorien[80]. Die Regionalplanung etwa kennt bedrohte Arten oder deren charakteristische Lebensräume nicht im einzelnen; sie kennt nur den Freiraum, der *auch* diese Lebensräume umfaßt. Typischerweise, so zeigte sich, agieren Landes- und Regionalplanung im Bereich des Naturschutzes mit *aggregierenden* und *abstrahierenden* Kategorien, auf wesentliche übergeordnete Regelungsaspekte sich beschränkend.

3. Die Zuordnung der Landschaftsplanung zu Landes- und Regionalplanung

Dieser Befund mag nicht überraschend sein; er ist für das Verhältnis zwischen Landschafts- und überörtlicher Gesamtplanung gleichwohl bedeutsamer, als häufig angenommen wird. Denn daraus resultiert die schon angerissene Spannungslage für die Landschaftsplanung, der Zielkonflikt bei ihrer Einrichtung: Der gesamträumliche Bedarf nach *integrierten* Daten und Vorgaben kontrastiert mit dem fachlichen Bedarf nach *detaillierten* Daten und Vorgaben. Diese schon oben vorgestellte Überlegung ist an dieser Stelle nicht weiter zu verfolgen. Hier ist von Interesse, wie die Länder auf diese Spannungslage reagiert haben: Wie sie die inhaltlichen und organisatorischen Beziehungen zwischen Landschaftsplanung und überörtlicher Gesamtplanung ausgestalten; welche Vorlaufleistungen die Landschaftsplanung in den verschiedenen Varianten erbringt; wie diese Vorlaufleistungen verfügbar sind; welches Gewicht der Zuordnung der Landschaftsplanung jeweils zukommt:

---

[79] *Wahl* (Fn. 65), S. 67 f., *ders.* (Fn. 13), S. 54 f.

[80] *Wahl* (Fn. 65), S. 69 f., *ders.* (Fn. 13), S. 55 f.

a) *Beiträge der Landschaftsplanung zu Landes- und Regionalplanung*

aa) Bei naturschutzorientierter Aufgabenausrichtung

Auf der einen Seite des Spektrums der landesrechtlichen Lösungen steht *Niedersachsen*[81, 82] mit einer dezidiert fachlichen[83], dem rechtlichen Auftrag nach auf die "*gutachtliche* Darstellung der Erfordernisse des Naturschutzes"[84] beschränkten Landschaftsplanung. Sie entwickelt, anders als in § 5 Abs. 2 BNatSchG angelegt, keine Festsetzungen oder Vorschläge, die unmittelbar in die Gesamtpläne eingehen könnten; sie ist also nicht auf eine direkte Einbeziehung in gesamträumliche Abstimmungsprozesse ausgerichtet. Im Gegenteil: Die Richtlinie für die (regionale) Landschaftsrahmenplanung formuliert ausdrücklich, daß es nicht Aufgabe der Landschaftsplanung sei, "die fachlichen Erfordernisse und Maßnahmen des Naturschutzes und der Landschaftspflege mit anderen Fachbereichen abzustimmen."[85] Daraus ergibt sich eine deutliche "Arbeitsteilung" zwischen Landschafts- und Gesamtplanung: Die Landschaftsplanung hat (nur) die Aggregation der Naturschutzdaten zu besorgen und naturschutzbezogene Nutzungsansprüche zu entwickeln[86]. Der gesamträumlichen Planung obliegt, darauf aufbauend, die Abstimmung zwischen den konfligierenden Zielen; von der fachlich aufwendigen Ermittlung und Bewertung des naturschutzrelevanten Materials soll sie vollständig entlastet sein, konzentriert alleine auf die – nicht minder schwierigen – Probleme der Konfliktlösung.

Ist die niedersächsische (überörtliche) Landschaftsplanung rechtlich vor allem auf Datenaggregation ausgerichtet, so eignet sie sich dazu auch in besonderer Weise: Weil während der Planerstellung keine Aushandlungsprozesse um konfliktbeladene Nutzungsentscheidungen zu führen sind, kann sich die fachliche Aufmerksamkeit und die personelle Kapazität ausschließlich auf die Probleme der Datenerhebung, -bewertung und -aufbereitung konzentrieren; die weiteren Fragen sind auf das sich daran anschließende Abstimmungsverfahren verlagert. Offenkundig hat sich freilich auch bei einer solchen Beschränkung auf gutachterlicher Voruntersuchungen die Notwendigkeit einer Konzentration auf die Anforderungen der gesamträumlichen Planung ergeben. Denn wie im

---

[81] §§ 4, 5 NatSchG.

[82] Zum niedersächsischen Konzept *Gaede*, in: Landschaftsplanung – Erfahrungen mit dem neuen Naturschutzrecht, S. 476 ff.; zum (mittlerweile in der Überarbeitung befindlichen) Entwurf des Landschaftsprogramms Niedersachsen. *Bierhals/Lüderwaldt*, in: *Buchwald/Engelhardt* (Fn. 27), S. 557 ff.

[83] So auch die Einschätzung von *Gaede* (Fn. 82), S. 476.

[84] §§ 4 Abs. 2, 5 Abs. 2 NatSchG.

[85] Niedersachsen. MBl. 1983, S. 57, Ziffer 1.

[86] Die Richtlinie zur Landschaftsrahmenplanung (Fn. 85) sieht dabei das "Schwergewicht ... auf der Darstellung der Gegebenheiten", S. 57, Ziffer 1.

BNatSchG ist auch im Nds. NatSchG inzwischen die Bestimmung über die Aufnahme eines Artenschutzprogrammes in das Landschaftsprogramm aus dem Planungsauftrag gestrichen worden. Dagegen war das Nds. NatSchG früher, anders als die meisten anderen alten Bundesländer, der Vorgabe des § 5 Abs. 1 BNatSchG 1976 gefolgt und hatte als Bestandteil des Landschaftsprogramms auch ein Artenschutzprogramm vorgesehen[87]. Offenkundig ist die Einbeziehung dieser wichtigen, indes mit hoher Spezialisierung verbundenen Aufgabe[88] selbst bei einer betont fachlichen Ausrichtung des Landschaftsprogramms schwierig. Um so mehr scheint eine solche Koordination von den mehr in die gesamträumlichen Abstimmungsprozesse eingebundenen Programmen nicht sinnvoll zu leisten zu sein[89].

Von der dezidiert fachlichen Ausrichtung, vorteilhaft für die fachliche Bearbeitung der Naturschutzfragen, muß allerdings die gesamträumliche Planung nicht notwendig automatisch profitieren. Die Landschaftspläne sollen zwar der Vorstellung nach auch für die Gesamtpläne Datenmaterial bereit halten; und sie eignen sich ja zur Datenaufbereitung auch in besonderer Weise. Da sie aber nach niedersächsischem Konzept vor allem und in erster Linie Fachprogramm und -plan für die Naturschutzverwaltung selbst sind[90], werden Datenermittlung und Koordinationsbestrebungen zunächst von fachlichen Aspekten und fachlichem Bedarf dominiert sein. Datenaufbereitung und -aggregation für die gesamträumliche Planung sind kein primäres Anliegen. Sie drohen zum bloßen Nebenprodukt zu geraten, nur wenig ausgerichtet auf die spezifischen Kategorien und Anforderungen der gesamträumlichen Planungen. Denn alleine mit der Weitergabe der fachlichen Ergebnisse in fachlichen Kategorien wäre nicht viel gewonnen. Der Regionalplanung etwa nützt es wenig, Daten über die Schutzwürdigkeit von Flächen nur im Sinn des Naturschutzrechts zu erhalten; sie braucht für ihre originären Aufgaben vor allem Angaben zum Schutz größerer Freiräume, für Siedlungszäsuren oder Vorranggebiete.

Soweit also eine derart fachlich orientierte Landschaftsplanung rechtlich nicht ausdrücklich zur Unterstützung der gesamträumlichen Planung in *gesamträumlichen* Kategorien angehalten wird, droht die Verbindung zwischen den beiden Planarten wenig produktiv zu sein. Die niedersächsische Regelung gibt in dieser Hinsicht kein Beispiel. Im Gegenteil: Die Aufgabenformulierun-

---

[87] Auch noch im Saarland; § 4 Abs. 3 Nds. NatSchG, § 8 Abs. 1 SNG.

[88] Zu den fachlichen Aspekten *Erz*, in: *Buchwald/Engelhardt* (Fn. 27), S. 589 ff., S. 614 ff.

[89] Bezeichnend war deshalb, daß die Länder über den Bundesrat in das erste Novellierungsverfahren des BNatSchG im Jahre 1986 den Vorschlag eingebracht haben, auf diese Anforderung des § 5 Abs. 1 BNatSchG zu verzichten; vgl. BT/Drs. 10/5064, S. 38 Nr.1. Vgl. dazu auch die Kritik von *Plachter*, in: Stand und Entwicklung des Artenschutzes, S. 54.

[90] Aufschlußreich ist der Bericht *Gaedes* (Fn. 82), S. 476 f.

gen betonen alleine die fachlichen Aufgabenaspekte, die Unterstützung der gesamträumlichen Planung findet keine Erwähnung[91]. Auch die Richtlinie für die Landschaftsrahmenplanung gibt in ihrem Gliederungsschema den "Anforderungen des Naturschutzes und der Landschaftspflege an andere Nutzungen" im Verhältnis zu den engeren naturschutzfachlichen Aufgaben nur wenig Raum[92]. Schließlich zeigen auch Praktikerberichte, daß die niedersächsischen überörtlichen Landschaftspläne kaum gesamtplanungsbezogene Inhalte aufweisen[93]. Das bestätigt die These: Eine dezidiert fachliche Ausrichtung der Landschaftsplanung braucht zwar für die überörtliche gesamträumliche Planung nicht generell ungünstig zu sein; profitieren wird die gesamträumliche Planung aber nur, wenn dafür besondere Vorgaben getroffen werden.

bb) Bei gesamtplanungsorientierter Aufgabenausrichtung

Demgegenüber ist die überörtliche Landschaftsplanung von anderen Ländern[94] deutlich stärker auf die Unterstützung der gesamträumlichen Planung ausgelegt worden. Das findet zum einen Niederschlag in dem Integrationsgebot, nachgebildet dem § 5 Abs. 2 BNatSchG: Die raumbedeutsamen Festsetzungen der überörtlichen Landschaftspläne sollen in die Gesamtpläne integriert werden[95]; sie sollen nicht bloß gutachtlich, sondern durch Aufnahme in die Gesamtplanung, Wirkungen entfalten. Die Landschaftsplanung muß sich deshalb jedenfalls auch auf *raumbedeutsame* Festsetzungen beziehen; sie muß integrationsgeeignet sein. Der Plan kann nicht auf bloß fachliche Kategorien reduziert werden, sondern muß bei der Datenaggregation und Zielformulierung die spezifisch überfachliche "Sprache"[96] der gesamträumlichen Planung annehmen. Diese Weiterungen lassen sich anschaulich an zwei exemplarisch herausgegriffenen (schleswig-holsteinischen) Landschaftsrahmenplänen[97] beobachten. Deren räumliche Vorgaben und Aussagen stehen zum einen im Steuerungszusammenhang naturschutzrechtlicher Schutzgebietskategorien[98], erbringen also

---

[91] §§ 4 Abs. 2 und 3, 5 Abs. 2.

[92] Fn. 85, S. 58.

[93] *Gaede* (Fn. 82), S. 476 f., schildert nur naturschutzfachliche Inhalte des Landschaftsprogramms und der Landschaftsrahmenpläne; *Werkmeister*, in: Landschaftsplanung (Fn. 11), S. 479 berichtet, daß ein von ihm erarbeiteter Landschaftsrahmenplan vor allem gemeindebezogene Festsetzungen vorsah, indes "das ... aber keineswegs das Ziel des nds. Landschaftsrahmenplanes" sei.

[94] Vgl. die Nachweise oben S. 63, Fn. 25.

[95] § 8 NatSchG BW; § 7 Abs. 6 SNG; § 5 Abs. 3 LPflegG Schl.-H.

[96] *Wahl* (Fn. 13), S. 47.

[97] Landschaftsrahmenplan Plön und Landschaftsrahmenplan Dithmarschen/Steinburg, beide herausgegeben vom Minister für Ernährung, Landwirtschaft und Forsten, Kiel 1984.

[98] Jeweils unter den Abschnitten 4.1.

auch engere fachliche Planungsleistungen. Sie enthalten aber auch typische *raumplanerische* (Vorrang)Kategorien: "Gebiete mit besonderen ökologischen Funktionen"[99], "Gebiete mit besonderer Erholungseignung"[100] oder "regionale Grünzüge"[101] und nehmen damit im Vorgriff auf die gesamträumliche Planung eine ausgeprägt gesamtplanungsbezogene Orientierung ein.

Für diesen Umstand ist noch ein weiteres, zentrales rechtliches Charakteristikum dieser landschaftsplanerischen Ausgestaltung verantwortlich. Daß nämlich die Landschaftsplanung nicht nur die Aufgaben der Datenaggregation zu übernehmen, sondern auch die Konfliktlösung selbst vorzubereiten hat. Denn anders als bei der niedersächsischen Regelung ist sie hier nicht auf eine "gutachtliche" Darstellung der Maßnahmen des Naturschutzes beschränkt[102], die dem Wortsinn nach ihren Schwerpunkt in der Analyse des tatsächlichen Zustands findet[103]. Sondern sie soll "*Erfordernisse und Maßnahmen*"[104] zur Verwirklichung der Ziele des Naturschutzes ausarbeiten. Der Bereich reiner Datensammlung ist damit verlassen, zusätzlich gefordert ist ein Planungskonzept, das Nutzungsrestriktionen und Handlungsanweisungen umfaßt. Da der Landschaftsplan wegen des Integrationsgebots nicht nur engere fachliche Ziele aufnehmen darf, sondern auch überfachliche Inhalte transportieren muß, haben sich seine Festsetzungen auch auf die Geltung von Naturschutzbelangen im Rahmen anderer Ressortzuständigkeit zu beziehen: Die Landschaftsplanung ist auch zur (vorlaufenden) Abstimmung außerhalb des engen fachlichen Naturschutzbereichs berufen. Darauf sind auch die Verfahrensvorschriften ausgerichtet, die regelmäßig eine Abstimmung zwischen der Naturschutzverwaltung und den betroffenen Ressorts und Gebietskörperschaften um die Inhalte des Landschaftsplans vorsehen[105].

Der Plan soll also nicht nur Daten, sondern auch Entscheidungsvorschläge liefern. Die Abstimmung der konfligierenden Ziele ist nicht vollständig auf die gesamträumliche Planung verlagert, sondern wird bereits im Rahmen der Landschaftsplanung eingeleitet. Deren Auslagerung entlastet die gesamträumliche Planung in einer weiteren Hinsicht: Die Gesamtplanungsinstanzen brauchen nicht über jeden naturschutzbezogenen Konflikt zu entscheiden, sondern nur

---

[99] Jeweils Ziffer 3.1.1.

[100] Jeweils Ziffer 3.1.2.

[101] Unter Ziffer 4.3.2.

[102] §§ 4 Abs. 2 und 5 Abs. 2 NatSchG.

[103] So auch die Richtlinie zur nds. Landschaftsrahmenplanung (Fn. 85), Ziffer 1: "Das Schwergewicht liegt auf der Darstellung der Gegebenheiten."

[104] So die Formulierung in § 5 Abs. 1 BNatSchG, die dem Gehalt nach von allen hier betrachteten Ländern übernommen wurde.

[105] § 8 NatSchG BW; § 7 Abs. 3, 4 SNG; § 5 Abs. 1 LPflegG Schl.-H.

über die im vorlaufenden Verfahren ungelöst gebliebenen; sie können sich auf Verwerfungs- und Ratifizierungsfunktionen beschränken.

Die Gefahren solchen Vorgehens liegen freilich auf der Hand: Daß nämlich Konflikte nicht abgebaut, sondern im Gegenteil durch einen alleine fachliche Belange optimierenden Landschaftsplan zusätzlich aufgebaut werden. Dieser Einwand gegen eine verselbständigte Landschaftsplanung ist daher auch in der Literatur verschiedentlich formuliert worden[106]. De facto wirkt dieser Tendenz aber der Umstand entgegen, daß rechtlich verbindliche Wirkungen nur von den in die gesamträumlichen Pläne integrierten Festsetzungen ausgehen. Denn deshalb liegt es auch und gerade im Interesse der Naturschutzverwaltung, die Abstimmung unter den verschiedenen Interessen so vorzunehmen, daß sie auch von den Gesamtplanungsinstanzen übernommen werden können: Die Verwerfungskompetenz der Gesamtplanungsinstanzen bewahrt die Landschaftsplanung vor einer einseitigen Optimierung der Naturschutzbelange.

cc) Bei adressatenübergreifender Aufgabenausrichtung

Mag damit die Möglichkeit von Divergenzen zwischen Landschafts- und Gesamtplanung nicht vollständig ausgeräumt sein, bei dem dritten Zuordnungsmodell sind sie prinzipiell vermieden: Landschaftsplanung als unmittelbarer Bestandteil der gesamträumlichen Planung; Wegfall eines selbständigen Landschaftsplans[107]. Weder Aufbereitung und Aggregation der Naturschutzdaten, noch die einleitende Konfliktlösung werden von einem ausgelagerten Verfahren übernommen. Beides wird von den gesamträumlichen Instanzen im gesamträumlichen Verfahren selbst besorgt. Anschaulich heißt es etwa in § 15 LG NRW: "Der Gebietsentwicklungsplan erfüllt die Funktion eines Landschaftsrahmenplans nach § 5 BNatSchG." Aus Sicht der Befürworter sprechen vor allem Praktikabilitätserwägungen für diese Zuordnung: Die gesamträumliche Planung behält vollen Zugriff auf die Abstimmung zwischen den verschiedenen Nutzungsinteressen; es kommt nicht zur Entwicklung unrealistischer, ohnehin nicht durchsetzbarer Optimalkonzepte[108]. Und es wird eine zusätzliche Ausdifferenzierung der Planungslandschaft vermieden und damit der häufig geäußerten Kritik gegen die Etablierung immer weiterer Planungsinstrumente Rechnung getragen[109].

---

[106] Vgl. nur *Hahn-Herse*, in: Landschaftsplanung und Bauleitplanung, S. 344 (Diskussionsprotokoll); *Wahl* (Fn. 13), S. 61.

[107] Vgl. die Nachweise oben S. 71, Fn. 13.

[108] *Höhnberg*, Beilage I/1982 in AgrarR 10/1982, S. 20.

[109] *Höhnberg* (Fn. 108), S. 22.

Die gleichwohl verbreiteten Einwände gegen diese Zuordnungsmodalität betreffen vor allem die begrenzten Steuerungsleistungen der so organisierten Landschaftsplanung für engere fachliche Zwecke[110]: Weil die Landschaftsplanung hier auf die gesamträumlichen Planungskategorien beschränkt ist, kann sie keine Festsetzungen im engeren Naturschutzbereich treffen. Davon ist indes an dieser Stelle (noch) nicht zu handeln[111]. Hier ist ein anderes, in der Literatur bislang wenig beachtetes Problem aufzugreifen: Nämlich die Auswirkungen, die der Ausfall einer ausgegliederten Landschaftsplanung auf die Datenbeschaffung der gesamträumliche Planung hat: Scheidet die Datenbereitstellung durch die Landschaftsplanung aus, so muß sie anders organisiert werden.

Dazu bieten sich zwei Ansätze. Zum einen könnten die Träger der gesamträumlichen Planung selbst das notwendige Datenmaterial zusammentragen. Wie aber die Erfahrung zeigt, ist der Einbau von fachlichem Sachverstand in die gesamträumlichen Planungsinstanzen ein generelles Problem für Landes- und Regionalplanung, die von der Ausstattung her in kaum einer der verschiedenen landesrechtlichen Organisationsvarianten auf umfangreiche fachliche Erhebungen ausgerichtet sind[112]; sie sollen ja dem rechtlichen Auftrag nach auch keine fachlichen Überlegungen im engeren Sinn anstellen. Die organisatorischen und vor allem: personellen Voraussetzungen für eine eigenständige Beschaffung der relevanten Naturschutzdaten sind deshalb jedenfalls als sehr anspruchsvoll anzusehen. Ob und wie sie in den Ländern gegeben sind, kann hier im einzelnen nicht untersucht werden; jeweils wird dabei die Größe des Planungsraums, die Organisation und die personelle Ausstattung eine Rolle spielen. Insgesamt aber sind insoweit die Kapazitäten der Gesamtplanung eher skeptisch einzuschätzen.

Deshalb setzt sich in der Praxis ein anderer Weg durch: Die Gesamtplanungsinstanzen greifen auf die Naturschutzverwaltung zurück und lassen sich das notwendige Datenmaterial von ihr bereitstellen[113]. Dabei haben sich zwischenzeitlich auch schon formalisierte Verfahren ausgebildet, die den Formen einer ausgegliederten Landschaftsplanung weitgehend ähnlich sind. Anschaulich ist insoweit die nordrhein-westfälische Konzeption, die diesen Weg vorgezeichnet hat. Hier ist zwar die für Erarbeitung[114] des Gebietsentwicklungsplans

---

[110] *Erbguth* (Fn. 11), S. 141; *Hoppe/Erbguth* (Fn. 11), S. 455; *Ebersbach* (Fn. 11), S. 264.

[111] Dazu näher oben S. 82 und unten S. 154 f.

[112] Zu den verschiedenen Organisationsformen der Landes- und Regionalplanung und der Einbeziehung fachlicher Kompetenz siehe den Überblick bei *Fürst/Hesse*, Landesplanung, S. 58 ff.

[113] Vgl. etwa die Schilderung von *Geiger*, in: Integration der Landschaftsplanung in die Raumplanung, S. 76 f., S. 85 f., zur hessischen Verwaltungspraxis. Darauf weisen im Anschluß an *Scharmer*, in: Integration der Landschaftsplanung in die Raumplanung, S. 199, auch *Pfeifer/Wagner*, DVBl. 1989, S. 792 hin; zustimmend auch *Gassner/Piest*, in: Integration der Landschaftsplanung in die Raumplanung, S. 15.

[114] Für die Aufstellung ist gem. § 7 Abs. 1 LPlG der Bezirksplanungsrat zuständig.

zuständige Bezirksplanungsbehörde[115] in das Regierungspräsidium eingegliedert[116] und hat daher unmittelbaren Zugang zu der ebenfalls dort angesiedelten höheren Landschaftsbehörde[117]; man könnte also meinen, daß die Informationsbeschaffung keine Probleme aufwirft. Gleichwohl ist – sogar: im LG – vorgeschrieben, daß die Landesanstalt für Ökologie, Landschaftsentwicklung und Forstplanung vor der Aufstellung des Gebietsentwicklungsplans einen eigenständigen Fachbeitrag erarbeitet, der die fachliche Grundlage für die gesamträumlichen Abstimmungen bildet[118]. Wie Berichte von Praktikern ergeben haben, entspricht dieser Beitrag in Inhalt und Dichte weitgehend dem Landschaftsrahmenplan anderer Bundesländer[119]: Offenbar ist es auch in den Ländern, die den Weg der primärintegrierten Landschaftsplanung gewählt haben, notwendig, die naturschutzrelevanten Daten für die Gebietsentwicklungsplanung in einem eigenständigen, fachlich getragenen und qualifizierten Planwerk zusammenführen und aufbereiten zu lassen[120].

Der Sache nach scheint sich das von der niedersächsischen Variante kaum zu unterscheiden. Auch dort soll schließlich die Naturschutzverwaltung die notwendigen Naturschutzinformationen zusammentragen. Freilich darf nicht außer Betracht bleiben, daß es sich im einen Fall um ein förmlich vorgeschriebenes Planungsverfahren handelt, mit – zwar präzisierungsbedürftigen – rechtlichen Vorgaben über die Planinhalte und mit öffentlichem Zugang zu den Planungsergebnissen; im anderen Fall aber – trotz der naturschutzrechtlichen Statuierung – sich eine weitgehend informelle Planung ausbildet, über deren Inhalte und Wirkungen rechtlich kaum etwas geregelt ist. Das wirkt sich zwar vor allem in anderen Planungszusammenhängen, bei der weiteren Verwendung der Planungsergebnisse, negativ aus[121]. Aber auch in dem hier behandelten Zusammenhang ist von einer förmlich vorgesehenen Bestandsaufnahme mit präzise definierten Inhalten eher eine umfassende Informationserhebung zu erwarten als von informell eingeforderten Beiträgen.

---

[115] § 7 Abs. 1 LPlG.

[116] § 3 Abs. 1 LPlG.

[117] § 8 Abs. 1 LG.

[118] § 14 Abs. 1 Nr. 2: "Die Landesanstalt für Ökologie, Landschaftsentwicklung und Forstplanung hat ... 2. auf Anforderung der Landesplanungsbehörde im Einvernehmen mit dem Minister für Ernährung, Landwirtschaft und Forsten Fachbeiträge für die Landes- und Gebietsentwicklungspläne zu erarbeiten." Vgl. zu Aufgaben und Inhalt dieses Fachbeitrags *Schmidt*, in: Verwirklichung der Landschaftsplanung in der Regional- und Kommunalplanung, S. 165 ff. Und *ders.*, in: Integration der Landschaftsplanung in die Raumplanung, S. 113 ff.

[119] Vgl. auch *Schlarmann/Erbguth* (Fn. 7), S. 288.

[120] Das bestätigt jetzt auch die differenzierte Regelung in § 16 LPflG R.-Pf.

[121] Dazu unten S. 152 ff. und S. 167 ff. Vgl. auch *Schlarmann/Erbguth* (Fn. 7), S. 236.

dd) Resümee

Das Spektrum landesrechtlicher Zuordnungsmodalitäten im Verhältnis zwischen der Landschafts- und der überörtlichen Gesamtplanung ist also breit gefächert. Breiter, als es der vornehmlich von den Organisationsunterschieden gefesselten Literatur scheinen will: *Den* ökologischen Beitrag zur gesamträumlichen Planung gibt es nicht. Vielmehr zeigen sich unterschiedliche Steuerungs-, respektive: Unterstützungsstrategien: Die Länder setzen entweder auf den "Datenpfad"[122] und übertragen der Landschaftsplanung vor allem fachliche Aufgaben, ohne die gesamträumliche Planung besonders einzubeziehen. Oder sie beschreiten den gesamträumlichen Pfad, suchen also die Steuerung über die Vorrangfestsetzungen der gesamträumlichen Planung, und richten die Vorbereitungsfunktionen der Landschaftsplanung vor allem am gesamträumlichen Daten- und Koordinationsbedarf aus.

Dabei übernimmt die Landschaftsplanung jeweils verschiedene Phasen des langen, in den Ländern aber relativ einheitlichen Entscheidungsprozesses von der fachlichen Bestandsaufnahme bis zur gesamträumlichen Entscheidung: Die erste Phase der Bestandsaufnahme markiert das niedersächsische Modell der Datenaggregation; die Variante der Konfliktabstimmung umfaßt die Phasen der Bestandsaufnahme und der vorbereitenden Konfliktlösung; die letzte Phase schließlich, die gesamträumliche Entscheidung, wird von den Landschaftsplanungen begleitet, die nach dem Modell der Primärintegration organisiert sind, mit der regelmäßigen Folge, daß die Datenaufbereitung bei anderen Verfahren angesiedelt ist.

Diese Phasenbildung bestätigt weitgehend, was oben vermutet wurde: daß die Landschaftsplanung sich schwer tut, den ganzen Bereich zwischen der Unterstützung der naturschutzfachlichen Planung bis zu der Vorbereitung der gesamträumlichen Planung abzudecken. Deutlich sind insoweit die Varianten "Datenaggregation" und "Primärintegration". Die erste steht vornehmlich im Bezugsfeld der engen fachlichen Steuerung, Daten für die gesamträumliche Planung fallen quasi als Nebenprodukt ab. Die zweite ist alleine auf die gesamträumlichen Abstimmungsprobleme konzentriert und vermag wegen des überfachlichen Charakters der Gesamtplanung keine engeren fachlichen Vorgaben zu erbringen. Breiter ist nur die Variante "vorbereitende Konfliktabstimmung" mit ihrem Versuch, fachliche Steuerung und gesamtplanungsbezogene Unterstützung in einer Planung zusammenzuführen. Sie ist allerdings zahlenmäßig unterrepräsentiert: Nur zehn[123] der 22 in den Bundesländern auf den überörtlichen Planungsebenen eingerichteten Instrumente lassen diese Pla-

---

[122] Dazu oben S. 84 ff.

[123] Vgl. die Nachweise oben S. 65, Fn. 32.

nung zu; alle anderen sind entweder auf die Unterstützung der fachlichen[124] oder der gesamträumlichen[125] Planung ausgerichtet. Verzichtet also die Mehrheit der Länder auf das breite Aufgabenmodell, so bietet das eine indizielle Bestätigung der oben entwickelten These: daß die Umsetzung eines adressatenübergreifenden Planungsauftrags unter den Bedingungen der überörtlichen Planung auf Effizienzgrenzen trifft.

b) Ebenenspezifische Besonderheiten

Sucht man im Verhältnis der Landschaftsplanung zur überörtlichen Gesamtplanung abschließend Unterschiede zwischen zentraler und regionaler Planungsebene, so zeigt sich rechtlich zunächst wenig. Ebenenspezifische Regelungen sind von den Ländern kaum getroffen worden. Das gilt erstens für die Organisation. In dieser Hinsicht hat nur Baden-Württemberg auf der Ebene des Landschaftsrahmenplans einen anderen Weg beschritten als auf der Ebene des Landschaftsrahmenprogramms[126]; alle anderen Länder verfolgen die auf der zentralen Ebene eingeführte Organisationslösung auch auf regionaler Ebene. Und es betrifft zweitens auch die Aufgabenkonstituierung. Hier sind landesrechtlich überhaupt keine ebenenspezifischen Sonderregelungen zu beobachten[127]. Der näheren Analyse zeigen sich aber gleichwohl Unterschiede, die ebenenangepaßte Regelungen nach sich ziehen könnten, sie jedenfalls plausibel machten. Zum einen bei der Zusammenführung fachlicher und gesamtplanerischer Planungsinhalte: Sie bereitet auf den Ebenen unterschiedliche Probleme. Zum anderen beim Unterstützungsbedarf der gesamträumlichen Planung: Er hat auf den Ebenen ein je anderes Gewicht:

aa) Die zentrale Planungsebene

Bei der zentralen Planungsebene fallen zunächst die Probleme einer adäquaten Koppelung von fachlichen und gesamtplanerischen Planungsanteilen in den Blick. Im Naturschutzbereich werden hier, wie die ausführliche Untersuchung oben ergab, nahezu ausschließlich generell-programmatische Vorgaben getroffen; räumlich konkretisierte Ziele werden nur selten festgesetzt. Im Ver-

---

[124] So bei den oben S. 59, Fn. 6 bezeichneten Ländern.

[125] So die oben S. 63, Fn. 25 aufgeführten Länder.

[126] Auf zentraler Ebene: Parallelplanung durch die Naturschutzverwaltung, auf regionaler Ebene: Parallelplanung durch den Regionalverband; vgl. § 8 Abs. 1 und Abs. 2 NatSchG.

[127] Abgesehen von dem Umstand, daß manche Länder auf die Einführung einer zentralen Planungsebene verzichtet haben. So Hessen, Nordrhein-Westfalen, Rheinland-Pfalz und Schleswig-Holstein.

gleich zur regionalen Planungsebene braucht der Planungsprozeß hier darum weniger konkrete Naturschutzdaten, jedenfalls nicht solche räumlich konkretisierte Informationen, die auch andere Planungen nutzen könnten. Die Aushandlungsprozesse betreffen überwiegend ohnehin nur Fragen, die politisch-abstrakt zu entscheiden sind. Die Verknüpfung von gesamträumlicher und fachlicher Planung bringt deshalb wenig Nutzen: Etwa kann bei der Erörterung von generellen Restriktionen zu Lasten der kommunalen Siedlungsentwicklung auf die Kenntnis der landesweit schützenswerten Biotope verzichtet werden und umgekehrt; vermutlich würde die eine Diskussion mit der anderen Festlegung sogar noch belastet. Anschaulich ist insoweit das baden-württembergische Landschaftsrahmenprogramm, das den Versuch unternommen hat, beide Elemente zusammenzuführen. Im Ergebnis präsentiert es nicht *eine* zusammenhängende, sondern *zwei* unzusammenhängende Planungen, die bezeichnenderweise auch von verschiedenen Planungsinstanzen erstellt worden sind: Auf Ministeriumsebene wurde unter Federführung des Ministers für Ernährung, Landwirtschaft, Umwelt und Forsten der "politische", der *Programm*teil mit dem Abgleich der verschiedenen Ressortanforderungen ausgehandelt[128]. Der Datenteil, vor allem Kartenmaterial zur Beurteilung naturschutzrelevanter Maßnahmen, ist von der *Landesanstalt für Umweltschutz* erarbeitet und im "Anhang" veröffentlicht[129]. Dabei weist aber weder das Programm inhaltliche Verbindungen zu den Daten auf, noch ist ersichtlich, daß der Datenteil zu engeren fachlichen Direktiven im Programm geführt hätte. Der Zusammenhang ergibt sich nur aus der gemeinsamen Veröffentlichung; auf einem einheitlichen und zusammenschauenden Planungszugriff beruht er jedenfalls nicht.

Fällt also eine effiziente Verbindung von gesamträumlicher und fachlicher Planung auf der zentralen Ebene schwer, so könnte hier aber auch auf gesamträumliche Planungsleistungen weitgehend verzichtet und damit einer mehr fachlichen Planung der Weg frei gemacht werden. Maßgebend ist wiederum der geringere gesamträumliche Datenbedarf dieser Planungsebene: Soweit die gesamträumliche Planung nur geringe Datenanforderungen erhebt, braucht sie die vorlaufende Datenermittlung kaum. Jedenfalls ist die ausgegliederte Landschaftsplanung für die zentrale gesamträumliche Planung entbehrlich: Die naturschutzbezogene Abstimmung unter den Ressorts kann auch ohne derartige Verfahrensunterstützung vollzogen werden. Das zeigt auch die Praxis der Länder. Vier verzichten schon auf die gesetzliche Einführung eines Landschaftsprogramms[130], überlassen deren Aufgabe de facto also der zentralen Landesplanung; die anderen – mit Ausnahme Baden-Württembergs – sehen bis

---

[128] Landschaftsrahmenprogramm Baden-Württemberg vom 03.10.1983, S. 7 ff.

[129] Ebd., S. 68 ff.

[130] Vgl. Fn. 127.

jetzt von seiner Aufstellung ab: Auch sie schätzen offenkundig den Effekt eines gesamtplanungsorientierten Landschaftsprogramms nicht besonders hoch ein. Ist das aber so, dann steht auf der zentralen Planungsebene einer vor allem fachlich orientierten Landschaftsplanung nichts im Wege: Sie könnte die Steuerung über gesamträumliche Vorrangentscheidungen durch die Aufbereitung und Weitergabe fachlicher Daten wirksam unterstützen[131].

bb) Die regionale Planungsebene

Anderes ergibt sich auf Ebene der Regionalplanung. Sie geht, wie die Untersuchung oben zeigte, vor allem mit räumlich konkreten Festsetzungen vor und braucht dafür auch Daten: über schützenswerte und offenzuhaltende Freiräume, über die Notwendigkeit von Siedlungszäsuren oder von ökologischen Vorrangbereichen. Auf diese Steuerung kann auch nicht verzichtet werden, sie ist insbesondere durch ein naturschutzfachliches, alleine auf den "Datenpfad" setzendes Modell nicht zu ersetzen. Denn jedenfalls die kommunale Siedlungsentwicklung ist anders als durch rechtliche Vorgaben der Regionalplanung nicht wirksam zu beeinflußen; alleine die Präsentation von Daten über schutzwürdige Siedlungsrandbereiche würde den enormen Siedlungsdruck "ins Grüne" kaum aufhalten können. Der für die Ebene der zentralen gesamträumlichen Planung vorgeschlagene Weg ist hier also nicht zu empfehlen, er ist im übrigen von den Ländern auch selten beschritten[132]: Ein Verzicht auf gesamtplanungsbezogene Unterstützungsleistungen der Landschaftsplanung wäre kontraproduktiv.

Andererseits liegen die Planungspersepektiven von fachlicher und gesamträumlicher Planung hier nicht so weit auseinander wie bei der zentralen Landesplanung. Auch hier ist zwar noch ein beträchtlicher Schritt zu tun von der Feststellung wertvoller Biotope bis hin zur Ausweisung einer Vorrangfläche oder eines regionalen Grünzuges[133]. Er mag aber im Einzelfall gleichwohl eher in einem Planungszugriff zu organisieren sein. Dazu kommt es vor allem auf geeignete organisatorische Bedingungen an: auf die Bereitstellung des Personals, auf die Größe des Planungsraums oder auf den Aufstellungsmodus des Landschåftsrahmenplans. Auf diese Faktoren kann hier nicht näher eingegangen werden; das erforderte eine genauere Analyse vor allem der regionalplanerischen Einrichtungen und ihrer Leistungsfähigkeit. Denn wichtig scheint immerhin eine enge Anbindung an die Regionalplanung: Soll sie vor allem un-

---

[131] So offenbar das nds. Konzept, vgl. § 4 NatSchG, das allerdings ebenfalls noch nicht umgesetzt ist.

[132] Eine Ausnahme bilden nur die oben S. 59, Fn. 6 aufgeführten Landesregelungen.

[133] Dazu ausführlich *Wahl* (Fn. 13), S. 54 ff.

terstützt werden, dann empfehlen sich in erster Linie Organisationslösungen, die dieser Aufgabe Rechnung tragen. Organisationsformen, die nur den fachlichen, nicht aber den regionalplanerischen Bedarf abdecken, würden dagegen der skizzierten Bedeutung der regionalplanerischen Steuerung nicht gerecht werden.

II. Das Verhältnis zur Bauleitplanung

Auch auf örtlicher Ebene klafft eine weite Spanne zwischen den gesamträumlichen und den von der Fachverwaltung getragenen Naturschutzmaßnahmen: Nicht alles, was aus fachlicher Sicht regelungsbedürftig ist, kann die Bauleitplanung regeln[1]; sie wäre überlastet, wollte und müßte[2] sie jeder einzelnen fachlichen Frage des Naturschutzes auch dann nachgehen, wenn sie nicht in einem untrennbaren Zusammenhang mit den originären Aufgaben der Bauplanung steht. Wiederum sind deshalb für die Vorlauffunktionen der Landschaftsplanung die institutionellen Schranken wichtig, die die naturschutzfachlichen Aufgaben der Bauleitplanung begrenzen, ist bedeutsam, welche naturschutzbezogenen Inhalte die Bauleitplanung von der Landschaftsplanung übernehmen kann. Schon an dieser Stelle ist allerdings hervorzuheben, daß sich die Funktion der Landschaftsplanung im Rahmen des kommunalen Naturschutzes nicht alleine auf Vorbereitungsfunktionen für die Bauleitplanung zu beschränken braucht. Denn anders als die Gesamtplanungsträger auf überörtlicher Ebene haben die Kommunen auch außerhalb der örtlichen Gesamt-, respektive: Bauleitplanung ein Naturschutzmandat: Der Grundsatz der kommunalen Allzuständigkeit erlaubt den Gemeinden Naturschutzmaßnahmen auch neben den Formen und Inhalten der Bauleitplanung. Schon am Ausgangspunkt sind deshalb auf örtlicher Ebene die prinzipiellen Begrenzungen der gesamträumlichen Naturschutzaufgaben weniger wichtig als auf der überörtlichen Ebene. Wichtig sind sie gleichwohl auch, wie sich aus folgendem ergibt:

---

[1] So auch dezidiert *Stich/Porger/Steinebach*, Örtliche Landschaftsplanung und kommunale Bauleitplanung, S. 179 f., S. 183 f. und *Pielow*, NuR 1986, S. 65.

[2] Auf diesen Zusammenhang weist zureffend *Schmidt-Aßmann*, NVwZ 1987, S. 271, hin: Soweit der Bauleitplanung die *Möglichkeit* der Regelung einer umweltrechtlichen Frage offen steht, kann aus dem – freilich umstrittenen – Grundsatz der planerischen Konfliktbewältigung schnell die *Verpflichtung* zur Regelung solcher Fragen erwachsen. Vgl. OVG Berlin, DVBl. 1984, S. 147 ff. mit abl. Anm. *Gierke*, ebd. Zu Recht kritisch gegenüber dem "Schlagwort" der Konfliktbewältigung allerdings *Sendler*, WiVerw. 1985, S. 211 ff.

1. Die naturschutzbezogenen Inhalte der Bauleitplanung

a) Der Planungsauftrag

Zunächst verpflichtet auch der bauplanungsrechtliche Planungsauftrag zur Wahrung des Naturschutzes: Gem. § 1 Abs. 5 BauGB sind bei der Aufstellung von Flächennutzungs- und Bauleitplänen "die Belange des Naturschutzes und der Landschaftspflege", insbesondere "des Naturhaushalts", "des Wassers", "der Luft", "des Bodens", "des Klimas", sowie "die Erholung" und "die Gestaltung des Landschaftsbilds" zu beachten. Dadurch ist zum einen auf verschiedene von der Bauleitplanung typischerweise berührte Naturschutzbelange (Wasser, Luft, Boden, Klima, Erholung, Landschaftsbild) gesondert aufmerksam gemacht. Zum anderen sind durch die Globalanweisung (Beachtung der Belange des Naturschutzes und der Landschaftspflege, Naturhaushalt) auch die sonstigen Naturschutzziele der Naturschutzgesetze in das BauGB inkorporiert worden. Wie im Recht der Landesplanung wird die allgemeine Naturschutzklausel auch hier durch die detaillierten Zielkataloge der Naturschutzgesetze konkretisiert und aufgefüllt[3]. Erhaltung der Artenvielfalt und Freiflächensicherung sind deshalb weitere abwägungsbeachtliche Belange, die in die Bauleitplanung hineinwirken und die Gemeinde zu genauer Bestandsaufnahme[4] und "gerechter Abwägung" verpflichten.

Gleichwohl gerät dadurch auch die Bauleitplanung nicht zu einer originären Naturschutzplanung. Zwar ist wegen des Abwägungsgebots jede naturschutztangierende Festsetzung mit den Naturschutzanforderungen abzuwägen. Aber es kann nicht jede Naturschutzfrage zum Festsetzungsgegenstand der Bauleitplanung werden. Davor stehen die Bestimmungen der §§ 1 Abs. 3, 5 Abs. 1 und 8 Abs. 1 BauGB, die die Bauleitplanung auf den *Städtebau* fixieren: Bauleitpläne sind aufzustellen, "sobald und soweit es für die städtebauliche Entwicklung erforderlich ist"[5]. Darin ist nicht nur die Kompetenz zur Bauleitplanung begründet, sondern auch ihre institutionelle Schranke angelegt[6]: Festsetzungen

---

[3] *Schmidt-Aßmann*, NuR 1979, S. 7; *Krautzberger* in: *Battis/Krautzberger/Löhr*, Kommentar zum BBauG, Anm. 77 zu § 1 BBauG; *Stich*, ZfBR 1986, S. 63.

[4] Die Anforderungen werden mittlerweile trotz des Streits um die rechtliche Einordnung des Vorgangs der Bestandsaufnahme – dazu *Hoppe*, Die "Zusammenstellung des Abwägungsmaterials" und die "Einstellung der Belange" in die Abwägung "nach Lage der Dinge" bei der Planung, DVBl. 1977, S. 141 ff. – der Sache nach von Rechtsprechung und Literatur einheitlich bestimmt; vgl. nur *Weyreuther*, UPR 1981, S. 35 ff.

[5] § 1 Abs. 3 BauGB.

[6] *Schmidt-Aßmann*, BauR 1978, S. 102.

sind nur zur Verfolgung städtebaulicher Ordnungsfunktionen[7] erforderlich und also zulässig. "Wo es an Belangen fehlt, die als bodenrechtlich relevant Elemente einer Ordnung der städtebaulichen Entwicklung sind, ist für eine Bauleitplanung kein Raum"[8]. Die Bauleitplanung kann deshalb jeweils nur die städtebaulichen Bezüge des Naturschutzes aufgreifen. Es ist den Gemeinden verwehrt, mit dem Instrumentarium des Bauplanungsrechts originäre Naturschutzaufgaben an sich zu ziehen, "den Sachbereich selbst in den Griff zu bekommen"[9]. Fragen, die nur aus Naturschutzsicht von Interesse und nicht zugleich auch einen städtebaulichen Anlaß haben[10], müssen im Rahmen der Bauleitplanung ohne Beachtung bleiben; sie können von den Gemeinden nur im Rahmen anderer Verfahren, wie sich zeigen wird: insbesondere der Landschaftsplanung, bearbeitet werden.

In dieser Hinsicht zeigen zunächst *inner*örtliche Festsetzungen mit Naturschutzbezug regelmäßig keine Probleme. Sie betreffen entweder die baulichen Nutzungen selbst und dienen dabei der durch § 1 Abs. 5 BauGB gebotenen Herstellung ihrer Naturschutzverträglichkeit, stehen also insoweit in einem engen Konnex zu den städtebaulichen Erwägungen. Oder sie gelten den innerörtlichen Freiräumen, die ebenso wie bauliche Anlagen von der Bevölkerung genutzt werden oder ihr zugutekommen und darum ebenfalls städtebauliche Bezüge aufweisen; Freiräume rechnen ja auch zum bewährten Bestand der städteplanerischen Gliederung von Nutzungsbereichen. Prinzipiell problematischer sind aber *außer*örtliche Regelungen. Denn soweit sie nicht nur die generelle Freihaltung des Außenbereichs von Bebauung verfolgen und insoweit ein unmittelbarer Bezug zur baulichen Nutzung gegeben ist, sondern seine konkrete *Nutzung* betreffen, kann das Moment städtebaulicher Planung in Frage stehen. Allerdings ist in diesem Zusammenhang in der letzten Zeit eine vorsichtige Umbewertung im Gange, die zuletzt durch den neu in das Bundesnaturschutzgesetz eingefügten § 8a BNatSchG[11] eine ausdrückliche gesetzliche Grundlage gefunden hat. Soweit danach nämlich aus Gründen des Ausgleichs von bauplanungsbedingten Eingriffen in Natur und Landschaft naturschutzsi-

---

[7] *David*, Urteilsanmerkung, DVBl. 1972, S. 694; dezidiert auch die Hinweise bei *Gelzer/Birk*, Bauplanungsrecht, Rn. 17, *Krautzberger* (Fn. 3), Rn. 11 und 26 und *Schmidt-Aßmann* (Fn. 6), S. 102; ebenso *Baumeister*, Die Integration der örtlichen Landschaftsplanung in die Bauleitplanung, S. 79.

[8] BVerwGE 45, 309, 312.

[9] So die treffende Formulierung von *Schmidt-Aßmann*, in: *Ernst/Zinkahn/Bielenberg*, Bundesbaugesetz, Kommentar, 4. Aufl. Stand 1985, § 1 Rn. 171. Der Sache nach ebenso *Söpker*, in: *Ernst/ Zinkahn/Bielenberg*, Baugesetzbuch, Kommentar, 5. Aufl. Stand 1992, § 1 Rn. 105. Eingehend zu dieser Beschränkung und der danach gebotenen Differenzierung vgl. *Gaentsch*, NuR 1990, S. 4.

[10] *Bielenberg/Krautzberger/Sölfker*, BauGB, Leitfaden und Kommentierung, Rn. 25; *Sölfker* (Fn. 9), Rn. 295.

[11] Vgl. zur Wirkung dieser neuen Bestimmung die Beiträge von *Gassner*, NuR 1993, S. 252 ff. und von *Runkel*, UPR 1993, S. 203 ff.

chernde Festsetzungen im Außenbereich notwendig werden, sind diese wegen des auslösenden Charakters der Bebauung zugleich städtebaulich veranlaßt im Sinne der bauplanungsrechtlichen Generalklausel. Problematisch bleiben aber immer noch Darstellungen und Festsetzungen mit einem isolierten Naturschutzzweck. Denn städtebauliche Bezüge sind nur bei enger Beziehung zu den Bedürfnissen oder Nutzungsinteressen der "Wohnbevölkerung" gegeben. So etwa bei der Anlage oder Freihaltung von Klimazonen zur Siedlungsdurchlüftung oder bei der räumlichen Zuordnung von Freiräumen zum Siedlungsbereich oder ihrer Gestaltung unter dem Aspekt der Erholungs- und Freizeitnutzung. Alleine durch Naturschutzgesichtspunkte motivierte Nutzungsentscheidungen etwa im Zusammenhang mit einem kommunalen Artenschutzkonzept scheiden aber aus diesem Raster aus. Ihnen fehlt die Zuordnung zu dem spezifisch städtebaulichen Planungsauftrag der Bauleitplanung.

Nun wenden allerdings manche ein, daß für solche Fälle die bundesrechtliche Sperre der städtebaulichen Erforderlichkeit landesrechtlich überwunden werden könne[12]. Als rechtliche Grundlagen werden die § 6 Abs. 4 Satz 3 BNatSchG und 9 Abs. 4 BauGB angesehen. Danach können die Länder entweder bestimmen, "daß Darstellungen des Landschaftsplanes als Darstellungen oder Festsetzungen in die Bauleitpläne aufgenommen werden"[13] oder "daß auf Landesrecht beruhende Regelungen in den Bebauungsplan als Festsetzungen übernommen werden können und inwieweit auf diese Festsetzungen die Vorschriften dieses Gesetzbuchs Anwendung finden"[14]. Und in der Tat gehen einige Länder diesen Weg. Sie schreiben vor, daß die Inhalte des Landschaftsplans voll in die Bauleitpläne zu übernehmen sind[15] oder daß die Landschaftspläne nach dem Vorbild der integrierten Landschaftsplanung als unmittelbare Bestandteile der Bauleitpläne aufgestellt werden[16], ohne daß zugleich die Aufgaben der Landschaftsplanung auf die der Bauleitplanung begrenzt würden. So sieht Bayern etwa vor, daß ein Landschaftsplan in der Form und mit den Rechtswirkungen eines Bauleitplans auch dann aufzustellen ist, wenn "ein Bauleitplan nicht erforderlich" ist[17], also voraussetzungsgemäß gerade keine städtebaulichen Erfordernisse für ihn streiten.

---

[12] *Pielow* (Fn. 1), S. 61; *Stich/Porger/Steinebach* (Fn. 1), S. 178; *Deixler*, NuR 1985, S. 229; *Ebersbach*, Rechtliche Aspekte des Landverbrauchs am ökologisch falschen Platz, S. 294.

[13] § 6 Abs. 4 BNatSchG.

[14] § 9 Abs. 4 BauGB.

[15] Brandenburg, § 7 Abs. 2 BdgNatSchG; Hessen, § 4 Abs. 2 HENatG; Schleswig-Holstein, § 6 Abs. 4 LPflegG; Thüringen, § 5 Abs. 1 VorlThürNatG.

[16] Bayern, Art. 3 Abs. 2 BayNatSchG.

[17] Art. 3 Abs. 5 BayNatSchG.

Es fragt sich indes, ob diese landesrechtlichen Regelungen in den herangezogenen bundesrechtlichen Vorschriften tatsächlich eine ausreichende Grundlage finden können. Die Literatur ist insoweit gespalten. Zum Teil wird die Öffnung der Bauleitplanung generell für jeden naturschutzfachlichen Inhalt der Landschaftsplanung für möglich gehalten[18]; manche beschränken den Kreis auf flächenbezogene[19] oder raumbedeutsame[20] Festsetzungen; andere heben allgemein darauf ab, daß die Festsetzungen zur Aufnahme in die Bauleitplanung geeignet sein müssen[21], ohne jedoch die daraus resultierenden Begrenzungen näher zu präzisieren. Auf den ersten Blick mag bei einer genaueren Analyse zunächst des § 6 Abs. 4 BNatSchG alles für eine *weite* Auslegung sprechen. Der Wortlaut – ohne eine ausdrückliche Beschränkung auf integrationsgeeignete Festsetzungen – scheint den Ländern einen weiten Interpretationsspielraum eröffnet zu haben, der ihnen im Grundsatz die Aufnahme aller naturschutzfachlicher Inhalte in die Bauleitplanung erlaubt. In diese Richtung deutet auch der systematische Vergleich mit § 5 Abs. 2 BNatSchG. Dort ist die Übernahme landschaftsplanerischer Darstellungen in die landesplanerischen Pläne nur "nach Maßgabe der landesplanungsrechtlichen Vorschriften" vorgesehen, also ein Eignungsvorbehalt eingefügt: Fehlt diese Klausel in § 6 Abs. 4 BNatSchG, dann kann vermutet werden, daß der Gesetzgeber bezüglich der Integration der kommunalen Landschaftsplanung in die Bauleitplanung bewußt auf die Bindung an die restriktiven Anforderungen des BauGB verzichtet hat. Dafür scheint auch die Entstehungsgeschichte zu sprechen. Sie zeigt nämlich, daß mit Ausnahme des dann verabschiedeten Entwurfs alle Gesetzesentwürfe auch für die Ebene der örtlichen Landschaftsplanung eine begrenzende Klausel nach Art der in § 5 Abs. 2 BNatSchG getroffenen Regel vorsahen[22]: Ebenfalls ein Hinweis darauf, daß der Gesetzgeber sich bewußt gegen eine Einschränkung der kommunalen Landschaftsplanung entschieden hat.

Allerdings bleiben Zweifel. Denn schon der Wortlaut des § 6 Abs. 4 BNatSchG ist nicht so eindeutig, wie die Befürworter der weiten Auslegung meinen. Eindeutig wäre er nur, wenn *ausdrücklich zugelassen* wäre, daß *alle* landschaftsplanerischen Darstellungen in Bauleitpläne übernommen werden könnten; wenn also formuliert wäre: die Länder können bestimmen, daß *die* Darstellungen des Landschaftsplanes in die Bauleitpläne aufzunehmen sind.

---

[18] So offenbar *Ebersbach* (Fn. 12), S. 294.

[19] *Pielow* (Fn. 1), S. 61; *Deixler* (Fn. 12), S. 228.

[20] *Hoppe/Erbguth*, in: Landschaftsplanung – Erfahrungen mit dem neuen Naturschutzrecht, S. 456; *Stich*, UPR 1983, S. 179.

[21] *Engelhardt/Brenner*, Naturschutzrecht in Bayern, Art. 3, Rn. 16; *Bernatzky/Böhm*, Bundesnaturschutzrecht, § 6 Rn. 9.

[22] Gesetzentwurf der Fraktion der CDU/CSU, BT-Drs. 7/324, § 8 Abs. 4; Gesetzentwurf der Bundesregierung, BT-Drs. 7/886, § 7 Abs.3; Gesetzentwurf des Bundesrates, BT-Drs. 7/3879, § 6 Abs. 2 Nr. 3.

Diese Formulierung ist aber gerade nicht gewählt worden. Die Formel "Aufnahme von Darstellungen" kann deshalb mit gutem Grund auch so interpretiert werden, daß *nur ein Teil* der landschaftsplanerischen Darstellungen, nämlich: der integrationsgeeignete, in die Bauleitpläne eingehen kann.

Das wird auch durch systematische Überlegungen nahegelegt. Denn die Ausschaltung der Sperre der städtebaulichen Erforderlichkeit würde die Bauleitplanung in einem zentralen Punkt berühren: der Zwecksetzung. Sie möglichst präzise zu formulieren und rechtlich eindeutig zu fassen, ist im Planungsrecht von großer Bedeutung. Denn angesichts der einerseits weithin offenen Planungs- und Abwägungsmaßstäbe und der andererseits aber intensiven Zugriffsmöglichkeiten auf Eigentumspositionen und andere rechtserhebliche Interessen Dritter fordert das Rechtsstaatsgebot nach Korrektiven, die eine willkürliche Handhabe des planungsrechtlichen Instrumentariums verhindern können[23]. Das leistet im Planungsrecht zwar nicht nur der Planungszweck[24], aber eben auch er[25]. Damit ist nicht gesagt, daß das bauplanungsrechtliche Instrumentarium prinzipiell nicht für die fachlichen Zwecke des Naturschutzes einzusetzen sei. Sondern nur, daß es dazu einer *ausdrücklichen* und insoweit *eindeutigen* gesetzlichen Ermächtigung bedürfte. Diese hätte ihren systematisch richtigen Sitz im BauGB selbst; nicht aber in einer – eher versteckten – Regelung des BNatSchG. Daß insoweit weder das BNatSchG eine Änderung am BBauG vorgenommen – andere, vergleichsweise unbedeutende sind vorgenommen worden[26] – noch die Neufassung des BauGB eine Korrektur gebracht hat, ist deshalb ein deutlicher Beleg dafür, daß § 1 Abs. 6 BNatSchG tatsächlich keine Änderung an der überkommenen Zwecksetzung des BauGB beinhaltet. Dabei zeigt die vorsichtige Handhabe umweltrechtlicher Planungselemente im Katalog des § 9 Abs. 1 BauGB, daß dem Gesetzgeber des BauGB die hier in Frage stehende Problematik durchaus bewußt war, daß also hier nicht

---

[23] *Weyreuther*, BauR 1977, S. 295 f.; *Badura*, in: Verfassung und Verfassungsrechtssprechung, S. 175.

[24] Die weiteren Regelungsbereiche nennt *Badura* (Fn. 23), S. 175: die Zuständigkeit für die Planaufstellung, das Planungsverfahren, die Richtlinien für die Ausübung des Planungsermessens.

[25] *Badura*, (Fn. 23), S. 175; *Schmidt-Aßmann* (Fn. 9), § 1, Rn. 171, sah deshalb etwa in der bauplanungsrechtlichen Aufgabenklausel (Gewährleistung einer geordneten städtebaulichen Entwicklung, § 1 Abs. 5 BauGB) "eine immanente institutionelle Beschränkung der Bauleitplanung von hoher freiheits- und kompetenzsichernder Kraft". Skeptisch insoweit *Wahl*, Rechtsfragen der Landesplanung und Landesentwicklung, Bd. 1, S. 159 mit Fn. 9.

[26] So wurde bei der Novellierung des BBauG 1976 die in § 1 Abs. 6 die Formel "Belange des Natur- und Landschaftsschutzes" ersetzt durch "Belange des Naturschutzes und der Landschaftspflege" und damit die neue Begriffsbildung des vor der Verabschiedung stehenden BNatSchG aufgegriffen; vgl. BT-Drs. 7/886 (Gesetzesentwurf der BReg zum BNatSchG) § 51 Abs. 6 Nr. 1. Daß im übrigen auch erwogen wurde, in das BBauG eine Bestimmung über die Integration geeigneter landschaftsplanerischer Festsetzungen aufzunehmen, zeigt der Gesetzesentwurf der CDU/CSU-Fraktion (Fn. 22), § 45 Abs. 9 Nr. 3.

lediglich eine unbeabsichtigte Regelungslücke vorliegt: Gerade um einer Überstrapazierung des bauplanungsrechtlichen Instrumentariums entgegenzuwirken, wurde das BauGB, wie schon das abgelöste BBauG, nur für einen beschränkten Kreis umweltrechtlicher Planungskategorien geöffnet und wurde auf eine überzogene Ausweitung verzichtet[27]. Ohnehin zeigt sich auch den Befürwortern der erweiternden Interpretation, daß das Rechtsinstrumentarium des BauGB in keiner Weise zur Umsetzung der spezifisch fachlichen Anliegen der Landschaftsplanung geeignet ist[28]. Es drängt sich also auch insoweit aus systematischer Sicht eine restriktive Interpretation des § 6 Abs. 4 BNatSchG auf.

Ihr kann schließlich auch die Entstehungsgeschichte nicht entgegengehalten werden. Im Gegenteil bestätigen die Gesetzesmaterialien dieses Ergebnis. Wie nämlich aus allen Entwurfsbegründungen hervorgeht, ist es während der Gesetzesberatung immer unbestritten gewesen, daß die Bauleitplanung sich nicht zur Aufnahme originär fachlicher Naturschutzfestsetzungen eignet[29]. Gesetzliche Aussagen über das Verhältnis zwischen Landschaftsplanung und Bauleitplanung waren deshalb in dieser Hinsicht nur als Klarstellung gemeint[30]; ihnen war nur deklaratorische, keine konstitutive Bedeutung beigemessen. Das Wegfallen dieser Aussage kann deshalb nur so interpretiert werden, daß die Klarstellung letztlich nicht für nötig gehalten wurde; nicht aber, daß die Bauleitplanung nun doch für dezidiert fachliche Inhalte geöffnet werden sollte – zumal für eine solche gravierende Einschätzungsänderung in den Gesetzesmaterialien kein Anhaltspunkt gegeben ist.

Die weite Interpretation des § 6 Abs. 4 BNatSchG durch Teile der Literatur[31] und einige Länder[32] kann nach allem durch Wortlaut, Systematik und Entstehungsgeschichte der Norm nicht schlüssig belegt werden: § 6 Abs. 4 BNatSchG hat keine Änderung an der restringierenden Klausel der städtebaulichen Erforderlichkeit zugelassen. Die Norm gibt den Ländern nur die Möglichkeit, die Verbindlichkeit landschaftsplanerischer Darstellungen – analog zu § 5 Abs. 2 BNatSchG – insoweit über die Bauleitplanung herbeizuführen, als sie städtebaulich erforderlich und mit dem Katalog der bauplanungsrechtlichen

---

[27] Für eine zurückhaltende Behandlung der umweltplanerischen Planungselemente plädieren auch *Stich/Porger/Steinebach* (Fn. 1), S. 183 f.; vgl. auch *Schmidt-Aßmann* (Fn. 2), S. 272.

[28] So das Resümee von *Pielow* (Fn. 1), S. 65, der die rechtlichen Wirkungen der Integration von Landschaftsplaninhalten in die Bauleitpläne für dürftig erachtet, kaum für eine endgültige Problemlösung geeignet.

[29] BT-Drs. 7/886 (BReg), S. 32; BT-Drs. 7/3879 (BRat), S. 22.

[30] So ausdrücklich für das Parallelproblem der Einbindung landschaftsplanerischer Inhalte in die landesplanungsrechtlichen Pläne die Begründung zum Entwurf des § 5 Abs. 2 in BT-Drs. 7/3879 (BRat), S. 21.

[31] Oben Fn. 18 – 20.

[32] Oben Fn. 15 und 16.

Festsetzungselemente umsetzbar sind. Die Vorschrift ändert also nichts an den Festsetzungsmöglichkeiten des Bauplanungsrechts. Sie zeigt vielmehr die Zulässigkeit einer aus Bundessicht wesentlichen Umsetzungsmodalität auf: Daß nämlich die Landschaftsplanung nicht mit eigener Rechtsverbindlichkeit ausgestattet werden muß, sondern sich die Länder auch darauf beschränken können, sie in das tradierte Instrumentarium der Bauleitplanung zu integrieren.

Bleibt also als mögliche Grundlage für eine Inkorporation engerer naturschutzfachlicher Inhalte in die Bauleitplanung § 9 Abs. 4 BauGB[33]. Danach können die Länder bestimmen, "daß auf Landesrecht beruhende Regelungen in den Bebauungsplan als Festsetzungen übernommen werden können und inwieweit auf diese Festsetzungen die Vorschriften dieses Gesetzbuchs Anwendung finden." Indes kann eine allseits befriedigende Regelung des Verhältnisses zwischen Landschafts- und Bauleitplanung auf diese Bestimmung schon deshalb nicht gestützt werden, weil sie den Flächennutzungsplan ausspart, also für diese Ebene einer Integration überschießender landschaftsplanerischer Darstellungen keine Grundlage bietet. Zwar ist *Stichs* Hinweis grundsätzlich richtig, daß der Katalog möglicher Darstellungsinhalte in § 5 Abs. 2 BauGB nicht abschließend ist[34]; der Katalog ist also auch ohne ausdrückliche bundesrechtliche Ermächtigung erweiterungsfähig. Der Verzicht auf eine abschließende Regelung des Planinhalts befreit den Flächennutzungsplan aber nicht von seiner städtebaulichen Ordnungsfunktion, auf die er durch § 5 Abs. 1 BauGB – analog zu § 1 Abs. 3 BauGB – verpflichtet ist. Ergänzende Planungskategorien können also nur bodenrechtlich relevante Sachverhalte regeln. Ausschließlich naturschutzrechtlich bedeutsamen Inhalten ist der Flächennutzungsplan nicht zu öffnen[35].

Die Vorteile des § 9 Abs. 4 BauGB können also nur den landesrechtlichen Vorschriften über die Grünordnungsplanung zugutekommen. Insoweit verbinden sich mit § 9 Abs. 4 BauGB gleich zwei günstige Wirkungen. Zum einen bricht die Bestimmung die rigide Beschränkung des Festsetzungskatalogs in § 9 Abs. 1 BauGB auf: Der Bebauungsplan kann auch andere als die bundesrechtlich vorgesehenen Inhalte inkorporieren. Zum anderen hebt sie die Sperre der Zwecksetzung in § 8 Abs. 1 BauGB auf: Die Länder können den Bebau-

---

[33] So der – zweite – Ansatz bei *Stich* (Fn. 20), S. 179, *Hoppe/Erbguth* (Fn. 20), S. 457 und *Ebersbach* (Fn. 12), S. 293.

[34] (Fn. 20), S. 179.

[35] Im übrigen ist der Flächennutzungsplan in einer weiteren Hinsicht auch durch das Entwicklungsgebot des § 8 Abs. 2 BauGB beschränkt: Im Flächennutzungsplan kann nichts dargestellt werden, was sich nicht auch in einem Bebauungsplan umsetzen ließe; *Löhr*, in: *Battis/Krautzberger/Löhr*, Bundesbaugesetz, § 5, Rn. 11; *Bielenberg*, in: *Ernst/Zinkahn/Bielenberg*, BauGB, § 5, Rn. 20; a.A. *Grauvogel*, in: Kohlhammer Kommentar zum BBauG, § 5, II 2 a); *Schlichter*, in: *Gaentzsch*, in: *Schlichter/Stich*, Berliner Kommentar zum Baugesetzbuch, § 5, Rn. 18; *Ebersbach* (Fn. 12), S. 224.

ungsplan gerade für andere als für bodenrechtlich relevante Materien öffnen. Der mögliche Gewinn für die Grünordnungsplanung liegt in dem zweiten Aspekt. Denn wegen der weiten Generalklausel des § 9 Abs. 1 Nr. 20 BauGB[36] ist die Beschränkung von Festsetzungsmöglichkeiten bezüglich des Naturschutzes kaum ein Problem; hinderlicher ist die Sperrfunktion des § 8 Abs. 1 BauGB. Freilich bleibt angesichts der grundsätzlich begrenzten Zwecksetzung des Bebauungsplans näher zu überlegen, wie weit die rechtlichen Wirkungen der Ausnahmeklausel des § 9 Abs. 4 BauGB reichen. Öffnet sie den Bebauungsplan tatsächlich "in der umfassendsten Weise für Festsetzungen der verschiedendsten Art"[37]? Und ist es tatsächlich zulässig, die Aufstellung eines Landschaftsplans als Bebauungsplan auch dann vorzuschreiben, wenn voraussetzungsgemäß jedes städtebauliche Erfordernis für die Aufstellung eines Bebauungsplans fehlt[38]?

Der Wortlaut gibt zu Zweifeln Anlaß. Denn er spricht (nur) von der "Aufnahme" von Festsetzungen "in den" Bebauungsplan: Das legt die Annahme nahe, daß es nur um die *zusätzliche* Aufnahme einiger Festsetzungen nicht bodenrechtlicher Art in einen mit bodenrechtlich relevanten Festsetzungen ohnehin aufgestellten Bebauungsplan geht; nicht aber darum, *ausschließlich* Regelungen ohne jeden bodenrechtlichen Bezug festzusetzen. Nach dieser Auslegung wäre zwischen § 8 Abs. 1 BauGB und § 9 Abs. 4 BauGB ein Regel-Ausnahme-Verhältnis statuiert, das eine *partielle*, nicht aber eine *generelle* Durchbrechung des allgemeinen Grundsatzes der städtebaulichen Erforderlichkeit bauleitplanerischer Festsetzungen erlaubt. Die Gesetzesmaterialien[39] bestätigen dieses Ergebnis. Zweck der Vorschrift ist es danach, daß "die städtebauliche Planung und die hiermit zusammenhängenden sonstigen Regelungen des Landesrechts in einem Plan zusammengeführt werden können."[40] Es sollen also alle Vorschriften zusammengetragen werden können, die für das *Bauen* in einem Gebiet relevant sind[41]. In der Literatur ist es deshalb unbestritten, daß § 9 Abs. 4 BauGB nur der Wahrung der Einheitlichkeit und Übersichtlichkeit der baulich relevanten Regelungen dient[42] und der Bebauungsplan nicht aus-

[36] Dazu unten S. 134.

[37] So *Stich* (Fn. 20), S. 179.

[38] So Art. 3 Abs. 5 BayNatSchG.

[39] Zur inhaltsgleichen Bestimmung des § 9 Abs. 4 BBauG.

[40] BT-Drs. 7/2496, S. 41.

[41] *Gaentzsch*, Öffentliches Baurecht, S. 107.

[42] *Gaentzsch* (Fn. 35), § 9, Rn. 67; *Gierke*, in: Kohlhammer Kommentar zum BBauG, § 9, Rn. 496. *Schlez*, Baugesetzbuch, 3. Aufl. 1987, § 9, Rn. 61; *Gaentzsch* (Fn. 41), S. 107; *Bielenberg*, in: *Ernst/Zinkahn/Bielenberg*, Bundesbaugesetz, § 9, Rn. 86. Vgl. die Beispiele von *Gaentzsch* (Fn. 41), S. 107 f.: Baugestaltung, geringere Bauwiche und Abstandsflächen, Anlage von Kinderspielplätzen, Stellplätze und Garagen, Einfriedung der Grundstücke, Denkmalschutzbestimmungen, Naturdenkmäler, rechtsverbindliche Landschaftsschutzbestimmungen.

schließlich für Fragen nicht bodenrechtlicher Art nutzbar zu machen ist[43]. Ist also eine restriktive Interpretation geboten, dann erwachsen allerdings den Integrationsbestrebungen in bezug auf die überschießende Landschaftsplanung keine rechtlichen Vorteile. Ist nämlich danach § 9 Abs. 4 BauGB grundsätzlich nur auf solche naturschutzrechtliche Regelungen anzuwenden, die in einem inhaltlichen Zusammenhang mit den Festsetzungen des Bauplanungsrechts stehen[44], so sind diese – wie oben festgestellt – zugleich auch städtebaulich relevant; sie handeln dann ja von dem Ausgleich zwischen baulichen und naturschutzrechtlichen Interessen und haben deshalb zugleich einen städtebaulichen Bezug. Auch § 9 Abs. 4 BauGB öffnet deshalb den Bebauungsplan für landschaftsplanerische Zwecksetzungen nicht weiter, als er ohnehin offensteht[45].

Weiterhin bringt § 9 Abs. 4 BauGB hier auch schon deshalb keine Vorteile, weil die Vorschrift nach übereinstimmender Auffassung nur *verbindliche* landesrechtliche Regelungen mit den Rechtswirkungen des Bebauungsplans versehen kann[46]. § 9 Abs. 4 BauGB hat insoweit nur formellen Charakter; die materiellrechtliche Geltungsanordnung einer aufgenommenen Festsetzung hat ihren Sitz alleine in der jeweils zugrundliegenden landesrechtlichen Vorschrift[47]. Soweit deshalb die Darstellungen eines Grünordnungsplans nicht schon naturschutzrechtlich mit Rechtsverbindlichkeit versehen sind, können sie auch nicht im Weg der Integration nach § 9 Abs. 4 BauGB mit allseitiger Verbindlichkeit ausgestattet werden.

Gegen eine beachtliche Auffassung in der naturschutzrechtlichen Literatur, aber gestützt auf einen breiten Konsens im baurechtlichen Schrifttum, ist deshalb festzuhalten, daß die Rechtsinstrumente der Bauleitplanung weder durch § 6 Abs. 4 BNatSchG noch durch § 9 Abs. 4 BauGB für solche spezifisch naturschutzfachlichen Zwecke geöffnet sind, denen der sachliche Zusammenhang zur Ordnung der städtebaulichen Entwicklung fehlt[48]. Solange nicht die insoweit begrenzende Zwecksetzung des BauGB ausdrücklich und eindeutig geändert und die Bauleitplanung zu einer umfassenden Umweltplanung weiterentwickelt wird, bleibt ihre Steuerungskapazität auf dem Bereich des Naturschutzes prinzipiell begrenzt. Für erweiternde landesrechtliche Regelungen ist

---

[43] *Fehrmann*, BauR 1971, S. 143.

[44] *Löhr* (Fn. 35), § 9, Rn. 109.

[45] So auch *Ramsauer*, NuR 1993, S. 117; *Fischer*, Die Anpassung des Naturschutzrechts an die Erfordernisse modern verstandenen Naturschutzes und die Bedeutung anderer Rechtsgebiete bei der Durchsetzung naturschützerischer Ziele, dargelegt anhand des Konzeptes des Biotopverbundsystems, S. 48.

[46] *Bielenberg* (Fn. 42), § 9, Rn. 86; *Gaentzsch* (Fn. 41), S. 107.

[47] *Fehrmann* (Fn. 43), S. 147 f.; *Bielenberg* (Fn. 42), § 9, Rn. 86; *Gelzer/Birk* (Fn. 7), Rn. 215; *Gaentzsch* (Fn. 35), § 9, Rn. 67; *Löhr* (Fn. 35), § 9, Rn. 107.

[48] So auch das eingehend begründete Ergebnis von *Baumeister* (Fn. 7), S. 106, 113 f.

deshalb kein Raum. Vorschriften, die die Landschaftsplanung nach dem Vorbild der Primärintegration unmittelbar in der Bauleitplanung aufgehen lassen oder deren Darstellungen nach dem Modell der Vollintegration vollständig in sie transformieren, ohne zugleich die Aufgaben der Landschaftsplanung auf die Zwecke der Bauleitplanung zu begrenzen[49], verstoßen daher gegen Bundesrecht und sind daher gem. Art. 31 GG insoweit nichtig, als sie die Inkorporation überschießender Inhalte in die Baupleitläne zulassen.

Dieses Verdikt verwehrt den Gemeinden nicht generell die Verfolgung weitergehender, dezidiert fachlicher Naturschutzaufgaben. Ihnen steht nur für solche Ziele das Instrumentarium der Bauleitplanung nicht zur Verfügung. Das ist indes kaum überraschend: Spiegelt sich doch darin der Umstand, daß eben die örtliche "Gesamtplanung" sich um einiges von dem klassischen, begriffsprägenden Typus der überörtlichen Gesamtplanung unterscheidet.

b) Die naturschutzbezogenen Planungselemente

Die dargelegten Schranken der Bauleitplanung wirken sich auch auf die Planungselemente, auf das verfügbare Steuerungspotential aus. Sie sind entweder ohnehin ausdrücklich auf städtebauliche Regelungsaspekte ausgerichtet oder sie erfahren – bei überschießendem Regelungsgehalt – aus der generellen Zwecksetzung der Bauleitplanung eine Begrenzung ihres Anwendungsbereiches. Das braucht hier nicht in jedem Detail ausgebreitet werden. Nachzuweisen sind alleine die planungspraktischen Folgen: Daß nämlich die Bauleitplanung auch bei den naturschutzbezogenen Nutzungsbestimmungen im Grundsatz ihren Schwerpunkt im innerörtlichen Bereich und den Randlagen zwischen Bebauung und unbesiedeltem Außenbereich hat und sich der Schutz des Außenbereichs im wesentlichen auf die Freihaltung von Bebauung beschränkt[50].

Verantwortlich für diesen Umstand ist die unterschiedliche Steuerungsintensität und Konkretheit der Planungselemente für den Innenbereich einerseits und den Außenbereich andererseits. Die Innenbereichsplanung kann auf vergleichsweise konkrete Planungselemente zurückgreifen: Zunächst die Festsetzung "Grünfläche"[51], die (im Flächennutzungs- und im Bebauungsplan) verschiedene Freiraumfunktionen – "Parkanlagen, Dauerkleingärten, Sport-, Spiel-, Zelt- und Badeplätze, Friedhöfe" – in das bauliche Nutzungsraster einfügt. Wie die Beispiele zeigen, sind damit vor allem solche Freiflächen gemeint, die einer Nutzung durch die Wohnbevölkerung zu widmen sind. Aus-

---

[49] Nachweise oben Fn. 15 und 16.

[50] So auch die Einschätzung von *Ebersbach* (Fn. 12), S. 223, S. 294.

[51] §§ 5 Abs. 2 Nr. 5, 9 Abs. 1 Nr. 15 BauGB.

schließlich ökologische Funktionen sind so nicht zu erfassen[52]. Dann die Festsetzung "Anpflanzen von Bäumen und Sträuchern" und die "Bindungen für Bepflanzungen und für die Erhaltung von Bäumen, Sträuchern und Gewässern"[53]. Durch sie können (nur im Bebauungsplan) die baulichen Anlagen selbst naturschutzgerecht eingebunden oder Restriktionen für bauliche Nutzungen gesetzt werden. Auch diese Festsetzungen können vor allem im Innenbereich wirken: Nach ausdrücklicher Anordnung sind sie auf die für eine land- oder forstwirtschaftliche Nutzung festgesetzten Flächen nicht anzuwenden[54]. Schließlich sind die "Maßnahmen zum Schutz und zur Pflege und zur Entwicklung von Natur und Landschaft"[55] zu nennen. Soweit "solche Festsetzungen nicht nach anderen Vorschriften getroffen werden können"[56], können sie (im Bebauungsplan) im Rahmen der städtebaulichen Erforderlichkeit ebenfalls für die naturschutzgerechte Gestaltung baulicher Anlagen herangezogen werden.

Regelungen im Außenbereich sind typischerweise weniger konkret. Unter Naturschutzgesichtspunkten steht hier für die Bauleitplanung die Freihaltung des Freiraums von weiterer Bebauung im Vordergrund. Planerische Intentionen über zulässige Freiraumnutzungen sind dagegen bauplanungsrechtlich kaum umsetzbar. Das insoweit begrenzte Steuerungspotential zeigt sich anschaulich an dem Planungselement "Fläche für die Landwirtschaft und Wald"[57]. Diese Festlegung grenzt die Bebauung gegenüber dem Umland ab. Solcherart ausgewiesene Fläche kann im Grundsatz zu Siedlungszwecken nicht in Anspruch genommen werden[58]. Darin erschöpft sich aber der naturschutzrelevante Inhalt. Denn die Bestimmung der im einzelnen zulässigen, weil: naturschutzverträglichen und der Ausschluß der unzulässigen, weil: naturschutztangierenden Formen landwirtschaftlicher Nutzung können mit diesem Planungselement nicht transportiert werden. Die Kommentarliteratur erachtet es zwar grundsätzlich für möglich, auch Flächen für bestimmte der in § 201 BauGB definierten Zweige der Landwirtschaft (Ackerbau, Wiesen- und Weidewirtschaft, Weinbau u. a.) auszuweisen[59]. Solche Differenzierungen werden aber nur selten aus städtebau-

---

[52] *Ebersbach* (Fn. 12), S. 223; *Löhr* (Fn. 35), § 5, Rn. 20.

[53] § 9 Abs. 1 Nr. 25 BauGB. Vgl. dazu *Gaentsch* (Fn. 9), S. 4 f.

[54] § 9 Abs. 1 Nr. 25 BauGB.

[55] § 9 Abs. 1 Nr. 20 BauGB.

[56] Zu den aufgrund der Subsidiaritätsklausel begrenzten Festsetzungsmöglichkeiten von § 9 Abs. 1 Nr. 20 BauGB eingehend und mit kompetenzrechtlichen Überlegungen *Baumeister* (Fn. 7), S. 79 ff.

[57] §§ 5 Abs. 2 Nr. 9, 9 Abs. 1 Nr. 18 BauGB.

[58] Ausnahme: die privilegierten Nutzungen nach § 35 Abs. 1 BauGB.

[59] *Löhr* (Fn. 35), § 5, Rn. 31, *Bielenberg* (Fn. 42), § 5, Rn. 52, jeweils bezogen auf die im wesentlichen inhaltsgleiche Begriffsbestimmung des § 146 BBauG.

lichen Gründen erforderlich und also zulässig sein[60]: Die konkrete Außenbereichsnutzung ist mit diesem Planungselement regelmäßig nicht zu steuern.

Konkretere Festsetzungen erlaubt allerdings das – neu in das BauGB eingefügte – Element "Flächen für Maßnahmen zum Schutz, zur Pflege und zur Entwicklung von Natur und Landschaft"[61]. Damit kann die Bauleitplanung einzelne Flächen von naturschutztangierenden Nutzungen freihalten und für Naturschutzmaßnahmen zur Verfügung stellen. Sie ist dabei aber in zweierlei Hinsicht begrenzt. Zum einen muß auch diese Festsetzung im Einzelfall städtebaulich erforderlich sein[62]; das ist vor allem der Fall, wenn Flächen für Ausgleichsmaßnahmen im Sinne der Eingriffsregelung des §§ 8, 8 a BNatSchG vorgehalten werden sollen[63]. Zum anderen ist sie – ihrer generellen Funktion entsprechend – auf die Flächenbereitstellung beschränkt: Die rechtsverbindlichen Maßnahmen selbst sind nach der ausdrücklichen Anordnung des § 9 Abs. 1 Nr. 20 BauGB in der Regel[64] von anderen Verfahren einzuleiten.

c) Resümee

Bauleitplanerische Ausweisungen mit Naturschutzbezug haben demnach ihren Schwerpunkt in dem engeren örtlichen Bereich und bei den Freiraumnutzungen der Bevölkerung: bei der räumlichen Zuordnung von Parks und Grünzonen zur Bebauung; bei dem der städtebaulichen Entwicklung zugrunde liegenden Freiflächenkonzept; bei Maßnahmen für die Stadtökologie und bei der Restringierung von baulichen Nutzungen. Dem Außenbereich gelten Überlegungen und Untersuchungen vor allem bei der Frage, ob und welche Naturschutzbelange einer weiteren Ausweisung von Baugebieten entgegenstehen; konkrete Naturschutzplanungen sind selten. Diese Schwerpunktbildung würdigt die Bedeutung der Bauleitplanung für die Wahrung der Naturschutzbelange nicht herab. Im Gegenteil: Man vergegenwärtige sich nur, wie rapide der Bodenverbrauch zu Bauzwecken ansteigt oder welcher Nutzungsdruck auf das Umland durch die mangelnde Durchgrünung und also die geringe Attraktivität

---

60 *Bielenberg* (Fn. 42), § 5, Rn. 52.

61 §§ 5 Abs. 2 Nr. 10, 9 Abs. 1 Nr. 20 BauGB. Vgl. zu den dadurch gegebenen Festsetzungsmöglichkeiten *Gaentsch*, (Fn. 9), S. 3 f.; *Pfeifer*, Landschaftsplanung und Bauleitplanung, S. 52 f.

62 BT-Drs. 10/4630, S. 68, BT- Drs. 10/6166, S. 147.

63 BT-Drs. 10/4630.

64 Zum beschränkten Anwendungsbereich der Möglichkeit, in einem Bebauungsplan auch Maßnahmen für Naturschutz vorzusehen, siehe *Löhr* (Fn. 35), § 9, Rn. 70 ff.; *Ebersbach* (Fn. 12), S. 223 f.

vieler Städte ausgelöst wird[65]. Schon daran wird ersichtlich, daß die Bauleitplanung auch im Rahmen ihres prinzipiell begrenzten Naturschutzmandats einen wesentlichen Einfluß auf die Erhaltung oder die Beanspruchung der natürlichen Ressourcen nehmen kann.

2. Die Zuordnung der Landschaftsplanung zur Bauleitplanung

a) Die Zuordnungsprobleme

Das begrenzte Mandat der Bauleitplanung wirft indes Probleme für die Einrichtung der Landschaftsplanung auf. Denn es verursacht eine ähnliche Spannungslage zwischen den fachlichen und gesamtplanungsbezogenen Aufgabenanforderungen, wie sie oben schon bei den überörtlichen Planungsebenen beobachtet wurde[66]. Idealtypisch soll auch die örtliche Landschaftsplanung gesamtplanungsbezogene *und* fachliche Aufgaben übernehmen: Bei der Aufstellung von Landschaftsplänen ist einerseits gem. § 6 Abs. 3 BNatSchG auf die "Verwertbarkeit des Landschaftsplanes für die Bauleitplanung Rücksicht zu nehmen"; der Landschaftsplan soll sich also zur Aufnahme in die Bauleitpläne eignen[67] und den ökologischen Beitrag zur Bauleitplanung abgeben[68]. Andererseits soll ihm gem. § 6 Abs. 2 Nr. 2 BNatSchG – im Rahmen des Erforderlichen[69] – auch die Vorbereitung der engeren fachlichen Aufgaben übertragen werden: der Maßnahmen im Rahmen der Eingriffsregelung des § 8 BNatSchG, der Schutzausweisungen und der Artenschutzmaßnahmen.

Zeigten sich schon oben, bei den überörtlichen Planungsebenen, generelle Probleme einer solchen Aufgabenzusammenführung, so trifft dies auch auf der örtlichen Ebene auf ein weiteres, prinzipielles Hindernis. Denn die Umsetzung der beiden Aufgabenkomponenten obliegt hier nicht einem, sondern zwei Aufgabenträgern: den Gemeinden auf der einen und der staatlichen Naturschutzverwaltung auf der anderen Seite. Die Zuordnung der Landschaftsplanung zu einem der beiden Aufgabenträger und die Ausgestaltung des inhaltlichen Planungsauftrags steht deshalb vor einem Zielkonflikt, der kaum ohne Verluste auf einer der beiden Seiten aufzulösen ist:

---

[65] Nahezu klassisch schon beschrieben in *Mitscherlichs* Streitschrift "Die Unwirtlichkeit unserer Städte", S. 9 ff.; instruktiv auch der Bericht von *Rautenstrauch* über die Nutzungskonflikte im Umlandverband Frankfurt in: Der Verdichtungsraum in Regionalforschung und zukünftiger Raumordnung. Beispiel Rhein-Main, S. 143 ff.

[66] S. 93 ff.

[67] *Bernatzky/Böhm* (Fn. 21), § 6, Rn. 9.

[68] BT-Drs. 7/3879, S. 17; BT-Drs. 7/5251, S. 4.

[69] Dazu näher oben S. 42 f.

Übertragen die Länder die Landschaftsplanung der (staatlichen) Naturschutzverwaltung, dann ist zwar die Vorbereitung der engeren Naturschutzmaßnahmen in die ausführende Verwaltung einbezogen und insoweit dem Vorlauf für diese Aufgaben eine günstige Grundlage gegeben. Weniger günstig wären aber die Voraussetzungen für eine Einflußnahme auf die Bauleitplanung. Der Versuch eines rechtlich bindenden Durchgriffs stünde vor rechtlichen Problemen, ein Kooperationsmodell hätte mit faktischen Widerständen zu rechnen. Rechtliche Probleme bereitet Art. 28 Abs. 2 GG. Denn auch wenn man die Landschaftsplanung selbst nicht zum Kernbereich der Selbstverwaltungsgarantie rechnet[70], so ist doch nach richtiger Auffassung jedenfalls die Bauleitplanung in diese Garantie einbezogen und deshalb vor solchen staatlichen Vorgaben geschützt, die ihren planerischen Gestaltungsspielraum substantiell tangieren[71]. Auch ohne diese Grenze hier genau zu lokalisieren: Sie wäre jedenfalls berührt, wenn mit einem Landschaftsplan das gesamte Gemeindegebiet erfaßt und etwa im einzelnen verbindlich festgelegt wäre, wo weitere Ausweisungen von Bau- und Gewerbegebieten noch zulässig und wo sie unzulässig sind[72]. Demgegenüber verfängt auch der in der Literatur herangezogene Vergleich mit den privilegierten Fachplanungen nach § 38 BauGB nicht[73]; er verkennt den grundlegenden Unterschied zwischen dem partiellen Durchgriff dieser Planungen und dem umfassenden Steuerungsanspruch einer flächendeckenden Landschaftsplanung. Eine staatliche Landschaftsplanung könnte also nicht mit rechtlicher Verbindlichkeit gegenüber den Gemeinden ausgestattet werden. Sie müßte sich auf *gutachtliche* Funktionen beschränken[74].

---

[70] So *Hoppe/Schlarmann*, NuR 1981, S. 19; anders dagegen *Blümel*, Das verfassungsrechtliche Verhältnis von Gemeinden und Landkreisen, S. 29 ff.

[71] Aus dem zahlreichen Schrifttum zu dieser Frage zuletzt, mit umfassenden Nachweisen *Widera*, Zur verfassungsrechtlichen Gewährleistung gemeindlicher Planungshoheit. Vgl. daneben *Hoppe*, in: *Ernst/Hoppe*, Das öffentliche Bau- und Bodenrecht, Raumplanungsrecht, 2. Aufl. 1981, Rn. 167 ff. mit den Literaturnachweisen vor Rn. 167; *Reissig*, Gemeindliche Bauleitplanung, S. 27 ff., je m.w.N. Einschränkungen der kommunalen Planungshoheit auf der Ebene des Flächennutzungsplans hält dagegen *Schmidt-Aßmann*, Grundfragen des Städtebaurechts, S. 134 f., für zulässig.

[72] So für den parallel gelagerten Fall einer "abriegelnden" Landschaftsschutzverordnung OVG Koblenz, NuR 1979, S. 113 f. Skeptisch gegenüber der "Abriegelungsfunktion" der nw. Landschaftsplanung auch *Stich*, in: Analyse und Fortentwicklung des neuen Naturschutzrechts in der Bundesrepublik Deutschland, S. 505. Bedenken auch bei *Soell*, in: *Salzwedel* (Hrsg.), Grundzüge des Umweltrechts, S. 513, und bei *Ebersbach* (Fn. 12), S. 298. Zum ähnlichen Problem bei regionalplanerischen Festsetzungen vgl. *Wahl*, in: Ökologische Vorrangbereiche, S. 81 f.; *Schmidt-Aßmann*, DÖV 1981, S. 245.

[73] So aber *Hoppe/Schlarmann* (Fn. 70), S. 19.

[74] So daher auch der Vorschlag von *Stich/Porger/Steinebach* (Fn. 1), S. 184 ff. Problematisch erscheint deshalb die thüringische Regelung, nach der auf Kreisebene eine staatlich verantwortete Landschaftsplanung eingerichtet ist, deren Darstellungen in die Flächennutzungspläne "aufzunehmen" sind. §§ 3 Abs. 2 Nr. 2, 5 Abs. 1 Satz 2 VorlThürNatG.

Dabei würden indes die *planerischen* Komponenten der Landschaftsplanung vernachlässigt. Zwar könnten die Gemeinden bei einer Gutachtenlösung mit Daten- und Abwägungsmaterial für die Bauleitplanung versorgt werden. Ob sich aber die Kommunen auf einen Aushandlungsprozeß um die Zuordnung und Ausweisung von Freiflächen, über die Gestaltung der freiraumbezogenen Erholungseinrichtungen oder um die Anlage von Biotopschonbereichen, also: auf eine Kooperation auf dem Feld ihrer originären Naturschutzzuständigkeit, einlassen würden, darf bezweifelt werden. Die auch in anderen Planungsbereichen zu beobachtenden Abwehrstrategien[75] der Gemeinden und nicht zuletzt auch Praktikerberichte über die Landschaftsplanung[76] stimmen insoweit eher skeptisch. Insgesamt zeigt sich: Die Zuständigkeit der Naturschutzverwaltung für die örtliche Landschaftsplanung mag günstig für die Vorbereitung der engeren Fachvorhaben sein; das Gewicht der Landschaftsplanung für die Bauleitplanung verlöre aber an Bedeutung.

Andererseits hat zwar die Zuständigkeit der Gemeinden für die Landschaftsplanung unbestreitbar Vorteile für die Naturschutzorientierung kommunaler Maßnahmen[77]. Diese Zuständigkeitszuweisung geht aber zu Lasten der fachlichen Aufgabenkomponenten der Landschaftsplanung. Denn weder eignet sich das kommunale Instrumentarium, also vor allem: das Bauplanungsrecht, zur Steuerung engerer fachlicher Naturschutzmaßnahmen[78]. Noch ist anzunehmen, daß die Gemeinden von ihrer personellen und fachlichen Ausstattung in der Lage und interessiert sind, Maßnahmen vorzubereiten, die in der Durchführungszuständigkeit der Naturschutzverwaltung liegen[79]. Staatliche Naturschutzanforderungen und -maßnahmen sind kaum mit Gewinn von den Gemeinden zu formulieren. Wiederum zeigt sich: Die Betonung der einen Aufgabenkomponente wirkt sich negativ auf die Umsetzung der anderen Komponente aus.

---

[75] Anschaulich zu beobachten am Beispiel der Regionalplanung; dazu *Benz*, Regionalplanung in der Bundesrepublik Deutschland, S. 46 ff.

[76] Vgl. nur den kritischen Bericht "Erfahrungen aus einer Großstadt in Nordrhein-Westfalen" in: *Stich/Porger/Steinebach* (Fn. 1), S. 95 ff., insbes. S. 96 f., über die nordrhein-westfälische Landschaftsplanung einerseits und die positive Stellungnahme von *Grebe* zur kommunalen Landschaftsplanung andererseits, in: Landschaftsplanung – Erfahrungen mit dem neuen Naturschutzrecht, S. 522. Vgl. im übrigen auch den instruktiven Hinweis auf die Abwehrstrategien der Gemeinden gegen die Mobilisierung der Planungspflicht analog zu § 6 Abs. 1 BNatSchG in dem Bericht "Erfahrungen aus einem freien Planungsbüro in Rheinland-Pfalz", in: *Stich/Porger/Steinebach* (Fn. 1), S. 166.

[77] So das dezidierte Plädoyer von *Grebe* (Fn. 76), S. 522.

[78] *Pielow* (Fn. 1), S. 65 f.

[79] Auf die fehlende Ausstattung der Gemeinden weisen auch *Stich/Porger/Steinebach* (Fn. 1), S. 186, hin.

b) *Die Zuordnung*

Vor diesem Zielkonflikt haben die meisten Bundesländer die Landschaftsplanung als ein Instrument des *kommunalen* Naturschutzes eingerichtet. Unter den Flächenländern hat nur Nordrhein-Westfalen den Weg zur fachlich orientierten Landschaftsplanung eingeschlagen[80]. Die übrigen Länder haben die Landschaftsplanung in die Zuständigkeit der Gemeinden überwiesen und ihr die Aufgabe übertragen, den ökologischen Beitrag zur Bauleitplanung zu erbringen. Die verschiedenen Zuordnungsmodalitäten sind schon oben im Zusammenhang mit den drei landesrechtlichen Aufgabenvarianten der Landschaftsplanung ausführlich dargestellt worden[81]; sie brauchen nicht nochmals im einzelnen ausgebreitet werden. Interessant sind nur die Folgen der verschiedenen Aufgabenorientierungen: Die nordrhein-westfälische Landschaftsplanung mit ihrem fachlichen Schwerpunkt zeigt deutliche Unsicherheiten über die Steuerungsleistungen für die kommunale Planung[82]. Die anderen, kommunal orientierten Lösungen präsentieren sich unsicher über das Verhältnis zu den fachlichen Aufgaben: Manche Länder schließen in der Aufgabennorm ausdrücklich jede Vorbereitung fachlicher Maßnahmen aus[83] oder lassen jedenfalls nicht erkennen, ob auch solche Maßnahmen durch die Landschaftsplanung vorzubereiten sind[84]. Andere deuten engere fachliche Bezüge an, ohne jedoch die daraus sich ergebenden inhaltlichen und planerischen Ableitungsbeziehungen präzise zu definieren[85]. In den meisten Ländern, so zeigt sich, bringt die örtliche Landschaftsplanung keine deutlichen Vorteile für die Koordination der engeren naturschutzfachlichen Aufgaben. Das – auch hier wieder deutlich gewordene – Spannungsverhältnis zwischen gesamträumlichen und den fachlichen Aufgabenkomponenten wird weitgehend zu Lasten der fachlichen Aspekte gelöst[86].

Das ist von der interessierten Literatur verschiedentlich kritisch bewertet worden[87]. Einige Autoren sehen den Schwerpunkt des bundesrechtlichen Pla-

---

80 Dazu oben S. 59 ff.

81 S. 58 ff.

82 Siehe oben S. 59 ff.

83 So Niedersachsen, dazu oben S. 63 ff.

84 Hessen und Schleswig-Holstein.

85 Baden-Württemberg, Bayern, Rheinland-Pfalz und das Saarland.

86 Näher dazu unten S. 158 ff.

87 *Pielow* (Fn. 1), S. 66; *Stich/Porger/Steinebach* (Fn. 1), S. 186 f.; *Gaede*, in: Landschaftsplanung und Bauleitplanung – Erfahrungen und Perspektiven, S. 27 f.; *Ebersbach* (Fn. 12), S. 301 f.; *Baumeister* (Fn. 7), S. 122 ff; *Bernatzky/Böhm* (Fn. 21), Vorbemerkungen 2. Abschnitt, Rn. 2. Skepsis gegenüber dieser Regelung auch beim Deutschen Rat für Landespflege, der vorschlägt, die Landschaftsplanung entweder in die Zuständigkeit der Naturschutzverwaltung zu überweisen oder die Aufstellung des Landschaftsplans an deren Einvernehmen zu binden, in: Landschaftsplanung – Erfahrungen mit dem neuen Naturschutzrecht, S. 423.

nungsauftrags ohnehin bei der Vorbereitung der engeren fachlichen Aufgaben[88] und betrachten deshalb die Naturschutzverwaltung als die "geborene" Trägerin der Landschaftsplanung[89]. Andere halten die Gemeinden auch dort nicht für die geeignete Planungsinstanz, wo es "nur" um die Vorbereitung der Bauleitplanung geht[90]. Beiden Überlegungen ist indes entgegenzutreten: Der Zuweisung der Landschaftsplanung an die Gemeinden stehen weder rechtliche noch durchgreifende sachliche Gesichtspunkte entgegen:

In rechtlicher Hinsicht ist *Pielow* zwar zuzugeben, daß die engen naturschutzfachlichen Aufgaben der Landschaftsplanung im BNatSchG deutlicher zum Ausdruck kommen als die bauleitplanungsbezogenen. Aber es ist nicht so, daß letztere rechtlich überhaupt nicht hervortreten[91]. Vielmehr ist die Notwendigkeit der Verzahnung von Landschaftsplanung und Bauleitplanung in § 6 Abs. 3 BNatSchG ("Auf die Verwertbarkeit des Landschaftsplanes für die Bauleitplanung ist Rücksicht zu nehmen") ausdrücklich angeordnet, wenn auch in einer eher mißglückten Formulierung. Ist die Landschaftsplanung also bundesrechtlich nicht nur als Naturschutzfachplan konzipiert worden, dann steht auch den getroffenen landesrechtlichen Schwerpunktsetzungen nichts entgegen.

Rechtlich spricht also nichts gegen die Einordnung der Landschaftsplanung in den Bereich der kommunalen Planung. Und sachlich? Einzuräumen ist, daß die Gemeinden in der Tat kaum dazu berufen sind, die Maßnahmen der Naturschutzverwaltung vorzubereiten oder anzustoßen[92]. Auch die Datenermittlung für die Bauleitplanung überfordert häufig die personellen und fachlichen Kapazitäten der Kommunen, macht es notwendig, externe Landschaftsarchitekten heranzuziehen[93]. Unter der Perspektive der Datensammlung, -aufbereitung und -bereitstellung, also: einer "informatorischen" Landschaftsplanung[94], ist deshalb dem von *Stich*, *Porger* und *Steinebach* dezidiert vorgetragenen Plädoyer für eine fachlich getragene Landschaftsplanung[95] nichts entgegenzusetzen: Die Erhebungen und Kartierungen des Naturschutzes sind ohne Zweifel bei der Fachverwaltung besser aufgehoben als bei den Gemeinden.

---

[88] *Pielow* (Fn. 1), S. 61; *Gaede* (Fn. 87), S. 34.

[89] *Ebersbach* (Fn. 12), S. 302; *Gaede* (Fn. 87), S. 28; *Pielow* (Fn. 1), S. 65 f. Eine solche Verlagerung unter Einbau von Verfahrensgarantien zugunsten der Gemeinden schlägt auch *Baumeister* (Fn. 7), S. 136 ff., vor.

[90] *Stich/Porger/Steinebach* (Fn. 1), S. 185 f.

[91] So aber *Pielow* (Fn. 1), S. 61.

[92] *Pielow* (Fn. 1), S. 66; *Stich/Porger/Steinebach* (Fn. 1), S. 186 f.

[93] *Stich/Porger/Steinebach* (Fn. 1), S. 186.

[94] Kennzeichnung von *Schmidt-Aßmann*, Thesenpapier im Arbeitskreis A der Tagung der Gesellschaft für Umweltrecht 1986, Ms., These 13.

[95] (Fn. 1), S. 186.

Manches spricht allerdings dafür, nicht nur diesen Aspekt in den Vordergrund zu rücken[96], sondern auch die planerische, die Entscheidungskomponente im Auge zu behalten, die durch die Zuweisung der Landschaftsplanung zu den Kommunen betont worden ist. Denn erst mit der Landschaftsplanung steht den Gemeinden ein eigenständiges Koordinationsinstrument für den Naturschutz zur Verfügung, ist es möglich, die vielfältigen und zunehmend wichtigen kommunalen Naturschutzaufgaben aufeinander abzustimmen. Die Kommunalisierung der Landschaftsplanung hat insoweit eine zusätzliche Entscheidungsebene neben der staatlichen Naturschutzverwaltung aktiviert und etabliert; hat die Gemeinden aufgerufen und in die Lage versetzt, im Naturschutzbereich mehr als bisher zu einer eigenständigen konzeptionellen Aufgabenwahrnehmung zu gelangen. Optimiert eine fachlich getragene Landschaftsplanung die Datenbereitstellung, so aktiviert also die kommunal verantwortete Landschaftsplanung das Feld des kommunalen Naturschutzes.

Dabei birgt der kommunale Naturschutz noch ein beträchtliches Entwicklungspotential. Zwar sind die naturschutzrechtlich zugewiesenen Zuständigkeiten für Schutzgebietsausweisungen oder andere Verfahren mager[97]. Aber eine Bilanz des kommunalen Naturschutzes darf nicht alleine den repressiven Naturschutz in den Blick nehmen[98]. Sie muß auch die zahlreichen freiwilligen, nicht-förmlichen Maßnahmen der Gemeinden einbeziehen: Die Planung und Anlage von freiraumbezogenen Erholungseinrichtungen, von Wanderwegen und Radwegenetzen; die naturschutzgerechte Pflege und Entwicklung gemeindeeigener Flächen; die ökologischen Maßnahmen im Rahmen der Dorferneuerung[99] oder die Entwicklung von örtlichen Biotopverbundnetzen[100]. In jüngerer Zeit werden in diesem Zusammenhang vor allem staatliche Finanzprogramme relevant, die den Gemeinden finanzielle Anreize für naturschutzgerechte Maßnahmen bieten und sie in die Lage versetzen, Kosten für Grunderwerb oder Pflegemaßnahmen aufzubringen[101]. Gerade dieser in der neueren Naturschutzpolitik aufgewertete Pflegeaspekt ruft die Gemeinden als wichtige Träger von Naturschutzmaßnahmen in Erinnerung. Denn naturschutzgerechte Grundstückspflege ist nicht alleine von den Schreibtischen der Naturschutzverwaltung anzuordnen. Sie erfordert darüber hinaus auch freiwillige Leistun-

---

[96] So aber *Stich/Porger/Steinebach* (Fn. 1), S. 185.

[97] Einen Überblick gibt *Diemer*, Naturschutz als kommunale Aufgabe, S. 4 ff.

[98] So allerdings die etwas verengende Analyse bei *Diemer* (Fn. 97).

[99] Vgl. zur Dorferneuerung: Dorfentwicklung: Beiträge zur funktionsgerechten Gestaltung der Dörfer, 2. Aufl. 1984. Dort auch einige Hinweise auf die Bedeutung freiraumbezogener Fragen, S. 140 ff. Zur Rolle der Landschaftsplanung in diesem Zusammenhang *Gassner*, NuR 1986, S. 190 ff.

[100] Zur Biotopvernetzung *Kaule*, Arten- und Biotopschutz, S. 31 ff. Vgl. auch das Faltblatt: "Biotopvernetzung in Baden-Württemberg".

[101] Kritisch dazu *Schmidt-Aßmann* (Fn. 94), These 9.

gen oder ehrenamtliches Engagement, die von und in "aufgeschlossenen" Gemeinden möglicherweise einfacher anzustoßen sind als durch die Naturschutzverwaltung. Insoweit ist es auch bedeutsam, daß Naturschutz traditionell stark mit ehrenamtlichen Elementen durchzogen und noch immer nicht zu einem Bereich rein staatlicher Verwaltung und Aufsicht geworden ist. Auch deshalb kann vermutet werden, daß wichtige und in der Summe beträchtliche Impulse für den Naturschutz auch weiterhin von der örtlichen Ebene ausgehen werden.

Für eine genaue Katalogisierung und Systematisierung dieser Anstöße ist hier kein Anlaß[102]. Wichtig ist aber festzuhalten, daß der noch immer nicht abgeschlossene Wandel des Naturschutzes und seines Aufgabenverständnisses auch den Gemeinden zusätzliche Aufgaben bereits zugeführt hat und im weiteren noch zuführen kann. Die Aufwertung des kommunalen Naturschutzes und die Bereitstellung eines eigenen naturschutzbezogenen Koordinierungsinstrumentes durch die Kommunalisierung der Landschaftsplanung erweist sich als günstige Basis zur Stärkung dieser Tendenzen. Die kommunale Landschaftsplanung, die nicht alleine informatorische, sondern auch konzeptionelle Funktionen wahrnimmt, verdient deshalb nicht die Kritik, die sie in der Literatur gefunden hat.

3. Staatliche Kontrolle über die örtliche Landschaftsplanung

Die Skepsis gegenüber der Kommunalisierung der Landschaftsplanung ist im übrigen auch deshalb nicht angebracht, weil die kommunale Verantwortung für die Landschaftsplanung landesrechtlich durch verschiedene Elemente staatlicher Kontrolle, zum Teil auch staatlicher Mitwirkung, ergänzt ist. Wie jede andere kommunale Betätigung unterliegt auch die kommunale Landschaftsplanung staatlicher Aufsicht. Sie ist nicht von rechtlichen Anforderungen freigestellt, sondern den Bindungen des Rechts der Landschaftsplanung[103] unterworfen. Der kommunalen Planungshoheit korreliert deshalb jedenfalls staatliche Aufsicht, also: Rechtskontrolle[104] über die Landschaftsplanung. Manche Länder machen dabei nicht halt. Sie schaffen weitergehende Einflußmöglichkeiten; setzen Grundlagen für – vorsichtige – Formen staatlicher Mitwirkung an der Aufstellung des Landschaftsplans. Diese Ansätze sind häufig tastend; sie verraten die verbreitete Unsicherheit der Länder über die Stellung der Land-

---

[102] Eine anschauliche populärwissenschaftliche Aufbereitung findet sich bei *Hutter/Thielcke/Herrn/Faust*, Naturschutz in der Gemeinde.

[103] Vgl. die Auflistung bei *Ebersbach* (Fn. 12), S. 294 ff.

[104] So das geltende Verfassungsrecht der Länder für die allgemeine Staatsaufsicht, vgl. nur die Nachweise bei *Gönnenwein*, Gemeinderecht, S. 177 f., und *Pagenkopf*, Kommunalrecht, 2. Aufl., Bd. 1, 1975, S. 371 und S. 373.

schaftsplanung zwischen kommunaler Verantwortung einerseits und fachlichen Aufgaben andererseits und dokumentieren, daß noch nicht abschließend entschieden ist, ob die örtliche Landschaftsplanung nur kommunale Aufgabe ist oder ob sie nicht eher weitere Aufgabenzüge tragen sollte. Sie zeigen aber jedenfalls, daß die kommunale Zuständigkeit für die örtliche Landschaftsplanung nicht jede staatliche Verantwortung ausschließt.

Das ist hier nicht an jeder einzelnen landesrechtlichen Variante vorzustellen und nachzuweisen; das Interesse richtet sich auf exemplarische Ansätze, die den gegenwärtigen Stand staatlicher Einflußnahme auf die Landschaftsplanung zwischen Rechtskontrolle und Mitwirkung kennzeichnen.

a) Planungspflichten

Dabei fällt der Blick zunächst auf die Planungspflichten im Recht der örtlichen Landschaftsplanung. Sie rechnen zwar nicht im strengen Sinne zu dem Kreis der hier zu analysierenden Vorschriften, weil sie keine unmittelbare Eingriffsgrundlage, sondern (zunächst) nur einen rechtlichen Maßstab für die Gemeinden statuieren. Sie sind aber ein erster anschaulicher Gradmesser für das Maß des kommunalen Spielraums bezüglich der Landschaftsplanung und daher im hier diskutierten Zusammenhang interessant. Ihre besondere Bedeutung im Recht der örtlichen Landschaftsplanung signalisiert ein Vergleich unter den Planungsebenen. Während nämlich auf den beiden überörtlichen Ebenen Planungspflichten eine seltene Ausnahme bilden[105], sind sie auf örtlicher Ebene überwiegend eingeführt worden[106]. Das offenbart die kompensatorische Funktion der Planungspflichten: Der unmittelbare staatliche Zugriff auf die Entscheidung über die Planaufstellung wird durch Vorschriften über die Notwendigkeit der Planerstellung ersetzt und damit ein Einfallstor für eventuelle Maßnahmen im Rahmen staatlicher Aufsicht geschaffen. Zugleich wird deutlich gemacht, daß die Landschaftsplanung nicht nur ein freiwillig nutzbares Instrument der Gemeinden, sondern auch rechtlich angeordnete Aufgabe ist.

Bei der gesetzlichen Ausgestaltung der Planungspflichten beschreiten die Länder unterschiedliche Wege, den Planungsspielraum der Gemeinden in unterschiedlichem Maß einschränkend. Besonders weit ist der kommunale Spielraum dort, wo vorgeschrieben ist, daß Landschaftspläne aufzustellen sind, "sobald und soweit es aus Gründen des Naturschutzes und der Landschaftspflege

---

[105] § 8 Abs. 2 Satz 2 NatSchG BW; §§ 4 Abs. 1, 5 Abs. 1 Nds. NatSchG.

[106] § 9 Abs. 1 NatSchG BW; § 7 Abs. 4 BdgNatSchG; Art. 3 Abs. 4 BayNatSchG; § 4 Abs. 1 HENatG; § 6 Nds. NatSchG; § 8 Abs. 2 SNG; § 7 Abs. 4 NatSchG LSA; § 6 Abs. 1 LPflegG Schl.-H.; § 5 Abs. 3 VorlThürNatG.

erforderlich ist."[107] Die Planungspflicht richtet sich hier, wie bei der analogen Vorschrift des § 1 Abs. 3 BauGB, weitgehend nach der planerischen Konzeption der Gemeinde. Denn hier wie dort sind Planungsbefugnis und Planungspflicht untrennbar mit der kommunalen Planungshoheit verknüpft, können beide nur ausgelegt werden vor dem Hintergrund der planerischen Gestaltungsfreiheit der Gemeinden[108]. Die Aufstellung eines Landschaftsplans ist deshalb – analog zur Dogmatik zu § 1 Abs. 3 BauGB – im Grundsatz nur geboten, soweit das nach dem Naturschutzkonzept der Gemeinde erforderlich ist[109]; wenn deren Konzept also eine Verwirklichung durch Landschaftsplanung verlangt[110]. Damit ist indes in aller Regel nur eine schwache Bindungswirkung erreicht[111]. Nur wenn eine Gemeinde erkennbar überhaupt kein Naturschutzkonzept verfolgt, wenn sie also ersichtlich keinerlei Anstrengungen zur Wahrung von Naturschutzbelangen bei beeinträchtigenden kommunalen Planungen und Maßnahmen unternimmt, können ausnahmsweise die Wertungen der Aufsichtsbehörden an die Stelle des kommunalen Konzepts treten[112]. Bei der Bemessung der entsprechenden "Eintrittsschwelle" ist allerdings die Vorbereitungsfunktion der Landschaftsplanung zu berücksichtigen, die ein Eingreifen seltener erfordern wird als es bei der Bauleitplanung anzunehmen ist. Nur wenn isolierte Datenbeschaffungen oder isolierte Naturschutzmaßnahmen die notwendige Gesamtschau nicht mehr gewährleisten können, wenn also nur noch eine umgreifende Planung die Beachtung der Naturschutzbelange sicherstellen kann, wird eine aufsichtsbehördlich durchsetzbare Planungspflicht gegeben sein.

Erkennbar enger ist im Gegensatz dazu der Beurteilungsspielraum dort, wo der allgemeine Pflichtentatbestand[113] durch Regelbeispiele angereichert ist[114]. Beispielhaft ist die Regelung in § 9 Abs. 1 NatSchG BW. Danach sind die Voraussetzungen der allgemeinen Planungspflicht für Gemeinden insbesondere dann gegeben, "wenn Gebiete ihres Planungsbereiches" beispielsweise "nachhaltigen Landschaftsveränderungen ausgesetzt sind", "erhebliche Landschafts-

---

[107] So die Formel des § 6 Abs. 1 BNatSchG, die mit geringen sprachlichen Abweichungen aufgegriffen wurde in Nds., § 6 NatSchG.

[108] So zum Bauplanungsrecht BVerwG BauR 71, S. 182; *Reissig* (Fn. 71), S. 143; *Weyreuther*, DVBl. 1981, S. 372. Für das BNatSchG – allerdings sehr unpräzise – *Bernatzky/Böhm* (Fn. 21), § 6, Rn. 2.

[109] Vgl. zur Auslegung der bauplanungsrechtlichen Planungspflicht *Söfker* (Fn. 9), § 1, Rn. 40; *Krautzberger* (Fn. 3), § 1 Rn. 27; *Reissig* (Fn. 71), S. 198 ff.

[110] So die prägnante Formel von *Söfker* (Fn. 9), § 1 Rn. 40, zu § 1 Abs. 3 BauGB.

[111] *Weyreuther* (Fn. 108), S. 371.

[112] Für § 1 Abs. 3 BauGB *Söfker* (Fn. 9), § 1 Rn. 40.

[113] Begriff von *Söfker* (Fn. 9), § 1 Rn. 41.

[114] So in Baden-Württemberg, § 9 Abs. 1 NatSchG; Bayern, Art. 3 Abs. 4 BayNatSchG; Brandenburg, § 7 Abs. 4 BdgNatSchG; Schleswig-Holstein, § 6 Abs. 1 LPflegG.

schäden aufweisen" oder "vor einer weiteren Inanspruchnahme der freien Landschaft für andere Nutzungen landschaftsökologische Untersuchungen erfordern"[115]. Auch hier sind (zunächst) die Gemeinden aufgerufen, über die Notwendigkeit einer Landschaftsplanung zu entscheiden. Sie dürfen sich dabei aber nicht alleine an ihrem Konzept ausrichten, sondern sind an die Typisierungen des Gesetzgebers gebunden. Das Planungskonzept der Gemeinden ist hinsichtlich bestimmter Konstellationen durch spezielle gesetzliche Pflichtentatbestände überlagert, die jeweils ihren Beurteilungsspielraum reduzieren.

Bei einer dritten Variante, beispielhaft geregelt in § 4 Abs. 1 HENatG[116], ist den Gemeinden schließlich jeder Beurteilungsspielraum entzogen. Diese Regelung statuiert eine generelle Planungspflicht, von der nur in begründeten Ausnahmefällen abgewichen werden kann[117]. Nämlich dann, "wenn die vorherrschende Nutzung der Gemarkung den Zielen der Landschaftspflege entspricht und wenn eine Nutzungsänderung nicht zu erwarten ist". Die Entscheidung über das Vorliegen dieser Voraussetzungen trifft nicht die Gemeinde selbst, sondern die untere Naturschutzbehörde[118]. Damit ist nicht nur eine Verfahrensregelung getroffen[119], sondern zugleich auch festgelegt, wem die Einschätzungsprärogative bei der Beurteilung der Entbehrlichkeit eines Landschaftsplans zusteht: der Naturschutzverwaltung.

Neben diesen verschiedenen gesetzlichen Planungspflichten haben landesplanerische Planungsgebote in der Praxis bislang keine Bedeutung erlangt. Zwar wird mitunter angedeutet, daß als Ziel der Regionalplanung auch die Pflicht zur Aufstellung örtlicher Landschaftspläne festgesetzt werden kann[120]. Soweit ersichtlich, hat aber die Planungspraxis darauf noch nicht zurückgegriffen[121]. Es wäre indes auch fraglich, ob solche Festsetzungen zulässig sind. Denn landesrechtlich sind sie bisher nicht vorgesehen: Weder das Landesplanungsrecht – Landesplanungsgesetze oder Rechtsverordnungen über die Inhalte von Regionalplänen – noch das Landesnaturschutzrecht kennen solche Pla-

---

115 § 9 Abs. 1 Nr. 1, Nr. 3 und Nr. 7 NatSchG BW.

116 Dazu *Blume*, NuR 1989, 333. Entsprechende Regelungen enthalten § 7 Abs. 2 Satz 3 SächsNatSchG, § 7 Abs. 4 NatSchG LSA und § 5 Abs. 3 Satz 1 VorlThürNatG.

117 Dazu VGH Hessen vom 25.01.1988.

118 § 4 Abs. 1 Satz 5 HENatG. Ebenso § 5 Abs. 3 Satz 2 VorlThürNatG.

119 So aber der Bericht "Erfahrungen aus einem freien Planungsbüro in Hessen", in: *Stich/Porger/Steinebach* (Fn. 1), S. 137.

120 So die bayerische Richtlinie "Landschaftsrahmenplanung in den Regionen" vom 21.09.1976 (LUMBl. S. 170); indirekt Plansatz 2.1.21 des LEP Baden-Württemberg 1983; *Kreuzer*, in: *Künkele/Heiderich*, Naturschutzgesetz für Baden-Württemberg, § 9, Rn. 3.

121 Vgl. dazu *Hahn-Herse/Kiemstedt/Wirz*, Landschaft + Stadt 1984, S. 87. Sie berichten, daß sich Baden-Württemberg entschieden habe, generell auf landesplanerische Planungsgebote zu verzichten.

nungsgebote. Auch wenn die Anforderungen der grundrechtlichen Gesetzesvorbehalte nicht ohne weiteres auf Art. 28 Abs. 2 GG zu übertragen sind[122], so ist aber doch die Einschränkung der kommunalen Planungshoheit nur "im Rahmen der Gesetze" zulässig. Der Gesetzgeber ist also gehalten, die "Grundlinien" einer Regelung selbst zu bestimmen[123]. Ob insoweit alleine die allgemeinen Aufgaben- und Inhaltsumschreibungen der Landesplanungsgesetze ausreichen, scheint aber fraglich[124]; insbesondere auch deshalb, weil dann die landesplanerischen Planungsgebote *ohne* ausdrückliche gesetzliche Grundlage die *spezifizierten* gesetzlichen Pflichtentatbestände der Naturschutzgesetze und die jeweils aus ihnen sich ergebenden Beurteilungsspielräume der Gemeinden überspielen könnten: Die naturschutzgesetzlichen Planungspflichten, für die Gemeinden Zwang und Schutz zugleich[125], wären weitgehend obsolet.

b) Verfahrensbeteiligung

Wichtig ist auch das Verfahren: Ob die Naturschutzverwaltung nur Begleiterin des kommunalen Entscheidungsprozesses ist oder ob sie substantielle Einflußmöglichkeiten wahrnehmen kann, ob also die örtliche Landschaftsplanung als ausschließlich kommunale Aufgabe oder mit naturschutzbehördlicher Überlagerung eingerichtet ist, darüber entscheidet nicht zuletzt das Planungsverfahren.

Die Durchmusterung der naturschutzrechtlichen Verfahrensvorschriften bestätigt dabei sogleich die aus der Zuständigkeitszuweisung resultierende Vorherrschaft der kommunalen Instanzen. Das zeigt schon die Art der Regelung: Nur vier Länder haben gesonderte Verfahrensvorschriften für die Landschaftsplanung getroffen[126]; die anderen[127] beschränken sich darauf, die Zuständigkeit der Gemeinden festzulegen und lassen im übrigen die allgemeinen natur-

---

[122] *Schmidt-Aßmann*, Fortentwicklung des Rechts im Grenzbereich zwischen Raumordnung und Städtebau, S. 78; *Brückner*, Landesplanerisches Zielsystem und Bauleitplanung. *Brohm*, DVBl. 1980, S. 658.

[123] *Schmidt-Aßmann* (Fn. 122), S. 78.

[124] Im Ergebnis ebenso *Weidemann*, Die Staatsaufsicht im Städtebaurecht als Instrument zur Durchsetzung der Raumordnung und Landesplanung, S. 126 ff., zu landesplanerischen Planungsgeboten gegenüber der Bauleitplanung.

[125] Schutz bieten die naturschutzrechtlichen Planungspflichten insoweit, als sie den Gemeinden typischerweise nicht vorschreiben, generell Landschaftspläne aufzustellen, sondern diese Pflicht auf bestimmte und begrenzte Voraussetzungen beschränken.

[126] Brandenburg, § 8 Abs. 1 BdgNatSchG; Rheinland-Pfalz, § 17 Abs. 3 LPflG; Schleswig-Holstein, § 6 Abs. 3 LPflegG; Thüringen, § 5 Abs. 1 Satz 4 VorlThürNatG.

[127] Baden-Württemberg, Bayern, Hessen, Niedersachsen, Saarland, Sachsen, Sachsen-Anhalt.

schutzrechtlichen Verfahrensregeln[128] inzident auch für die Landschaftsplanung gelten. Das ist kein rechtliches Manko. Aber es dokumentiert anschaulich, daß die örtliche Landschaftsplanung vor allem und in erster Linie eine kommunale Aufgabe sein, daß jedenfalls die staatliche (Verfahrens)Beteiligung nicht ausdrücklich hervorgehoben werden soll. Es überrascht darum auch nicht, daß den Naturschutzbehörden in keinem Bundesland "qualifizierte" Beteiligungsformen[129] eingeräumt sind. Ihre Position ist auf die einer anzuhörenden Behörde beschränkt; wie jeder andere Träger öffentlicher Belange kann sie Stellungnahmen zum Planentwurf abgeben, ohne jedoch damit die Gemeinden rechtlich binden zu können. Weitergehende Beteiligungsrechte sind nicht eingerichtet: Die Gemeinden sind weder an das Einvernehmen der Naturschutzverwaltung gebunden[130], noch ist einem Widerspruch der Naturschutzbehörde ein Devolutiveffekt derart beigelegt, daß der Widerspruch nur durch die Entscheidung einer nächsthöheren Behörde auszuräumen wäre.

Solche Ansätze zur Veränderung, zu stärkerer Kooperation im Verhältnis zwischen Gemeinde und Naturschutzverwaltung rührten freilich auch schnell an sensible und bislang kaum ausgetragene Fragen: Intensive staatliche Beteiligung müßte fürchten, an Art. 28 Abs. 2 GG zu scheitern. Zwar spricht manches dagegen, die Garantie des Art. 28 Abs. 2 GG umfassend auf die örtliche Landschaftsplanung zu erstrecken. Denn zum einen haben etliche Länder die Landschaftsplanung nicht nur mit der Vorbereitung der von Art. 28 Abs. 2 GG erfaßten[131] kommunalen Bauleitplanung betraut, sondern sie haben ihr auch die Vorbereitung engerer fachlicher, also: staatlicher Maßnahmen übertragen; für die Aufgabencharakterisierung bietet sich also die Figur des Aufgabenkondominiums an. Und zum anderen können auch die Versuche der Literatur nicht überzeugen, die die örtliche Landschaftsplanung als Angelegenheit der örtlichen Gemeinschaft qualifizieren wollen[132]. Gleichwohl dürfen diese Fragen nicht als gelöst gelten. Denn immerhin ist der Zusammenhang zwischen der Landschaftsplanung und der von Art. 28 Abs. 2 GG umfaßten Bauleitplanung[133] so eng, daß intensive Mitwirkungsformen bei der Landschaftsplanung

---

[128] § 4 Abs. 1 NatSchG BW; § 2 Abs. 1 HNatG; § 56 Abs. 1 Nds. NatSchG; § 4 Abs. 2 SächsNatSchG; § 46 Abs. 1 LSA.

[129] So die Forderung von *Ebersbach* (Fn. 12), S. 302.

[130] So der Vorschlag des Deutschen Rates für Landespflege (Fn. 87), S. 423.

[131] Siehe die Nachweise oben Fn. 71.

[132] *Blümel* (Fn. 70), S. 29 ff., läßt eine nähere Begründung vermissen, *Diemer* (Fn. 97), S. 48 ff., ist wenig überzeugend: Ihm kommt es entscheidend darauf an, daß die Landschaftsplanung nach der bundesrechtlichen Regelung von den Ländern mit Bindungswirkung gegenüber der Bauleitplanung ausgestattet werden *könnte*, S. 61, nicht aber darauf, wie die geltende landesrechtliche Rechtslage zu beurteilen ist.

[133] Vgl. die Nachweise oben Fn. 71.

jedenfalls über diesen Konnex auf die Selbstverwaltungsgarantie durchschlagen können.

Angesichts dieser Rechtslage verwundert es nicht, daß die Länder bislang von rechtlich harten Beteiligungsformen abgesehen und manche statt dessen andere Einflußmöglichkeiten gesucht haben. Exemplarisch für das faktische Gewicht solcher Ansätze ist eine in Hessen entwickelte Verfahrensgestaltung. Danach wird den Gemeinden eine beratende Arbeitsgruppe zur Seite gestellt, die sich aus Vertretern der "grünen Träger öffentlicher Belange"[134] zusammensetzt: dem Amt für Landwirtschaft und Landesentwicklung, dem Forstamt, dem Wasserwirtschaftsamt und – federführend – der unteren Naturschutzbehörde; auch die damals noch bestehende Hessische Landesanstalt für Umwelt konnte sich beteiligen[135]. Diese Arbeitsgruppe ist beauftragt, die von der Gemeinde im Rahmen der Anhörung zum Landschaftsplan einzuholenden Stellungnahmen ihrer Mitglieder aufeinander abzustimmen und nach Möglichkeit eine gemeinsame Stellungnahme zu formulieren[136]. Das scheint vordergründig nur eine Verfahrensvereinfachung zu sein. De facto reicht der Effekt aber weiter. Da der Stellungnahme bei der Genehmigung von Bauleitplänen ein beträchtliches Gewicht zukommt[137], suchen die Gemeinden regelmäßig einen Konsens mit der Arbeitsgruppe. Die Beratungen, unter Beteiligung der Gemeinde und ihres Landschaftsplaners, dienen deshalb nicht nur der Abstimmung der "grünen" Stellungnahmen. Recht eigentlich dienen sie der Abstimmung des Landschaftsplans selbst. Die Landschaftsplanung ist nicht mehr alleine eine Angelegenheit der Kommunen, sondern, jedenfalls auch, in die Verantwortung eines anderen Gremiums übertragen: Das faktische Gewicht der Beteiligungsstellung der Arbeitsgruppe kommt nahe an die rechtlichen Wirkungen einer Einvernehmensklausel heran.

---

[134] So die prägnante Formulierung im Bericht "Erfahrungen aus einer technischen Landesdienststelle in Hessen", in: *Stich/Porger/Steinebach* (Fn. 1), S. 127.

[135] Erlaß des Hessischen Ministers für Landesentwicklung, Umwelt, Landwirtschaft und Forsten vom 18.10.1982, StAnz. S. 1979. Der Erlaß ist inzwischen wegen Zeitablaufs formell außer Kraft getreten. Der Sache nach verfährt die Planungspraxis aber weiterhin so.

[136] Ebd.

[137] Das Regierungspräsidium als Genehmigungsbehörde hörte vor der Genehmigung von Bauleitplänen die Landesanstalt, die ihrerseits laut Erlaß des Innenministers vom 16.4.1980, StAnz. S. 763, von den Gemeinden bei der Aufstellung des Bauleitplans zu beteiligen war und im Rahmen dieser Verfahrensbeteiligung eine Umweltverträglichkeitsprüfung des Bauleitplans vornahm, sich dabei auch auf die Ergebnisse der Arbeitsgruppe stützend. Vgl. dazu *Heintze*, in: Landschaftsplanung und Bauleitplanung, S. 64 ff. Dabei wurde dem Votum der HLfU in der Verwaltungspraxis "eine besondere Bedeutung" zugemessen, so der (halboffizielle) Sprachgebrauch *Heintzes*, S. 64, einem damals führenden Mitarbeiter der HLfU. Eine entschieden negative Stellungnahme der Landesanstalt führte deshalb regelmäßig zur Versagung der Genehmigung.

c) *Genehmigungsvorbehalte*

Daß die Gemeinden insoweit zumindest mit der Naturschutzverwaltung zu einem Konsens finden müssen, dafür sorgt in der hessischen Verwaltungspraxis nicht zuletzt die rigide Handhabung der Aufsichts- und Kontrollbefugnisse, die den Aufsichts-, respektive: Naturschutzbehörden bei der Genehmigung von Landschafts- und Bauleitplänen eingeräumt sind. Wie sich generell erweist, daß Aufsicht in aller Regel nicht nur nachträgliche Kontrolle bedeutet, sondern sich typischerweise schon in der begleitenden Beratung der zu beaufsichtigenden Körperschaft aktualisiert[138], so präsentieren sich also auch hier Genehmigungsvorbehalte als einflußreiche Faktoren in dem Verhältnis zwischen Naturschutzverwaltung und kommunaler Landschaftsplanung. Dem naheliegenden Versuch, die Beziehungen in diesem Verhältnis (auch) über die gesetzliche Einrichtung und Ausgestaltung von Genehmigungsvorbehalten zu steuern, sind jedoch in einem wichtigen Aspekt bundesrechtliche Grenzen gezogen. Soweit nämlich die Kontrolle der Landschaftsplanung inzident und praktisch besonders wirksam über die bauplanungsrechtlichen Genehmigungsvorbehalte vollzogen werden soll[139], so ist deren Aufsichtsmaßstab in § 6 Abs. 2 BauGB bundesrechtlich abschließend festgelegt. Der Spielraum der Länder beschränkt sich insoweit auf Verfahrensvorschriften. Anders bei solchen Vorbehalten, die sich auf die Landschaftspläne selbst richten. Da hier keine bundesrechtlichen Vorgaben getroffen sind, können die Länder das Verfahren *und* den Aufsichtsmaßstab bestimmen.

aa) Naturschutzrechtliche Genehmigungsvorbehalte

Sucht man deshalb zunächst nach solchen (unmittelbar) landschaftsplanungsgerichteten Aufsichtsvorbehalten, so findet sich nicht viel: Alleine fünf Naturschutzgesetze kennen einen derartigen naturschutzrechtlichen Vorbehalt[140]. Die Bedeutung einer solchen Kontrolle wird offenbar unter den Län-

---

[138] Die Beratung wird häufig sogar als "das Kernstück der Kommunalaufsicht" angesehen: *Becker*, in: *Peters* (Hrsg.), Handbuch der kommunalen Wissenschaft und Praxis, Bd. 1, 1. Aufl. 1956, S. 168; *Bracker*, in: *von Mutius* (Hrsg.), Selbstverwaltung im Staat der Industriegesellschaft, Festgabe für von Unruh, S. 466. Bei *Bracker* und *Seele*, in: Verein für die Geschichte der Deutschen Landkreise e. V. (Hrsg.), Der Kreis, Bd. 2, S. 231, auch Angaben über die praktische Bedeutung. Zur rechtlichen Einordnung *Galette*, in: Aktuelle Probleme der Kommunalaufsicht, Schriftenreihe der Hochschule Speyer, Bd. 19, S. 37 ff.

[139] *Ebersbach*, S. 303 f. mit S. 242, S. 295; *Kreuzer* (Fn. 120), § 9, Rn.3.

[140] Brandenburg, § 8 Abs. 2 BdgNatSchG; Saarland, § 8 Abs. 8 SNG; Schleswig-Holstein, § 6 Abs. 3 LPflG. Indirekte, aber de facto sehr wirksame Genehmigungsvorbehalte enthalten § 4 Abs. 3 HENatG und § 5 Abs. 6 VorlThürNatG, wonach eine naturschutzbehördliche Prüfung im Rahmen des Aufstellungsverfahrens der *Bauleitplanung* angeordnet ist.

dern nicht besonders hoch eingeschätzt. Das mag damit zusammenhängen, daß ihre Sanktion die Kommunen regelmäßig nicht besonders trifft. Jedenfalls dann nicht, wenn eine Gemeinde ohnehin kein eigenes Interesse an der Aufstellung eines Landschaftsplans hat – und eine Kontrolle daher besonders angezeigt wäre: Dann ist sie von der Versagung der bauplanungsrechtlichen Genehmigung viel intensiver betroffen als von der Verweigerung der naturschutzrechtlichen Genehmigung. Daß dennoch versucht wird, über solche Genehmigungsvorbehalte einen gewichtigen Einfluß auf die Landschaftsplanung zu gewinnen, zeigt insbesondere die Vorschrift Schleswig-Holsteins. Sie ist vage, läßt ihren Aufsichtsmaßstab nicht genau erkennen. Anschaulich ist § 6 Abs. 3 LPFlegG Schl.-H.: "Der Landschaftsplan ist der obersten Landschaftspflegebehörde zur abschließenden Stellungnahme vorzulegen". Dieser Vorschrift fehlt es gleich in zweierlei Hinsicht an rechtlicher Deutlichkeit. Zum einen bezüglich der Rechtswirkung: Wie wirkt eine "abschließende Stellungnahme"? Zum anderen beim Aufsichtsmaßstab: Kontrolliert die Genehmigung nur die Rechtmäßigkeit oder auch die Zweckmäßigkeit des Landschaftsplans? Die Antwort, so scheint es, wollte der Gesetzgeber der Aufsichtspraxis überlassen: Handhabe für eine flexible, auch Zweckmäßigkeitserwägungen nicht verwehrende Kontrolle der kommunalen Landschaftsplanung.

Dabei rührt gerade die Zweckmäßigkeitsaufsicht (wiederum) an sensible Punkte im Verhältnis zwischen Staat und Selbstverwaltung; löst doch auch sie die von Art. 28 Abs. 2 GG garantierte Eigenverantwortlichkeit der Gemeinden durch ein staatlich-kommunales Kondominium ab[141]. Kaum verwunderlich also, daß solche intensiven Genehmigungsvorbehalte lange auf dem Prüfstand der kommunalrechtlichen Diskussion standen[142] und noch immer unterschiedlich beurteilt werden. Überwiegend werden heute zwar auch Zweckmäßigkeitsvorbehalte für zulässig gehalten[143]: Die landesverfassungsrechtliche Einführung der Kommunalaufsicht als einer Rechtsaufsicht[144] wird als nur auf die *all-*

[141] *Köttgen*, in: *Peters* (Fn. 138), S. 219 f.; *Weber*, in: *ders.*, Staats- und Selbstverwaltung in der Gegenwart, 2. Aufl. 1967, S. 130 f.

[142] Vgl. nur *Gönnenwein*, in: Gedächtnisschrift für Jellinek, S. 511 ff.; *Köttgen* (Fn. 141), S. 217 ff.; *Salzwedel* AfK 1962, S. 203 ff.; *Weber* (Fn. 141), S. 123 ff. und die Beiträge in: Aktuelle Probleme der Kommunalaufsicht (Fn. 138). Unter anderem zu diesem Fragenkomplex auch die Staatsrechtslehrertagung 1963, "Staatsaufsicht in Verwaltung und Wirtschaft", mit den Referaten von *Salzwedel* (S. 206 ff.) und *Bullinger* (S. 264 ff.).

[143] Ganz herrschende Auffassung: *Köttgen* (Fn. 141), S. 219 ff.; *Salzwedel* (Fn. 142), S. 206; *Weber* (Fn. 141), S. 135; *Hofmann*, in: Aktuelle Probleme der Kommunalaufsicht (Fn. 138), S. 84 f. *Pagenkopf* (Fn. 104), S. 386 f.; *Seele* (Fn. 138), S. 240 ff.; *Bracker* (Fn. 138), S. 472 f.; *Wolff/Bachof*, Verwaltungsrecht II, 4. Aufl. 1976, § 86 IX b) 1, S. 222. Anders *Gönnenwein* (Fn. 142), S. 516 ff.; *ders.*, (Fn. 104), S. 200 f., S. 203; *Schmidt-Jortzig*, Kommunalrecht, S. 46; kritisch auch *Klüber*, Das Gemeinderecht in den Ländern der Bundesrepublik Deutschland, S. 350 .

[144] Nachweis bei *Gönnenwein* und *Pagenkopf* oben Fn. 104.

gemeine Kommunalaufsicht erstreckt angesehen[145], neben der auf gesetzlicher Grundlage auch *Sonderaufsichts*formen etabliert werden können[146]. Nicht jede Sonderaufsicht erlaubt aber eine Zweckmäßigkeitskontrolle[147]. Vielmehr muß nach zutreffender Auffassung der Aufsichtsmaßstab für jeden Sondergenehmigungstatbestand gesondert aus dem Gesetz ermittelt werden[148]. Dabei spricht wegen Art. 28 Abs. 2 GG eine Vermutungsregel für eine Beschränkung der Aufsicht auf eine Rechtskontrolle[149]: Soweit der Gesetzgeber nicht explizit zum Ausdruck gebracht hat, daß die Kontrolle auch Zweckmäßigkeitserwägungen umfassen soll, können staatliche Interessen nicht zur Geltung gebracht werden. Die Zweifel über die generelle Zulässigkeit einer Zweckmäßigkeitskontrolle sind also insoweit in einem restriktiven Interpretationstopos aufgegangen.

Vor diesem Maßstab muß der vorgestellte naturschutzrechtliche Genehmigungsvorbehalt als Instrumente der Rechtskontrolle angesehen werden. Zwar fällt es nicht schwer, sich vorzustellen, daß eine weitergehende Aufsicht eingerichtet werden sollte; die vage Formulierung und Klausel legt das jedenfalls nahe. Jedoch verträgt es sich nicht mit Art. 28 Abs. 2 GG, so weitreichende Vetopositionen auf einer unklare Vorschriften zu stützen. Soweit die Länder mehr als nur eine Rechtsaufsicht zu etablieren suchen, müssen sie dafür präzise Grundlagen einrichten: Rechtlich ungenaue Formeln reichen nicht aus.

bb) Die bauplanungsrechtlichen Genehmigungsvorbehalte

Können die bislang eingeführten naturschutzrechtlichen Genehmigungsvorbehalte nur als Rechtsaufsichtsvorbehalte ausgeübt werden, so gilt das auch für die bauplanungsrechtlichen Vorbehalte der §§ 6 und 11 BauGB. Diese Genehmigung "darf nur versagt werden, wenn der Flächennutzungsplan (respektive: Bebauungsplan) nicht ordnungsgemäß zustandegekommen ist oder diesem Gesetz, den aufgrund dieses Gesetzes erlassenen oder sonstigen Rechtsvorschriften widerspricht": der bauplanungsrechtliche Genehmigungsvorbehalt ist ein Rechtsaufsichtsvorbehalt[150]. Ihm wird in der Literatur und von den Ländern gleichwohl eine wichtige Bedeutung bei der (Inzident)Kontrolle der Landschaftsplanung beigemessen:

---

[145] *Seele* (Fn. 138), S. 141; *Köttgen* (Fn. 141), S. 219.

[146] Anders *Gönnenwein* (Fn. 142), S. 516 ff.; *ders.*, (Fn. 104), S. 200 f., S. 203; *Schmidt-Jortzig* (Fn. 143), S. 46.

[147] So aber *Pagenkopf* (Fn. 104), S. 386.

[148] *Bracker* (Fn. 138), S. 475.

[149] *Salzwedel* (Fn. 142), S. 206; *Bracker* (Fn. 138), S. 475.

[150] BVerwGE 34, 301 (304); *Löhr* (Fn. 35), § 6, Rn. 2; *Bielenberg*, in: *Ernst/Zinkahn/Bielenberg*, Baugesetzbuch, Kommentar, § 6 Rn. 6.

Zum einen bei der Abwägungskontrolle. Da die Einhaltung der rechtlichen Anforderungen des Abwägungsgebots der Rechtsaufsicht unterliegt, ist insoweit auch zu prüfen, ob die Belange des Naturschutzes im Rahmen der Bauleitplanung angemessen berücksichtigt worden sind. Diese Prüfung haben die Länder (verfahrens)rechtlich auf verschiedene Weise effektiviert: Schleswig-Holstein schreibt vor, daß bei der Vorlage der Bauleitpläne zur Genehmigung der Landschaftsplan beizufügen ist[151]; Hessen sieht vor der Genehmigung von "Bauleitplänen, die Landschaftspläne enthalten" die Anhörung der oberen Naturschutzbehörde vor[152]; Niedersachsen und Rheinland-Pfalz fordern im Erläuterungsbericht zum Bauleitplan Angaben über die Berücksichtigung der Naturschutzbelange[153]. Den Gemeinden ist also eine besondere Darlegungslast auferlegt. Sie haben – mit Hilfe der Landschaftsplanung – zu untersuchen, welche Belange des Naturschutzes durch die Bauleitplanung tangiert sind und müssen begründen, warum diese Anforderungen durch andere Belange überwunden werden können. Damit ist zwar nicht automatisch eine größere Beachtung der Naturschutzbelange sicherzustellen. Aber immerhin ist eine Verfahrenssperre eingerichtet, die gewährleistet, daß die Anforderungen des Naturschutzes nicht ohne jede nähere Untersuchung und Überlegung überwunden werden können.

Daneben ist nach verbreiteter Auffassung im Rahmen der Rechtsaufsicht der §§ 6 und 11 BauGB auch zu prüfen, ob die Gemeinde der naturschutzrechtlichen Planungspflicht für die Landschaftsplanung nachgekommen ist[154]. Das mag zwar verwundern: ein *bauplanungs*rechtlicher Genehmigungsvorbehalt zur Kontrolle der *naturschutz*rechtlichen Planungspflicht. Soweit aber die naturschutzrechtlichen Pflichtentatbestände fordern, zur Vorbereitung der Bauleitplanung einen Landschaftsplan aufzustellen[155], ist ein Verstoß gegen diese Verpflichtung nicht nur naturschutzrechtlich, sondern auch bauplanungsrechtlich relevant. Denn diese Pflicht statuiert verfahrens- und materiellrechtliche Anforderungen, die unmittelbar an die Bauleitplanung gerichtet sind. Ihre Verletzung stellt sich deshalb als ein Verstoß gegen eine "sonstige Rechtsvorschrift" im Sinne des § 6 Abs. 2 BauGB dar und ist daher durch die Versagung der Bauleitplangenehmigung zu sanktionieren. Da jedoch nicht jeder Pflich-

---

[151] § 6 Abs. 4 LPflegG.

[152] § 4 Abs. 3 HENatG. Nach § 6 Abs. 6 VorlThürNatG sind Flächennutzungs- und Bebauungspläne sogar nicht genehmigungsfähig, wenn nicht die Naturschutzbehörde einen Verzicht auf die Aufstellung eines Landschafts- oder Grünordnungsplans getroffen hat.

[153] § 6 Nds. NatSchG, § 17 Abs. 4 LPflG R.-Pf. Ähnlich § 4 Abs. 3 SächsNatSchG; § 4 Abs. 3 NatSchG LSA; § 3 Abs. 6 VorlThürNatG.

[154] *Ebersbach* (Fn. 12), S. 295 und 303; *Kreuzer* (Fn. 120), § 9, Rn. 3.

[155] Vgl. etwa den Pflichtentatbestand in § 9 Abs. 1 Nr. 7 NatSchG BW: Aufstellung eines Landschaftsplans, wenn "vor einer weiteren Inanspruchnahme der freien Landschaft für andere Nutzungen landschaftsökologische Untersuchungen" erforderlich sind.

tentatbestand unmittelbar auf die Bauleitplanung bezogen ist, kann diese Sanktion nicht an jede Verletzung einer naturschutzrechtlichen Planungspflicht geknüpft werden. Als universelles Instrument zur Durchsetzung der naturschutzrechtlichen Planungspflicht taugen die §§ 6 und 11 BauGB – wie es der Literatur manchmal scheinen mag – also nicht.

III. Das Verhältnis zu den Naturschutzfachplanungen

Bestätigten somit auch die letzten Überlegungen die ausgeprägte Nähe der Landschaftsplanung zur gesamträumlichen Planung, so wendet sich die Analyse der rechtliche Stellung der Landschaftsplanung im räumlichen Planungssystem nun abschließend dem Verhältnis zu ihrem zweiten Adressatenkreis zu: den fachlichen Planungen. Wie schon im Verhältnis zwischen Landschaftsplanung und gesamträumlicher Planung interessieren auch hier die inhaltlichen und verfahrensmäßigen Beziehungen zwischen der Landschaftsplanung und den zugeordneten Planungsinstrumenten; interessiert, welche Beiträge die Landschaftsplanung für diese Planungen aufbereitet.

Damit steht die eingangs[1] schon angesprochene Koordinationsbreite der Landschaftsplanung auf dem Prüfstand. Wurde soeben unter I. und II. festgestellt, daß die Landschaftsplanung unbeschadet aller Organisationsunterschiede von fast allen Ländern jedenfalls zur Unterstützung der Gesamtplanung eingesetzt wird, so ist nunmehr zu untersuchen, welchen Beitrag sie daneben für die fachlichen Planungen erbringen kann: Ob sie, wie es das adressatenübergreifende Aufgabenmodell[2] und die fachwissenschaftliche Konzeption der umfassenden Naturschutzplanung[3] vorsehen, neben den Gesamt- auch die Fachplanungen bedient oder ob sie ganz auf die Vorbereitung der gesamträumlichen Planung ausgerichtet ist.

Im Verhältnis zwischen Landschaftsplanung und den Naturschutzfachplanungen bietet sich insoweit eine offenbar günstige Ausgangsposition. Die Aufgaben der Planungsbereiche sind verwandt, die Interessen sind gleichgerichtet. Anders als im Verhältnis der Landschaftsplanung zu den Eingriffsplanungen gibt es keine offen zutage liegenden Konfliktfelder. Die Landschaftsplanung scheint darum als Vorlaufplanung für die fachlichen Maßnahmen der Naturschutzverwaltung, für Schutzgebietsausweisungen und anderes geradezu präde-

---

[1] S. 20 f.

[2] Dazu oben S. 65 ff.

[3] Oben S. 32 f.

stiniert zu sein. So sieht es jedenfalls die ganz herrschende Auffassung in der fachlichen und juristischen Literatur: Landschaftsplanung soll auch "sektorale Fachplanung für Naturschutz und Erholung"[4] sein.

Schon bei der Untersuchung des Verhältnisses zwischen Landschaftsplanung und gesamträumlicher Planung hat sich aber gezeigt, daß engere naturschutzfachliche Vorbereitungsleistungen der Landschaftsplanung durch die gesamtplanungsbezogene Aufgabenwahrnehmung belastet sein können: Gesamtplanungsbezogener und fachlicher Naturschutzvorlauf ergänzen sich nicht notwendig, sie können auch Zielkonflikte auslösen.

1. Überörtliche naturschutzfachliche Planungsleistungen der Landschaftsplanung

a) Das Spannungsverhältnis zwischen gesamtplanungsbezogenen und engeren naturschutzfachlichen Aufgaben

Auf überörtlicher Ebene resultiert das ausgeprägte Spannungsverhältnis zwischen den beiden Aufgabenelementen aus den divergierenden inhaltlichen Anforderungen der gesamträumlichen und der naturschutzfachlichen Planungen: Die gesamträumlichen Pläne, auftragsgemäß auf übergeordnete und zusammenfassende Planung verpflichtet, benötigen von der Landschaftsplanung *integrierte* Daten und Vorgaben[5]; die fachlichen Planungen, ausgerichtet auf die Umsetzung originärer fachlicher Zielsetzungen, brauchen *detailliertes* Material: zwei Planungsperspektiven, die jedenfalls nicht ohne weiteres in einer Planung zusammenzuführen sind. Zwar sind sie nicht schlechthin unvereinbar. Aber sowohl bei der Art der Planungstätigkeit wie auch bei den erforderlichen Qualifikationen des Planungspersonals sind sie von anderen Schwerpunkten gekennzeichnet: Einmal sind Lösungen für generelle oder aggregierte Konfliktsituationen zu entwickeln und politisch abzusichern, das andere Mal sollen fachliche Detailerhebungen und Kartierungen durchgeführt und koordiniert werden; auf der einen Seite sind Fähigkeiten bei der Organisation und Abwicklung von Konsensbildungsprozessen gefragt, auf der anderen Seite fachliche Spezialkenntnisse über einzelne Arten, ihre Bedrohung und die Mög-

---

[4] Aus der juristischen Literatur vgl. *Ebersbach*, Rechtliche Aspekte des Landverbrauchs am ökologisch falschen Platz, S. 147 und S. 251; *Fatheuer*, Der Landkreis 1978, S. 386; *Kreuzer*, in: *Künkele/Heiderich*, Naturschutzgesetz für Baden-Württemberg, vor § 7, Rn. 4; *Hendler*, NuR 1981, S. 42; *Bernatzky/Böhm*, Bundesnaturschutzrecht, § 6, Rn. 5; *Diemer*, Naturschutz als kommunale Aufgabe, S. 53; *Gerschlauer*, DVBl. 1979, S. 603; *Wahl*, Umweltplanungen und ihre Weiterentwicklungen, S. 60. Aus der fachlichen Literatur siehe *Heydemann*, in: Der Landschaftsplan nach den Naturschutzgesetzen, S. 61 ff.; *Olschowy*, in: *ders.* (Hrsg.), Natur- und Umweltschutz in der Bundesrepublik Deutschland, S. 823.

[5] Vgl. oben S. 96 ff., zusammenfassend S. 110.

lichkeiten ihres Schutzes. Die Anforderungsprofile der beiden von der herrschenden Auffassung vorgestellten Teilfunktionen der Landschaftsplanung sind nicht konvergent, sondern divergent.

b) Naturschutzorientierte Landschaftsplanung

Vor diesem Spannungsverhältnis findet der engere naturschutzorientierte Aufgabenansatz nur in den – allerdings wenigen – Ländern optimale Bedingungen, die der Landschaftsplanung nach dem naturschutzorientierten Aufgabenmodell nur engere fachliche Aufgaben übertragen und dabei auf gesamtplanungsbezogene Inhalte ganz oder doch weitgehend verzichtet haben[6]. Exemplarisch ist insoweit das bereits ausführlich vorgestellte[7] nordrhein-westfälische Beispiel der örtlichen Landschaftsplanung. Dort stehen die auf Fachmaßnahmen gerichtete Bestandsaufnahme und die planmäßige Koordination der naturschutzbehördlichen Maßnahmen im Vordergrund: die Ausweisung von Schutzgebieten[8], die Bestimmung von Entwicklungs-, Pflege und Erschließungsmaßnahmen mit Angaben über die zeitliche Reihenfolge ihrer Durchführung oder die Vorgaben von Entwicklungszielen für die Landschaft[9, 10].

c) Gesamtplanungsorientierte Landschaftsplanung

Eine andere Auflösung des Zielkonflikts zwischen Gesamtplanungsvorlauf einerseits und engeren naturschutzfachlichen Aufgaben andererseits treffen die Länder, die der Landschaftsplanung nur die Vorbereitung der gesamträumlichen Pläne übertragen und sie nach dem Modell der Primärintegration organisieren.

Da die Landschaftsplanung hier vollständig in der Landes- oder Regionalplanung aufgeht und auf die Aufstellung eines eigenständigen Landschaftsplans verzichtet wird[11], geht dies zu Lasten der engeren naturschutzfachlichen Planungsinhalte. Festsetzungen können hier nur in den Kategorien der Landes-

---

[6] Vgl. die Nachweise oben S. 59, Fn. 6.

[7] Oben S. 59 ff.

[8] §§ 19 – 23 LG NW.

[9] § 18 LG NW.

[10] Dazu und zu den Leistungen der engen fachlichen Planung siehe die ausführliche Darstellung oben S. 59 ff.; zu den besonders abgestimmten Regeln über ihre Rechtswirkungen der nordrhein-westfälischen örtlichen Landschaftsplanung vgl. S. 90 f.

[11] Vgl. die Nachweise oben S. 71, Fn. 13.

und Regionalplanung getroffen werden; außerhalb der – oben dargestellten[12] – landesplanungsrechtlich eingeführten naturschutzbezogenen Planungselemente können naturschutzfachliche Inhalte nicht transportiert werden. Diese Beschränkung wirkt sich auf den beiden überörtlichen Planungsebenen de facto zwar nicht so rigide aus wie auf der örtlichen Ebene[13], weil das ROG als Rahmengesetz darauf verzichtet hat, die Festsetzungskategorien für landes- und regionalplanerische Pläne selbst zu definieren und deshalb die Länder selbst die Inhalte bestimmen können. Sie sind dabei aber an die oben schon dargestellten Rahmenvorgaben des ROG[14] gebunden: Landesplanung ist übergeordnete und zusammenfassende, auf die Beeinflussung raumwirksamer Maßnahmen gerichtete Planung. Auch zugunsten naturschutzfachlicher Inhalte der Landschaftsplanung darf sie nicht auf Planungsinhalte erstreckt werden, die alleine im engen fachlichen Interesse liegen und ihrem überfachlichen Charakter nicht entsprechen[15]. Das hat auch der Bundesgesetzgeber so gesehen, der deshalb in § 5 Abs. 2 BNatSchG den Kreis der in die überörtlichen gesamträumlichen Pläne zu integrierenden Inhalte auf "raumbedeutsame Erfordernisse und Maßnahmen" beschränkt hat[16].

Für den engeren fachlichen Naturschutz kommen deshalb bei dem Organisationsmodus "Primärintegration" nur indirekte Vorteile in Betracht. Da die Naturschutzteile der gesamträumlichen Pläne regelmäßig nicht ohne die fachliche Mitwirkung der Naturschutzverwaltung festgesetzt werden[17], könnten dabei auch Koordinationsleistungen für den fachlichen Naturschutz "abfallen". Dieser Effekt ist allerdings nicht zu hoch zu veranschlagen. Denn zum einen ist diese Unterstützung häufig nicht förmlich ausgebaut, sie beruht nur auf informellen Absprachen, die Ergebnisse sind deshalb nicht überall verfügbar[18]. Zum anderen zeigt das geschilderte nordrhein-westfälische Beispiel der regionalen Planungsebene[19], daß die Datenerhebung und die Zielformulierung auch hier ganz im Zeichen der gesamträumlichen Planung stehen, der spezifisch fachliche Bedarf also kaum berücksichtigt ist. Exemplarisch ist die Einleitung des ökologischen Fachbeitrags zum Gebietsentwicklungsplan für den Regierungs-

---

[12] S. 99 ff und S. 103 ff.

[13] Dazu oben S. 123 ff. und S. 132 ff.

[14] Oben S. 96 ff.

[15] *Erbguth*, UPR 1983, S. 141; *Ebersbach* (Fn. 4), S. 265; *Höhnberg*, Beilage I/82 in AgrarR 10/82, S. 21 f. Nur wenige Beschränkungen sieht dagegen *Hendler* (Fn. 4), S. 46, in diesen rechtlichen Vorgaben.

[16] BT-Drs. 7/3879, S. 21.

[17] Vgl. den Bericht über die Lösung in der Praxis oben S. 116 f.

[18] Vgl. dazu auch die Kritik von *Schlarmann/Erbguth*, Zur Durchsetzung von Umweltbelangen im Bereich der räumlichen Planung, S. 236, die bemängeln, daß zwar viele Planungen Informationen erheben, daß aber dieses Material nicht für alle Stellen zugänglich ist.

[19] Vgl. oben S. 116 f.

bezirk Münster, Teilabschnitt Westmünsterland. Sie hebt ausdrücklich hervor, daß die Planungsempfehlungen ausschließlich "auf bestimmte (für die Sicherung von Freiraumfunktionen wichtige) zeichnerische und textliche Darstellungen des GEP ausgerichtet" sind: Auf diese Weise soll "die Berücksichtigung bzw. Umsetzung der Empfehlungen" erleichtert werden[20].

d) Adressatenübergreifende Landschaftsplanung

Eine Koppelung enger naturschutzfachlicher und gesamträumlicher Inhalte ermöglichen demgegenüber die Länder, die die Landschaftsplanung nach dem Modell der Sekundärintegration organisieren, also die Aufstellung eines eigenständigen Planwerks vorschreiben und darüber hinaus die Landschaftsplanung auf eine breite Aufgabenwahrnehmung ausrichten. Hier ist der Weg zu einer umfassenden Landschaftsplanung formal geöffnet, da nicht notwendig jeder Planungsinhalt in den Kategorien der gesamträumlichen Planung zu formulieren ist.

Beispielhaft ist insoweit Schleswig-Holstein[21]. Dort enthalten die Landschaftsrahmenpläne gesamt- *und* fachplanungsbezogene Vorlaufleistungen. Sie weisen einerseits "Gebiete mit besonderen ökologischen Funktionen"[22] aus und machen andererseits auch Vorschläge über die "Erweiterung bestehender Naturschutzgebiete"[23] oder die "Umwandlung von Landschaftsschutzgebieten in Naturschutzgebiete"[24].

Wie begrenzt aber der Ertrag einer umfassenden gleichzeitigen Bearbeitung von gesamträumlichen und engeren fachlichen Fragen zu beurteilen ist, zeigt sich beispielhaft aus den schon angesprochenen Problemen, die sich in der Praxis mit der Kombination von gesamtplanerischen und fachlichen Planungselementen beim baden-württembergischen Landschafts(rahmen)programm aufgetan haben. Obwohl das Artenschutzprogramm landes(naturschutz)rechtlich gerade nicht als Bestandteil des Landschaftsrahmenprogramms vorgesehen ist,

---

[20] Ökologischer Fachbeitrag zum Gebietsentwicklungsplan für den Regierungsbezirk Münster, Teilabschnitt Westmünsterland, erarbeitet von der Landesanstalt für Ökologie, Landschaftsentwicklung und Forstplanung Nordrhein-Westfalen, Ms. Recklinghausen 1985, S. 4.

[21] Dazu oben S. 113 ff. Zum Nachweis sind im folgenden beispielhaft herausgegriffen die Landschaftsrahmenpläne Plön und Dithmarschen/Steinburg, beide herausgegeben vom Minister für Ernährung, Landwirtschaft und Forsten, Kiel 1984.

[22] Jeweils unter Ziffer 3.1.1.

[23] Jeweils unter Ziffer 4.1.2.1.

[24] Jeweils unter Ziffer 4.1.2.2.

wurde im Landschaftsrahmenprogramm 1983[25] dennoch der Versuch unternommen, gesamtplanerische und fachliche Planungselemente in einem Zugriff zusammenzuführen. Im Ergebnis präsentieren sich dabei zwei Abschnitte, die ohne jeden inhaltlichen Zusammenhang nebeneinanderstehen: Der Programmteil[26], den Abgleich der verschiedenen Ressortanforderungen beinhaltend und vom *Ministerium* aufgestellt, ist zwar um einen von der *Landesanstalt für Umweltschutz* erarbeiteten Datenteil[27] ergänzt. Weder weist aber das Programm inhaltliche Verbindungen zu den Daten auf, noch ist ersichtlich, daß der Datenteil zu engeren fachlichen Direktiven im Programmteil geführt hätte: Weiterer Beleg für die Probleme einer adäquaten Verbindung gesamträumlicher und fachlicher Planung auf überörtlicher Ebene.

e) Fazit

Die Durchmusterung der verschiedenen Aufgaben- und Organisationsvarianten hat nicht erwiesen, daß die Fragen des engeren Naturschutzes im Rahmen der Landschaftsplanung stets ausgeklammert sind. Es hat sich aber bestätigt, daß die Koppelung von gesamtplanerischen und engeren fachlichen Aufgaben auf Kapazitätsprobleme trifft. Das sehen offenkundig auch viele Länder so. Nur knapp die Hälfte der auf überörtlicher Planungsebene eingerichteten Planungsinstrumente ist ausdrücklich auf beide Funktionen verpflichtet[28]. Die anderen Länder bilden demgegenüber Schwerpunkte, heben einen Aufgabenpol als die im Vordergrund stehende Primärfunktion heraus, wobei auf überörtlicher Ebene vor allem in den neuen Bundesländern eine Orientierung auf die engere naturschutzfachliche Seite der Landschaftsplanung zu beobachten ist[29].

2. Örtliche naturschutzfachliche Planungsleistungen der Landschaftsplanung

a) Das Zuordnungsproblem

Auf der örtlichen Planungsebene hängen die Chancen für naturschutzfachliche Planungsintentionen vor allem von der Wahl der Planungsinstanz ab: Für

---

[25] Landschaftsrahmenprogramm Baden-Württemberg vom 03.10.1983, herausgegeben vom Minister für Ernährung, Landwirtschaft, Umwelt und Forsten Baden-Württemberg, Stuttgart 1983.

[26] S. 7 ff.

[27] S. 68 ff. Er enthält vor allem Bestandskarten zu verschiedenen ökologisch relevanten Fragen; etwa zur Vegetation, Hydrologie, Geologie, Bodengüte, zum Klima oder zu land- und forstwirtschaftlichen Nutzflächen.

[28] Vgl. die Nachweise oben S. 65, Fn. 25.

[29] Vgl. oben S. 59, Fn. 6.

die Umsetzung der fachlichen Aufgaben wäre die Einsetzung der Naturschutzverwaltung optimal, dort würde aber der kommunale Naturschutz leiden[30]; bei den Kommunen ist der kommunale Naturschutz gut aufgehoben, nicht unbedingt aber die fachlichen Anliegen[31]. Die Entscheidung, die die Länder vor diesem schon oben[32] diskutierten Zielkonflikt getroffen haben, ist bekannt: Außer Nordrhein-Westfalen[33] haben alle Bundesländer die örtliche Landschaftsplanung in die Zuständigkeit der Gemeinden überwiesen, sie also zu einem kommunalen Instrument ausgestaltet.

b) Die naturschutzfachliche Aufgabennorm und ihre Interpretation in der Literatur

Dennoch verzichten nur wenige Länder auf engere fachliche Planungsleistungen. So geht nur Niedersachsen vor[34]: Dort ist die Aufgabe der Landschaftsplanung ausdrücklich auf die Vorbereitung der kommunalen Bauleitplanung und der kommunalen Naturschutzmaßnahmen beschränkt[35]. Manche Länder lassen die Entscheidung über diese Fragen auch offen; dort ist der gesetzlichen Aufgabenbestimmung weder zu entnehmen, ob die Landschaftspläne engere fachliche Planungsleistungen transportieren sollen oder ob sie es nicht sollen[36]. Meist werden die Gemeinden aber ausdrücklich auch auf die Wahrnehmung *fachlicher* Aufgaben verpflichtet[37]. Anschaulich ist insoweit die Reichweite des bayerischen Aufgabenkatalogs, der dem § 6 Abs. 2 BNatSchG nachgebildet ist. Er fordert unter anderem die Darstellung oder Festsetzung der "allgemeinen Schutz-, Pflege- und Entwicklungsmaßnahmen", der "Maßnahmen zum Schutz, zur Pflege und zur Entwicklung bestimmter Flächen und einzelner Bestandteile der Natur im Sinne des III. Abschnitts"[38] oder der "Maßnahmen zum Schutz und zur Pflege wildwachsender Pflanzen und wildlebender Tiere".

Wenn auch nicht alle Länder so weitreichende fachliche Aufgabenkataloge kennen, die idealtypische Intention der fachplanerischen Aufgabenelemente wird deutlich: Örtliche Landschaftsplanung soll vorlaufend auch den ganzen

---

[30] Vgl. oben S. 135 ff.

[31] Vgl. oben S. 135 ff.

[32] S. 135 ff.

[33] Dazu ausführlich oben S. 59 ff.

[34] Dazu ausführlich oben S. 63 ff.

[35] § 6 Nds. NatSchG.

[36] So § 4 Abs. 1 HENatG und § 6 LPflegG Schl.-H.

[37] So in Baden-Württemberg – inzident durch § 9 Abs. 1 NatSchG, Bayern, Art. 3 Abs. 4 BayNatSchG und im Saarland, § 8 Abs. 2 Nr. 4.

[38] Dieser Abschnitt betrifft die Schutzausweisungen.

Bereich der naturschutzfachlichen Maßnahmen abdecken. Sie soll, wie die Literatur formuliert, auch ein Fachplan des Naturschutzes sein[39].

c) *Kritik*

Allerdings fragt sich, ob das übliche Aufgabenverständnis diesen Auftrag rechtlich richtig erfaßt. Denn als eine Planung der Naturschutz*verwaltung* ist die Landschaftsplanung trotz dieser fachplanerischen Elemente nicht eingerichtet. Vielmehr ist eine Zuständigkeitsaufspaltung zugelassen worden: Die Gemeinden sollen die vorlaufende Naturschutzfachplanung betreiben; der Naturschutzverwaltung, die im Bereich des Naturschutzes fast alle Vollzugszuständigkeiten versammelt hat[40], ist nur der Vollzug übertragen. Im allgemeinen wird dieser Zuständigkeitskonstellation bei der Auslegung der genannten naturschutzfachlichen Planungsaufträge wenig Bedeutung zugemessen. Im Gegenteil. Dem breiten fachwissenschaftlichen Verständnis folgend[41], interpretiert die herrschende Meinung den Auftrag so, als ressortiere die örtliche Landschaftsplanung bei der Naturschutzverwaltung: Die Landschaftsplanung gilt als *das* (auch) fachliche Koordinierungsinstrument des Naturschutzes, gleich ob Maßnahmen der Kommunen oder der Naturschutzverwaltung abgestimmt werden sollen[42].

Sollten aber die Kommunen tatsächlich die naturschutzbehördlichen Maßnahmen derart vorbereiten müssen, daß daneben eine eigene Datenerhebung und konzeptionelle Vorbereitung durch die Naturschutzverwaltung entbehrlich wäre, so wären die Grenzen der kommunalen Planungskapazität und -zuständigkeit allerdings schnell erreicht. Regelmäßig wird schon die notwendige personelle und sachliche Ausstattung für die Vornahme detaillierter fachlicher Erhebungen oder die Ausarbeitung qualifizierter Naturschutzkonzepte fehlen[43]. Die Gemeinden hätten auch kaum das geeignete rechtliche Handwerkszeug für eine solche Planung. Die Bauleitplanung als ihr klassisches Planungsinstrument scheidet für diese Zwecke jedenfalls aus, wie die ausführliche Untersuchung

---

[39] *Pielow*, NuR 1986, S. 61 – der fälschlicherweise von § 6 Abs. 2 BNatSchG aus argumentiert, weil er ihm indirekt unmittelbare Rechtsgeltung in den Ländern beimißt – sieht in der örtlichen Landschaftsplanung gar in erster Linie eine Fachplanung des Naturschutzes.

[40] Nachweise bei *Diemer* (Fn. 4), S. 4 f.

[41] Dazu oben S. 32 f.

[42] *Ebersbach* (Fn. 4), S. 147 und S. 251; *Fatheuer* (Fn. 4), S. 386; *Kreuzer* (Fn. 4), vor § 7, Rn. 4; *Hendler* (Fn. 4), S. 42; *Bernatzky/Böhm* (Fn. 4), § 6, Rn. 5; *Diemer* (Fn. 4), S. 53; *Gerschlauer* (Fn. 4), S. 603.

[43] Auf diesen Umstand weisen vor allem *Stich/Porger/ Steinebach*, Örtliche Landschaftsplanung und kommunale Bauleitplanung, S. 184 f. hin.

oben[44] ergab: Sie darf wegen § 1 Abs. 3 BauGB nur Festsetzungen transportieren, die aus städtebaulichen Gründen erforderlich sind; Inhalte, für die alleine naturschutzfachliche Bedürfnisse streiten, sind ihr verwehrt. Und wie *Pielow*[45] zutreffend feststellt, böte die Bauleitplanung der naturschutzfachlichen Planung auch kaum Vorteile; das rechtliche Instrumentarium und vor allem die rechtlichen Geltungsanordnungen des BauGB geben weder auf der Ebene des Flächennutzungsplans noch auf der des Bebauungsplans eine befriedigende Grundlage zur Umsetzung originär fachlicher Ziele.

Die Gemeinden mögen zwar Abhilfe suchen können. Sie könnten, da sie die Ausarbeitung von Landschaftsplänen in der Regel ohnehin freien Landschaftsarchitekten übertragen, auch die engeren fachlichen Aufgaben an externe Planer geben. Und wenn der Landschaftsplan als selbständiger Plan aufgestellt wird[46], wäre auch die Aufnahme solcher fachlicher Inhalte möglich, die keinen Eingang in die Bauleitplanung finden können; die Fachplanung könnte also den Status einer gutachtlichen Planung[47] erhalten[48]. Damit wären aber nicht alle Probleme auszuräumen. Hinsichtlich des notwendigen Naturschutzsachverstands mag sich eine Gemeinde noch aus externen Quellen versorgen können. Das reicht aber nicht aus. Denn sollte sie an Stelle der Naturschutzbehörde die naturschutzfachlichen Maßnahmen vorbereiten, so müßte sie, wenn auch der Landschaftsplan regelmäßig rechtlich unverbindlich ist, so doch de facto auch verbindliche Entscheidungen treffen, also einzelnen Teilzielen den Vorrang vor anderen geben können. Dafür fehlt aber das politische Mandat. Das ist rechtlich nur insoweit eingeräumt und verfassungskräftig geschützt, als es die Angelegenheiten des *kommunalen* Wirkungskreises betrifft. Sofern aber der engere Bereich der Naturschutzaufgaben und damit der *staatliche* Verantwortungsbereich berührt sind, hört die kommunale (Allein)Entscheidungszuständigkeit auf: Ob im Einzelfall etwa dem Interesse des Naturschutzes an dem Erhalt einer extensiv genutzten, naturschutzrechtlich schutzwürdigen landwirtschaftlichen Fläche der Vorzug vor den wirtschaftlichen Belangen des Eigentümers zu geben ist oder nicht, obliegt der Letztentscheidung der staatlichen Naturschutzverwaltung und nicht der Gemeinde[49].

---

[44] Dazu oben S. 123 ff.

[45] (Fn. 39), S. 61 ff.

[46] So in Baden-Württemberg, Brandenburg, Hessen, Niedersachsen, Saarland, Sachsen, Sachsen-Anhalt, Schleswig-Holstein und Thüringen.

[47] Zu dieser – verbreiteten – Wirkungsform der Landschaftsplanung s. oben S. 84 ff.

[48] Dieser Weg ist allerdings in den Ländern versperrt, die nach dem Modell der Primärintegration verfahren; so Bayern und Rheinland-Pfalz. Dort müssen die fachplanerischen Anteile auf Erläuterungsberichte oder Zusatzpläne verwiesen werden.

[49] Vgl. zu diesen Zuständigkeitsfragen *Kisker*, in: Analyse und Fortentwicklung des neuen Naturschutzrechts in der Bundesrepublik Deutschland, S. 488 ff.

Die aus der herrschenden Interpretation der naturschutzfachlichen Planungsaufträge sich ergebenden Ungereimtheiten zwingen zu einer Überprüfung dieser Auslegung: Die Kommunen können nicht als *die* fachliche Planungsinstanz die fachlichen Aufgaben des Naturschutzes vorbereiten und damit auch die Vorbereitungsmaßnahmen der Naturschutzverwaltung ersetzen. Das sieht zwar auch die Literatur so. Sie zieht daraus aber einen falschen Schluß: Sie interpretiert die kommunale Zuständigkeit gleichsam als eine gesetzgeberische Fehlentscheidung. So gelangt *Pielow* zu der Feststellung, die Zuständigkeit der Gemeinden sei ein "prinzipielles Hindernis" für die wirksame Erfüllung des fachplanerischen Planungsauftrags[50]. *Stich*, *Porger* und *Steinebach* meinen, bei der landesrechtlichen Zuständigkeitszuweisung habe man die bundesrechtliche Aufgabenvorstellung "nicht richtig erfaßt"[51] – dabei übernimmt gerade die bei der Ausgangsüberlegung oben zugrundegelegte bayerische Aufgabennorm ohne Abänderung die wesentlichen Inhalte der bundesrechtlichen Vorschrift[52]. Und *Ebersbach* konstatiert, die Landschaftsplanung zähle zu den Aufgaben, "die eigentlich den Naturschutzbehörden obliegen."[53] Dem ist entgegenzutreten: Nicht die gesetzliche Regelung ist falsch, sondern ihre Interpretation durch die Literatur. Der Widerspruch zwischen Planungsauftrag und Planungszuständigkeit tut sich nur deshalb auf, weil bei der Auslegung des landesrechtlichen Planungsauftrags der systematische Kontext mit der Zuständigkeitsregelung nicht beachtet wird: Erst analysiert die Literatur die isolierte Aufgabennorm, um sie dann gegen die gesetzgeberische Kommunalisierung der Landschaftsplanung ausspielen zu können.

d) Eigene Lösung

Dieser Vorwurf an den Gesetzgeber ist nur bei einer Auslegung zu vermeiden, die den Planungsauftrag im Licht der gesetzlichen Zuständigkeitsregelung interpretiert. Aus dieser Perspektive ergibt sich ein modifiziertes Verständnis der fachplanerischen Planungsaufträge: Die Vorbereitung und Planung der staatlichen Naturschutzmaßnahmen obliegt nicht ausschließlich den Kommunen, sondern *auch* ihnen; die kommunale Landschaftsplanung ersetzt nicht die eigene Vorbereitung der Naturschutzverwaltung, sondern *ergänzt* sie. Den Gemeinden kommt die Aufgabe zu, anläßlich der von ihnen ohnehin geforderten Vorbereitung der Bauleitplanung und der in ihrer Zuständigkeit vollzogenen Naturschutzmaßnahmen auch zu solchen Fragen Konzepte und Vorschläge

---

[50] (Fn. 39), S. 65.

[51] (Fn. 43), S. 186.

[52] Vgl. Art. Art. 3 Abs. 4 BayNatSchG und § 6 Abs. 2 BNatSchG.

[53] (Fn. 4), S. 301.

auszuarbeiten, die in der Vollzugszuständigkeit der Naturschutzverwaltung liegen. Für die engeren fachlichen Naturschutzaufgaben wird dadurch eine zweite, zusätzliche Konzeptionsebene eingeführt: Neben die im bisherigen Umfang weiterbestehende ressortinterne, nicht rechtsförmliche vorbereitende Planung der Naturschutzverwaltung tritt aus eigener Zuständigkeit die Gemeinde, die der Naturschutzverwaltung Vorschläge etwa über die Ausweisung von Naturschutzgebieten oder über Biotopschutzmaßnahmen machen kann und soll. Damit ist für die Gemeinden zwar nichts substantiell Neues bewirkt: Sie konnten der Naturschutzverwaltung schon immer Vorschläge unterbreiten. Neu ist jetzt der Modus: Die kommunalen Vorstellungen über staatliche Maßnahmen sollen planerisch und in einer konzeptionellen Zusammenschau mit den eigenen Naturschutzaktivitäten entwickelt werden. Im genannten Beispiel treffen die Kommunen also nicht die verbindliche Entscheidung über die Nutzung der schutzwürdigen landwirtschaftlichen Fläche; sie konkretisieren nur ihre Vorstellungen und Anregungen bezüglich dieser Nutzung.

Die Landschaftsplanung wird damit zwar nicht in jeder Hinsicht dem fachlichen Anliegen gerecht, alle naturschutzrelevanten Fragen in einer Planung zusammenzuführen, um so den fachlichen Zusammenhang zwischen den verschiedenen Maßnahmen im Auge halten zu können. Die fachlichen Planungsaufträge verlieren dabei dennoch nicht jeden Sinn. Sie verstärken zum einen den schon oben[54] hervorgehobenen positiven Effekt der Kommunalisierung der Landschaftsplanung: Weil die Gemeinden nunmehr auch dem staatlichen Naturschutz Anstöße vermitteln sollen, wird der kommunale Naturschutz, besser: die kommunale Naturschutz*verantwortung* zusätzlich aufgewertet. Und davon kann, zum anderen, auch der staatliche Naturschutz profitieren. Wenn auch nicht alle Kommunen den Naturschutz zu einem wichtigen Anliegen machen werden, so kann aber erwartet werden, daß gerade wegen des wachsenden Umweltbewußtseins zunehmend wichtige Impulse für den staatlichen Naturschutz auch von der örtlichen Ebene ausgehen werden[55]; nicht zuletzt auch deshalb, weil das im Naturschutz seit jeher wichtige ehrenamtliche Element vor allem im kommunalen Bereich verankert ist.

3. Folgen

Der breite Planungsansatz, der der Landschaftsplanung neben den gesamträumlichen auch detaillierte fachliche Aufgaben zuweisen möchte, hat sich also landesrechtlich jedenfalls bis jetzt nicht durchgesetzt: Die überörtliche Land-

---

[54] S. 140 f.

[55] So aus fachlicher Sicht auch das Plädoyer von *Grebe* für die kommunale Landschaftsplanung, in: Landschaftsplanung – Erfahrungen mit dem neuen Naturschutzrecht, S. 522.

schaftsplanung steht vor allem im Kontext der integrierenden Planungsperspektive von Landes- und Regionalplanung; auf der örtlichen Ebene sind fachliche Fragen in erster Linie aus kommunaler Sicht zu analysieren. Das bedeutet nicht, daß auf die Vorbereitung und Umsetzung der engeren naturschutzfachlichen Maßnahmen generell zu verzichten wäre. Nur werden diese Funktionen zu einem größeren Teil von anderen, fachlich spezialisierteren Verfahren übernommen: Von dem traditionellen Schutzgebietsinstrumentarium[56] und von neuen, in fast allen Ländern in der Entwicklung befindlichen vorlaufenden naturschutzbehördlichen Kartierungen und Planungen. Gerade diese in jüngerer Zeit Platz greifende instrumentelle Expansion des Naturschutzes bestätigt anschaulich die hier getroffene Analyse: Neue Instrumente treten da auf den Plan, wo die Landschaftsplanung wegen ihrer Gesamtplanungsorientierung für fachliche Vorbereitungsmaßnahmen keine Vorteile mit sich bringt.

Zusätzliche Instrumente sind vor allem bei Artenschutzprogrammen und landesweiten Biotopkartierungen zu beobachten. So verzichten viele Länder auf die Einbindung von Artenschutzprogrammen in die Landschaftsprogramme. Beispielhaft ist Baden-Württemberg. Dort ist neben der Aufstellung des Landschaftsrahmenprogramms[57] die gesonderte Ausarbeitung eines Artenschutzprogramms gesetzlich angeordnet, das "zur Vorbereitung, Durchführung und Überwachung von Maßnahmen zur Erhaltung und zur Pflege der freilebenden Tier- und Pflanzenwelt" dienen soll[58]; dazu sind etwa "Verzeichnisse der im Landesgebiet vorkommenden freilebenden Tier- und Pflanzenwelt", "Vorschläge für Schutzmaßnahmen und Grunderwerb" oder "Richtlinien und Hinweise für Pflegemaßnahmen zur Lenkung der Bestandsentwicklung" zu erarbeiten[59]. Und auch die Erhebungen für die Biotopkartierung wurden in Baden-Württemberg nicht bei der Aufstellung des Landschafts(rahmen)programms oder anläßlich der Landschaftsrahmenplanung vorgenommen; nur die planerisch-politischen Vorrangentscheidungen für ihre Umsetzung sind in die Regional-, respektive: Landschaftsrahmenplanung eingegliedert[60]. Auch Bayern treibt sein ehrgeiziges Biotopschutzkonzept in weiten Teilen nicht *in*, sondern *neben* oder *vor* der Landschaftsplanung voran[61].

---

[56] Dazu der Überblick bei *Soell*, in: *Salzwedel* (Hrsg.), Grundzüge des Umweltrechts, S. 535 ff.

[57] § 8 Abs. 1 NatSchG BW.

[58] § 28 NatSchG BW.

[59] § 28 Abs. 1 Nr. 1, 3 und 4 NatSchG BW.

[60] Vgl. oben S. 107 f.

[61] Vgl. dazu Umweltpolitik in Bayern, Fortschreibung des Umweltprogramms der Bayerischen Staatsregierung, herausgegeben vom Bayerischen Staatsministerium für Landesentwicklung und Umweltfragen, München 1986, S. 75. Zu dieser Frage auch *Plachter*, in: Stand und Entwicklung des Artenschutzes, S. 52 ff.

Neue Instrumente zeigen sich aber nicht nur bei Aufgaben, die eine besondere fachliche Spezialisierung erfordern. Sie sind auch bei finanziellen Förderprogrammen zu beobachten. So hat Bayern ein eigenes "Landschaftspflege-Programm"[62] aufgelegt, mit dem Maßnahmen von Kommunen und privaten Naturschutzorganisationen zur Pflege und Erhaltung schützenswerter Lebensräume gefördert werden sollen. Entsprechend will auch Baden-Württemberg vorgehen. Dort sollen erhebliche Mittel aus dem Aufkommen des seit 1988 erhobenen "Wasserpfennigs"[63] auch für Zwecke des Naturschutzes zur Verfügung gestellt werden; damit sollen etwa Maßnahmen des Flächenschutzes, Biotopvernetzungen oder Renaturierungsprojekte gefördert werden. Anstatt aber die inhaltlichen Leitlinien und die Finanzierungsschlüssel dieser Maßnahmen durch eine Novellierung in das 1983 aufgestellte[64] Landschafts(rahmen)programm einzuarbeiten, soll ein neues Programm, das "Ökologieprogramm" aufgestellt werden. Wieder tritt also ein weiteres Instrument des Naturschutzes neben die Landschaftsplanung.

Diese Entwicklung zeigt zweierlei. Sie bestätigt zum einen die These, daß die Landschaftsplanung in ihrem derzeitigen Entwicklungs- und Organisationsstand neben den gesamtplanungsbezogenen Aufgaben nicht auch noch alle fachlichen Probleme lösen kann. Sie zeigt aber auch, daß sich das auf die fachliche Aufgabenwahrnehmung nicht negativ auswirkt: Der fachliche Bedarf kann mit neuen Instrumenten voll gedeckt, die Landschaftsplanung kann entlastet werden. Folgen hat die Aufgabenteilung allerdings für die intendierte Zusammenschau der naturschutzbezogenen Maßnahmen der verschiedenen Naturschutzakteure, für die mehrfach angesprochene Koordinationsbreite der Landschaftsplanung. Konzentriert sich die Landschaftsplanung auf gesamträumliche Fragen und überläßt deshalb die engeren fachlichen Aufgaben anderen Verfahren, so kann nämlich auch die Abstimmung zwischen beiden Bereichen nicht alleine unter ihrem Dach, durch "interne" Koordination im Rahmen der Landschaftsplanung also, vollzogen werden. Sie ist vielmehr in aufwendigeren, weil "externen" Kooperationen zwischen der Landschaftsplanung auf der einen und den verschiedenen engeren naturschutzfachlichen Planungen auf der anderen Seite herzustellen, für die es deshalb auch besonderer rechtlicher Abstimmungsregelungen bedarf.

Betrachtet man die landesrechtlichen Vorschriften unter diesem für die zweckmäßige Erfüllung der Naturschutzaufgaben zentralen Blickwinkel, so ist

---

[62] Landschaftspflege-Richtlinien des Staatsministeriums für Landesentwicklung und Umweltfragen vom 23.03.1983, LUMBl. S. 33. Vgl. dazu auch Umweltpolitik in Bayern (Fn. 61), S. 76, Ziffer 1.1.3.2.6.3

[63] §§ 17 a – 17 f WG BW, Änderung vom 27. Juni 1987, GBl. S. 224.

[64] Vgl. Nachweis in Fn. 26.

das Ergebnis allerdings enttäuschend: Die naturschutzrechtlichen Koordinations- und Abstimmungsregelungen im Verhältnis zwischen der Landschaftsplanung und den anderen Naturschutzinstrumenten sind unbefriedigend. Kaum ein Land[65] regelt präzise, wie die naturschutzbezogenen Aufgaben zwischen der Landschaftsplanung und den weiteren naturschutzfachlichen Verfahren verteilt sind, welche Abstimmung unter diesen Verfahren stattfindet, welche Verfahrensbeziehungen vorgesehen sind. Beispielhaft ist das Verhältnis zwischen der Landschaftsrahmenplanung und den Schutzausweisungen. So sehen zwar einige Länder vor, daß die Landschaftsrahmen-, respektive: Regionalplanung, auch Aussagen über die geplante Ausweisung von Schutzgebieten trifft[66]. Sie regeln aber nicht, welcher rechtliche und fachliche Gehalt diesen Festsetzungen zukommt, welchen inhaltlichen und verfahrensmäßigen Anteil die Landschaftsrahmenplanung also an der Ausweisung von Schutzgebieten haben soll[67]. Diese Frage braucht hier rechtlich nicht weiter analysiert zu werden. Das Beispiel zeigt aber anschaulich die Defizite in der Regelung der Abstimmung zwischen den Naturschutzinstrumenten: Die Länder begnügen sich mit globalen Aufgabenumschreibungen und überlassen die notwendigen Abgrenzungen und Koordinationsmodalitäten der Planungspraxis.

4. Weiterentwicklungen

Einen exemplarischen Ansatz zur Deckung des aufgezeigten Abstimmungsbedarfs und damit auch zur Verbreiterung der landschaftsplanerischen Aufgaben hat jedoch die hessische Planungspraxis auf örtlicher Ebene entwickelt. Das hessische Naturschutzgesetz geht allerdings auch nicht anders vor als andere Naturschutzgesetze. Pauschal wird der Landschaftsplanung die Aufgabe übertragen, "die örtlichen Erfordernisse und Maßnahmen zur Verwirklichung der Ziele des Naturschutzes und der Landschaftspflege" darzustellen[68]. Wegen der Planungszuständigkeit der Kommunen[69] ist dieser Planungsauftrag wie oben auch einschränkend auszulegen: Die örtliche Landschaftsplanung dient zunächst nur der Entwicklung der *kommunalen* Naturschutzvorstellungen, sie braucht nicht notwendig auch die *naturschutzbehördlichen* Ziele zu formulieren. Die bereits angesprochene hessische Verwaltungs-, respektive: Aufsichtspraxis[70] geht allerdings in diesem Punkt über den rechtlichen Auftrag

---

[65] Genaue Regelungen trifft nur Nordrhein-Westfalen, dazu oben S. 59 ff.

[66] So in Bayern, Hessen, Niedersachsen (nur National- und Naturparks) und Rheinland-Pfalz.

[67] So die Kritik von *Stich*, in: Aktuelle Probleme der Landesplanung in Baden-Württemberg, S. 30 f.

[68] § 4 Abs. 1 HENatG.

[69] § 4 Abs. 1 HENatG.

[70] Dazu oben S. 147 f.

hinaus. Sie erblickt in der örtlichen Landschaftsplanung das umfassende Planungsinstrument für den Naturschutz, gleich, wer jeweils den Planvollzug betreibt[71]. Das wichtigste Vehikel zur Umsetzung dieses Planungsverständnisses ist die bereits erwähnte Arbeitsgruppe der Vertreter der "grünen Träger öffentlicher Belange"[72]. Zusammengesetzt aus dem Amt für Landwirtschaft und Landesentwicklung, dem Forstamt, dem Wasserwirtschaftsamt und der federführenden unteren Naturschutzbehörde, begleitet sie in gemeinsamen Beratungen mit der Gemeinde und deren Landschaftsplaner das Planaufstellungsverfahren. Ihre Funktion ist in der Entwicklung begriffen. Zunächst stand das Korrektivelement im Vordergrund: gegenüber den politischen Interessen der Gemeinde fachliche Belange zur Geltung zu bringen. Bedeutsam ist nunmehr aber auch die Koordinationsfunktion, der Abgleich der naturschutzrelevanten Maßnahmen der Mitglieder und der Gemeinden. Grundlage dafür ist die im Erlaß vom 12.10.1982[73] getroffene Vorgabe, daß die Mitglieder der Arbeitsgruppe die Gemeinde über ihre jeweiligen für den Landschaftsplan relevanten Planungen und Maßnahmen informieren sollen[74]. Weil die Sitzungen der Arbeitsgruppe in der Regel nicht nur zu informatorischen Zwecken, sondern auch zur Aushandlung der verschiedenen Positionen genutzt werden, kommt es in der Praxis häufig auch zu einer Abstimmung über diese Vorhaben. Mitunter hat sich die Arbeitsgruppe in dieser Funktion auch schon von dem Aufstellungsverfahren des Landschaftsplans abgekoppelt und berät regelmäßig alle naturschutzrelevanten Vorhaben, auch aus dem Bereich der Eingriffsregelung[75].

Davon profitiert auch die Abstimmung zwischen naturschutzbehördlichen und kommunalen Naturschutzmaßnahmen. Denn dieser Organsiationsmodus wirkt in bedeutsamer Weise der oben[76] hervorgehobenen Zuständigkeitsaufspaltung zwischen diesen beiden Naturschutzakteuren entgegen. Hier können die Gemeinde und die Naturschutzbehörde ihre naturschutzbezogenen Konzep-

---

[71] Vgl. dazu den gemeinsamen Erlaß des Hessischen Ministers für Landesentwicklung, Umwelt, Landwirtschaft und Forsten und des Hessischen Ministers des Inneren vom 12.10.1982, StAnz. S. 1977, verlängert und geringfügig modifiziert durch Erlasse vom 03.12.1992 und 23.12.1992, StAnz. 1992, S. 3317 und StAnz. 1993, 177, Ziffer 2.1. Danach soll der Landschaftsplan neben solchen Inhalten, die sich unmittelbar auf kommunale Maßnahmen beziehen – etwa auf die Erschließung von Baugebieten, auf die Ausweisung von Grünflächen oder die Anlage von Radwegen – auch engere naturschutzfachliche Inhalte aufnehmen: Aussagen zu Schutzausweisungen oder zu Teilen von Natur und Landschaft, in denen Eingriffe nach § 5 HENatG unterbleiben sollen oder die Planung von Maßnahmen des Biotop- und Artenschutzes.

[72] So die prägnante Formulierung im Bericht "Erfahrungen aus einer technischen Landesdienststelle in Hessen", in: *Stich/Porger/Steinebach*, (Fn. 43), S. 127.

[73] Fn. 71.

[74] Ziffer 5.

[75] So der Bericht "Erfahrungen aus einer technischen Landesdienststelle in Hessen" (Fn. 72), S. 127.

[76] S. 135 ff.

tionen gemeinsam, in einem Planungszugriff entwickeln und abstimmen; die Frage der Planungszuständigkeit ist zwar nicht obsolet, aber sie wiegt weniger schwer. In das Planungsverfahren gehen nicht nur kommunale, sondern auch staatliche Vorstellungen ein: Beide im örtlichen Bereich tätigen Träger fachlicher Maßnahmen sind am Planaufstellungsverfahren beteiligt; die kompetentielle und damit auch fachliche Basis des Landschaftsplans ist verbreitert. Zwar wirken auch "einfache" Verfahrensregeln, wirkt auch die in allen Ländern vorgesehene Anhörung der Naturschutzbehörde bei der Aufstellung des Landschaftsplans in dieselbe Richtung. Hier kommt aber eine zusätzliche Verstetigung, eine institutionelle Verfestigung der Abstimmungsbeziehungen zwischen Kommune und Naturschutzbehörde hinzu. Das zeigt gerade die in der Praxis zu beobachtende Tendenz zu einem turnusmäßigen Zusammentreten der Arbeitsgruppe: Die Landschaftsplanung ist dort auf dem Weg zu einer breiten, *beide* relevanter Naturschutzakteure umfassenden Planung.

IV. Das Verhältnis zu den Eingriffsplanungen

Ist trotz der Schwierigkeiten im Verhältnis zwischen der Landschaftsplanung und den Naturschutzfachplanungen noch eine konvergente Interessenlage gegeben, so sind die Beziehungen der Landschaftsplanung zu den Fachplanungen, die im Sinn des § 8 BNatSchG Eingriffe in Natur und Landschaft betreiben (im folgenden: Eingriffsplanungen), schon im Ansatz spannungsgeladen. Denn hier sind die Interessen bereits am Ausgangspunkt kontrovers: Die Landschaftsplanung sucht Restriktionen für die weitere Inanspruchnahme der natürlichen Ressourcen zu begründen; die Eingriffsplanungen müssen ihre Vorhaben regelmäßig unter Hintanstellung von Naturschutzanforderungen installieren. Gerade hier entscheidet sich aber für den Naturschutz Wesentliches: Die Flurbereinigung hat entscheidenden Anteil am dramatischen Rückgang der Arten[1]; der Straßenbau trägt zum Flächenverbrauch bei und verinselt Lebensräume[2]; der Wasserbau zieht häufig, wie das Beispiel des Rhein-Main-Donau-Kanals zeigt, trotz aller Naturschutzbemühungen gewaltige Eingriffe in das Naturgefüge nach sich[3]. Trotz der zu erwartenden Probleme richten sich deshalb Hoff-

---

[1] Ausführlich dazu: Der Rat von Sachverständigen für Umweltfragen, Umweltprobleme der Landwirtschaft, S. 163 ff. Vgl. auch die Angaben in Tab. 11 bei *Sukopp/Trautmann/ Korneck*, Auswertung der Roten Liste der gefährdeten Farn- und Blütenpflanzen in der Bundesrepublik Deutschland für den Arten- und Biotopschutz, S. 108.

[2] Vgl. dazu und zu anderen Auswirkungen des Straßenbaus *Mader*, Der Konflikt Straße – Tierwelt aus ökologischer Sicht; dort zur Verinselungsproblematik S. 28 ff. und S. 32 ff.

[3] Eine anschauliche Demonstration bieten die Beiträge in *Brix* (Hrsg.), Main-Donau-Kanal, Ersatzlandschaft im Altmühltal.

nungen auch auf die Landschaftsplanung: Als "querschnittsorientierter Beitrag zu den Fachplanungen"[4] soll sie für die Wahrung der Naturschutzbelange auch bei fachplanerischen Maßnahmen sorgen.

Welche Rolle sie bei der Bewältigung der angerissenen Probleme im Verhältnis zwischen Naturschutz und Naturnutzung tatsächlich spielt und spielen kann, ist allerdings weithin ungeklärt. Die Fachliteratur erarbeitet vor allem Modellstudien, die zeigen sollen, wie bei der Beurteilung von Eingriffen im Rahmen der Landschaftsplanung methodisch vorzugehen ist[5]. Das juristische Schrifttum begnügt sich mit der meist pauschalen Feststellung, daß die Landschaftsplanung eben auch auf Fachverwaltungen Einfluß nehmen solle[6]. Allerdings kommen diese Defizite nicht von ungefähr. Denn die Konflikte zwischen Naturschutz und den Fachverwaltungen werden inzwischen vorwiegend auf anderen Schauplätzen ausgetragen. Viel von der ursprünglich der Landschaftsplanung zugedachten Funktion ist heute anderen Verfahren zugewachsen: der Eingriffsregelung des Naturschutzrechts und der Umweltverträglichkeitsprüfung. Beide Instrumente sind jeweils "tatnäher"; sie konzentrieren sich auf die Überprüfung und naturschutz- bzw. umweltgerechte Einbindung einzelner Vorhaben mit bekannten Anforderungen an Natur und Landschaft und haben deshalb einen Praktikabilitätsvorsprung vor der Landschaftsplanung. Verständlich deshalb, daß Literatur und Fachwissenschaft vor allem den Fragen nachgehen, die sich mit diesen Verfahren verbinden[7] und sich weniger mit den Aufgaben der vorgeschalteten Landschaftsplanung befassen.

---

[4] So die gängige Formulierung der Fachliteratur: *Olschowy*, in: *ders.* (Hrsg.), Natur- und Umweltschutz in der Bundesrepublik Deutschland, S. 820; *Buchwald*, in: *Buchwald/ Engelhardt* (Hrsg.), Handbuch für Planung, Gestaltung und Schutz der Umwelt, Bd. 3, S. 28; Inhalte und Verfahrensweisen der Landschaftsplanung, S. 7.

[5] So etwa *Kiemstedt/Wirz*, Landschaft + Stadt 1981, S. 173 ff.

[6] *Ebersbach*, Rechtliche Aspekte des Landverbrauchs am ökologisch falschen Platz, S. 255; *Gerschlauer*, DVBl. 1979, S. 604; *Hendler*, NuR 1981, S. 42; *Diemer*, Naturschutz als kommunale Aufgabe, S. 53;

[7] Die Diskussion um die naturschutzrechtliche Eingriffsregelung betrifft neben der Auslegung des Eingriffstatbestands und der Frage der Ausgleichbarkeit von Eingriffen vor allem die (bundes)-rechtliche Zulässigkeit von Ersatzmaßnahmen (Maßnahmen im nicht unmittelbaren räumlichen und funktionellen Zusammenhang des Eingriffs) und die Zulässigkeit von Ausgleichsabgaben (Abgaben, die erhoben werden, wenn Ausgleich und Ersatz nicht möglich sind). Vgl. aus dem zahlreichen Schrifttum zur Eingriffsregelung *Breuer*, NuR 1980, S. 89 ff.; *Schroeter*, DVBl. 1979, S. 14 ff.; *Gassner*, NuR 1985, S. 180 ff.; *Ronellenfitsch* NuR 1986, S. 284 ff.; *Schultze*, NuR 1986, S. 106 ff. und S. 161 ff. Vgl. zur Umweltverträglichkeitsprüfung *Erbguth/Schink*, UVPG, Kommentar und *Gassner/Winkelbrandt*, Umweltverträglichkeitsprüfung in der Praxis. Vgl. auch noch die Literatur im Anschluß an die EG-UVP-Richtlinie; ausführlich dazu *Cupei*, Umweltverträglichkeitsprüfung (UVP); vgl. auch *ders.*, NuR 1985, S. 297 ff.; *Bunge*, Die Umweltverträglichkeitsprüfung im Verwaltungsverfahren; *Bartlsperger*, DVBl. 1987, S. 1 ff.; *Carlsen*, NuR 1984, S. 48 ff.; Umweltverträglichkeitsprüfung für raumbezogene Planungen und Vorhaben; *Erbguth/Schoeneberg*, WiVerw. 1985, S. 102 ff.

Auch hier braucht diese Vorlauffunktion nicht in jedem Detail ausgeleuchtet werden; der Rahmen wäre auch gesprengt, sollte für jede Fachplanung auf jeder Planungsebene in jedem Bundesland gesondert analysiert werden, welchen Stellenwert die Landschaftsplanung bei der Bewältigung der hier interessierenden Probleme einnimmt. Für den hier verfolgten Zweck reicht es aus, die typischen Vorbereitungsleistungen der Landschaftsplanung für die Kontrolle von Eingriffen in Natur und Landschaft zu klären und exemplarisch nachzuweisen.

1. Die eingriffsbezogenen Planungsleistungen der Landschaftsplanung

a) Die überörtlichen Ebenen

War oben unter III festzustellen, daß die vorherrschende Orientierung der Landschaftsplanung auf die Vorbereitung der gesamträumlichen Planungen auf überörtlicher Ebene den fachbezogenen Planungsvorlauf nicht notwendig unterstützt, so gilt entsprechendes grundsätzlich auch für die Eingriffskontrolle. Wiederum ist ein Spannungsverhältnis zwischen den beiden Aufgabenpolen zu beobachten, ausgelöst durch die unterschiedlichen Planungsperspektiven von gesamträumlicher Planung einerseits und der Eingriffskontrolle andererseits: Gesamträumliche Planung, auf übergeordnete und zusammenfassende Planung verpflichtet, benötigt aggregierte Daten und Vorgaben; die Beurteilung eines Eingriffes in Natur und Landschaft setzt die detailgenaue Kenntnis der jeweiligen ökologischen Situation voraus, die im Zuge des Eingriffs verändert wird. Wiederum ergeben sich daraus unterschiedliche Anforderungsprofile an die vorbereitende Landschaftsplanung: Gesamträumliche Planung braucht Unterstützung in Form zusammengeführter Daten, muß widerstreitende Nutzungsinteressen in aggregierter Form zum Ausgleich bringen; der Eingriffsvorlauf bedarf detaillierter fachlicher Erhebungen, muß konkrete Konflikte abschichten.

aa) Naturschutzorientierte Landschaftsplanung

Vor dieser Aufgabencharakteristik scheint das – allerdings auf überörtlicher Ebene alleine in Niedersachsen eingeführte[8] – naturschutzorientierte Aufgabenmodell für die Unterstützung eingriffskontrollierender Maßnahmen günstige Voraussetzungen zu bieten: Da die Landschaftsplanung hier ohnehin mit der detailgerichteten Perspektive der engeren fachlichen Aufgabenwahrnehmung tätig ist, ist sie eher in der Lage, die erforderliche Detailnähe für die Probleme der Eingriffskontrolle aufzubringen.

---

[8] Vgl. oben S. 111 ff.

Offenkundig wirft aber auch diese Aufgabenkombination Kapazitätsprobleme auf. Das niedersächsische Naturschutzgesetz setzt jedenfalls den Schwerpunkt alleine auf die Vorbereitung der engeren Naturschutzmaßnahmen. Während nämlich in § 5 Abs. 2 Nr. 2 und 3 Nds. NatSchG im einzelnen festgelegt ist, daß die Landschaftsrahmenplanung die schutzwürdigen Teile von Natur und Landschaft im Sinne der Schutzausweisungen und die erforderlichen Pflegemaßnahmen zu bestimmen hat, werden eingriffbezogene Planinhalte in § 5 Abs. 2 Nr. 3 Nds. NatSchG nur am Rande erwähnt. Entsprechend ist auch die Umsetzung in der Richtlinie zur Landschaftsrahmenplanung und dem Gliederungsschema für Landschaftsrahmenpläne[9]. Ausführlich sind dort in sieben Gliederungspunkten die einzelnen fachbezogenen Inhalte der Landschaftsrahmenpläne aufgeschlüsselt, während die "Anforderungen des Naturschutzes und der Landschaftspflege an andere Nutzungen"[10] nur einen relativ geringen Stellenwert einnehmen.

bb) Gesamtplanungsorientierte Landschaftsplanung

Sind also die eingriffsbezogenen Inhalte im überörtlichen naturschutzorientierten Aufgabenmodell sehr beschränkt, so gilt dies ebenso für die andere Planungsvariante, die im Schwerpunkt auf die Unterstützung eines Planungsträgers konzentriert ist: die Landschaftsplanung, der nur die Vorbereitung der gesamträumlichen Planung übertragen und die nach dem Modell der Primärintegration organisiert ist[11]. Auch hier wirkt die bei diesem Organisationsmodus notwendige, bereits erläuterte Beschränkung auf landesplanerische Festsetzungskategorien begrenzend: Die Landschaftsplanung kann nicht jede vorstellbare Restriktion zu Lasten von Eingriffsplanungen über die Pläne der Landes- oder Regionalplanung transportieren, sondern muß sich mit der spezifisch landes- oder regionalplanerischen "Sprache"[12] begnügen[13].

---

[9] Nds. MBl. 1983, S. 57.

[10] So die Überschrift zu Ziffer 8 im Gliederungsschema für den Landschaftsrahmenplan (Fn. 9).

[11] Vgl. die Nachweise oben S. 71, Fn. 13.

[12] So die treffende Kennzeichnung von *Wahl*, in: Umweltplanungen und ihre Weiterentwicklungen, S. 47.

[13] Vgl. zu den generellen Auswirkungen dieser Beschränkung die Ausführungen zu dem entsprechendem Problem im Verhältnis zwischen Landschaftsplanung und Naturschutzfachplanung oben S. 154 ff. Typische eingriffsbezogene Festsetzungselemente der Landes- und Regionalplanung sind dargestellt oben S. 108 f.

cc) Adressatenübergreifende Landschaftsplanung

Eine andere Ausgangsbasis haben auch eingriffskontrollierende und -restringierende Festsetzungen im Rahmen der überörtlichen Landschaftsplanung dort, wo die Aufstellung eines eigenständigen Landschaftsplans vorgesehen ist[14]. Hier sind formal alle Voraussetzungen eröffnet, um die nach der typischen Aufgabenklausel "Darstellung der überörtlichen Erfordernisse und Maßnahmen zur Verwirklichung der Ziele des Naturschutzes und der Landschaftspflege"[15] gebotenen Festsetzungen zur Beurteilung von Eingriffen in Natur und Landschaft treffen zu können. Beauftragt ist die Landschaftsplanung danach mit einer vorbereitenden Aufbereitung und Darstellung der Naturschutzanforderungen, die aus überörtlicher Sicht zur Beurteilung von Eingriffen in Natur und Landschaft notwendig sind.

Wie schwer indessen der Planungspraxis die Umsetzung dieses Auftrags fällt, zeigt sich exemplarisch an der schon mehrfach herausgegriffenen schleswig-holsteinischen Landschaftsrahmenplanung. Obwohl sie eine besondere Bearbeitungsbreite aufweist, sind auch bei ihr nur wenige Aussagen zu einigen ausgewählten Vorhaben bzw. Maßnahmen anderer Fachverwaltungen getroffen: zur Nutzung von Lagerstätten, zu forst- und wasserwirtschaftlichen Maßnahmen und zu einzelnen Aspekten baulicher Entwicklung[16], wobei allerdings die Darstellungen zu diesem Punkt über die typische regionalplanerische Siedlungssteuerung mit Grünzonen nicht hinausgehen[17]. Eine vollständige Überprüfung aller möglichen fachlichen Vorhaben ist also nicht gegeben: Offenkundig wäre die Landschaftsplanung überlastet, wollte sie neben den engeren fachlichen Fragen des Naturschutzes und den Problemen der gesamträumlichen Planung auch jeden Nutzungskonflikt im Rahmen anderer fachlicher Maßnahmen bearbeiten.

b) Die örtliche Ebene

Eine uneingeschränkte und vollständige Überprüfung von Eingriffen in Natur und Landschaft findet auch auf örtlicher Ebene nicht statt. Zwar sind nach der in nahezu allen Ländern geltenden Generalklausel "örtliche Erforder-

---

[14] S. dazu die Nachweise oben S. 71, Fn. 11 und Fn. 12.

[15] So die in der Sache von den Ländern übernommene Aufgabenklausel in § 5 Abs. 1 BNatSchG.

[16] So etwa im Landschaftsrahmenplan Plön, 1984 herausgegeben vom Minister für Ernährung, Landwirtschaft und Forsten, Ziffern 4.3.1. – 4.3.4.

[17] Landschaftsrahmenplan Plön (Fn. 16), Ziffer 4.3.2.

nisse des Naturschutzes und der Landschaftspflege"[18] auch die Restriktionen für Eingriffe in Natur und Landschaft im Landschaftsplan darzustellen. Abgesehen davon, daß dabei wiederum der Form der unselbständigen Landschaftsplanung durch den Katalog der zulässigen Inhalte der Bauleitpläne rechtliche Grenzen gezogen sind[19], ist aber auch hier die besondere örtliche Zuständigkeitsregelung zu beachten.

Daraus folgt nichts anderes, als oben festgestellt[20]. Weil die Länder die Kommunen und nicht die Naturschutzverwaltung als Planungsträger berufen haben, muß auch das eingriffsbezogene Element des Planungsauftrags im Rahmen der kommunalen Planungskapazitäten und des kommunalen Entscheidungsmandats gesehen werden. Auch eingriffsbezogene Planung ist deshalb im Rahmen der örtlichen Landschaftsplanung vor allem ein Instrument der *kommunalen* Eingriffskontrolle. Sie muß nicht alle aus fachlicher Sicht interessanten Projekte analysieren und bewerten, sondern kann sich auf das beschränken, was aus kommunaler Warte, für die kommunalen Naturschutzinteressen also, von Belang ist.

2. Das Verhältnis zur Eingriffsregelung

Ist damit für die verschiedenen Planungsebenen und -modelle der je unterschiedliche Rahmen der vorlaufenden landschaftsplanerischen Eingriffskontrolle abgesteckt, so ist weiterhin zu untersuchen, welche Folgen sich für die eingriffsbezogene Landschaftsplanung aus der Eingriffsregelung des Naturschutzrechts ergeben. Welchen Einfluß hat die von diesem Vorschriftenkomplex – § 8 BNatSchG und den entsprechenden Regelungen der Länder[21] – installierte unmittelbar projektbezogene Naturschutzverträglichkeitsprüfung auf die Aufgaben der Landschaftsplanung?

a) Die Verfahrenselemente der Eingriffsregelung

Der umfassende Überprüfungs- und Planungsauftrag der Eingriffsregelung tritt in den gesetzlichen Verfahrensbestimmungen nicht explizit hervor. Aus-

[18] So die Aufgabennorm in § 6 Abs. 1 BNatSchG.

[19] Dazu ausführlich oben S. 123 ff. und S. 132 ff.

[20] S. 157 ff.

[21] §§ 10 – 15 NatSchG BW; §§ 10 – 18 BdgNatSchG; Art. 6 – 6 b BayNatSchG; §§ 5 – 7 HENatG; §§ 7 – 15 Nds. NatSchG; §§ 4 – 6 LG NW; §§ 4 – 6 LPflG R.-Pf.; §§ 10 – 15 SNG; §§ 8 – 11 SächsNatSchG; §§ 8 – 15 NatSchG LSA; §§ 7 – 10 LPflegG Schl.-H.; §§ 6 – 10 VorlThürNatG.

drücklich eingeführt ist nur der landschaftspflegerische Begleitplan[22], der nach der Legaldefinition des § 8 Abs. 4 BNatSchG (nur) zur Aufgabe hat, "die zum Ausgleich des Eingriffs erforderlichen Maßnahmen des Naturschutzes und der Landschaftspflege im einzelnen ... in Text und Karte darzustellen." Seine Aufstellung erfolgt also erst nach der Entscheidung über die grundsätzliche Zulässigkeit des Eingriffs; er bereitet dem Wortlaut nach diese Entscheidung nicht vor, sondern setzt sie voraus. Der landschaftspflegerische Begleitplan ist deshalb zutreffend als "Kompensationsplan"[23] bezeichnet worden: Er beschränkt sich auf die Anordnung der notwendigen Ausgleichs- oder Ersatzmaßnahmen[24] und verzichtet auf grundsätzliche Erwägungen über die Zulässigkeit oder Unzulässigkeit der zugrundeliegenden fachplanerischen Maßnahmen.

Daraus folgt aber nicht, daß auf solche Überlegungen überhaupt verzichtet werden könnte. Im Gegenteil: Sie sind in der Rahmenregelung des § 8 Abs. 2 und 3 BNatSchG und auch im rechtsstaatlichen Abwägungsgebot[25] ausdrücklich angeordnet, ohne allerdings eine ähnliche verfahrensrechtliche Ausgestaltung zu erhalten, wie sie die Kompensationsplanung im landschaftspflegerischen Begleitplan erfährt. Der Katalog der rechtlich gebotenen Vorprüfungsmaßnahmen ist umfangreich: Der Entscheidung über die Zulässigkeit des Eingriffs muß eine eingehende Tatsachenuntersuchung vorausgehen, die den gegenwärtigen Zustand von Natur und Landschaft zu erheben, die von dem Eingriff verursachten Beeinträchtigungen festzustellen und die Ausgleichbarkeit der Folgen zu untersuchen hat[26]. Auch ist jeweils zu überlegen, ob die Eingriffsfolgen "vermeidbar" im Sinn des § 8 Abs. 2 BNatSchG sind[27]; bei Trassenfestlegungen müssen deshalb gegebenenfalls auch alternative und weniger belastende Lösungen untersucht werden[28]. Und schließlich zeitigen die Eingriffsregelung und das Abwägungsgebot Vorwirkungen in gestuften Verfahren: Auch bei behördeninternen Vorplanungen, etwa der Linienbestimmung des Bundesministers für Verkehr nach § 16 Abs. 1 FStrG, sind frühzeitig[29] Überle-

---

[22] Zu seinen Aufgaben eingehend *Kuschnerus*, DVBl. 1986, S. 75 ff.

[23] *Kuschnerus* (Fn. 22), S. 77.

[24] Zum Streit über die Zulässigkeit von Ersatzmaßnahmen vgl. die oben in Fn. 7 Genannten.

[25] Grundlegend: BVerwGE 34, 301 (304 ff.). Aus dem umfangreichen Schrifttum vgl. insbesondere *Hoppe*; DVBl. 1977, S. 136 ff.; *ders.*, Jura 1979, S. 133 ff; *Weyreuther*, BauR 1977, S. 293 ff., jeweils m.w.N.

[26] *Paetow*, NuR 1986, S. 148.

[27] Dazu *Breuer* (Fn. 7), S. 93.

[28] *Breuer* (Fn. 7), S. 93.

[29] Vgl. § 3 Abs. 2 BNatSchG.

gungen über die möglichst schonende Inanspruchnahme von Natur und Landschaft anzustellen[30].

Auch wenn die den Fachverwaltungen[31] im "Huckepackverfahren"[32] auferlegten materiellrechtlichen Anforderungen bis jetzt[33] keine besondere verfahrensrechtliche Ausgestaltung erfahren haben, so kann deshalb doch kein Zweifel daran bestehen, daß sie der Sache nach eine umfassende projektbegleitende Naturschutzplanung etabliert haben. Naturschutz darf sich verfahrensmäßig nicht auf die gesetzlich definierten Inhalte und Aufgaben des landschaftspflegerischen *Begleitplans* beschränken, sondern muß während des gesamten Fachplanungsverfahrens, von der Eingriffsprüfung bis hin zur Eingriffskompensation, in einer umfassenden Naturschutzverträglichkeitsprüfung hervortreten, die im folgenden als landschaftspflegerische Eingriffskontrolle bezeichnet werden soll. Dabei können hier die einzelnen Organisationsmodalitäten dahinstehen, die die Praxis hierfür entwickelt hat; kann offen bleiben, ob sie in einem einheitlichen projektbegleitenden Verfahren durchgeführt wird oder ob sie in verschiedene Planstufen aufgespalten ist. Denn das wirkt sich auf das Verhältnis der Landschaftsplanung zu dieser hier als einheitliche Funktion gedachten Planung nicht weiter aus. Wichtig und interessant ist alleine die Aufgabenbeziehung und -zuordnung zwischen den beiden Instrumenten: Welche Aufgaben verbleiben der Landschaftsplanung neben der landschaftspflegerischen Eingriffskontrolle?

b) Die Aufgaben der Landschaftsplanung neben dem Verfahren der Eingriffsregelung

Dazu bestehen unterschiedliche Vorstellungen. Die Begründung zum Entwurf des BNatSchG schreibt dem Landschaftsplan insoweit eine breite Funktion zu. Danach beschreibt er "die landschaftsstrukturelle Entwicklung in allen ihren Beziehungen zur nachhaltigen Sicherung der Leistungsfähigkeit des Naturhaushaltes, insbesondere bei Eingriffen in Natur und Landschaft, wie Kiesabbau, Ortserweiterungen, Bau von Industrieanlagen, Bau von Straßen und wasserwirtschaftlichen Maßnahmen"[34]. Ähnlich ist die Interpretation von *Carlsen*, der meint, die Landschaftsplanung sei als "eine materielle UVP aller bekannten Nutzungsansprüche im örtlichen Bereich vor der Aufstellung der

---

[30] *Gaentzsch*, NuR 1986, S. 95.

[31] § 8 Abs. 2 und 4 BNatSchG.

[32] *Carlsen* (Fn. 7), S. 50, *Gassner*, NuR 1984, S. 81, *Cupei* (Fn. 7), S. 267.

[33] Einen interessanten Verfahrensvorschlag hat in diesem Zusammenhang der Arbeitskreis Europäische Integration e. V. gemacht, der bei *Cupei* (Fn. 7), S. 305 im Wortlaut mitgeteilt ist.

[34] BT/Drs. 7/5251, S. 7.

Bauleitpläne" angelegt[35]. Demgegenüber vertritt *Gassner* eine engere Auffassung. Er möchte von der Landschaftsplanung nur die wesentlichen Kriterien und Maßstäbe zur Beurteilung von Eingriffsfolgen und ihrer Ausgleichbarkeit festgelegt, nicht aber eine Eingiffskontrolle selbst vorgenommen sehen[36].

Vor dieser Kontroverse trifft das Landesrecht konkrete Regelungen zunächst nicht. Eine Ausnahme bildet lediglich Hessen, das in der Aufgabenbestimmung für die hessische regionale Landschafts(rahmen)planung beispielhaft der von *Gassner* vorgezeichneten Linie folgt. Hier ist die Ausweisung der Bereiche vorgeschrieben, "in denen Eingriffe in Natur und Landschaft nach § 5 unterbleiben sollen."[37] Ansonsten ergibt sich die Aufgabenverteilung aber aus der schon oben in anderem Zusammenhang[38] behandelten Erforderlichkeitsklausel, die in den meisten landesrechtlichen Aufgabennormen die landschaftsplanerischen Aufgaben reguliert. Danach hat die Landschaftsplanung die Darstellungen zu treffen, die zur Verwirklichung der Ziele des Naturschutzes und der Landschaftspflege *erforderlich* sind[39]. Sie braucht Naturschutzanforderungen also nur in dem Maße und Umfang zur Geltung zu bringen, als sie nicht auf andere Weise, in anderen Verfahren oder durch andere Instrumente, Beachtung erlangen; sie kann sich auf das beschränken, was andere Verfahren nicht leisten. Auch im Verhältnis zur landschaftspflegerischen Eingriffskontrolle ist sie daher in eine Vorbereitungsfunktion eingewiesen: Sie muß die Naturschutzfestsetzungen treffen, die von der eigentlichen projektbegleitenden Planung nicht getroffen werden können. Nichts anderes fordert im übrigen das BNatSchG: Zwar erweckt die zitierte Begründung zu § 6 BNatSchG den Eindruck, als sei die Landschaftsplanung als eine umfassende Eingriffskontrolle konzipiert. Aber zum einen kommt diese Intention in der maßgeblichen Vorschrift selbst nicht zum Ausdruck, weil auch sie die Aufgaben der Landschaftsplanung auf das zur Verwirklichung der Naturschutzziele Erforderliche beschränkt[40]. Und zum anderen betonen auch die Materialien die bloß vorbereitende Funktion der Landschaftsplanung mit der Feststellung, der Landschafts-

---

[35] (Fn. 7), S. 49.

[36] (Fn. 32), S. 85.

[37] § 3 Abs. 2 Nr. 1 HENatG.

[38] S. 42 f.

[39] Art. 3 Abs. 1 Nr. 1 und 2, 3 Abs. 2 BayNatSchG; § 4 Abs. 1 HENatG; §§ 4 Abs. 2, 5 Abs. 2 Nr. 4, 6 Nds. NatSchG; § 15 LG NW; §§ 16 Abs. 1, 17 Abs. 1 LPflG R.-Pf.; § 8 Abs. 1 SNG; §§ 5 Abs. 1, 6 Abs. 1 LPflegG Schl.-H.

[40] § 6 Abs. 1 BNatSchG.

plan sei "*Grundlage*[41] für die Durchführung einzelner Naturschutz- und Landschaftspflege-Maßnahmen"[42].

Carlsens extensive Interpretation kann demzufolge keine ungeteilte Zustimmung finden[43]. Entbehrlich wird jedenfalls die *Voll-* und *Detail*kontrolle der bekannten fachlichen Eingriffe in Natur und Landschaft sein, weil das Aufgabe der Eingriffskontrolle ist. Notwendig und im Sinne der Aufgabenklausel erforderlich wird nur eine Überprüfung unter solchen Aspekten sein, die im projektbegleitenden Verfahren selbst nicht ausreichend zur Geltung gelangen können. Hierzu rechnen zum einen Auswirkungen auf kommunale Naturschutzintentionen: inwieweit etwa eine geplante Verkehrstrasse die Verwirklichung eines kommunalen Biotopschutzkonzepts vereitelt. Und zum anderen kann die Landschaftsplanung auch dort Vorteile bringen, wo es um die Abschätzung von Summationsaspekten geht: wie sich die Umsetzung mehrerer Vorhaben auf das räumliche Naturgefüge auswirkt. Wo es nicht um solche Kontrolle geht, wird die Landschaftsplanung, wie *Gassner* richtig festgestellt hat, vor allem allgemeine Kriterien und Anforderungen für und an eventuelle projektbegleitende Begleitplanungen zu bestimmen haben: Die räumliche Bezeichnung der besonders empfindlichen Bereiche von Natur und Landschaft, die Feststellung besonders gefährdeter und schützenswerter Lebensräume oder einzelner bedrohter Arten und die daraus sich jeweils ergebenden Restriktionen und Forderungskataloge für fachliche Maßnahmen. Indem so die Bereiche unterschiedlicher naturräumlicher Sensibilität bezeichnet und wesentliche Naturschutzpostulate aufgestellt werden, kommt der Landschaftsplanung eine wichtige Vorsteuerungsfunktion für nachfolgende Eingriffsplanungen zu.

3. Verfahrensfragen

Diese Funktion verfahrensrechtlich abzusichern, ist hier von besonderer Relevanz. Da die Abstimmungen zwischen den Fachverwaltungen und dem Naturschutz typischerweise besonders konfliktgeneigt und -anfällig sind, haben leistungsfähige Verfahren eine große Bedeutung. Hier bewähren sich regelmäßig untergesetzliche "bilaterale" Verfahrensvereinbarungen zwischen den Ressorts, die auf die konkreten Bedürfnisse zwischen der Naturschutz- und den verschiedenen Fachverwaltungen besser reagieren können als allgemeine gesetzliche Beteiligungsvorschriften. Beispielhaft zeigt sich der wichtige Stellen-

---

41 Hervorhebung durch den Verf.

42 BT-Drs. 7/5251, S. 7.

43 So auch *Heidtmann*, NuR 1993, 70.

wert solcher Regelungen an der oben schon[44] angeführten baden-württembergischen Vereinbarung über Flurbereinigung und Naturschutz[45], die dem Landesamt für Flurbereinigung vorschreibt, sich vor der Anordnung von Flurbereinigungsverfahren mit der Naturschutzbehörde abzustimmen[46]. Da der Landschaftsplan zur Grundlage dieser Abstimmung gemacht[47] und bei unausräumbaren Divergenzen das Ministerium zu beteiligen ist[48], kommt den in diesem Bereich relevanten landschaftsplanerischen Inhalten eine beträchtliche Wirkung zu. Auch aus Sicht der Flurbereinigung ist es deshalb sinnvoller, sich schon vor Aufstellung des Landschaftsplans um eine Koordination zu bemühen, als sich auf die nachfolgende Abstimmung zu beschränken. Wie hier ist deshalb auch sonst mit solcherart Vorschriften eine Stärkung der landschaftsplanerischen *Wirkungen* verbunden: Die Landschaftsplanung enthält dann nicht nur Abwägungsmaterial, sondern bereits abgestimmte Zielvorstellungen mit Verbindlichkeitscharakter.

Ein anderes Verfahrensmuster zur Absicherung der eingriffsbezogenen Funktionen der Landschaftsplanung zeigt sich wiederum in der schon mehrfach dargestellten hessischen Arbeitsgruppe zur Begleitung der Landschaftsplanung. An ihr ist zweierlei interessant. Zum einen ist sie, im Gegensatz zu den eben gekennzeichneten Verfahrensregeln, "multilateral". Sie bezieht nicht nur je eine Fachverwaltung in die Abstimmung mit dem Naturschutz ein, sondern mehrere. Diese sind zwar sämtlich dem sogenannten "grünen Bereich"[49] zuzuordnen. Auch zwischen diesen Aufgabenzweigen, also der Land-, der Forst- und der Wasserwirtschaft auf der einen und dem Naturschutz auf der anderen Seite bestehen aber vielerlei Konflikte. Sie gemeinsam in einen Interessenausgleich mit dem Naturschutz einzuzwingen, bringt vor allem deshalb Vorteile, weil Kompromisse einer Fachverwaltung auch auf die Verhandlungsposition der anderen einwirken: Wenn die Wasserwirtschaft Interessen des Naturschutzes berücksichtigt, kann die Forstwirtschaft auf sie bezogene Forderungen schwerer abwehren. Der zweite Vorteil zeigt sich in einer institutionellen Verknüpfung zwischen der vorlaufenden und grundlegenden Landschaftsplanung auf der einen und der jeweiligen projektbezogenen Begleitplanung auf der anderen Seite. So hat es sich mittlerweile in der Praxis ergeben, daß die Arbeitsgruppe

---

[44] S. 75.

[45] Erlaß des Ministeriums für Ernährung, Landwirtschaft, Umwelt und Forsten vom 30.01.1986, GABl. S. 345.

[46] Ziffer 2.5.1. des Erlasses.

[47] Ziffer 2.5.1. des Erlasses.

[48] Ziffer 2.5.2. des Erlasses.

[49] So die plastische Formulierung in dem Bericht "Erfahrungen aus einer technischen Landesdienststelle in Hessen" in: *Stich/Porger/Steinebach*, Örtliche Landschaftsplanung und kommunale Bauleitplanung, S. 127.

nicht nur zur Abstimmung und Beratung des Landschaftsplans, sondern auch aus Anlaß von Eingriffsverfahren zusammentritt[50]. So erhält also *ein* Gremium *zwei* Funktionen: einerseits die Begleitung des Landschaftsplans, andererseits die Beratung über Eingriffe in Natur und Landschaft. Die hessische Praxis hat auf diese Weise eine höchst vorteilhafte Verklammerung der beiden grundlegenden naturschutzrechtlichen Planungsfunktionen gefunden, die es einerseits vermeidet, die Landschaftsplanung zu sehr mit konkreten projektbezogenen Prüfungen zu belasten und andererseits sicherstellt, daß diese dennoch nicht auf Grundvorgaben und -daten zu verzichten hat.

[50] So der Bericht "Erfahrungen aus einer technischen Landesdienststelle in Hessen" (Fn. 49), S. 127.

E. Bewertung und Ausblick

I. Nochmals: Die Grundprobleme bei der Einrichtung der Landschaftsplanung

Zusammenfassend bestätigt sich: Das Grundproblem einer aufgabenadäquaten Einrichtung der Landschaftsplanung liegt in der angemessenen Abschichtung der beträchtlichen Abstimmungsanforderungen, denen sich der Naturschutz gestellt sieht. Bei der Bewältigung dieses Koordinationsbedarfes kann zwar die Landschaftsplanung einen wichtigen Part übernehmen. Sie kann aber nicht alle Abstimmungsprozesse in einem Zugriff aufnehmen und verarbeiten: Sie droht sonst überfordert zu werden.

Im Ansatz wurde die Ursache solcher Überforderungstendenzen schon bei der Konzeption der Landschaftsplanung gesetzt. War sie Mitte der siebziger Jahre eingeführt worden, um das bis dahin alleine auf die Bewahrung besonders herausgehobener Teile von Natur und Landschaft ausgerichtete Naturschutzinstrumentarium zu erweitern und dem Naturschutz auch den Zugriff auf die Fläche zu ermöglichen, so begründete dies zugleich die Gefahr der hier beobachteten Überfrachtungserscheinungen. Sollte nämlich der erstmals in § 1 Abs. 1 Satz 1 BNatSchG ausdrücklich formulierte flächendeckende Geltungsanspruch des Naturschutzes instrumentell durch Landschaftsplanung und Eingriffsregelung abgesichert werden, so lag es nahe, die Landschaftsplanung als universales Planungsinstrument des Naturschutzes anzusehen, dessen Aufgabe die Aktivitäten aller naturschutzrelevanten Akteure überspannt. Anschaulich hat sich diese Sichtweise in der typischen Definition der Fachwissenschaft niedergeschlagen, die die Landschaftsplanung als "*das*" Planungsinstrument des Naturschutzes ansieht[1]: berufen, die gesamträumlichen Planungsinstanzen zu unterstützen, die Maßnahmen des Naturschutzes selbst zu konzipieren und nicht zuletzt die Kontrolle der vielen Maßnahmen anderer Fachverwaltungen, die zu Eingriffen in Natur und Landschaft führen, zu besorgen[2]. Und auch

---

[1] *Olschowy*, in: *ders.* (Hrsg.) Natur- und Umweltschutz in der Bundesrepublik Deutschland, S. 818; *Buchwald*, in: *Buchwald/Engelhardt* (Hrsg.), Handbuch für Planung, Gestaltung und Schutz der Umwelt, Bd. 3, S. 28; Inhalte und Verfahrensweisen der Landschaftsplanung, S. 6.

[2] *Olschowy* (Fn. 1), S. 819 f.; *Buchwald* (Fn. 1), S. 28; Inhalte und Verfahrensweisen der Landschaftsplanung, S. 7.

heute noch wirkt diese Vorstellung fort, wenn die Landschaftsplanung für viele noch immer ungelöste Naturschutz- und Umweltprobleme in der Bundesrepublik haftbar gemacht wird[3]: Wie so oft liegen auch hier Glanz und Elend der Planungseuphorie dicht beieinander.

Indessen zeigte sich, daß der mit dem breiten Aufgabenansatz verfolgten Zusammenführung der verschiedenen Koordinationsaufgaben Grenzen gesetzt sind. Tatsächlich ist zwar umfassende Koordination zur Verwirklichung der Naturschutzziele geboten. Naturschutz läßt sich nicht alleine in flächenmäßig wenigen Schutzgebieten verwirklichen, sondern muß in allen Verwaltungsbereichen Beachtung finden; der Querschnittscharakter der Aufgabe erfordert auch eine übergreifende Querschnittskoordination, wenn er nicht in isolierten Einzelaktivitäten verkümmern soll. Gerade die Vielzahl der betroffenen Akteure und die unterschiedliche Ausrichtung ihrer Aufgabenwahrnehmung macht aber andererseits die angestrebte Abstimmung schwierig, stellt die Landschaftsplanung und die sie tragenden Planungsinstanzen vor Kapazitätsprobleme.

Dabei haben sich in der Untersuchung vor allem zwei Faktoren als relevant erwiesen: Auf überörtlicher Ebene wirken die unterschiedlichen Planungsperspektiven der vor allem in *aggregierten* Zusammenhängen denkenden gesamträumlichen Planung und der vorwiegend mit *fachlich-detaillierten* Maßstäben arbeitenden Fachplanungen einem unbegrenzten Koordinationsanspruch entgegen[4]. Auf örtlicher Ebene ist das Auseinanderfallen der Planungszuständigkeiten wichtig. Weil die gemeindliche Bauleitplanung wie auch die gemeindlichen Naturschutzmaßnahmen am besten von kommunalen Instanzen vorbereitet werden, der fachliche, also staatliche Naturschutz aber (auch) einer Vorbereitung durch die staatliche Naturschutzverwaltung bedarf, fällt es schwer, beides in einem Zugriff durch eine Instanz bedienen zu lassen.

Die gesetzliche Einpassung der Landschaftsplanung in das räumliche Planungssystem steht also vor beträchtlichen Herausforderungen. Sie muß einerseits die Landschaftsplanung auf den breiten Kreis der Akteure einstellen, die je unter unterschiedlichen, spezialisierten Aspekten auf Natur und Landschaft zugreifen; sie muß durch geeignete Aufgabenzuweisungen, durch günstige Organisationsmodalitäten und durch die Herstellung konziser Ableitungsbeziehungen zwischen der Landschaftsplanung und den adressierten Planungsträgern

---

[3] So etwa der Bund Deutscher Landschaftsarchitekten, in: Zur Landschaftsplanung, S. 1, der der Landschaftsplanung Verantwortung und Mißerfolge vom fortschreitenden Landschaftsverbrauch bis hin zur zunehmenden Nitratbelastung des Grundwasser oder zur Bodenbelastung durch Schadstoffeintrag zuschreibt. Ähnlich auch *Mrass*, in: Zehn Jahre Bundesnaturschutzgesetz – Erfahrungen und Erfordernisse, S. 65.

[4] Dazu oben S. 93 ff.

eine möglichst breite Organisationsplattform zur Verwirklichung der Naturschutzziele installieren. Andererseits muß sie aber auch die Grenzen planerischer Integrationsbestrebungen im Auge behalten, muß sicherstellen, daß die Planungsinstanzen nicht überlastet und die Abstimmungsprozesse nicht so überfrachtet werden, daß die Planung an Effizienz verliert.

II. Zusammenfassend: Kennzeichen der gegenwärtigen Ausgestaltung der Landschaftsplanung in den Ländern

In dieser Situation zeigt das Recht der Landschaftsplanung drei wesentliche Kennzeichen: Erstens haben die Länder die Regelungsdichte gering gehalten, um zunächst der Planungspraxis Spielraum zu lassen. Zweitens haben sie eine Aufgabenabschichtung vorgenommen und der Landschaftsplanung überwiegend Vorbereitungsfunktionen für die gesamträumlichen Pläne zugewiesen. Und drittens schließlich haben sie mit ebenenspezifischen Organisationsregeln eine Anpassung an die Organisationsanforderungen der jeweiligen Planungsadressaten besorgt.

1. Geringe Regelungsdichte

Auffällig ist zunächst, daß die Regelungsdichte, also: die Konkretisierung des rechtlichen Status der Landschaftsplanung, überwiegend wenig intensiv und damit ein gehöriger Anteil an der *Entwicklung* des landschaftsplanerischen Instrumentariums der *Planungspraxis* übertragen ist.

Das betrifft vor allem die gesetzliche *Aufgabenbestimmung*. Ihre Umschreibung beschränkt sich im Landesrecht überwiegend auf die Klausel *Darstellung und Festsetzung des Erforderlichen zur Verwirklichung der Ziele des Naturschutzes und der Landschaftspflege*. Nähere Konkretisierungen dessen finden sich nur selten. Insbesondere hat das Landesrecht keine Planungselemente hervorgebracht, die vergleichbar den §§ 5 Abs. 2, 9 Abs. 1 BauGB den Inhalt der Landschaftspläne genau fixieren und damit zugleich eine zuverlässige Abschichtung zwischen den vorbereitenden Planungsleistungen der Landschaftsplanung und dem Gehalt der nachfolgenden verbindlichen Entscheidungsverfahren vornehmen würden.

Wenig konkret ist das Landesrecht auch bei der Bestimmung der Wirkungen der Landschaftsplanung im Verhältnis zu den verschiedenen Planungsadressaten. Zwar ist die Landschaftsplanung überwiegend als eine rechtlich unverbindliche Planung eingerichtet[1] und benötigt deshalb unter Rechtsschutzgesichtspunkten keine konkreten Bestimmungen über ihre Wirkungen. Unter Effizienzgesichtspunkten ist indessen auch bei einer unverbindlichen Planung eine konzise Einrichtung genau definierter Ableitungszusammenhänge von Vorteil[2].

2. Aufgabenschwerpunkt: Vorbereitung der Gesamtplanungen

Weiter wird trotz der typischerweise geringen Regelungsdichte jedenfalls in der Planungspraxis eine *Abschichtung* von Aufgaben der Landschaftsplanung vorgenommen und der Schwerpunkt ihrer Aufgaben überwiegend in der Unterstützung der *gesamträumlichen Planung* gesehen. Zwar gibt es auch weitergehende Ansätze. So – auf überörtlicher Ebene – die Landschaftsrahmenplanung Schleswig-Holsteins, die Elemente einer naturschutzfachlichen Planung mit einer gesamtplanungsbezogenen Planung koppelt[3]. Und – auf örtlicher Ebene – das in der hessischen Planungspraxis entwickelte Modell, das mit der Einrichtung einer verfahrensbegleitenden Arbeitsgruppe eine wesentliche Stütze einer über die gemeindlichen Aufgaben hinausreichenden Planung findet[4]. Zur Standardlösung ist diese Aufgabenorientierung aber bis jetzt nicht geworden. Und sie offenbart auch Schwächen. So vereint die schleswig-holsteinische Landschaftsrahmenplanung zwar naturschutzfachliche und gesamträumliche Elemente, sie trifft aber nur spärliche Festsetzungen zu den eingriffsverursachenden Planungen[5]. Und das hessische Aufgabenmodell ist von einer gewissen Labilität deshalb nicht frei, weil es in der Durchsetzung mehr auf dem "goodwill" der jeweils planenden Gemeinde als auf einer rechtlich gesicherten Aufgabenzuweisung und -verteilung im HENatG basiert[6].

Verbreitet ist dagegen eine *Spezialisierung*, die der Landschaftsplanung begrenztere Aufgaben zuweist. Zum Teil geschieht dies nach einem dezidiert *fachplanerischen* Konzept. Dort wird der Schwerpunkt der landschftsplanerischen Aufgabenwahrnehmung vom fachlichen Bedarf der *Naturschutzverwaltung* geprägt. Die Datenermittlung steht vorwiegend im Kontext der naturschutzbehördlichen Maßnahmen. Die Planung ist auf die Steuerung der nach-

---

[1] Zu den Wirkungsmechanismen der Landschaftsplanung oben S. 83 ff.

[2] Dazu oben S. 68.

[3] Dazu oben S. 113 ff.

[4] Dazu oben S. 147.

[5] So zum Beispiel im Landschaftsrahmenplan Dithmarschen/Steinburg, hrsg. vom Minister für Ernährung, Landwirtschaft und Forsten, Kiel 1984, unter der Ziffer 4.3 nur 6 von insgesamt 108 Seiten.

[6] Anschaulich insoweit der Praktikerbericht "Erfahrungen aus einem freien Planungsbüro in Hessen" in: *Stich/Porger/Steinebach*, Örtliche Landschaftsplanung und kommunale Bauleitplanung, S. 136 ff.

folgenden naturschutzbehördlichen Vollzugsmaßnahmen, von Schutzausweisungen und ähnlichem, gerichtet. Die Landschaftsplanung besorgt hier eine bessere Vorbereitung und Koordinierung der *fachlichen* Maßnahmen[7]. Allerdings ist diese Aufgabenausrichtung in den Ländern selten. Überwiegend und typischerweise setzen die Länder auf die Unterstützung der *gesamträumlichen* Planung. Dann hat die Landschaftsplanung die Naturschutzdaten zu ermitteln, zusammenzutragen und aufzubereiten, die im jeweiligen spezifisch *gesamtplanungsrechtlichen* Kontext von Belang sind. Die Planung muß Naturschutzkonzepte für und in gesamträumlichen Planungskategorien entwickeln. Sie soll im Rahmen der *Gesamtplanungen* für einen Ausgleich zwischen den Naturschutz- und den konkurrierenden Nutzungsinteressen sorgen[8].

3. Organisationsmodelle

Typisches zeigt sich zuletzt bei allen Unterschieden auch bei den landesrechtlichen *Organisationsformen*. Zwar begegnen auch hier drei Konzepte: die Zuständigkeit der Naturschutzverwaltung[9], die Aufstellung eines eigenständigen Plans durch die Träger der gesamträumlichen Planung[10] und die unmittelbare Einbeziehung der Landschaftsplanung in die gesamträumliche Planung unter Verzicht auf einen eigenständigen Plan, verantwortet ebenfalls vom Gesamtplanungsträger[11].

Indes wirken sich diese Unterschiede geringer aus, als vermutet werden könnte. Auffällige Gemeinsamkeit ist zunächst, daß mit Ausnahme der örtlichen Landschaftsplanung in Nordrhein-Westfalen alle Länder auf *örtlicher* Ebene die Landschaftsplanung in die Hände der *Kommunen* gelegt haben, also zumindest für diese Planungsebene der Organisationsbedarf der Landschaftsplanung einheitlich eingeschätzt wird. Das nordrhein-westfälische Konzept weicht insoweit ohnehin ab, nachdem dort auf örtlicher Ebene eine dezidiert fachliche Aufgabenausrichtung vorgenommen wurde und der Planungsvorlauf für die kommunalen Planungen deshalb reduziert ist. Größere Unterschiede bestehen auf den ersten Blick allerdings auf den *überörtlichen* Planungsebenen, wo alle drei Organisationsvarianten Verwendung finden. Indes haben sich auch hier Gemeinsamkeiten herausgebildet. Denn auch bei der in den Ländern vorherrschenden Orientierung auf eine *gesamtplanungsbezogene* Aufgabenausrichtung der Landschaftsplanung hat es sich auf überörtlicher Ebene als not-

---

[7] Dazu oben S. 59 ff.

[8] Ausführlich oben S. 63 ff.

[9] Vgl. oben S. 72 ff.

[10] Vgl. oben S. 76 ff.

[11] Vgl. oben S. 81 ff.

wendig erwiesen, die *Naturschutzverwaltung* federführend in die Planerstellung einzubeziehen. Viele Bundesländer haben deshalb auf überörtlicher Ebene schon im Gesetz die Zuständigkeit der Naturschutzverwaltung zur Planerstellung festgelegt[12]. Wo sie nicht so verfahren sind, sondern auch den überörtlichen Landschaftsplan der Verantwortung der Gesamtplanungsträger übertragen haben[13], haben sich in der Planungspraxis dennoch formelle oder informelle *Beiträge* der Naturschutzverwaltung herausgebildet, die der Sache nach einem von ihr erstellten überörtlichen Landschaftsplan *gleichkommen*[14]. Im Ergebnis sind damit jedenfalls im Bereich der *Zuständigkeit* für die Erarbeitung von Landschaftsplänen landesrechtliche Unterschiede weitgehend eingeebnet: Auf überörtlicher Ebene herrscht die Planerarbeitung der *Naturschutzverwaltung*, auf örtlicher Ebene die der *Gemeinden* vor. Als gewichtiger Unterschied in der Sache verbleibt deshalb nur, aber eben auch, die Frage, ob der Landschaftsplan als selbständiges Planwerk aufgestellt wird[15], oder ob die Landschaftsplanung ganz in dem gesamträumlichen Planwerk aufgeht[16, 17].

III. Landschaftsplanung gescheitert?

Mit dieser Ausgestaltung hat das Instrumentarium der Landschaftsplanung eine überwiegend skeptische Beurteilung erfahren. An prominenter Stelle in der Reihe der Kritiker[1] steht der *Rat von Sachverständigen für Umweltfragen*. Er hält die Bilanz der bisherigen Aktivitäten in der Landschaftsplanung trotz der aufwendigen Bestimmungen des Bundesnaturschutzgesetzes für "insgesamt enttäuschend"[2] und stellt fest, die Landschaftsplanung habe – neben der Eingriffsregelung – "praktisch keine Wirkung erzielt"[3]. Die kritische Einstellung gipfelt in der Feststellung: "So liegt der Eindruck nicht fern, als sei die Land-

---

[12] Vgl. die Nachweise oben S. 71, Fn. 11.

[13] Vgl. die Nachweise oben S. 71, Fn. 12 und 13.

[14] Vgl. oben S. 116 f. Darauf weist auch *Scharmer,* in: Integration der Landschaftsplanung in die Raumplanung, S. 199, hin.

[15] So im Fall der oben S. 71 in Fn. 11 und 12 nachgewiesen Landesregelungen.

[16] So bei den oben S. 71 in Fn. 13 nachgewiesen Landesregelungen.

[17] Das bewertet auch *Scharmer* (Fn. 14), S. 200, als den wesentlichen Unterschied im Organisationsrecht der Länder, der allerdings wegen der rechtlichen Unverbindlichkeit der Planinhalte auch selbständiger Planwerke materiell so gut wie folgenlos bleibe.

[1] Vgl. aus dem Schrifftum in letzter Zeit nur *Hübler*, UPR 1989, 121 ff.; *ders*., DÖV 1991, S. 85 ff.; *Pfeifer/Wagner*, DVBl. 1989, S. 789 f.; *Ramsauer*, NuR 1993, S. 108; *Gassner*, UPR 1988, S. 321; *Heidtmann*, NuR 1993, S. 70 ff. Moderate Kritik kommt auch von *Hoppe*, in: Naturschutz- und Landschaftspflegerecht im Wandel, S. 58 f.

[2] Der Rat von Sachverständigen für Umweltfragen, Umweltgutachten 1987, Tz. 410.

[3] Ebd. Tz. 458.

schaftsplanung 10 Jahre nach dem Inkrafttreten des BNatSchG ein bereits *gescheitertes* Vorhaben"[4]. Damit ist, wenn auch die dezidierte Kritik nicht von allen geteilt wird, ein allgemeines Unbehagen wiedergegeben. Überwiegend werden drei Defizite benannt: Bemängelt wird, daß die Planungsträger zuwenige Pläne aufstellen[5], daß die Planinhalte unzureichend sind[6] und daß insbesondere der Zustand von Natur und Landschaft auch nach der Einführung der Landschaftsplanung vor bald 20 Jahren noch immer keine Wende zum Besseren zeigt[7]. Auch die rechtliche Unverbindlichkeit der Landschaftsplanung wird beanstandet[8].

Solcher Tadel ist indes, jedenfalls in der von dem *Rat von Sachverständigen für Umweltfragen* geäußerten Schärfe, unberechtigt. Ihm ist zwar zuzugeben, daß die Naturschutzpraxis weit hinter den ehrgeizigen Zielen des Naturschutzrechts zurücksteht. Dieser Zustand ist aber nicht ohne weiteres dem Instrumentarium der Landschaftsplanung anzulasten. Solche Interpretation beachtet zu wenig die Aufgabenverteilung und Abschichtung unter und zwischen den verschiedenen rechtlichen Instrumenten, mit denen die naturschutzrechtlichen Ziele zur Geltung gebracht werden sollen. Exemplarisch erweist das eine von *Hahn*[9] prononciert vorgetragenen Kritik. Danach zeige sich das Unvermögen der *Landschaftsplanung*, die Ziele des Naturschutzes im Sinne des § 1 BNatSchG umzusetzen, an dem immer größer werdenden Gegensatz zwischen dem tatsächlichen Zustand von Natur und Landschaft und den Zielen des Naturschutzes[10]. Damit wird die Rolle der Landschaftsplanung überschätzt. Ebenso wie das breite fachwissenschaftliche Aufgabenverständnis von der Landschaftsplanung als *dem* Planungsinstrument des Naturschutzes in Gefahr steht, ihre Planungsprozesse zu überfordern, verführt ein zu weites Verständnis zu

---

[4] Ebd. Tz. 411.

[5] Zum Stand der Landschaftsplanung in den Ländern im Jahre 1984 vgl. *Stich/Porger/Steinebach*, Örtliche Landschaftsplanung und kommunale Bauleitplanung, S. 43 ff.; Zahlenmaterial bereitet auch auf *Hahn*, Das Recht der Landschaftsplanung, S. 202 ff. m.w.N. Kritisch insoweit auch *Pfeifer*, Landschaftsplanung und Bauleitplanung, S. 54; Defizite für die örtliche Planebene in Nordrhein-Westfalen belegen *Bartelheimer/Copak*, Landschaftsplanung als Instrument der Umweltpolitik, S. 211; ein *Maßnahmedefizit*, das mit der *Programmflut* der siebziger Jahre nicht Schritt gehalten habe, beklagt auch *Erz*, GR 1987, 308.

[6] Vgl. dazu die Untersuchung von *Bartelheimer/Copak* (Fn. 5), S. 128 ff.; vgl. auch *Hahn*, Das Recht der Landschaftsplanung, S. 209 ff. m.w.N.

[7] So eingehend *Hahn* (Fn. 5), S. 200 ff. m.w.N.; ebenso *Schomerus*, Defizite im Naturschutzrecht, S. 27; eine ernüchternde Bestandsaufnahme zieht auch *v. Mutius*, in: Naturschutz- und Landschaftspflegerecht im Wandel, S. 29 ff. kritisch auch Bund Deutscher Landschaftsarchitekten, DAB 1992, S. 1319.

[8] So *v. Mutius*, (Fn. 7), S. 39. Skeptisch auch *Kloepfer*, in: Umweltschutz in der Raumplanung, S. 103.

[9] (Fn. 5), S. 199 f.

[10] Ebd., S. 200.

einer undifferenzierten Beurteilung vorhandener *Defizite*. Demgegenüber müßte eine genaue Bestandsaufnahme *alle* Planungsinstrumente mit Relevanz für den Zugriff auf die natürlichen Ressourcen im einzelnen in den Blick nehmen und analysieren, welchen Anteil je welches naturschutzbezogene Verfahren zu dem konstatierten Befund beiträgt[11].

Eine solche, auch rechtstatsächlich durchzuführende Betrachtung kann hier nicht vorgenommen werden. Angebracht sind aber Hinweise auf *Praxis*defizite der Landschaftsplanung. So führen *Bartelheimer* und *Copak*[12] ihre skeptische Beurteilung der rechtstatsächlichen Situation der örtlichen Landschaftsplanung in Nordrhein-Westfalen zwar auch auf Mängel des rechtlichen Instrumentariums zurück. Die aus ihrer Sicht ungenügenden Planungsergebnisse erscheinen aber auch als Folge unzureichender Personalausstattung, zu geringer finanzieller Mittel für die Planerstellung und konfliktbeladener Interessengegensätze[13]. Auch *Stich*, *Porger* und *Steinebach*[14] verweisen für die Ebene der örtlichen Landschaftsplanung auf *kommunalpolitische* Widerstände. Danach waren viele Gemeinden nur widerwillig bereit, Mittel für die Aufstellung von Landschaftsplänen aufzuwenden, die sie in ihrer örtlichen Entwicklung hindern könnten[15]. Schließlich weisen *Scholich* und *Winkelbrandt* auf die langen Zeiträume zur Implementation eines Planungsinstrumentes hin[16].

Bei genauerem Hinsehen beruht die monierte defizitäre Umsetzung der Landschaftsplanungsaufgaben also zu einem guten Teil auf *Vollzugs*problemen. Wenn etwa *Bartelheimer* und *Copak* feststellen, daß von 400 in Nordrhein-Westfalen aufzustellenden Landschaftsplänen 1989 nur 32 bestandskräftig waren[17], dann mag das auch auf problematische rechtliche Regelungen zurückzuführen sein. Der Befund weist aber auch auf das Bestehen von Implementationshindernissen hin, die außerhalb des rechtlichen Rahmens selbst liegen. Diese Erfahrung wird auch in anderen Bundesländern gemacht, wenn Praktiker berichten, daß manche Aufsichtsbehörde von den bereits bestehenden Aufsichtsvorbehalten gegenüber der kommunalen Landschaftsplanung nur zögernd Gebrauch macht. Dort bestehen dann Vollzugsdefizite auf *zwei* Ebenen: Zur gemeindlichen Planungsabstinenz gesellt sich die Schwäche der Kommunal*auf*-

---

[11] Vgl. nur zu den Vollzugsproblemen und Konflikten bei den weiteren Instrumenten des Naturschutzrechts den Bericht von *Soell*, in: Naturschutz- und Landschaftspflegerecht im Wandel, S. 143 ff. m.w.N., zum Instrumentarium der *Schutzgebietsausweisungen* und die Studie von *Burmeister*, Der Schutz von Natur und Landschaft vor Zerstörung, passim, zur *Eingriffsregelung*.

[12] (Fn. 5), passim.

[13] Ebd. S. 211.

[14] (Fn. 5).

[15] Ebd. S. 42.

[16] *Scholich/Winkelbrandt*, in: Integration der Landschaftsplanung in die Raumplanung, S. 27.

[17] (Fn. 5), S. 211.

sicht, die offenkundig in tatsächlicher Hinsicht Mühe hat, die gesetzlich statuierte Aufgabe auch zur Geltung zu bringen.

In der zugespitzten Frage nach einem Scheitern der Landschaftsplanung kann also im hier alleine interessierenden Bereich der Naturschutz*gesetzgebung* richtigerweise nur nach grundlegenden Konstruktionsmängeln des *rechtlichen Instrumentariums* der Landschaftsplanung gefragt werden. Solche hat die Untersuchung bei aller Unfertigkeit mancher Detailregelungen aber gerade nicht aufgewiesen. Das gilt auch und insbesondere für zwei häufig kritisierte, den Typus der Landschaftsplanung entscheidend prägende Regelungselemente, die rechtliche *Unverbindlichkeit*[18] und die *kommunale* Planungszuständigkeit auf örtlicher Ebene[19]. Denn zum einen würde der Totalitätsanspruch einer rechtlich verbindlichen Planung die Planungsprozesse der Landschaftsplanung mit so vielen Konflikten befrachten, daß der Erfolg eher noch geringer sein dürfte[20]. Und zum anderen würde – auch nach den Planungserfahrungen in Nordrhein-Westfalen – mit einer Planerstellungszuständigkeit der Naturschutzverwaltung auf örtlicher Ebene der Einfluß auf die kommunalen Planungen abnehmen müssen[21]. Deshalb sind zwei der kennzeichnenden Merkmale des Rechts der Landschaftsplanung, nämlich ihre rechtliche Unverbindlichkeit und die ebenenspezifische Zuweisung der Planungszuständigkeit auf einerseits – überwiegend – die staatliche Naturschutzverwaltung und andererseits die kommunalen Planungsträger wohl begründet und damit dem Grundsatz nach zwei wichtige Einflußbereiche statuiert: ein Instrument des *staatlichen* Naturschutzes auf vor allem regionaler Ebene und eines des *kommunalen* Naturschutzes auf örtlicher Ebene.

IV. Landschaftsplanung als Umweltleitplanung?

Die bisherigen Erfahrungen zwingen also nicht zu einem völligen Umbau des landschaftsplanungsrechtlichen Instrumentariums. Kräftige Änderungen

---

[18] Vgl. nur *v. Mutius* (Fn. 7), ebd.; darauf verweist auch *Kloepfer* (Fn. 8), ebd.

[19] Vgl. dazu insbesondere *Stich/Porger/Steinebach* (Fn. 5), S. 186 f. und die Nachweise oben S. 138 ff.

[20] Vgl. dazu grundsätzlich oben S. 17 ff.; vgl. auch den Hinweis von *Heidtmann* (Fn. 1), S. 71, auf die sich in Nordrhein-Westfalen wegen der Rechtsverbindlichkeit der Pläne ergebenden Schwierigkeiten. Aus grundsätzlicher Warte weist auch *Schmidt-Aßmann* auf positive Wirkungsweisen unterhalb der Schwelle eines rechtlich strikten Steuerungsanspruches hin, vgl. DÖV 1990, S. 175 f., ebenso *ders.*, NVwZ 1987, S. 273.

[21] Vgl. dazu eingehend oben S. 138 ff.

könnte aber das Vorhaben *Umweltgesetzbuch*[1] bewirken, das die Landschaftsplanung in jüngerer Zeit abseits der Debatte um ihr mögliches Versagen in ein ganz anderes Licht gerückt hat: Im Vordergrund dieser Diskussion stehen nicht tatsächliche oder vermeintliche Mängel ihrer rechtlichen Einrichtung, sondern ihre Zukunft als einer neuen oder ersetzt durch eine neue, medienübergreifende *Umweltleitplanung*[2], oder anders: *Landschaftsplanung als Umweltleitplanung*?[3]

Nach dem dieser Diskussion zugrundeliegenden "Professorenentwurf" ist vorgesehen, die raumbezogenen Erfordernisse und Maßnahmen zur Verwirklichung der Ziele des Umweltschutzes, in denen die Ziele des Naturschutzrechts inbegriffen sind[4], in Umweltleitplänen darzustellen[5], die auf Ebene eines Landes, einer Region und einer Gemeinde[6] aufgestellt werden sollen. Die Aufstellung soll nach Maßgabe umweltrechtlicher Grundsätze[7] erfolgen, die mit dem Ziel "bestmöglicher Verwirklichung des Umweltschutzes untereinander und gegeneinander abzuwägen" sind[8]. Auf die sonstigen Anforderungen der Allgemeinheit soll "Bedacht" genommen werden[9]. Nach den für die regionale Ebene vorgesehenen eingehenden Vorgaben über die Planinhalte sind dort unter anderem Vorrang*gebiete*, Maßnahme*gebiete*, *Grünzüge* und *Grünzäsuren*, Gewässer- und Böden*merkmale* und schließlich auch *Maßnahmen* selbst mit Bezug auf Luftreinhaltung und Naturschutz darzustellen[10].

Wie die Landschaftspläne sollen auch die Umweltleitpläne rechtlich unverbindlich sein, sollen "stärker auf argumentative als auf regulatorische Wirkun-

---

[1] Den Anstoß zu dieser Debatte gab die im Auftrag des Umweltbundesamtes von *Kloepfer*, *Rehbinder* und *Schmidt-Aßmann* unter Mitwirkung von *Kunig* erstellte Studie Umweltgesetzbuch – Allgemeiner Teil, UBA Berichte 7/90. Umfassend dazu *Breuer*, Gutachten B für den 59. Deutschen Juristentag, S. B 1 ff. Vgl. weiter aus der zahlreichen Literatur zu dem Gesamtvorhaben nur *Kloepfer*, JZ 92, S. 817 ff.; *Sendler*, DVBl. 1992, S. 1113 ff.; *Papier*, DVBl. 1992, S. 1133 ff.; s. auch die Beiträge in dem von *Koch* herausgegebenen Tagungsband: Auf dem Weg zum Umweltgesetzbuch, passim, und die Beschlüsse des 59. Deutschen Juristentages Hannover 1992, DVBl. 1992, 1442.

[2] Vgl. §§ 19 – 25 UGB-AT-E und die Kommentierung dazu in *Kloepfer/Rehbinder/Schmidt-Aßmann* (Fn. 1), S. 185 ff. Eine weitere Erläuterung gibt *Schmidt-Aßmann*, in: Auf dem Weg zum Umweltgesetzbuch, S. 33 ff. Eingehend dazu *Erbguth*, DVBl. 1992, S. 1122 ff. und *Hoppe*, in: Naturschutz- und Landschaftspflegerecht im Wandel, S. 57 ff.; *ders.*, DVBl. 1992, S. 1381 ff.; ders., in: Auf dem Weg zum Umweltgesetzbuch, S. 46 ff.

[3] So der prägnante Titel der Beiträge von *Hoppe*, in: Naturschutz- und Landschaftspflegerecht im Wandel, S. 57 ff. und DVBl. 1992, S. 1381 ff.

[4] Vgl. § 3 UGB-AT-E.

[5] Vgl. § 19 Abs. 1 UGB-AT-E.

[6] Vgl. § 19 Abs. 2 UGB-AT-E.

[7] Niedergelegt in § 20 UGB-AT-E.

[8] Vgl. § 21 Abs. 1 UGB-AT-E.

[9] So § 21 Abs. 3 UGB-AT-E.

[10] Vgl. im einzelnen den Katalog in § 24 UGB-AT-E.

gen der öffentlichen Planung" setzen[11]. Wie bei der Landschaftsplanung verbindet sich damit die Intention, beachtliche Wirkungen zur Förderung des Umweltschutzes bereits durch die geschlossene und rechtlich anerkannte Möglichkeit der *Darstellung* von Umweltbelangen zu erzielen[12]; bezweckt ist eine "kompakte Selbstdarstellungsform der umweltspezifischen Anforderungen"[13]. Daher ist auch nur an eine *interne* Abwägung dieser Belange untereinander gedacht. Eine Konfrontation mit anderen Raumansprüchen ist auf dieser Ebene ausdrücklich nicht vorgesehen; Umweltbelange sollen "unverkürzt durch Rücksichtnahmen auf andere Ansprüche" angemeldet werden können[14]. Nur die in § 21 Abs. 3 UGB-AT-E vorgesehene "Bedachtnahme" auf die sonstigen Anforderungen der Allgemeinheit soll auf vorsichtige Weise einer fachlich aufgeladenen, aber politisch nicht durchsetzbaren Planung entgegenwirken.

Die damit der Landschaftsplanung in der rechtlichen Verfassung weitgehend ähnlichen Umweltleitpäne sollen sich von dieser im prinzipiellen Ansatz indes durch die *Weite* der berücksichtigten Umweltmedien unterscheiden. Um Doppelplanungen auf der einen und Planungslücken und Abstimmungsmängel auf der anderen Seite zu vermeiden, ist eine Zusammenführung bestehender Fachplanungen des Umweltschutzes intendiert. Wegen der gemeinsamen Planungsbedürfnisse der Umweltmedien Boden, Wasser und Luft sollen die Fachplanungen zu einer einheitlichen Planungsstruktur zusammengeführt werden[15]. Dazu ist allerdings nicht an die Einführung eines neuen Instrumentes, sondern an den Ausbau eines vorhandenen gedacht[16]. Übernehmen soll das die Landschaftsplanung; sie soll zur Leitplanung des raumbezogenen Umweltschutzes fortentwickelt werden[17].

Unbeschadet der weiteren mit diesem Vorhaben verbundenen Fragen[18] wecken indes die Erfahrungen mit dem Instrumentarium der Landschaftsplanung und die hier an verschiedener Stelle nachgewiesenen Überforderungsten-

---

[11] *Schmidt-Aßmann* (Fn. 2), S. 37.

[12] Ebd., S. 38.

[13] Ebd., S. 35.

[14] Ebd., S. 37.

[15] So die Begründung des Entwurfs, vgl. *Kloepfer/Rehbinder/Schmidt-Aßmann* (Fn. 1), S. 200.

[16] *Schmidt-Aßmann* (Fn. 2), S. 36.

[17] Ebd., S. 36. Anders freilich der Akzent bei *Kloepfer* (Fn. 1), S. 826, wonach die Umweltleitplanung die nach dem Eindruck des Rates von Sachverständigen für Umweltfragen gescheiterte Landschaftsplanung *ersetzen* solle. Zustimmend dazu *Erbguth*, Naturschutz und Landschaftsplanung 1991, S. 199; *ders.*, DVBl. 1992, S. 1132. Offen *Sendler* (Fn. 1), S. 1121; ablehnend dagegen *Hoppe*, in: Naturschutz- und Landschaftspflegerecht im Wandel, S. 57 ff.; *ders.*, DVBl. 1992, S. 1381 ff.; *ders.*, in: Auf dem Weg zum Umweltgesetzbuch, S. 46 ff.; *Gassner*, NuR 1993, 364. Ablehnend auch der Beschluß des 9. JT, DVBl. 1992, S. 1423, Zif. 27.

[18] Vgl. eingehend zu den Fragen im Zusammenhang mit der vorgeschlagenen Umweltplanung die Beiträge von *Hoppe* (Fn. 17) und *Erbguth* (Fn. 17).

denzen Zweifel an der planungspraktischen Realisierbarkeit eines Planungskonzepts, das *alle* umweltrelevanten Belange innerhalb eines Planraums zur Geltung bringen will[19]. Denn schon die Planungsinstanzen der Landschaftsplanung geraten, wie sich gezeigt hat, schnell an Kapazitätsgrenzen, wenn zu viele fachliche und konfligierende Nutzungsinteressen miteinander abgestimmt werden sollen. Dem dürfte auch eine Beschränkung der Umweltleitplanung auf die Aufgabe der reinen Umweltzielformulierung und der damit verbundene Verzicht auf die Abwägung mit konfligierenden Belangen[20] nicht entgegenwirken. Das könnte zwar im Ansatz für eine Entlastung sorgen. Es bleibt aber zweifelhaft, ob eine solche Selbstbeherrschung in der Planungspraxis realistisch ist.

Wie die Erfahrung mit der Landschaftsplanung zeigt, muß auch eine vorbereitende Planung immer bezogen sein auf konkrete Aktivitäten und Maßnahmen, seien es Vorhaben *für* einen *Ausbau* oder *gegen* einen *Abbau* des Naturschutzes. Oder anders: jede Planung muß konkrete Bedingungen ihrer Realisierbarkeit im Blick haben; sonst wird ihr kein Erfolg zukommen. In der Praxis bedeutet das: Wenn Ziele des Natur- oder Umweltschutzes über einen abstrakten, unverbindlichen und generellen Gehalt hinaus *konkret*, das heißt mit örtlichen Raumansprüchen, finanziellem Bedarf und zeitlicher Perspektive formuliert werden sollen, kann das nur in Abstimmung mit den entgegenstehenden Interessen geschehen. Denn keine Verwaltung, kein Planungsträger würde Aufwand und Personal für Vorhaben bereit stellen können, von denen ungewiß ist, ob sie wegen der verhindernden Kraft entgegenstehender, abwägungsbeachtlicher Belange überhaupt realisierbar sind. Daraus folgt, daß jede Umweltplanung, also die *Planung* von Maßnahmen für den Umweltschutz stets mit Blick auf entgegenstehende Interessen erfolgen muß; von dort her erhält sie erst ihre Aufgabe, soweit es um die *Bewahrung* des Vorhandenen geht, und daraus ergeben sich die Grenzen des Machbaren, soweit eine *Weiterentwicklung* zugunsten des Umweltschutzes beabsichtigt ist.

Eine Abschichtung von reiner Umweltermittlung und -planung einerseits und der Abstimmung konfligierender Nutzungsinteressen andererseits wird deshalb in der Planungspraxis schwer durchzuhalten sein. Soll die Umweltleitplanung nicht an dem tatsächlichen Bedarf der adressierten Planungsträger vorbei planen, wird sie schon auf der beabsichtigten ersten Stufe der Bestandsaufnahme und Zielformulierung in Aushandlungsprozesse mit den maßgeblichen Planungsträgern eintreten müssen. Das zeigt sich auch bei der Landschaftspla-

---

[19] So auch die Bedenken von *Hoppe*, in: Auf dem Weg zum Umweltgesetzbuch, S. 49 ff; *ders.*, DVBl. 1992, S. 1382.

[20] So auch die Forderung von *Pfeifer/Wagner*, DVBl. 1989, S. 793. Bedenken dagegen bei *Gassner*, (Fn. 17), S. 364; skeptisch ebenso *Hoppe*, in: Auf dem Weg zum Umweltgesetzbuch, S. 54 ff.

nung: Wo sie aufgrund der gesetzlichen Aufgabenbestimmung und organisatorischen Einrichtung funktioniert, bietet sie den eigentlichen Planungsvorteil immer in der Auslagerung naturschutzrelevanter Entscheidungen der adressierten Planungsträger in ein Verfahren, das sich auf die jeweils gestellten Naturschutzfragen konzentrieren kann; sie steht dann also im Zentrum der eigentlichen und konflikthaften Abwägungsentscheidungen.

Das läßt erwarten, daß auch die Umweltleitplanung sich nicht auf die reine Datensammlung und Zielformulierung wird beschränken können. Sondern auch sie wird voraussichtlich bereits in den erst für die zweite Stufe vorgesehenen Abwägungsprozeß unter Berücksichtigung *aller* Raumanforderungen eingebunden sein. Das bedeutet indes, daß die im Rahmen dieser Planung zu erwartenden Konflikte noch weiter zunehmen und die schon im Bereich der Landschaftsplanung beobachteten Überforderungsgefahren ein beachtliches Maß einnehmen werden. Deshalb erscheint es angeraten, jedenfalls kurzfristig von einem Ausbau der Landschaftsplanung in Richtung auf eine Umweltleitplanung abzusehen. Vielmehr sollte vor einer Aufgabenausweitung zunächst eine Konsolidierung des *bestehenden* Instrumentariums unternommen werden. An Weiterungen sollte erst in einem weiteren Schritt gedacht werden.

V. Aktueller Novellierungsbedarf

Empfiehlt sich also im gegenwärtigen Stadium nur eine behutsame Weiterentwicklung des Rechts der Landschaftsplanung[1], so gibt dazu zunächst die Regelungsvielfalt in den Bundesländern Anlaß. Sie war zwar für den ersten Entwicklungschub der Landschaftsplanung günstig. Erst im Wettbewerb unter den unterschiedlichen Ansätzen kristallisieren sich vorteilige und nachteilige Lösungen heraus: Nur die Bandbreite der gegenwärtigen Möglichkeiten bietet ausreichendes Anschauungsmaterial für den – notwendigen – nächsten Entwicklungsschub der Landschaftsplanung. Hatten bislang die föderale Regelungsvielfalt und die geringe Regelungsdichte im Recht der Landschaftsplanung ihren guten Sinn, weil sie die unerläßliche Voraussetzung für die Entwicklung eines auch in der Planungspraxis bewährten landschaftsplanerischen Instrumentariums boten, so ist es nun freilich an der Zeit, dieses Experimentierstadium abzuschließen. Zu hoch werden nämlich inzwischen seine Kosten[2].

---

[1] Dafür auch *Hoppe*, DVBl. 1992, S. 1383; *ders.*, in: Naturschutz- und Landschaftspflegerecht im Wandel, S. 64. Ebenso Beschluß des 59. DJT 1992, DVBl. 1992, S. 1422, Ziff. 7.

[2] *Salzwedel*, in: Zehn Jahre Bundesnaturschutzgesetz – Erfahrungen und Erfordernisse, S. 14; *Stich/Porger/Steinebach*, Örtliche Landschaftsplanung und kommunale Bauleitplanung, S. 192; *Mrass*, in: Zehn Jahre Bundesnaturschutzgesetz – Erfahrungen und Erfordernisse, S. 68 f.

Weil die gewichtigen föderalen Unterschiede die Ausbildung eines einheitlichen Planungsverständnisses bis jetzt behindert haben, muß bei Aufnahme einer Planung häufig zu viel Zeit auf die Verständigung über die Planungsaufgabe verwandt werden; muß etwa geklärt werden, welche Fachplanungen und wieviele engere Naturschutzfragen in die Planung einbezogen werden sollen. Schließlich erschweren die unterschiedlichen Aufgabenkonzepte und Ableitungszusammenhänge zwischen der Landschaftsplanung und den adressierten Planungsträgern auch die Erarbeitung einheitlicher planungspraktischer Methoden durch die Planungswissenschaften[3]; in Modellprojekten und Pilotstudien legen sie ebenfalls zu unterschiedliche Aufgabenansätze zugrunde, als daß sich Methoden und gewonnene Ergebnisse ohne weiteres vergleichen ließen[4].

Bund und Länder sollten deshalb die Erprobungsphase der Landschaftsplanung abschließen und ihr mit einem neuen Entwicklungsschub zum Ausbau ihrer Leitfunktion unter den Naturschutzinstrumenten verhelfen. Die Voraussetzungen dafür sind günstig. Da gut fünfzehn Jahre seit Einführung der Landschaftsplanung verstrichen sind, konnte die Planungspraxis ausreichende Erfahrungen mit den verschiedenen Planungsvarianten sammeln; mancher der interessierten Verbände hat auch entsprechende Auswertungen vorgenommen[5]. Auch aus dem wissenschaftlichen Raum sind Anmerkungen zu dem vorhandenen Instrumentarium gekommen[6], das Material und die Alternativen für die weitere Entwicklung sind also in wichtigen Bereichen vorhanden. Schließlich bietet die seit längerem geplante Novellierung des Bundesnaturschutzgesetzes ebenfalls Chancen für eine Verbesserung der Landschaftsplanung; der Bund sollte sie nutzen, um gemeinsam mit den Ländern eine Verständigung über eine einheitlichere und gestärkte Landschaftsplanung herbeizuführen.

---

[3] *Mrass* (Fn. 2), S. 68 f.; *Salzwedel*, in: ebd., S. 14; *Stich/Porger/Steinebach* (Fn. 2), S. 192.

[4] Die ungenügende Vergleichbarkeit von Landschaftsplänen aus verschiedenen Bundesländern beklagt auch *Mrass*, (Fn. 2), S. 68 f. Auf eine Rechtsvereinheitlichung dringt auch *Hahn*, Das Recht der Landschaftsplanung, S. 218 ff.

[5] Vgl. aus den jüngeren Veröffentlichungen: Der Landschaftsplan nach den Naturschutzgesetzen sowie Landschaftsplanung – Erfahrungen mit dem neuen Naturschutzrecht.

[6] Vgl. insbesondere *Stich/Porger/Steinebach* (Fn. 2); *Pielow*, NuR 1986, S. 60 ff.; *Hendler*, NuR 1981, S. 41 ff.; *Wahl*, in: Umweltplanungen und ihre Weiterentwicklung, S. 54 ff.; *Erbguth*, UPR 1983, S. 137 ff.; *Ebersbach*, Rechtliche Aspekte des Landverbrauchs am ökologisch falschen Platz, S. 250 ff.; *Hahn-Herse/Kiemstedt/Wirz*, Landschaft + Stadt 1984, S. 66 ff. und S. 83 ff.; *Pfeifer/Wagner*, DVBl. 1989, 792 ff.; *Hübler*, DÖV 1991, S. 91 ff.; *Gassner*, UPR 1988, S. 321 ff. *Hahn* (Fn. 4), S. 231 ff.; Vorschläge der ad-hoc-Arbeitsgruppe der Akademie für Raumforschung und Landesplanung, in: Das Gartenamt 1991, 483 ff.

1. Die Novellierungsvorstellungen des Bundesumweltministeriums

Entsprechende Arbeiten sind auf Bundesebene bereits seit einiger Zeit im Gange. Sie konnten allerdings wegen anderer Probleme im Zuge der geplanten Novelierung des Bundesnaturschutzgesetzes mehrfach nicht umgesetzt werden[7]. Die weitere Entwicklung wird deshalb abzuwarten bleiben. Nach dem derzeit an die Öffentlichkeit gedrungenen Stand der Reformüberlegungen[8] soll die Stärkung der Landschaftsplanung vor allem durch zwei Maßnahmen bewirkt werden: durch eine Präzisierung der landschaftsplanerischen Aufgaben und Inhalte sowie durch eine Verfahrensgarantie, die eine stärkere Berücksichtigung landschaftsplanerischer Inhalte bewirken soll.

Als Kernstück[9] der geplanten Novellierung des Bundesrechts der Landschaftsplanung ist eine nähere Bestimmung von Aufgabe und Inhalten der Landschaftspläne vorgesehen. Zunächst soll in einem neu einzufügenden § 4a BNatSchG die *Aufgabe* der Landschaftsplanung näher bestimmt werden[10]. In einem § 4b BNatSchG soll der *Inhalt* im einzelnen bezeichnet werden. Mit diesem neuen Positivkatalog soll vor allem die notwendige *Reichweite* der Landschaftsplanung mehr als bisher umrissen werden: vom Biotopschutz bis zur Boden-, Gewässer-, Luft- und Klimaverbesserung. Damit werden vor allem die Länder zu einer Anpassung genötigt, die den Aufgabenbereich der Landschaftsplanung bislang eng gefaßt haben: Sie sollen ihr in Zukunft weitere Koordinationsfunktionen übertragen.

Daneben soll zur Stärkung der Landschaftsplanung eine Verfahrensklausel beitragen, durch die die Adressaten der Landschaftsplanung verpflichtet werden, alle Entscheidungen, die von einem Landschaftsplan abweichen, gesondert zu begründen. Damit wäre eine wichtige Absicherung der materiellrechtlichen Anforderungen des Abwägungsgebotes bewirkt: Bei verstärkter öffentlicher Kontrolle naturschutztangierender Maßnahmen kann eine solche Klausel der Vernachlässigung von Naturschutzbelangen wirksame Hürden stellen.

---

[7] Vgl. zu der in diesem Zusammenhang geführten Debatte um einen Ausgleich für die beabsichtigte Aufhebung der Landwirtschaftsklausel *von der Heide*, in: Umweltschutz in der Raumplanung, S. 73 ff.

[8] Über den Stand 1991 berichtet *Gassner*, NVwZ 1991, S. 30; vgl. *ders.*, (Fn. 6), S. 322; s. auch Anforderungen an ein neues Bundesnaturschutzgesetz, *Pfeifer/Wagner*, (Fn. 6), S. 793 ff.

[9] So die Bezeichnung von *Gassner*, (Fn. 6), S. 322; ähnlich *Pfeifer/Wagner*, (Fn. 6), S. 794.

[10] Vgl. den Text des Entwurfes bei *Gassner*, (Fn. 8), S. 30.

2. Eigene Vorschläge

Für die geforderte Stärkung der Landschaftsplanung reichen diese Ansätze jedoch nicht aus. Ohnehin kann die Landschaftsplanung wegen der Beschränkung des Bundes auf eine Rahmengesetzgebungskompetenz[11] nur im Zusammenwirken von Bund und Ländern gestärkt werden, müssen Änderungen und Verbesserungen sowohl im Recht des Bundes wie dem der Länder eingeführt werden. Aber auch auf Bundesebene wären weitere Änderungen sinnvoll.

a) Die Aufgaben der Landschaftsplanung

Sucht man demzufolge den Änderungsbedarf auf beiden Regelungsebenen systematisch zu erfassen, so gelangen zunächst die Bestimmungen über die Aufgaben der Landschaftsplanung in den Blick. Hier liegt der strategisch bedeutsame Ansatzpunkt aller Reformüberlegungen: Die notwendigen Impulse für die Landschaftsplanung müssen vor allem von einer Vereinheitlichung und Konkretisierung ihres Aufgabenbereiches ausgehen[12].

Hier drängt zum einen die Bewältigung der erheblichen Divergenzen unter den landesrechtlichen Aufgabenkonzepten. Landschaftsplanung, bislang in den Ländern unterschiedlich ausgerichtet auf die Wahrnehmung vorwiegend naturschutzfachlicher Aufgaben, auf die Unterstützung der gesamträumlichen Planung oder auf eine umfassende naturschutzbezogene Planung[13], muß in den Ländern ein vereinheitlichtes Aufgabenprofil erhalten. Es ist jedoch nicht damit getan, wie es für die Novellierung des BNatSchG vorgesehen ist, primär festzulegen, welche Aufgaben die Landschaftsplanung *auch* zu übernehmen hat. Damit werden zwar auch die Länder auf eine einheitliche Aufgabenlinie verpflichtet, die der Landschaftsplanung bislang nur einen Ausschnitt aus dem weiten Kreis der in den §§ 1 Abs. 1, 2 Abs. 1 BNatSchG niedergelegten Naturschutzaufgaben übertragen haben. So mag es sinnvoll sein, die Landschaftsplanung ausdrücklich auch auf klimabezogene Aussagen zu verpflichten und damit sicherzustellen, daß sie sich nicht alleine auf schutzgebietsbezogene Festsetzungen beschränken kann.

---

[11] Art. 75 Nr. 3 GG verleiht dem Bund auf dem Gebiet des Naturschutzes nur eine Rahmengesetzgebungskompetenz.

[12] Die Festschreibung von Mindestinhalten fordern – für die regionale Ebene – auch *Gassner/Piest*, in: Integration der Landschaftsplanung in die Raumplanung, S.13 f. Für eine stärkere Bestimmung von Mindestinhalten auch *Gassner* (Fn. 8), S. 322; ebenso *von der Heide* (Fn. 7), S. 81; *Schmidt-Aßmann*, DÖV 1990, 176 f.; *Hahn*, Das Recht der Landschaftsplanung, S. 238 f.

[13] Ausführlich dazu oben S. 58 ff.

Ein verbessertes Aufgabenprofil müßte aber auch festlegen, welche Aufgaben der Landschaftsplanung *nicht* zugewiesen sind. Denn wie sich gezeigt hat, ist sie vor allem von dieser Seite beträchtlichen Mißverständnissen ausgesetzt. Die Landschaftsplanung kann nicht, wie die Fachwissenschaft überwiegend meint, "das" Planungsinstrument des Naturschutzes[14] sein; sie kann nicht alle Naturschutzfragen eines Planungsraumes in einem Planungszugriff abdecken. Sie muß sich vielmehr auf wesentliche Aspekte beschränken, sie muß Steuerungsimpulse setzen, die in den nachfolgenden Verfahren aufgenommen und ausgeformt werden können.

Neben einer Vereinheitlichung ist deshalb auch eine *Abschichtung* der landschaftsplanerischen Aufgaben notwendig. Sie muß der Landschaftsplanung ihre Pilotfunktion im Kontext der anderen Naturschutzinstrumente belassen, ohne sie zu überfrachten. Hier entscheidet sich für die weitere Entwicklung der Landschaftsplanung wesentliches: Es muß bestimmt werden, wo Koordinationsleistungen der Landschaftsplanung notwendig sind und welcher Entscheidungsanteil anderen oder nachfolgenden Verfahren überlassen werden kann.

In diesem Zusammenhang ist vor allem eine Reduzierung der Entscheidungs*tiefe* der Landschaftsplanung anzustreben. Möchte man nämlich den prinzipiell richtigen Ansatz nicht aufgeben, daß die Landschaftsplanung die Koordination aller wesentlichen naturschutzrelevanten Maßnahmen besorgen soll, dann ist die drohende Überfrachtung nur durch eine Beschränkung des landschaftsplanerischen Entscheidungsgehaltes zu vermeiden. Die Landschaftsplanung sollte also nicht darauf verzichten, koordinierende Vorschläge zu gesamträumlichen Festsetzungen, zu Maßnahmen der Naturschutzverwaltung und zu Restriktionen für Eingriffe in Natur und Landschaft zu erarbeiten. Sie sollte aber nicht darauf drängen, abschließende Aussagen über die Naturschutzverträglichkeit jedes Straßenbauvorhabens oder über die exakte räumliche Verteilung der auszuweisenden Schutzgebiete zu treffen. Sie muß sich vielmehr auf die Setzung von *Entscheidungsmaßstäben* beschränken.

Die Dichte dieser Maßstäbe ist an den jeweiligen Anforderungen der adressierten Planungs- und Entscheidungsverfahren auszurichten. Dabei zeigen sich bedeutsame Unterschiede: Hohe Anforderungen stellen die gesamträumlichen Planungen. Ihnen ist kein weiteres von der Landschaftsplanung unabhängiges Verfahren zur Seite gestellt, das die Naturschutzimplikationen ihrer Planungen überprüfen und naturschutzbezogene Festsetzungen vorschlagen würde; dazu sind sie vielmehr vollständig auf die Landschaftsplanung angewiesen. Anders

---

[14] *Olschowy*, in: *ders.* (Hrsg.), Natur- und Umweltschutz in der Bundesrepublik Deutschland, S. 818; *Buchwald*, in: *Buchwald/Engelhardt* (Hrsg.), Handbuch für Planung, Gestaltung und Schutz der Umwelt, Bd. 3, S. 28; Inhalte und Verfahrensweisen der Landschaftsplanung, S. 6.

ist die Ausgangslage bei den fachlichen Maßnahmen des Naturschutzes sowie den Verfahren, die zu Eingriffen in Natur und Landschaft führen. Bei diesen ist jeweils eine detailgenaue Prüfung der aufgeworfenen Naturschutzfragen noch möglich und geboten[15]; sie brauchen keine Detailvorgaben, sondern es reichen abstrakte und aggregierte Maßstäbe, auf deren Grundlage die weiteren Entscheidungen im einzelnen getroffen werden können.

Im Schwerpunkt und mit einer auf sie ausgerichteten Detailschärfe sollte die Landschaftsplanung deshalb die gesamträumlichen Naturschutzfragen vollständig bearbeiten und daneben die Maßstäbe für die anderen naturschutzrelevanten Planungen mit einer geringeren Entscheidungstiefe setzen. Dafür braucht es indessen weitere aufgabenkonkretisierende gesetzliche Bestimmungen; eine generelle Aufgabenklausel alleine kann die Profilierung dieser Aufgabe nicht übernehmen. Entscheidende Bedeutung wird dabei der Ausbildung landschaftsplanerischer Planungselemente, der Entwicklung einer eigenen "Sprache"[16] der Landschaftsplanung zukommen. Vorbildhaft sind insoweit Regional- und Bauleitplanung, deren inhaltsbestimmende Kategorien positiv bestimmen, was jeweils entschieden werden kann, die aber auch negativ das ausscheiden, worüber keine Entscheidung zu treffen ist[17]. Exemplarisch sind die Abschichtungen zwischen Bauflächen und -gebieten im Rahmen der Bauleitplanung: Obwohl gem. § 1 Abs. 2 BauNVO der Flächennutzungsplan auch Baugebiete darstellen kann, trifft er seine Darstellungen typischerweise in der abstrakten Kategorie der Bauflächen, erst der Bebauungsplan formt diese Vorgabe mit dem konkreten Instrumentarium der Baugebiete aus[18].

Derartige Planungselemente sollten auch für die Landschaftsplanung ausgebildet werden. Der Vorteil liegt auf der Hand: Je konkreter mit solchen Bausteinen festgelegt wäre, wo die Entscheidungsebene der Landschaftsplanung angesiedelt ist, wieviel sie von einzelnen Naturschutzanforderungen zu bearbeiten hat und wieviel den weiteren Entscheidungen überlassen ist, desto mehr würden sich ihre Aufgaben profilieren. Dann müßte nicht mehr bei jedem einzelnen Planungsanlaß überlegt werden, wieweit ihre Aufgaben reichen; es würden nicht mehr, wie heute häufig genug der Fall, detaillierte Daten auch dort erhoben, wo ohenhin keine Vorgaben gemacht werden können; und die Landschaftsplanung müßte nicht immer wieder in Aushandlungsprozesse um ihre Kompetenzen eintreten.

---

[15] Vgl. zur Eingriffsregelung oben S. 172 ff.

[16] Ausdruck von *Wahl* (Fn. 6), S. 47.

[17] Grundlegend dazu *Wahl*, Rechtsfragen der Landesplanung und Landesentwicklung, Bd. 1, S. 164 ff.

[18] Vgl. *Fickert/Fieseler*, Baunutzungsverordnung, 5. Aufl. 1985, § 1 Rn. 3 ff.

Freilich können solche Planungselemente nicht am grünen Tisch entwickelt, sie müßten in der Praxis erprobt werden. Die Länder sollten deshalb auch hier zunächst in einen Wettbewerb um günstige Lösungen eintreten, sollten Planungselemente und Planzeichen in eigener Verantwortung aufstellen; der Bund könnte sie aber durch eine geeignete Vorschrift dazu anhalten. Anhaltspunkte könnten den Ländern dabei jüngst erarbeitete Vorschläge von *Schmidt*[19] geben. Die Landschaftsplanung sollte danach *Umweltqualitätsziele* vorgeben: "Bereiche mit der Notwendigkeit, den Freiraumteil durch Rückbau/Renaturierung zu erhöhen", "Bereiche mit besonderen lufthygienischen oder geländeklimatischen Ausgleichswirkungen", "Bereiche mit besonderer Bedeutung für die Grundwasserregeneration" oder "Bereiche für die Entwicklung von naturnahen Biotopverbundsystemen"[20]. Damit wäre die hier vorgeschlagene Abschichtung von Planungsleistungen gut zu verwirklichen: Die Landschaftsplanung würde die wesentlichen Anforderungen für den Schutz und die Nutzung der natürlichen Ressourcen vorgeben, im einzelnen wäre aber die Ausformung und Konkretisierung den nachfolgenden Verfahren überlassen.

b) Die Organisation und das Verfahren der Landschaftsplanung

Organisationsfragen werden in der Diskussion um die aufgabenadäquate Einrichtung der Landschaftsplanung stets hoch gehandelt, sie haben bei vielen sogar den Blick auf die vordringlichen inhaltlichen Fragen über die Aufgaben der Landschaftsplanung verstellt: Gefesselt von den Unterschieden zwischen Primär- und Sekundärintegration[21] und beansprucht von der Frage, ob die Gesamtplanungsinstanzen, insbesondere die Gemeinden, zuverlässige Träger der Landschaftsplanung sein können[22], haben sich viele Untersuchungen mit der Organisation der Landschaftsplanung befaßt. Bei dem notwendigen Entwicklungsschub für die Landschaftsplanung kommt diesen Fragen aber aus verschiedenen Gründen nicht die Bedeutung zu, die ihnen in der Literatur vielfach zugesprochen wird.

---

[19] In: Integration der Landschaftsplanung in die Raumplanung, S. 127. Den Einsatz neuer Instrumente fordern auch *Gassner/Piest*, in: Integration der Landschaftsplanung in die Raumplanung, S. 21.; ebenso *Pfeifer*, Landschaftsplanung und Bauleitplanung, S. 63; *Schmidt-Aßmann* (Fn. 12), S. 176.

[20] Vgl. zu dem dahinterstehenden theoretischen Konzept *Schmidt/Rembierz*, in: Wechselseitige Beeinflussung von Umweltvorsorge und Raumordnung, S. 239 ff.; zurückhaltender indes *Kiemstedt*, Raumforschung und Raumordnung 1989, S. 94 ff.

[21] Vgl. dazu insbesondere *Hendler* (Fn. 6), S. 45 f.; *Erbguth* (Fn. 6), S. 140; *Ebersbach* (Fn. 6), S. 261 ff.

[22] Dazu kritisch *Pielow* (Fn. 6), S. 66; *Stich/Porger/Steinebach* (Fn. 2), S. 186 f.

Zum einen kann auf diesem Feld eine völlige Angleichung der unterschiedlichen Ansätze schon deshalb nicht gelingen, weil dafür die organisationsrechtlichen Rahmenbedingungen in den Ländern zu unterschiedlich sind und die Länder wohl auch wenig Neigung zeigen werden, eingespielte Verfahren und Zuständigkeiten abzuändern. Zum anderen sind auch die Unterschiede zwischen den Organisationsvarianten nicht so gravierend, daß sie das Erscheinungsbild der Landschaftsplanung wesentlich prägen oder ihre Funktion in unterschiedlicher Weise belasten würden. Das gilt insbesondere für die häufig kritisierte Zuständigkeit der Gesamtplanungsträger für die Landschaftsplanung. Was hier an Nachteilen zu Lasten der Beachtung von Naturschutzbelangen befürchtet wird, ist vielfach durch geeignete Verfahrensvorschriften ausgeglichen; darüber hinaus hat dieses Modell bei der Beeinflussung der gesamträumlichen Planung auch Vorteile[23]. Und auf örtlicher Ebene ist der kommunalen Zuständigkeit ohnehin der Vorzug vor einer Zuständigkeit der Naturschutzverwaltung zu geben[24].

Im Bereich der Organisation und des Verfahrens der Landschaftsplanung sollten deshalb nur modifizierende, keine grundlegenden Korrekturen angebracht werden[25]. Zu denken ist an drei Punkte:

Erstens sollte dort, wo es eingeführt ist, eine Modifikation an dem Organisationsmodell der Primärintegration vorgenommen werden[26]. Da es sich gezeigt hat, daß in die gesamträumlichen Pläne nicht alle von der Landschaftsplanung festzusetzenden Inhalte aufgenommen werden können[27], ist insoweit ein ergänzendes Planwerk notwendig. Nach der herrschenden Planungspraxis in den Ländern wäre dazu in der Sache auch keine wesentliche Änderung nötig, weil ohnehin der Aufstellung eines primärintegrierten Landschaftsplans meist die Erarbeitung eines landschaftsplanerischen Grundlagenteils vorgeschaltet ist[28]. Rheinland-Pfalz hat dementsprechend anläßlich der Novellierung seines LPflG[29] eine Änderung vorgenommen, deren Übernahme auch den betreffenden anderen Ländern zu empfehlen ist. Dort erfüllen die gesamträumlichen Pläne die Funktionen der Landschaftspläne der jeweils entsprechenden Pla-

---

[23] Ausführlich zu diesen Fragen oben S. 140 f.

[24] Vgl. dazu oben S. 138 ff.

[25] *Pfeifer/Wagner* (Fn. 6), S. 792, sehen in diesem Bereich sogar überhaupt keinen Korrekturbedarf.

[26] Vgl. dazu eingehend auch *Hahn* (Fn. 12), S. 240 ff.

[27] Vgl. oben S. 96 ff. und S. 123 ff. Anders dagegen *Baumeister*, Die Integration der örtlichen Landschaftsplanung in die Bauleitplanung, S. 122 ff., S. 134 ff.

[28] Vgl. S. 116 f.

[29] Vom 27.3.1987, GVBl. 1987, S. 70.

nungsebene[30]. Vor Aufstellung eines solchen integrierten Landschaftsplans muß aber kraft ausdrücklicher Anordnung ein gesonderter landespflegerischer Grundlagenteil erarbeitet werden, der auch konkrete Zielvorstellungen enthalten soll[31]. Damit ist eine Annäherung an den Typus der sekundärintegrierten Landschaftsplanung vorgenommen: Zwar gibt es keinen selbständigen Landschaftsplan, wohl aber ein selbständiges Grundlagenwerk, dessen Funktion einem Landschaftsplan im wesentlichen gleichkommt.

Zu bekräftigen ist *zweitens* der schon dargestellte Vorschlag des Bundesumweltministeriums, in das Bundesnaturschutzgesetz eine Verfahrensgarantie einzufügen, die eine stärkere Beachtung der Inhalte der Landschaftsplanung sicherstellen soll. Eine entsprechende Regelung ist auch im novellierten rheinland-pfälzischen LPflG eingeführt: Jeweils ist in den Erläuterungen zu den gesamträumlichen Plänen "darzulegen, aus welchen Gründen von den Zielvorstellungen" des Grundlagenwerkes für die integrierte Landschaftsplanung abgewichen wird[32]. Eine solche Verfahrensklausel sichert zwar nicht automatisch die Verwirklichung der festgelegten Naturschutzziele. Sie statuiert aber eine zusätzliche Argumentationslast, die sich positiv auf die Beachtung der Naturschutzbelange auswirkt.

Drittens schließlich sollten die Abstimmungsbeziehungen zwischen der Landschaftsplanung und den adressierten Planungsträgern so verstetigt werden, wie dies in der mehrfach dargestellten[33] hessischen Beiratslösung im – noch verbesserungswürdigen – Ansatz erreicht ist. Anzustreben wäre demnach in allen Ländern eine gesetzliche Statuierung eines Planungsbeirates, in dem alle Adressaten der Landschaftsplanung zusammengeführt sind. Die notwendigen Aushandlungsprozesse zur Verwirklichung der Naturschutzziele könnten damit effektiver organisiert, die Abstimmung der konfligierenden Interessen könnte vereinfacht und schließlich könnte auch auf den Vollzug der Naturschutzziele mehr Druck ausgeübt werden.

c) Die Ableitungsbeziehungen zwischen der Landschaftsplanung und den Planungsadressaten

Verschiedentlich ist in der Untersuchung kritisiert worden, daß die meisten Länder nur rudimentäre Regeln über das Verhältnis der Landschaftsplanung zu

---

[30] §§ 16 Abs. 1, 17 Abs. 1 LPflG.

[31] §§ 16 Abs. 2, 17 Abs. 2 LPflG.

[32] §§ 16 Abs. 4, 17 Abs. 4 LPflG. Ähnlich § 6 Satz 2 Nds. NatSchG; § 4 Abs. 3 SächsNatSchG; § 4 Abs. 3 NatSchG LSA und § 3 Abs. 6 VorlThürNatG.

[33] S. 147, S. 165 ff. und S. 176 f.

ihren Planungsadressaten, insbesondere zu den Eingriffsplanungen, aufgestellt haben[34]. Dies ist zwar zu einem großen Teil eine Frage der Planungsinhalte: Solange nicht sicher ist, welche Vorgaben die Landschaftsplanung etwa für Straßenbauvorhaben trifft, kann auch kaum geregelt werden, welche rechtlichen Bindungswirkungen die Landschaftsplanung insoweit auslöst. Außerdem ist diese Frage hier deshalb nicht so bedeutsam, weil die Landschaftsplanung als typischerweise rechtlich unverbindliche Planung ohnehin keine Bindungswirkungen äußert. Dennoch sollte überlegt werden, ob nicht das Verhältnis der Landschaftsplanung zu ihren Adressaten vor allem im Bereich der Eingriffsverwaltungen durch spezialisierte Regelungen gestärkt werden könnte. Dabei wäre nach dem Vorbild der nordrhein-westfälischen Landschaftsplanung auf Kreisebene auch an differenzierte Bindungswirkungen zu denken, die nur einzelne Inhalte von Landschaftsplänen bestimmten Planungsträgern gegenüber mit rechtlicher Wirksamkeit versehen[35]. Dieser Weg könnte insbesondere dann eingeschlagen werden, wenn die entsprechenden Planungsträger in einem Planungsbeirat an der Aufstellung der Landschaftsplanung beteiligt waren und den sie betreffenden Inhalten zugestimmt haben. Damit wäre eine Quasi-Selbstbindung zu erreichen, wie sie ähnlich auch in § 7 BauGB eingerichtet ist.

d) Die Darstellung der landschaftsplanerischen Inhalte

Modifizierungen sollten schließlich auch bezüglich der Darstellung der landschaftsplanerischen Inhalte vorgenommen werden. Nach geltendem Recht können nämlich landschaftsplanerische Darstellungen nur insoweit in die gesamträumlichen Pläne eingehen, als dafür nach den gegebenen Planungskategorien im feststellenden Teil dieser Pläne Raum ist[36]. Demgegenüber besteht aber aus Gründen des Sachzusammenhangs häufig Bedarf dafür, auch die weiteren landschaftsplanerischen Inhalte in den gesamträumlichen Plänen dargestellt zu sehen. Dann könnten nämlich in einem Planwerk einheitlich alle Vorgaben und Restriktionen für räumlich relevante Vorhaben enthalten sein. Diesem Bedürfnis sollte mit einer an der nachrichtlichen Übernahmeklausel des Rechts der Bauleitplanung (§§ 5 Abs. 4, 9 Abs. 6 BauGB) orientierten Vorschrift Rechnung getragen werden: Landschaftsplanerische Inhalte sollten kraft Bundesrechts auch dann in die gesamträumlichen Pläne aufgenommen werden können, wenn sie sich nicht zur Aufnahme in den feststellenden Teil eignen.

---

[34] Vgl. nur S. 67 f.

[35] Vgl. das differenzierte System rechtlicher Bindungswirkungen in §§ 33 – 42 LG. Dazu auch oben S. 89 ff.

[36] Vgl. oben S. 96 ff. und S. 123 ff.

Zusammenfassung in Thesen

I. Einführung

1. Die Einführung der Landschaftsplanung in das Bundesnaturschutzgesetz markierte einen bedeutsamen Umbruch im Naturschutzverständnis. Der leitenden Grundvorstellung nach sollen Naturschutzziele nicht nur mit den punktuell wirksamen Mitteln des Flächenschutzes und dem reagierenden Instrumentarium der Eingriffsregelung zur Geltung gebracht werden. Die Belange des Naturschutzes sollen vielmehr auf die gesamte räumliche Entwicklung in einem Planungsraum einwirken und auch durch vorsorgende Planung bewahrt werden.

2. Dazu hat das Bundesnaturschutzgesetz mit der Landschaftsplanung einen neuen Planungstyp konstituiert. Kennzeichnend ist die rechtliche Unverbindlichkeit der Landschaftsplanung. Sie ist damit als eine nur *vorbereitende* Planung eingerichtet. Anders als herkömmliche Planungsinstrumente soll sie nicht in *vertikaler* Abstimmung nachfolgende Entscheidungs- und Planungsträger rechtlich *binden*. Ihre Datenaufbereitungen und Planungen gelten vielmehr vorwiegend in *horizontaler* Richtung den Entscheidungs- und Planungsträgern *derselben* Planungsebene. Dazu ist sie im Grundsatz dreistufig aufgebaut. Jeweils parallel zu einer der drei Planungsebenen der gesamträumlichen Planung ist eine Ebene der Landschaftsplanung eingerichtet worden, die ihre Planungsergebnisse jeweils an Planungen der "eigenen" Ebene zu adressieren hat.

3. Dem Grundsatz nach erscheint dieser Ansatz eines neuen querschnittskoordinierenden Instrumentes zur Herstellung von fachübergreifenden Abstimmungen sinnvoll. Typischerweise können vorsorgende und übergreifende Naturschutzbelange weder mit gesamträumlichen noch mit fachplanungsrechtlichen Instrumenten vollständig zur Geltung gebracht werden. Gesamtplanerische Instrumente zeigen sich überfordert, wenn zuviele Einzelziele aufeinander abgestimmt werden sollen. Bei Fachplanungen drohen Naturschutzbelange tendenziell vernachlässigt zu werden. Vor diesem Hintergrund bietet die Aufspaltung des naturschutzbezogenen Abstimmungsprozesses in eine vorlaufende, unverbindliche und eine abschließende, verbindliche Phase eine plausible Strategie zur Stärkung des vorsorgenden Naturschutzes.

4. Dieses Konzept ist indes anspruchsvoll. Da die verschiedenen, als Adressaten der Landschaftsplanung in Frage kommenden Planungsinstrumente Naturschutzfragen jeweils in völlig unterschiedlichen Zusammenhängen und mit je spezialisierten Schwerpunkten bearbeiten, droht eine Landschaftsplanung, die *alle* räumlichen Nutzungsentscheidungen mit Naturschutzbezug vorbereiten soll, *überfordert* zu werden. Für den Erfolg der Landschaftsplanung ist deshalb eine Beschränkung des Planungsauftrages geboten, die danach unterscheidet, welche naturschutzbezogenen Entscheidungen ausreichend mit dem Instrumentarium des Gesamt- und Fachplanungsrechts zur Geltung gebracht werden können und welche Fragen sachgerecht *nur* in einem Planungsvorlauf zu erörtern sind.

II. Der Diskussionsstand in der Literatur

5. Für eine solche systematische Abschichtung der Planungsaufgaben der Landschaftsplanung bietet die Literatur (noch) wenig Ansätze. Insbesondere die Aufgabenkonzepte des fachwissenschaftlichen Schrifttums drohen vielmehr zu einer Überforderung der Landschaftsplanung zu führen. Nach verbreitetem Verständnis ist die Landschaftsplanung danach *das* Planungsinstrument des Naturschutzes, das dem Grundsatz nach alle Raumnutzungsentscheidungen mit Naturschutzbezug vorbereiten soll.

III. Die landesrechtliche Ausgestaltung der Landschaftsplanung

6. Der *Bundesgesetzgeber* hat über die Ausrichtung der Landschaftsplanung keine konkrete Entscheidung getroffen. Festgelegt ist lediglich die Grundentscheidung über das *Ob* der Einführung eines vorsorgenden und flächenübergreifenden Planungsinstrumentes des Naturschutzes. Die Bestimmung der konkreten Planungsaufgaben selbst und damit des Verhältnisses zwischen Landschaftsplanung und den adressierten Planungen hat das Bundesnaturschutzgesetz den Ländern überlassen.

7. Innerhalb dieses Rahmens haben die Länder variantenreiche Aufgabenbestimmungen getroffen. Dabei haben sich im Grundsatz *drei* Aufgabentypen herausgebildet. Nach dem ersten liegt der Schwerpunkt der Landschaftsplanung bei der Vorbereitung der engeren *fachlichen* Maßnahmen des Naturschutzes (Gebiets- und Artenschutz). Das zweite Modell legt das Schwergewicht auf die Unterstützung der *gesamträumlichen* Planungen und Entscheidungen. Der dritte Aufgabenansatz verfolgt Vorlaufleistun-

gen für *alle* oder doch die wichtigsten naturschutzrelevanten Planungen und Entscheidungen.

8. Auch zur *Organisation* der Landschaftsplanung haben sich in den Ländern drei Modelle herausgebildet. Nach dem einen stellt die *Naturschutzverwaltung* einen *selbständigen* Landschaftsplan auf (Parallelplanung durch die Naturschutzverwaltung). Die zweite Variante sieht die Aufstellung eines ebenfalls *selbständigen* Landschaftsplans durch den *Träger der gesamträumlichen Planung* (Parallelplanung durch den Gesamtplanungsträger) vor. Die dritte Organisationsform ist ein vom *Träger der räumlichen Gesamtplanung* aufgestellter *unselbständiger* Landschaftsplan (integrierte Planung durch den Gesamtplanungsträger).

9. Überwiegend einheitlich sind die Vorschriften der Länder über die *Wirkungen* der Landschaftsplanung. Zunächst kommt ihr als überwiegend rechtlich unverbindliche Planung gutachtliche Funktion als Abwägungsmaterial für die adressierten Planungen zu. Diese Wirkung ist in manchen Ländern durch Verfahrensvorschriften verstärkt, die die Planungsträger anhalten, eine Abweichung von landschaftsplanerischen Zielen zu *begründen*. Regelmäßig ist weiter die Aufnahme landschaftsplanerischer Inhalte in die gesamträumlichen Pläne vorgesehen. Im Rahmen der diesen zukommenden rechtlichen Wirkungen erlangen landschaftsplanerische Vorgaben dadurch rechtliche Verbindlichkeit. Dies setzt indes eine umfassende Abwägung mit anderen Raumansprüchen voraus und ist zudem mit einer Unterordnung unter die rechtlichen Festsetzungskategorien der gesamträumlichen Planung verbunden, was zu einer Reduzierung des sachlich angestrebten Entscheidungsgehaltes führen kann. Soll dies vermieden und die Landschaftsplanung mit eigener Verbindlichkeit ausgestattet werden, so sind dafür naturschutzrechtliche Spezialregelungen notwendig. Diesen Weg ist nur Nordrhein-Westfalen auf Ebene der örtlichen Landschaftsplanung gegangen. Diese ist aber stark auf die besonderen Anforderungen des *fachlichen* Naturschutzes ausgerichtet und verzichtet deshalb weitgehend auf querschnittskoordinierende Abstimmungsleistungen.

IV. Die Stellung der Landschaftsplanung im räumlichen Planungssystem

10. Im Verhältnis der Landschaftsplanung zu den *gesamträumlichen Planungen* stellt sich auf allen Planungsebenen das Problem einer effizienten Zusammenführung gesamtplanerischer und fachlicher Vorlaufleistungen. Dies ist auf *überörtlicher* Planungsebene durch die unterschiedlichen Per-

spektiven der grundsätzlich aggregierenden und abstrahierenden Gesamtplanung einerseits und der grundsätzlich detailliert vorgehenden fachlichen Planung andererseits bedingt. Deshalb bietet in der Planungspraxis eine vor allem naturschutzorientierte Aufgabenausrichtung der überörtlichen Landschaftsplanung der gesamträumlichen überörtlichen Planung wenig Vorteile. Allerdings ist es nicht sinnvoll, die Vorbereitung der Regionalplanung aus der Landschaftsplanung herauszunehmen. Zum einen können auf Ebene der Regionalplanung mit den Instrumenten des ökologischen Vorrangbereichs, des regionalen Grünzugs und der Siedlungszäsur wichtige Weichenstellungen für die räumliche Entwicklung getroffen werden, die durch kein anderes Instrument zu ersetzen sind. Zum anderen hat sich in der Planungspraxis die Notwendigkeit einer *verselbständigten* fachlichen Vorbereitung solcher Ausweisungen ergeben. Deshalb ist selbst bei solchen landesrechtlichen Regelungen, die die Aufgaben der Landschaftsplanung vollständig oder im wesentlichen auf die Aufgaben der gesamträumlichen Planung beschränken, die vollständige Integration der Landschaftsplanung in das gesamträumliche Planungsverfahren *ohne* Aufstellung eines eigenständigen überörtlichen Landschaftsplans nicht sinnvoll. Anzustreben ist vielmehr ein von der Naturschutzverwaltung aufzustellender selbständiger Landschaftsplan mit einer gesamträumlichen Aufgabenausrichtung, ergänzt um ausgewählte naturschutzfachliche Planungsaufgaben.

11. Auf örtlicher Ebene resultiert das Spannungsverhältnis zwischen gesamtplanungsbezogenen und naturschutzfachlichen Aufgabenelementen der Landschaftsplanung aus dem Auseinanderfallen der Zuständigkeiten der Gemeinden für die Bauleitplanung und der staatlichen Naturschutzbehörden für die engeren fachlichen Maßnahmen des Naturschutzes. Schon diese Zuständigkeitsaufspaltung bewirkt, daß auf örtlicher Ebene nicht gleichzeitig gesamtplanungsbezogene und fachplanungsbezogene Aufgaben in einem Planungszugriff vorbereitet werden können. Auch das Instrumentarium der Bauleitplanung erweist sich trotz mancher Ausweitungen in jüngerer Zeit als nicht geeignet, ausschließlich naturschutzfachliche Inhalte zu transportieren. Möglichkeiten dafür eröffnen weder das Bundesnaturschutzgesetz noch das Baugesetzbuch. Gleichwohl ist die mit Ausnahme von Nordrhein-Westfalen in allen Ländern statuierte kommunale Zuständigkeit für die Aufstellung der Landschaftspläne und damit der teilweise Verzicht auf enge naturschutzfachliche Aufgabenwahrnehmung sinnvoll. Denn bei einer rein staatlich verantworteten Landschaftsplanung wäre eine Einflußnahme auf die kommunale Bauleitplanung sehr behindert, wie auch die nordrhein-westfälische Planungspraxis erweist. Dagegen fördert die kommunale Zuständigkeit die Selbstverantwortung der

Gemeinden und lenkt ihre Aufmerksamkeit im Rahmen eigener Verfahren auf die Belange des Naturschutzes. Dieser Effekt kann durch die in den Ländern unterschiedlich ausgeformten Vorschriften über Planungspflichten und die Genehmigung kommunaler Landschaftspläne sinnvoll gefördert werden.

12. Wegen unterschiedlicher Aufgabenanforderungen auf überörtlicher Ebene und Zuständigkeitshindernissen auf örtlicher Ebene ist der Ertrag der Landschaftsplanung sowohl für die Koordination von Fachfragen des Naturschutzes als auch für die Kontrolle von Eingriffsplanungen regelmäßig beschränkt. Insoweit wirkt sich insbesondere nachteilig aus, daß in kaum einem Bundesland konkrete Vorschriften über die Abgrenzung zwischen landschaftsplanerischen Vorbereitungsleistungen einerseits und der eigentlichen fachplanerischen Aufgabenwahrnehmung oder Eingriffskontrolle andererseits getroffen worden sind.

V. Ausblick

13. In der Zusammenfassung erweist sich als Grundproblem der aufgabenadäquaten Einrichtung der Landschaftsplanung die angemessene *Abschichtung* der Abstimmungsanforderungen, denen sich der Naturschutz gestellt sieht. Das haben die Länder aufgrund der überwiegend unscharfen Landesnaturschutzrechtlichen Aufgabenbestimmungen bislang weitgehend der *Planungspraxis* überlassen. Um diesen Unsicherheiten zu begegnen und die zahlreichen Unterschiede unter den Ländern zu beseitigen, sind nun in einem zweiten Schritt der Aufgabeneinrichtung die Aufgaben der Landschaftplanung zu präzisieren. Dazu ist insbesondere eingehender zu regeln, welche Aufgaben der Landschaftsplanung übertragen sind und welche Fragen in den nachfolgenden Verfahren erledigt werden können. Dazu ist insbesondere die Fachwissenschaft aufgefordert, eine geeignete landschaftsplanerische "Sprache" zu entwickeln, die vergleichbar den Planungskategorien der Regionalplanung und der Bauleitplanung den spezifischen Planungsanteil der Landschaftsplanung festlegt. Ansonsten empfehlen sich Verbesserungen zur Stärkung der *Organisation* der Landschaftsplanung. Weitergehende Umgestaltungen, insbesondere im Sinne der Einrichtung der Landschaftsplanung als einer *Umweltleitplanung* sind dagegen zur Zeit nicht angeraten.

Literaturverzeichnis

Abschlußbericht der Projektgruppe "Aktionsprogramm Ökologie" – Argumente und Forderungen für eine ökologisch ausgerichtete Umweltvorsorgepolitik, Umweltbrief Nr. 29, 1983.

Ahrens-Salzsieder, Dirk Holger: Droht eine Zweiteilung des Planungssystems? Zum Verhältnis zwischen der Regionalplanung und den überörtlichen Fachplanungen, dargestelt am Beispiel Nordrhein-Westfalen, DÖV 1987, S. 904 – 910.

Aktuelle Fach- und Rechtsprobleme der Landschafts- und Grünordnungsplanung und ihres Verhältnisses zur kommunalen Bauleitplanung, Vortragsmanuskripte, herausgegeben von der Universität Kaiserslautern, Kaiserslautern 1986.

Altner, Günter: Umweltethische Anforderungen an eine ökologische Orientierung des Rechts, in: *Baumann*, Wolfgang (Hrsg.): Rechtsschutz für den Wald, Heidelberg 1986, S. 113 – 125.

Anforderungen an ein neues Bundesnaturschutzgesetz, Vorschläge der ad-hoc-Arbeitsgruppe der Akademie für Raumforschung und Landesplanung, Das Gartenamt 1991, S. 483 – 485.

Angst, Dieter/*Kröner*, Karl-Heinz/*Traulsen*, Hans-Dietrich: Landesplanungsrecht für Baden-Württemberg, 2. Aufl., Stuttgart 1985.

Apfelbacher, Dieter: Das Naturschutzrecht nach der ersten Novelle zum Bundesnaturschutzgesetz, Teil 1, NuR 1987, S. 241 – 255.

Badura, Peter: Das Planungsermessen und die rechtsstaatliche Funktion des Allgemeinen Verwaltungsrechts, in: Verfassung und Verfassungsrechtsprechung, Festschrift zum 25jährigen Bestehen des Bayerischen Verfassungsgerichtshofs, München 1972, S. 157 – 182.

Bartelheimer, Doris/*Copak*, Ilse: Landschaftsplanung als Instument der Umweltpolitik: Anspruch und Wirklichkeit am Beispiel der Landschaftspläne von Nordrhein-Westfalen, Taunusstein 1989.

Bartlsperger, Richard: Leitlinien zur Regelung der gemeinschaftlichen Umweltverträglichkeitsprüfung unter Berücksichtigung der Straßenplanung, DVBl. 1987, S. 1 – 14.

— Instrumente und Verfahren für Planungen und Maßnahmen, – Berichterstattung über die Arbeitsgruppe 2 –, in: Umweltvorsorge durch Raumordnung, Veröffentlichungen der Akademie für Raumforschung und Landesplanung, Forschungs- und Sitzungsberichte, Bd. 158, Hannover 1984, S. 59 – 66.

Battis, Ulrich/*Krautzberger*, Michael/*Löhr*, Rolf-Peter: Bundesbaugesetz, 3. Aufl., München 1991.

Baumeister, Hubertus: Die Integration der örtlichen Landschaftsplanung in die Bauleitplanung, Schriften des Instituts für Umweltrecht, Diss. Jur., Taunusstein 1992.

Becker, Erich: Die Selbstverwaltung als verfassungsrechtliche Grundlage der kommunalen Ordnung in Bund und Ländern, in: *Peters*, Hans (Hrsg.), Handbuch der kommunalen Wissenschaft und Praxis, Bd. 1, Kommunalverfassung, 1. Aufl., Berlin 1956, S. 113 – 184.

Benz, Arthur: Beurteilung von Umweltplanungen aus verwaltungswissenschaftlicher Sicht, in: *Erbguth*, Wilfried, Weiterentwicklung raumbezogener Umweltplanungen: Vorschläge aus rechts- und verwaltungswissenschaftlicher Sicht, Beiträge zum Siedlungs- und Wohnungswesen und zur Raumplanung, Bd. 95, Münster 1984, S. 151 – 185.

— Föderalismus als dynamisches System, Beiträge zur sozialwissenschaftlichen Forschung, Bd. 73, Opladen 1985.

— Regionalplanung in der Bundesrepublik Deutschland: eine empirische Untersuchung zur Organisation und Problemlösungsfähigkeit, Beiträge zum Siedlungs- und Wohnungswesen und zur Raumplanung, Bd. 80, Münster 1982.

Bernatzky, Aloys/*Böhm*, Otto: Bundesnaturschutzrecht, ergänzbarer Kommentar zum BNatSchG, Wiesbaden, Stand 1981.

Bielenberg, Walter/*Krautzberger*, Michael/*Söfker*, Wilhelm: Baugesetzbuch mit BauGB-MaßnahmenG und BauNVO: Leitfaden und Kommentierung, 3. Aufl., München 1990.

Bierhals, Erich/*Kiemstedt*, Hans/*Scharpf*, Helmut: Aufgaben und Instrumentarium ökologischer Landschaftsplanung, Raumforschung und Raumordnung 1974, S. 76 – 88.

Bierhals, Erich/*Lüderwaldt*, Dietrich: Problematik und Lösungsversuche im Rahmen der Landesplanung, in: *Buchwald*, Konrad/*Engelhardt*, Wolfgang (Hrsg.), Handbuch für Planung, Gestaltung und Schutz der Umwelt, Bd. 3, Die Bewertung und Planung der Umwelt, München 1980, S. 552 – 560.

Biotopvernetzung in Baden-Württemberg, Faltblatt, herausgegeben von dem Ministerium für Ernährung, Landwirtschaft und Forsten Baden-Württemberg, Stuttgart 1986.

Blümel, Willi: Das verfassungsrechtliche Verhältnis von Gemeinden und Landkreisen, Schriftenreihe des niedersächsischen Städteverbandes Heft 5, Hannover 1979.

Blume, Eckehart: Rechtsfragen bei der Umsetzung von Landschaftsplänen, NuR 1989, S. 332 – 336.

Bracker, Reimer: Theorie und Praxis der Kommunalaufsicht, in: *von Mutius*, Albert (Hrsg.), Selbstverwaltung im Staat der Industriegesellschaft, Festgabe zum 70. Geburtstag von Georg Christoph von Unruh, Schriftenreihe des Lorenz-von-

Stein-Instituts für Verwaltungswissenschaften Kiel, Bd. 4, Heidelberg 1983, S. 479 – 501.

Breuer, Rüdiger: Die Bedeutung des § 8 BNatSchG für Planfeststellungen und qualifizierte Genehmigungen nach anderen Fachgesetzen, NuR 1980, S. 89 – 101.

— Empfiehlt es sich, ein Umweltgesetzbuch zu schaffen, gegebenenfalls mit welchen Regelungsbereichen?, Gutachten B für den 59. Deutschen Juristentag, in: Verhandlungen des Neunundfünfzigsten Deutschen Juristentages Hannover 1992, herausgegeben von der Ständigen Deputation des Deutschen Juristentages, München 1992, S. B 1 – B 128.

— Strukturen und Tendenzen des Umweltschutzrechts, Der Staat 1981, S. 393 – 422.

Brix, Michael (Hrsg.): Main-Donau-Kanal, Ersatzlandschaft im Altmühltal, München 1988.

Brohm, Winfried: Entwicklungen im Raum- und Stadtplanungsrecht, Konstanzer Universitätsreden 134, Konstanz 1979.

— Verwirklichung überörtlicher Planungsziele durch Bauleitplanung, DVBl. 1980, S. 653 – 659.

Brückner, Christof: Landesplanerisches Zielsystem und Bauleitplanung – unter besonderer Berücksichtigung des Anpassungsverfahrens nach Landesplanungsrecht NW –, Schriftenreihe Landes- und Stadtentwicklungsforschung des Landes Nordrhein-Westfalen, Landesentwicklung, Bd. 1.026, Dortmund 1982.

Buchner, Werner: Die Bedeutung der Belange des Umweltschutzes für die Ziele und Verfahren der Raumordnung und Landesplanung, in: Umweltvorsorge durch Raumordnung, Veröffentlichungen der Akademie für Raumforschung und Landesplanung, Forschungs- und Sitzungsberichte, Bd. 158, Hannover 1984, S. 35 – 53.

Buchwald, Konrad: Aufgabenstellung ökologisch gestalterischer Planungen im Rahmen umfassender Umweltplanung, in: *Buchwald*, Konrad/*Engelhardt*, Wolfgang (Hrsg.), Handbuch für Planung, Gestaltung und Schutz der Umwelt, Bd. 3, Die Bewertung der Umwelt, München 1980, S. 1 – 26.

— Konzept und Realisierungsmöglichkeiten einer ökologisch orientierten Raumordnung, in: Deutscher Rat für Landespflege (Hrsg.), 20 Jahre Grüne Charta, Schriftenreihe des Deutschen Rates für Landespflege H. 34, Bonn-Bad Godesberg 1980, S. 294 – 304.

— Landschaftsplanung als ökologisch-gestalterische Planung – Ziele, Ablauf, Integration, in: *Buchwald*, Konrad/*Engelhardt*, Wolfgang (Hrsg.), Handbuch für Planung, Gestaltung und Schutz der Umwelt, Bd. 3, Die Bewertung der Umwelt, München 1980, S. 26 – 59.

— Thesen zur Wissenschaftlichen Plenarsitzung "Die ökologische Orientierung der Raumordnung", in: Die ökologische Orientierung der Raumordnung, Veröffentlichungen der Akademie für Raumforschung und Landesplanung, Forschungs- und Sitzungsberichte, Bd. 131, Hannover 1979, S. 63 – 65.

Buchwald, Konrad/*Hügelen*, Barbara von: Beurteilung von Flächennutzung und Flächennutzungswandel in der Bundesrepublik Deutschland aus umweltpolitischer Sicht, in: *Buchwald*, Konrad/*Engelhard*, Wolfgang (Hrsg.): Handbuch für Planung, Gestaltung und Schutz der Umwelt, Bd. 1, Die Umwelt des Menschen, München 1978, S. 186 – 216.

Bullinger, Martin: Staatsaufsicht in der Wirtschaft, in: VVDStRL 22, Berlin 1965, S. 265 – 328.

Bund Deutscher Landschaftsarchitekten: Qualifizierte Landschaftsplanung als Leitplanung des Umweltschutzes, Forderungen und Positionen des Bundes Deutscher Landschaftsarchitekten, Deutsches Architektenblatt 1992, S. 1319 – 1322.

— Zur Landschaftsplanung. Forderungen und Positionen des Bundes Deutscher Landschaftsarchitekten e.V., Bonn 1988.

Bunge, Thomas: Die Umweltverträglichkeitsprüfung im Verwaltungsverfahren, Zur Umsetzung der Richtlinie der Europäischen Gemeinschaften vom 27. Juni 1985 (85/337/EWG) in der Bundesrepublik Deutschland, Köln 1986.

Burmeister, Joachim, H.: Der Schutz von Natur und Landschaft vor Zerstörung, Düsseldorf 1988.

Carlsen, Claus: Die Umweltverträglichkeitsprüfung in Naturschutz und Landschaftspflege, NuR 1984, S. 48 – 51.

Cassing, Gerhard: Raumordnung und Gemeindeentwicklung – zum Formwandel der Landes- und Regionalplanung in Niedersachsen, Beiträge zur räumlichen Planung, Bd. 4, Schriftenreihe des Fachbereichs Landespflege der Universität Hannover, Hannover 1983.

Cholewa, Werner/*Dyong*, Hartmut/*von der Heide*, Hans Jürgen/ *Arenz*, Willi: Raumordnung in Bund und Ländern, Kommentar zum Raumordnungsgesetz des Bundes und Vorschriftensammlung aus Bund und Ländern, Band 1: Kommentar, 3. Aufl., 3. Lfg., Stuttgart, Stand Mai 1993.

Cupei, Jürgen: Die Richtlinie des Rates über die Umweltverträglichkeitsprüfung (UVP) bei bestimmten öffentlichen und privaten Projekten, NuR 1985, S. 297 – 307.

— Umweltverträglichkeitsprüfung (UVP); ein Beitrag zur Strukturierung der Diskussion; zugleich eine Erläuterung der EG-Richtlinie, Köln 1986.

David, Carl-Heinz: Anmerkung zum Urteil des OVG Münster vom 12. 4. 1972 – Floatglas, DVBl. 1972 S. 692 – 694.

Deixler, Wolfgang: Besonderheiten des integrierten Landschaftsplanes nach Art. 3 BayNatSchG und Bundesrecht (BNatSchG, BBauG), NuR 1985, S. 228 – 233.

— Landschaftsplanung in Bayern, Materialien Bd. 6 des Bayerischen Staatsministeriums für Landesentwicklung und Umweltfragen, München 1979.

Der Landschaftsplan nach den Naturschutzgesetzen, Dokumentation eines Kolloqiums, herausgegeben vom Bund Deutscher Landschaftsarchitekten, Bonn 1983.

Der Rat von Sachverständigen für Umweltfragen: Umweltgutachten 1978, BT/Drs. 8/1938.

— Umweltgutachten 1987, Stuttgart 1988.

— Umweltgutachten 1987, Kurzfassung.

— Umweltprobleme der Landwirtschaft, Sondergutachten März 1985, Stuttgart 1985.

Deutscher Alpenverein (Hrsg.): Der Bergwald stirbt, Broschüre, München 1985, bearbeitet von der Arbeitsgemeinschaft *Schober*, Michael/*Kaule*, Giselherr.

Diemer, Herbert: Naturschutz als kommunale Aufgabe, Schriften zur öffentlichen Verwaltung, Bd. 22, Köln 1982.

Die ökologische Orientierung der Raumordnung, Veröffentlichungen der Akademie für Raumforschung und Landesplanung, Forschungs- und Sitzungsberichte, Bd. 131, Hannover 1979.

Dietrichs, Bruno: Bisher entwickelte raumordnerische Konzeptionen, in: Funktionsräumliche Arbeitsteilung, Teil 1: Allgemeine Grundlagen, Veröffentlichungen der Akademie für Raumforschung und Landesplanung, Forschungs- und Sitzungsberichte, Bd. 138, Hannover 1981, S. 25 – 38.

— Die wesentlichen Entwicklungslinien und maßgeblichen Elemente des Landesraumordnungsprogramms, in: Perspektiven des künftigen niedersächsischen Landesraumordnungsprogramms, Arbeitsmaterial der Akademie für Raumforschung und Landesplanung, Bd. 48, Hannover 1981, S. 11 – 20.

Döhne, Ulrich/*Gruber*, Rolf: Gebietskategorien, Zentrale Orte, Entwicklungsachsen und Entwicklungsschwerpunkte in den Bundesländern, Synopse der den Landesentwicklungsplänen I und II für das Land Nordrhein-Westfalen entsprechenden Inhalte der Entwicklungspläne der anderen Bundesländer, Schriftenreihe Landes- und Stadtentwicklungsforschung des Landes Nordrhein-Westfalen, (ILS), Reihe Landesentwicklung 1.009, Dortmund 1976.

Dorfentwicklung: Beiträge zur funktionsgerechten Gestaltung der Dörfer, herausgegeben von dem Ministerium für Ernährung, Landwirtschaft und Forsten Baden-Württemberg, 2. Aufl., Stuttgart 1984.

Dokumentation zur 8. wissenschaftlichen Fachtagung der Gesellschaft für Umweltrecht e. V. Berlin 1984, Berlin 1985.

Dolde, Klaus-Peter: Beratungsergebnis des Arbeitskreises 'Naturschutz und Planung' in: Dokumentation zur 4. wissenschaftlichen Fachtagung der Gesellschaft für Umweltrecht 1980, Berlin 1981, S. 108 – 113.

— Naturschutz und Planung, in: Dokumentation zur 4. wissenschaftlichen Fachtagung der Gesellschaft für Umweltrecht 1980, Berlin 1981, S. 101 – 107.

Dopheide, Josef W.: Recht und Planungsinstrumente des Naturschutzes und der Landschaftspflege unter Berücksichtigung von Fragen des Rechtsschutzes, der Verbandsbeteiligung, der Verbandsklage und des Eigentumsschutzes in der Bundesrepublik Deutschland und im Land Nordrhein-Westfalen, Münster-Hiltrup 1991.

Ebel, Friedhelm/*Hentschel*, Armin: Analyse und Wertung der Naturschutzprogramme einzelner Bundesländer, Arbeitsunterlagen der DLG, Ms. Frankfurt 1987.

Ebersbach, Harry: Rechtliche Aspekte des Landverbrauchs am ökologisch falschen Platz, Berlin 1985.

Empfiehlt es sich, ein Umweltgesetzbuch (UGB) zu schaffen, gegebenenfalls mit welchen Regelungsbereichen?, Beschlüsse des 59. Deutschen Juristentags Hannover 1992 (Abteilung Umweltrecht), DVBl. 1992, S. 1422 – 1424.

Engelhardt, Dieter: Naturschutz und Planung, in: Dokumentation zur 4. wissenschaftlichen Fachtagung der Gesellschaft für Umweltrecht e. V., Berlin 1981, S. 89 – 100.

Engelhardt, Dieter/*Brenner*, Walter: Naturschutzrecht in Bayern, Loseblattsammlung, Kommentar zum bayerischen NatSchG, Stand Juli 1986.

Erbguth, Wilfried: Bundes- und Landesrecht auf dem Gebiet der Raumordnung und Landesplanung, Arbeitspapier Nr. 22 des Zentralinstituts für Raumplanung an der Universität Münster, Münster 1980.

— Das rechtssystematische Verhältnis von überörtlicher Landschaftsplanung und Landesplanung – Zur Verknüpfung beider Planarten –, UPR 1983, S. 137 – 142.

— Die Umweltleitplanung im Entwurf eines Umweltgesetzbuchs: Allgemeiner Teil, DVBl. 1992, S. 1122 – 1132.

— Landschaftsrahmenplanung im Zusammenhang mit Regional- und Landesplanung, Arbeitspapier 3/82 des Instituts für Raumplanung an der Universität Münster.

— Entwicklungen im Recht der Umweltplanung, Naturschutz und Landschaftsplanung 1991, S. 197 – 200.

— Raumordnungs- und Landesplanungsrecht, Studienreihe Wahlfach, Bd. 9, Köln 1983.

— Rechtsfragen des Bodenschutz, UPR 1984, S. 241 – 249.

— Weiterentwicklung raumbezogener Umweltplanungen, Vorschläge aus rechts- und verwaltungswissenschaftlicher Sicht, Beiträge zum Siedlungs- und Wohnungswesen und zur Raumplanung, Bd. 95, Münster 1984.

Erbguth, Wilfried/*Püchel*, Gerald: Die Luftreinhaltepläne im Abwägungsvorgang der Bauleit- und Landesplanung, NVwZ 1982, S. 649 – 656.

Erbguth, Wilfried/*Schink*, Alexander: Gesetz über die Umweltverträglichkeitsprüfung (Kommentar), München 1992.

Erbguth, Wilfried/*Schlarmann*, Hans: Verbesserter Umweltschutz durch Koordinierung mit der räumlichen Planung, UPR 1982, S. 345 – 353.

Erbguth, Wilfried/*Schoeneberg*, Jörg: Die Umsetzung der EG-Richtlinie über die Umweltverträglichkeitsprüfung vor dem Hintergrund rechtssystematischer Grundlagen der raumbezogenen Zulassungsverfahren in der Bundesrepublik Deutschland, WiVerw. 1985, S. 102 – 130.

Ernst, Werner/*Hoppe*, Werner: Das öffentliche Bau- und Bodenrecht, Raumplanungsrecht, 2. Aufl., München 1981.

Ernst, Werner/*Suderow*, Wolfgang: Die Zulässigkeit raumordnerischer Festlegungen für Gemeindeteile, Schriften der Landesplanung Niedersachsen, Hannover 1976.

Ernst, Werner/*Zinkahn*, Willy/*Bielenberg*, Walter: Bundesbaugesetz, Kommentar, Berlin, Stand November 1992.

Erz, Wolfgang: Naturschutz – Grundlagen, Probleme und Praxis, in: *Buchwald*, Konrad/*Engelhardt*, Wolfgang (Hrsg.), Handbuch für Planung, Gestaltung und Schutz der Umwelt, Bd. 3, Die Bewertung und Planung der Umwelt, München 1980, S. 560 – 637.

— Naturschutz im Wandel der Zeit. Eine Bewertung, Geographische Rundschau 1987, S. 307 – 315.

Fatheuer, Horst: Grundlagen und Rechtsprobleme der Landschaftsplanung, unter besonderer Berücksichtigung der Rechtslage in Nordrhein-Westfalen, Der Landkreis 1978, S. 386 – 389.

Fehrmann, Wilderich: Zur Aufnahme baugestalterischer Festsetzungen in den Bebauungsplan, BauR 1971, S. 143 – 157.

Feldhaus, Gerhard: Konturen eines modernen Umweltschutzrechts – von der Gewerbeordnung bis zum Bundesimmissionsschutzrecht, DÖV 1974, S. 613 – 618.

Fickert, Hans Carl/*Fieseler*, Herbert: Baunutzungsverordnung, Kommentar unter besonderer Berücksichtigung des Umweltschutzes mit ergänzenden Rechts- und Verwaltungsvorschriften, 5. Aufl., Köln 1985.

Finke, Lothar: Funktionsräumliche Arbeitsteilung aus ökologischer Sicht, in: Funktionsräumliche Arbeitsteilung, Teil 1, Allgemeine Grundlagen, Veröffentlichungen der Akademie für Raumforschung und Landesplanung, Forschungs- und Sitzungsberichte, Bd. 138, Hannover 1981, S. 61 – 74.

— Funktionsgruppe Ressourcenschutz, in: Funktionsräumliche Arbeitsteilung, Teil 2, Ausgewählte Vorrangfunktionen in der Bundesrepublik Deutschland, Veröffentlichungen der Akademie für Raumforschung und Landesplanung, Forschungs- und Sitzungsberichte, Bd. 153, Hannover 1984, S. 269 – 282.

Fischer, Manfred: Die Anpassung des Naturschutzrechts an die Erfordernisse modern verstandenen Naturschutzes und die Bedeutung anderer Rechtsgebiete bei der Durchsetzung naturschützerischer Ziele, dargelegt anhand des Konzeptes des Biotopverbundsystems, Diss. Jur., Coburg 1991.

Forsthoff, Ernst/*Blümel*, Willi: Raumordnungsrecht und Fachplanungsrecht, Frankfurt 1970.

Fritz, Georg/*Lassen*, Diethard/*Mrass*, Walter: Untersuchungen zur Belastung der Landschaft durch Freizeit und Erholung in ausgewählten Räumen, Schriftenreihe für Landschaftspflege und Naturschutz H. 15, Bonn-Bad Godesberg 1977.

Fruhen, Claus: Rechtsfragen der Landesplanung in Nordrhein-Westfalen, Eine Untersuchung ihres Aufgabencharakters sowie der Rechtsnatur und Rechtswirksamkeit ihrer Arbeitsmittel, Diss. Jur., Münster 1975.

Fürst, Dietrich/*Hesse*, Joachim Jens: Landesplanung, Düsseldorf 1981.

Funktionsräumliche Arbeitsteilung, Teil 1, Allgemeine Grundlagen, Veröffentlichungen der Akademie für Raumforschung und Landesplanung, Forschungs- und Sitzungsberichte, Bd. 138, Hannover 1981.

Funktionsräumliche Arbeitsteilung, Teil 2, Ausgewählte Vorrangfunktionen in der Bundesrepublik Deutschland, Veröffentlichungen der Akademie für Raumforschung und Landesplanung, Forschungs- und Sitzungsberichte, Bd. 153, Hannover 1984.

Gaede, Kurt Alexander: Der Landschaftsplan zwischen Bauleitplanung, Naturschutz und anderen Fachplanungen, in: Landschaftsplanung und Bauleitplanung, Erfahrungen und Perspektiven, Referatesammlung zum 155. Kurs des Instituts für Städtebau Berlin, Berlin 1982, S. 16 – 35.

— Einordnung der Landschaftsplanung in das System der räumlichen Planung, in: Verwirklichung der Landschaftsplanung in der Regional- und Kommunalplanung, Veröffentlichungen der Akademie für Raumforschung und Landesplanung, Beiträge, Bd. 80, Hannover 1984, S. 7 – 18.

— Erfahrungen mit der Landschaftsplanung aus rechtlich-administrativer Sicht, Landesbericht zu Niedersachsen, in: Landschaftsplanung – Erfahrungen mit dem neuen Naturschutzrecht, Schriftenreihe des Deutschen Rates für Landespflege H. 45, Bonn 1984, S. 476 – 478.

Gaentzsch, Günter: Bauleitplanung und Baugenehmigungspraxis unter den Anforderungen des Naturschutzes und der Umweltverträglichkeit, NuR 1990, S. 1 – 8.

— Die naturschutzrechtliche Eingriffsregelung, das Verhältnis zwischen Fachrecht und Naturschutzrecht, NuR 1986, S. 89 – 98.

— Öffentliches Baurecht, Grundriß für Verwaltung und Wirtschaft, Köln 1978.

Galette, Alfons: Die Beratung im Rahmen der Kommunalaufsicht, in: Aktuelle Probleme der Kommunalaufsicht, Schriftenreihe der Hochschule Speyer, Bd. 19, Berlin 1963, S. 37 – 62.

Ganser, Karl: Realisierbarkeit umweltverträglicher Raumordnungskonzepte, in: Die ökologische Orientierung der Raumordnung, Veröffentlichungen der Akademie für Raumforschung und Landesplanung, Forschungs- und Sitzungsberichte, Bd. 131, Hannover 1979, S. 25 – 35.

Gassner, Erich: Eingriffe in Natur und Landschaft – ihre Regelung und ihr Ausgleich nach § 8 BNatSchG, NuR 1984, S. 81 – 86.

— Naturschutzrechtliche Eingriffsregelung im Bauleitplanungsrecht, NuR 1993, S. 252 – 256.

— Naturschutzrechtliche Gestaltungsaufträge an die Gemeinde, dargestellt vor allem am Ergebnis der Dorferneuerung, NuR 1986, S. 190 – 196.

— Neuere Planungsansätze im Umweltschutz, NuR 1993, S. 358 – 365.

— Zum Zusammenwirken von Naturschutz und Baurecht, NVwZ 1991, S. 26 – 31.

— Zur Fortentwicklung des naturschutzrechtlichen Planungsrechts, UPR 1988, S. 321 – 325.

— Systematische Aspekte der naturschutzrechtlichen Ausgleichsabgabe, NuR 1985, S. 180 – 186.

Gassner, Erich/*Piest*, Rainer: Integration der Landschaftsrahmenplanung in die Regionalplanung – Probleme bisheriger Regelungen und ihrer Umsetzung, in: Integration der Landschaftsplanung in die Raumplanung, Veröffentlichungen der Akademie für Raumforschung und Landesplanung, Forschungs- und Sitzungsberichte, Bd. 180, Hannover 1988, S. 11 – 23.

Gassner, Erich/*Winkelbrandt*, Arnd: UVP: Umweltverträglichkeitsprüfung in der Praxis, München 1990.

Geiger, Werner: Fallbeispiel Hessen, in: Integration der Landschaftsrahmenplanung in die Regionalplanung – Probleme bisheriger Regelungen und ihrer Umsetzung, in: Integration der Landschaftsplanung in die Raumplanung, Veröffentlichungen der Akademie für Raumforschung und Landesplanung, Forschungs- und Sitzungsberichte, Bd. 180, Hannover 1988, S. 73 – 94.

Gelzer, Konrad/*Birk*, Hans-Jörg: Bauplanungsrecht – Bundesbaugesetz, Baunutzungsverordnung, Städtebauförderungsgesetz, 5. Aufl., Köln 1991.

Georgii, Hans-Walter: Grundzüge des Klimas und seine nutzungsbedingte Änderung, in: *Buchwald*, Konrad/*Engelhardt*, Dieter (Hrsg.), Handbuch für Planung, Gestaltung und Schutz der Umwelt, Bd. 2, München 1978, S. 132 – 143.

Gerschlauer, Christoph: Landschaftsplanung der Gemeinde und Bauleitplanung, DVBl. 1979, S. 601 – 613.

Gierke, Hans-Georg: Urteilsanmerkung zu OVG Berlin, Urteil vom 29. 8. 1983 (OVG 2 A 3.81), DVBl. 1984, S. 149 – 155.

Gleichwertige Lebensbedingungen durch eine Raumordnungspolitik des mittleren Weges. Indikatoren, Potentiale, Instrumente, Veröffentlichungen der Akademie für Raumforschung und Landesplanung, Forschungs- und Sitzungsberichte, Bd. 140, Hannover 1983.

Gönnenwein, Otto: Gemeinderecht, Tübingen 1963.

— Die Kommunalaufsicht als Rechtsaufsicht, in: Gedächtnisschrift für Walter Jellinek, Forschungen und Berichte aus dem öffentlichen Recht, München 1955, S. 511 – 533.

Grebe, Reinhard: Erfahrungen mit der Landschaftsplanung in der Praxis, in: Landschaftsplanung – Erfahrungen mit dem neuen Naturschutzrecht, Schriftenreihe des Deutschen Rates für Landespflege H. 45, Bonn 1984, S. 520 – 524.

Grebe, Reinhard/*Tomasek*, Wolfgang: Gemeinde und Landschaft, 2. Aufl., Köln 1980.

Haber, Wolfgang: Konflikte zwischen Landwirtschaft und Umweltschutz, Bayerisches Landwirtschaftliches Jahrbuch, Sonderheft 1/1977, S. 11 – 32.

— Landschaftspflege durch differenzierte Bodennutzung, Bayerisches Landwirtschaftliches Jahrbuch, Sonderheft 1/ 1971, S. 19 – 35.

— Raumordnungskonzepte aus der Sicht der Ökosystemforschung, in: Die ökologische Orientierung der Raumplanung, Veröffentlichungen der Akademie für Raumforschung und Landesplanung, Forschungs- und Sitzungsberichte, Bd. 131, Hannover 1979, S. 12 – 24.

Hahn, Klaus-Günther: Das Recht der Landschaftsplanung: Bestandsaufnahme, Würdigung und Fortentwicklungsmöglichkeiten, Beiträge zum Siedlungs- und Wohnungswesen und zur Raumplanung, Bd. 137, Diss. Jur., Münster 1991.

Hahn-Herse, Gerhard: Diskussionsbeitrag. Protokoll in: Landschaftsplanung und Bauleitplanung, Erfahrungen und Perspektiven, Referatesammlung zum 155. Kurs des Instituts für Städtebau Berlin, herausgegeben vom Institut für Städtebau Berlin der Deutschen Akademie für Städtebau und Landesplanung, Berlin 1982, S. 344.

— Fachliche Anforderungen an die querschnittsorientierten Inhalte eines Landschaftsplanes, in: Bund Deutscher Landschaftsarchitekten (Hrsg.): Der Landschaftsplan nach den Naturschutzgesetzen, Bonn 1983, S. 35 – 60.

Hahn-Herse, Gerhard/*Kiemstedt*, Hans/*Wirz*, Stefan: Landschaftsrahmenplanung und Regionalplanung – Gemeinsam gegen die sektorale Zersplitterung im Umweltschutz?, Landschaft + Stadt 1984, S. 66 – 83.

— Landschaftsplanung zum Flächennutzungsplan – Vorschläge zur Weiterentwicklung der örtlichen Landschaftsplanung in Baden-Württemberg, Landschaft + Stadt 1984, S. 83 – 100.

Hampicke, Ulrich: Wie ist eine umweltgerechte Landwirtschaftsreform möglich?, Landschaft + Stadt 1979, S. 68 – 80.

von der Heide, Hans-Jürgen: Das Verhältnis der Landschaftsplanung zur Gesamtplanung, in: Hoppe, Werner/Appold, Wolfgang (Hrsg.): Umweltschutz in der Raumplanung, Symposium aus Anlaß des 25jährigen Bestehens des Zentralinstituts für Raumplanung an der Universität Münster am 21. September 1989 in Münster, Beiträge zum Siedlungs- und Wohnungswesen und zur Raumplanung, Bd. 133, Münster 1989, S. 66 – 87.

Heidtmann, Enno: Landschaftsplanung und Eingriffsregelung, die wesentlichen Planungsinstrumente des Naturschutzes und der Landschaftspflege, NuR 1993, S. 68 – 75.

Heintze, Gottfried: Erfahrungen mit der Landschftsplanung aus rechtlich-administrativer Sicht (zu Hessen), in: Landschaftsplanung – Erfahrungen mit dem neuen Naturschutzrecht, Schriftenreihe des Deutschen Rates für Landespflege H. 45, Bonn 1984, S. 490 – 494.

Hendler, Reinhard: Das rechtliche Verhältnis von überörtlicher Landschaftsplanung und Raumordnungsplanung, NuR 1981, S. 41 – 46.

Henrich, Franz Walter: Kommunale Beteiligung in der Raumordnung und Landesplanung, Bd. 1, Verfassungsrechtliche und rahmenrechtliche Grundlagen, Beiträge zum Siedlungs- und Wohnungswesen und zur Raumplanung, Bd. 72, Münster 1981.

— Kommunale Beteiligung in der Raumordnung und Landesplanung, Bd. 2, Beteiligungsrecht und Beteiligungsverfahren nach dem Landesplanungsrecht der Länder, Beiträge zum Siedlungs- und Wohnungswesen und zur Raumplanung, Bd. 73, Münster 1981.

Heydemann, Berndt: Erwartungen an den sektoralen Fachbeitrag Arten- und Biotopschutz aus Sicht der Naturwissenschaft, in: Bund Deutscher Landschaftsarchitekten (Hrsg.): Der Landschaftsplan nach den Naturschutzgesetzen, Bonn 1983, S. 61 – 71.

Hoberg, Rolf: Synopse zum Stand der Regionalplanung in Baden-Württemberg, herausgegeben vom Institut für Regionalwissenschaft der Universität Karlsruhe, Karlsruhe 1982.

Höhnberg, Ulrich: Überörtliche Landschaftsplanung im Rahmen der Landesplanung, Beilage I/1982 in AgrarR 10/1982, S. 18 – 22.

Hofherr, Erich: Bauleitplanung und Landschaftsplanung, UPR 1987, S. 88 – 94.

Hofmann, K.: Die rechtlichen Grundlagen des Naturschutzes und ihre besonderen Probleme im Bau- und Wasserrecht, München 1963.

Hofmann, Walter: Genehmigungsvorbehalt und Kommunalaufsicht, in: Aktuelle Probleme der Kommunalaufsicht, Schriftenreihe der Hochschule Speyer, Bd. 19, Berlin 1963, S. 81 – 97.

Hoppe, Werner: Bauplanungsrechtliche Grundsätze bei der Kollision und zur Ausbalancierung von Belangen, Jura 1979, S. 133 – 148.

— Die 'Zusammenstellung des Abwägungsmaterials' und die 'Einstellung der Belange' in die Abwägung 'nach Lage der Dinge' bei der Planung, DVBl. 1977, S. 136 – 144.

— Landschaftsplanung als Umweltleitplanung?, DVBl. 1992, S. 1381 – 1390.

— Landschaftsplanung als Umweltleitplanung?, in: Naturschutz- und Landschaftspflegerecht im Wandel, 8. Trierer Kolloquium zum Umwelt- und Technikrecht vom 23. bis 25. September 1992, Heidelberg 1992, S. 57 – 81.

— Rechtsgrundlagen für den Umweltschutz im Planungssystem, in: Umweltplanungen und ihre Weiterentwicklung, Veröffentlichungen der Akademie für Raumforschung und Landesplanung, Beiträge, Bd. 73, Hannover 1983, S. 5 – 20.

— Umweltleitplanung, in: *Koch*, Hans-Joachim (Hrsg.): Auf dem Weg zum Umweltgesetzbuch, Forum Umweltrecht: Schriftenreihe der Forschungsstelle Umweltrecht der Universität Hamburg, Bd. 7, Baden-Baden 1992, S. 46 – 57.

— Staatsaufgabe Umweltschutz, in: Veröffentlichungen der Vereinigung der Deutschen Staatsrechtslehrer, Bd. 38, Berlin 1980, S. 211 – 310.

— Verwirklichung von Umweltschutz durch Raumordnung und Landesplanung – rechtliche Aspekte, in: Verwirklichung von Umweltschutz durch Raumordnung und Landesplanung, Veröffentlichungen der Akademie für Raumforschung und Landesplanung, Arbeitsmaterial Nr. 90, Hannover 1984, S. 1 – 35.

Hoppe, Werner/*Appold*, Wolfgang (Hrsg.): Umweltschutz in der Raumplanung, Symposium aus Anlaß des 25jährigen Bestehens des Zentralinstituts für Raumplanung an der Universität Münster am 21. September 1989 in Münster, Beiträge zum Siedlungs- und Wohnungswesen und zur Raumplanung, Bd. 133, Münster 1989.

Hoppe, Werner/*Erbguth*, Wilfried: Geltendes Recht der Landschaftsplanung in Bund und Ländern, in: Landschaftsplanung – Erfahrungen mit dem neuen Naturschutzrecht, Schriftenreihe des Deutschen Rates für Landespflege H. 45, Bonn 1984, S. 446 – 469.

Hoppe, Werner/*Menke*, Rainard: Raumordnungs- und Landesplanungsrecht des Bundes und des Landes Rheinland-Pfalz, Allgemeine Grundlagen, Landesrecht, Köln 1986.

Hoppe, Werner/*Schlarmann*, Hans: Die Landschaftsplanung in Nordrhein-Westfalen, Zur Novellierung des nordrhein-westfälischen Landschaftsgesetzes, NuR 1981, S. 17 – 20.

— Rechtsschutz bei der Planung von Straßen und anderen Verkehrsanlagen, 2. Aufl., München 1981.

Hübler, Karl-Hermann: Großräumige Vorranggebiete als Gegenkonzept zu ausgeglichenen Funktionsräumen, in: Beiträge zum Konzept der ausgeglichenen Funktionsräume, Materialien zum Siedlungs- und Wohnungswesen und zur Raumplanung, Bd. 15, Münster 1977, S. 73 – 90.

— Überlegungen zur gesetzlichen Klärung des Verhältnisses der Landscahftsplanung zur Regional- und Bauleitplanung, Referat anläßlich der Fachtagung "Der Beitrag der Landschaftsplanung zur Regional- und Bauleitplanung" am 15. September 1987, Universität Kaiserslautern, Ms. 1987.

— Forderungen an ein "neues" Bundesnaturschutzgesetz, UPR 1989, S. 121 – 127.

— Perspektiven für die Naturschutzpolitik in der 12. Legislaturperiode des Deutschen Bundestages, DÖV 1991, S 85 – 94.

Hübler, Karl-Hermann/*Scharmer*, Eckart/*Weichtmann*, Klaus/ *Wirz*, Stefan: Zur Problematik der Herstellung gleichwertiger Lebensverhältnisse, Veröffentlichungen der Akademie für Raumforschung und Landesplanung, Abhandlungen, Bd. 80, Hannover 1980.

Hutter, Claus-Peter/*Thielcke*, Gerhard/*Herrn*, Claus-Peter/ *Faust*, Berthold: Naturschutz in der Gemeinde: Praktischer Ratgeber für Jedermann, Stuttgart 1985.

Inhalte und Verfahrensweisen der Landschaftsplanung, Stellungnahme des Beirats für Naturschutz und Landschaftspflege beim Bundesminister für Ernährung, Landwirtschaft und Forsten, herausgegeben von dem Bundesminister f. Ernährung, Landwirtschaft und Forsten, Bonn 1976.

Integration der Landschaftsplanung in die Raumplanung, Veröffentlichungen der Akademie für Raumforschung und Landesplanung, Beiträge, Bd. 180, Hannover 1988.

Jarass, Hans D.: Bundesimmissionsschutzgesetz, München 1983.

Jonas, Hans: Das Prinzip Verantwortung, Versuch einer Ethik für die technologische Zivilisation, Frankfurt 1984.

Kaiser, Helmut/*Neumeyer*, Hans-Peter: Analyse der veröffentlichten Landschaftspläne in Baden-Württemberg, in: Veröffentlichungen für Naturschutz und Landschaftspflege Baden-Württemberg, Heft 51/52, Karlsruhe 1980, S. 35 – 88.

Kaule, Giselherr: Arten- und Biotopschutz, Stuttgart 1986.

— Biotopkartierung – Wissenschaft und Alibi, in: Naturschutz zwischen Erhalten und Gestalten, Jahrbuch für Naturschutz und Landschaftspflege, Bd. 33, Bonn 1983, S. 119 – 143.

Kiemstedt, Hans: Methodischer Stand und Durchsetzungsprobleme der ökologischen Planung, in: Die ökologische Orientierung der Raumordnung, Veröffentlichungen der Akademie für Raumforschung und Landesplanung, Forschungs- und Sitzungsberichte, Bd. 131, Hannover 1979, S. 46 – 62.

— Bewertung im Rahmen der UVP: Zur Rolle der Landschaftsplanung bei der Bestimmung von Umweltqualitätszielen und -standards, Raumforschung und Raumordnung 1989, S. 94 – 100.

Kiemstedt, Hans/*Wirz*, Stefan: Zum Verhältnis Landschaftsplanung – Umweltverträglichkeitsprüfung – Das Gutachten zur Umweltverträglichkeit der BAB A 4 – Rothaargebirge, Landschaft + Stadt 1981, S. 173 – 187.

Kisker, Gunter: Kommunaler und staatlicher Vollzug der Landesnaturschutzgesetze – ein Vergleich, in: Analyse und Fortentwicklung des neuen Naturschutzrechts in der Bundesrepublik Deutschland, Schriftenreihe des Deutschen Rates für Landespflege H. 36, Bonn 1981, S. 488 – 491.

Kistenmacher, Hans: Die maßgeblichen Elemente des neuen niedersächsischen Landesraumordnungsprogramms und ihre voraussichtlichen Wirkungen auf die weitere großräumige Entwicklung der Siedlungsstruktur und Raumnutzung, in: Perspektiven des künftigen niedersächsischen Landesraumordnungsprogramms, Arbeitsmaterial der Akademie für Raumforschung und Landesplanung, Bd. 48, Hannover 1981, S. 21 – 42.

Kloepfer, Michael: Empfiehlt es sich, ein Umweltgesetzbuch zu schaffen, gegebenenfalls mit welchen Regelungsbereichen?, JZ 1992, S. 817 – 828.

— Freiraumschutz durch Planung, in: Hoppe, Werner/Appold, Wolfgang (Hrsg.): Umweltschutz in der Raumplanung, Symposium aus Anlaß des 25jährigen Bestehens des Zentralinstituts für Raumplanung an der Universität Münster am 21. September 1989 in Münster, Beiträge zum Siedlungs- und Wohnungswesen und zur Raumplanung, Bd. 133, Münster 1989, S. 88 – 115.

— Umweltrecht, unter Mitarbeit von Klaus Meßerschmidt, München 1989.

Kloepfer, Michael/*Rehbinder*, Eckard/*Schmidt-Aßmann*, Eberhard/*Kunig*, Philip: Umweltgesetzbuch: Allgemeiner Teil, Berichte/Umweltbundesamt 7/90, Forschungsbericht 10106028/01-03, 2. Aufl., Berlin 1991.

Klüber, Hans: Das Gemeinderecht in den Ländern der Bundesrepublik Deutschland, Berlin 1972.

Koch, Hans-Joachim (Hrsg.): Auf dem Weg zum Umweltgesetzbuch, Forum Umweltrecht: Schriftenreihe der Forschungsstelle Umweltrecht der Universität Hamburg, Bd. 7, Baden-Baden 1992.

Köttgen, Arnold: Wesen und Rechtsform der Gemeinden und Gemeindeverbände, in: *Peters*, Hans (Hrsg.), Handbuch der Kommunalen Wissenschaft und Praxis, Bd. 1, Kommunalverfassung, 1. Aufl., Berlin 1956, S. 185 – 234.

Kohlhammer Kommentar zum Bundesbaugesetz, 20. Lieferung, Stuttgart, Juni 1993.

Kolodziejcok, Karl-Günther/*Recken*, Josef/*Apfelbacher*, Dieter: Naturschutz, Landschaftspflege und einschlägige Regelungen des Jagd- und Forstrechts, Ergänzbarer Kommentar zum BNatSchG, 1. Aufl., 26. Lieferung, Berlin, August 1993.

Konukiewitz, Manfred: Die Implementation räumlicher Politik: eine empirische Untersuchung zur Koordination des Vollzugs raumwirksamer Maßnahmeprogramme, Schriften des Zentralinstituts für sozialwissenschaftliche Forschung der Freien Universität Berlin, Bd. 46, Opladen 1985.

Krause, Christian C./*Henke*, Hanno: Beispielhafte Untersuchung von Wirkungszusammenhängen im Rahmen der Landschaftspflege, in: Schriftenreihe für Landschaftspflege und Naturschutz, H. 20, Bonn-Bad Godesberg 1980, S. 207 – 300.

Krause, Christian L./*Mrass*, Walter/*Winkelbrandt*, Arnd: Gedanken zu Aufgaben, Inhalten und Gliederung des Landschaftsrahmenplanes, Natur und Landschaft 1985, S. 54 – 58.

Kreft, Bernhard/*Priester*, Jens-Michael: Die Begründung von Zielen der Raumordnung und Landesplanung in Raumordnungsplänen, rechtsdogmatische und rechtstheoretische Anmerkungen, Beiträge zum Siedlungs- und Wohnungswesen und zur Raumordnung, Bd. 38, Münster 1977.

Künkele, Siegfried: Artenschutz als nationales und internationales Problem unter besonderer Berücksichtigung der rechtlichen Grundlagen, Verhandlungen der Gesellschaft für Ökologie, Bd. 8, Göttingen 1980, S. 33 – 38.

Künkele, Siegfried/*Heiderich*, Eberhart/*Kreuzer*, Klaus/*Simpfendörfer*, Michael: Naturschutzgesetz für Baden-Württemberg, Ergänzbarer Kommentar, 2. Aufl., 6. Lieferung, Stuttgart 1987.

Kuhl, Gerd: Umweltschutz im materiellen Raumordnungsrecht, Beiträge zum Siedlungs- und Wohnungswesen und zur Raumplanung, Bd. 39, Münster 1977.

Kuhn, Joachim: Das Artenschutzprogramm – eine theoretische Einführung, in: *Hölzinger*, Jochen (Hrsg.), Die Vögel Baden-Württembergs, Bd. 1 – Gefährdung und Schutz, Teil 1 – Artenschutzprogramm Baden-Württemberg, Grundlagen, Biotopschutz, Stuttgart 1987, S. 41 – 47.

Kuschnerus, Ulrich: Der landschaftspflegerische Begleitplan nach § 8 Abs. 4 Bundesnaturschutzgesetz, DVBl. 1986, S. 75 – 82.

Landschaftsplanung und Bauleitplanung, Erfahrungen und Perspektiven, Referatesammlung zum 155. Kurs des Instituts für Städtebau Berlin, Berlin 1982.

Landschaftsplanung – Erfahrungen mit dem neuen Naturschutzrecht, Schriftenreihe des Deutschen Rates für Landespflege H. 45, Bonn 1984.

Lassen, Diethard: Unzerschnittene verkehrsarme Räume in der Bundesrepublik Deutschland, Natur und Landschaft 1979, S. 333 – 334.

— Unzerschnittene verkehrsarme Räume über 100 km^2 Flächengröße in der Bundesrepublik Deutschland, Natur und Landschaft 1987, S. 532 – 535.

Leidig, Guido: Raumplanung als Umweltschutz, Frankfurt 1983.

Lendi, Martin: Negativ- und Positivplanung im Wechselspiel, UPR 1982, S. 73 – 82.

Lersner, Heinrich von: Das dritte Medium, Der Schutz des Bodens als umweltpolitische Aufgabe, NuR 1982, S. 201 – 205.

Mader, Hans-Joachim: Der Konflikt Straße – Tierwelt aus ökologischer Sicht, Schriftenreihe für Landschaftspflege und Naturschutz H. 22, Bonn-Bad Godesberg 1981.

Marx, Detlev: Zur Konzeption ausgeglichener Funktionsräume als Grundlage einer Regionalpolitik des mittleren Weges, in: Ausgeglichene Funktionsräume, Veröffentlichungen der Akademie für Raumforschung und Landesplanung, Forschungs- und Sitzungsberichte, Bd. 94, Hannover 1975, S. 1 – 18.

Miess, B.: Die Integration von Landschaftsplanung und Bauleitplanung in Rheinland-Pfalz und Baden-Württemberg – aus der Sicht des freien Planers, in: Landschaftsplanung und Bauleitplanung, Erfahrungen und Perspektiven, Referatesammlung zum 155. Kurs des Instituts für Städtebau Berlin, herausgegeben vom Institut für Städtebau Berlin der Deutschen Akademie für Städtebau und Landesplanung, Berlin 1982, S. 208 – 241.

Mitschang, Stephan: Die Belange von Natur und Landschaft in der kommunalen Bauleitplanung, Berlin 1993.

Mitscherlich, Alexander: Die Unwirtlichkeit unserer Städte, Anstiftung zum Unfrieden, Frankfurt 1965.

Moewes, Franz: Zur Geschichte der Naturdenkmalpflege, in: *Schoenichen*, Walther (Hrsg.), Wege zum Naturschutz, Breslau 1926, S. 28 – 71.

Mrass, Walter: Fachliche Anforderungen an die querschnittsorientierten Inhalte eines Landschaftsplans, Natur und Landschaft 1984, S. 555 – 558.

— Fachliche Anforderungen an die querschnittsorientierten Inhalte eines Landschaftsplans, in: Bund Deutscher Landschaftsarchitekten (Hrsg.): Der Landschaftsplan nach den Naturschutzgesetzen, Bonn 1983, S. 20 – 34.

— Landschaftsplanung: Die interne Situation und die Integration in Raum- und Fachplanung, in: Arbeitsgemeinschaft beruflicher und ehrenamtlicher Naturschutz e. V. (Hrsg.), 10 Jahre Bundesnaturschutzgesetz, Erfahrungen und Erfordernisse, Jahrbuch für Naturschutz und Landschaftspflege, Bd. 39, Bonn 1987, S. 64 – 72.

Mrass, Walter/*Winkelbrandt*, Arnd: Gedanken zum Auftrag und zur Stellung des Landschaftsrahmenplanes, Natur und Landschaft 1984, S. 292 – 293.

Mutius, Albert von: Grundstrukturen und Reformkonzepte im Naturschutz- und Landschaftspflegerecht, in: Naturschutz- und Landschaftspflegerecht im Wandel, 8. Trierer Kolloquium zum Umwelt- und Technikrecht vom 23. bis 25. September 1992, Heidelberg 1992, S. 29 – 55.

Nowak, Eugeniusz: "Rote Liste" der in der Bundesrepublik Deutschland gefährdeten Tiere, in: *Olschowy*, Gerhard (Hrsg.), Natur- und Umweltschutz in der Bundesrepublik Deutschland, Hamburg 1978, S. 320 – 329.

Oberndorfer, Peter: Strukturprobleme des Raumordnungsrechts, Die Verwaltung 1972, S. 257 – 272.

Olschowy, Gerhard: Landschaftsplanung – Methodik und Anwendung, in: *Olschowy*, Gerhard (Hrsg.), Natur- und Umweltschutz in der Bundesrepublik Deutschland, Hamburg 1978, S. 818 – 827.

Paetow, Stefan: Die gerichtliche Überprüfbarkeit der Entscheidung über die Zulassung von Eingriffen in Natur und Landschaft, NuR 1986, S. 144 – 148.

Pagenkopf, Hans: Kommunalrecht, Bd. 1, Verfassungsrecht, 2. Aufl., Köln 1975.

Papier, Hans-Jürgen: Die rechtlichen Grenzen der Bauleitplanung, DVBl. 1975, S. 461 – 467.

— Entwurf eines Umweltgesetzbuches, DVBl. 1992, S. 1133 – 1139.

Peine, Franz-Joseph: Die Vereinbarkeit des nordrhein-westfälischen Landschaftsgesetzes mit dem Bundesnaturschutzgesetz in: Deutscher Rat für Landespflege (Hrsg.), Analyse und Fortentwicklung des neuen Naturschutzrechts in der Bundesrepublik Deutschland, Schriftenreihe des Deutschen Rates für Landespflege H. 36, Bonn 1981, S. 481 – 487.

Pfeifer, Marten: Landschaftsplanung und Bauleitplanung, Beiträge zum Siedlungs- u. Wohnungswesen und zur Raumplanung, Bd. 130, Münster 1989.

Pfeifer, Marten/*Wagner*, Jörg: Landschaftsplanung – Gesamtplanung – Fachplanung: Überlegungen zur Novellierung der Vorschriften über die Landschaftsplanung im Bundesnaturschutzgesetz, DVBl. 1989, S. 789 – 798.

Pielow, Ludger: Ist die Eingriffsregelung nach § 8 BNatSchG ein Papiertiger? Anmerkungen zu M. Ronellenfitsch: Rechts- und Verwaltungsaspekte der naturschutzrechtlichen Eingriffsregelung, NuR 1986, 284, NuR 1987, S. 165 – 167.

— Zur Frage der Verbindlichkeit von Landschaftsplänen mit Hilfe der Bauleitplanung, NuR 1986, S. 60 – 66.

Plachter, Harald: Praxisbezogene Anforderungen an Artenschutzprogramme und Möglichkeiten ihrer Verwirklichung, in: Stand und Entwicklung des Artenschutzes, Jahrbuch für Naturschutz und Landschaftspflege, Bd. 34, Bonn 1983, S. 36 – 72.

Pohl, Diethelm: Naturschutzgebiete: Erreichtes und Erfordernisse, in: Arbeitsgemeinschaft beruflicher und ehrenamtlicher Naturschutz e. V. (Hrsg.), 10 Jahre Bundesnaturschutzgesetz, Jahrbuch für Naturschutz und Landschaftspflege, Bd. 39, Bonn 1987, S. 128 – 134.

Ramsauer, Ulrich: Strukturprobleme der Landschaftsplanung, NuR 1993, S. 108 – 117.

Rautenstrauch, Lorenz: Stadtplanung für den verstädterten Raum: Die Flächennutzungsplanung des Umlandverbands Frankfurt, in: Wolf, Klaus/Schymik, Franz/Jurczek, Peter (Hrsg.): Der Verdichtungsraum in Regionalforschung und zukünftiger Raumordnung. Beispiel Rhein-Main-Gebiet, Rhein-Mainische Forschungen 98, Frankfurt 1983, S. 135 – 154.

Rechts- und Verwaltungsaspekte der naturschutzrechtlichen Eingriffsregelung, Laufener Seminarbeiträge 1/85, Akademie für Naturschutz und Landschaftspflege.

Redeker, Konrad: Fragen der Kontrolldichte verwaltungsgerichtlicher Rechtsprechung, DÖV 1971, S. 757 – 762.

Rehbinder, Eckard: Umweltrecht, Rechtsvergleichendes Generalreferat, RabelsZ 1976, S. 363 – 408.

Reichelt, Günter: Landschaftsverbrauch durch Straßenbau, Natur und Landschaft 1979, S. 335 – 338.

Reissig, Gustav: Gemeindliche Bauleitplanung: Möglichkeiten und Beschränkungen in rechtlicher und tatsächlicher Hinsicht, Schriften zur öffentlichen Verwaltung, Bd. 12, Würzburg 1976.

Richter: Die landesrechtlichen Regelungen über die Landschafts- und Grünordnungsplanung und ihr Verhältnis zur Bauleitplanung in der praktischen Bewährung – Erfahrungen und Probleme – Bericht aus Rheinland Pfalz, in: Aktuelle Fach- und Rechtsprobleme der Landschafts- und Grünordnungsplanung und ihres Verhältnisses zur kommunalen Bauleitplanung, Vortragsmanuskripte, herausgegeben von der Universität Kaiserslautern, Kaiserslautern 1986, S. 35 – 37.

Rock, Martin: Theologie der Natur und ihre anthropologisch-ethischen Konsequenzen, in: *Birnbacher*, Dieter (Hrsg.), Ökologie und Ethik, 2. Aufl., Stuttgart 1986, S. 72 – 102.

Ronellenfitsch, Michael: Einführung in das Planungsrecht, Darmstadt 1986.

— Rechts- und Verwaltungsaspekte der naturschutzrechtlichen Eingriffsregelungen, NuR 1986, S. 284 – 290.

Roters, Wolfgang: Kommunale Mitwirkung an höherstufigen Entscheidungsprozessen. Zur künftigen Rolle der kommunalen Selbstverwaltung der Bundesrepublik Deutschland, Kommunalwissenschaftliche Schriften des Deutschen Landkreistages, Bd. 3, Köln 1975.

Rudischhauser, Klaus: Das raumplanerische Instrument großräumiger ökologischer Vorranggebiete. Eine kritische Bestandsaufnahme, Diplomarbeit TU München, Studienrichtung Landespflege, 1981.

Rückwardt, Bernd: Koordination des Verwaltungshandelns – Grundlagen der Koordination. Koordinationsbedarf, Instrumente der Koordination, Anwendungsbeispiele, Schriftenreihe der Hochschule Speyer, Bd. 72, Berlin 1978.

Runkel, Peter: Das Verhältnis der naturschutzrechtlichen Eingriffsregelung zum Baurecht nach dem Investitionserleichterungs- und Wohnbaulandgesetz, UPR 1993, S. 203 – 209.

— Naturschutz- und Landschaftspflegerecht bei der Bauleitplanung, DVBl. 1992, S. 1402 – 1408.

Salzwedel, Jürgen: Staatliche Genehmigungsvorbehalte gegenüber der Selbstverwaltung, AfK 1962, S. 203 – 220.

— Staatsaufsicht in der Verwaltung, in: VVDStRL 22, Berlin 1965, S. 206 – 263.

— 10 Jahre Bundesnaturschutzgesetz: Rückblick und Ausblick, in: 10 Jahre Bundesnaturschutzgesetz, Erfahrungen und Erfordernisse, Jahrbuch für Naturschutz und Landschaftspflege, Bd. 39, Bonn 1987, S. 10 – 17.

Scharell, Uwe: Erfahrungen mit der Landschaftsplanung aus rechtlich administrativer Sicht (zu Schleswig-Holstein), in: Landschaftsplanung – Erfahrungen mit dem neuen Naturschutzrecht, Schriftenreihe des Deutschen Rates für Landespflege, H. 45, Bonn 1984, S. 470 – 472.

Scharmer, Eckart: Rechtlicher Rahmen für die Realisierung der Landschaftsplanung, in: Integration der Landschaftsplanung in die Raumplanung, Veröffentlichungen der

Akademie für Raumforschung und Landesplanung, Forschungs- und Sitzungsberichte, Bd. 180, Hannover 1988, S. 195 – 211.

Scharpf, Fritz W.: Komplexität als Schranke politischer Planung, in: Gesellschaftlicher Wandel und politische Innovation, PVS-Sonderheft 4/1972, S. 168 – 192.

— Politische Bedingungen der Wirksamkeit raumordnerischer Steuerungsinstrumente, in: Standort und Stellenwert der Raumordnung, Veröffentlichungen der Akademie für Raumforschung und Landesplanung, Forschungs- und Sitzungsberichte, Bd. 119, Hannover 1977, S. 25 – 28.

Scharpf, Helmut: Die Belastungsproblematik im Rahmen der Freizeitplanung, in: *Buchwald*, Konrad/*Engelhardt*, Wolfgang (Hrsg.), Handbuch für Planung, Gestaltung und Schutz der Umwelt, Bd. 3, München 1980, S. 345 – 359.

Schemel, Hans-Joachim: Zur Theorie der differenzierten Bodennutzung: Probleme und Möglichkeiten einer ökologisch fundierten Raumordnung, Landschaft + Stadt 1976, S. 159 – 166.

Schink, Alexander: Naturschutz- und Landschaftspflegerecht Nordrhein-Westfalen, Schriftenreihe des Freiherr-vom-Stein-Instituts des Landkreistages Nordrhein-Westfalen an der Universität Münster, Bd. 12, Köln 1989.

Schlarmann, Hans/*Erbguth*, Wilfried: Zur Durchsetzung von Umweltbelangen im Bereich der räumlichen Planung, Eine Untersuchung zum rechtlichen und administrativen Instrumentarium, Beiträge zum Siedlungs- und Wohnungswesen und zur Raumplanung, Bd. 76, Münster 1982.

Schlez, Georg: Baugesetzbuch, Kommentar, 3. Aufl., Wiesbaden 1987.

Schlichter, Otto/*Stich*, Rudolf: Berliner Kommentar zum Baugesetz, Kommentar, Köln 1988.

Schmidt, Albert: Der ökologische Fachbeitrag der Landesanstalt für Ökologie, Landschaftsentwicklung und Forstplanung zum Gebietsentwicklungsplan (GEP) Düsseldorf, in: Verwirklichung der Landschaftsplanung in der Regional- und Kommunalplanung, Veröffentlichungen der Akademie für Raumforschung und Landesplanung, Beiträge, Bd. 80, Hannover 1984, S. 165 – 175.

— Fallbeispiel Nordrhein-Westfalen, in: Integration der Landschaftsplanung in die Raumplanung, Veröffentlichungen der Akademie für Raumforschung und Landesplanung. Forschungs- und Sitzungsberichte, Bd. 180, Hannover 1988, S. 111 – 133.

Schmidt, Albert/*Rembierz*, Wolfgang: Überlegungen zu ökologischen Eckwerten und ökologisch orientierten räumlichen Leitzielen der Landes- und Regionalplanung, in: Wechselseitige Beeinflussung von Umweltvorsorge und Raumordnung, Veröffentlichungen der Akademie für Raumforschung und Landesplanung, Forschungs- und Sitzungsberichte, Bd. 165, Hannover 1987, S. 239 – 290.

Schmidt-Aßmann, Eberhard: Der Umweltschutz im Spannungsfeld zwischen Staat und Selbstverwaltung, NVwZ 1987, S. 265 – 275.

— Die Grundsätze des Naturschutzes und der Landschaftspflege, Ihre Bedeutung nach § 2 BNatSchG und nach den sogenannten Naturschutzklauseln in Fachgesetzen, NuR 1979, S. 1 – 9.

— Fortentwicklung des Rechts im Grenzbereich zwischen Raumordnung und Städtebau, Schriftenreihe "Städtebauliche Forschung" des BMBau 03.055, Bonn 1977.

— Grundfragen des Städtebaurechts, Göttingen 1972.

— Grundsätze der Bauleitplanung – Zur administrativen Funktion des neugefaßten § 1 Abs. 1, 6 und 7 BBauG –, BauR 1978, S. 99 – 108.

— Rechtsstaatliche Anforderungen an Regionalpläne, DÖV 1981, S. 237 – 246.

— Struktur und Gestaltungselemente eines Umweltplanungsrechts, DÖV 1990, S. 169 – 179.

— Thesenpapier im Arbeitskreis A der Tagung der Gesellschaft für Umweltrecht 1986, Ms. 1986.

— Umweltleitplanung, in: *Koch*, Hans-Joachim (Hrsg.): Auf dem Weg zum Umweltgesetzbuch, Forum Umweltrecht: Schriftenreihe der Forschungsstelle Umweltrecht der Universität Hamburg, Bd. 7, Baden-Baden 1992, S. 33 – 45.

— Umweltschutz in der Raumplanung, DÖV 1979, S. 1 – 8.

— Umweltschutz im Recht der Raumplanung, in: *Salzwedel* (Hrsg.): Grundzüge des Umweltrechts, Berlin 1982, S. 117 – 170.

Schmidt-Jortzig, Edzard: Kommunalrecht, Stuttgart 1982.

Schnitzler, Naturschutz und Gesetz, in: *Schoenichen*, Walther (Hrsg.), Wege zum Naturschutz, Breslau 1926, S. 9 – 27.

Schoenichen, Walther: Bemerkungen über Organisation und Aufgaben der Naturdenkmalpflege, in: *ders.* (Hrsg.), Wege zum Naturschutz, Breslau 1926, S. 120 – 136.

Scholich, Dietmar/*Winkelbrandt*, Arnd: Zum Stand der Diskussion über Erfolgskontrollen in der Landschafts- und Raumplanung, in: Integration der Landschaftsplanung in die Raumplanung, Veröffentlichungen der Akademie für Raumforschung und Landesplanung, Forschungs- und Sitzungsberichte, Bd. 180, Hannover 1988, S. 25 – 39.

Schomerus, Thomas: Defizite im Naturschutz, Diss. Jur., Göttingen 1987.

Schröder, Meinhard: Die richterliche Kontrolle des Planungsermessens, DÖV 1975, S. 308 – 312.

Schroeter, Hans-Wolfgang: Die Bedeutung des Bundesnaturschutzgesetzes für die fernstraßenrechtliche Planung, DVBl. 1979, S. 14 – 21.

Schultze, Werner: Bundesfernstraßenbau und Verpflichtung des Bundes zu Kompensationsmaßnahmen nach dem Naturschutz- und Forstrecht der Länder, dargestellt am Beispiel des Hessischen Naturschutzgesetzes und des Hessischen Landesforstgesetzes, Teil 1: NuR 1986, S. 106 – 115; Teil 2: NuR 1986, S. 161 – 167.

Schulzke, Henning: Erfahrungen mit der Landschaftsplanung aus rechtlich-administrativer Sicht, Landesbericht zu Nordrhein-Westfalen in: Landschaftsplanung – Erfahrungen mit dem neuen Naturschutzrecht, Schriftenreihe des Deutschen Rates für Landespflege H. 45, Bonn 1984, S. 482 – 485.

Schwarze, Jürgen: Administrative Leistungsfähigkeit als verwaltungsrechtliches Problem, DÖV 1980, S. 581 – 594.

Seele, Günter: Die Aufsichtsfunktion in der Kreisverwaltung, in: Verein für die Geschichte der Deutschen Landkreise e. V. (Hrsg.), Der Kreis, Bd. 2, Köln 1976, S. 215 – 251.

Sendler, Horst: Brauchen wir ein Umweltgesetzbuch (UGB)? Wenn ja: Wie sollte es aussehen?, DVBl. 1992, S. 1113 – 1122.

— Zum Schlagwort von der Konfliktbewältigung im Planungsrecht, WiVerw. 1985, S. 211 – 234.

Soell, Hermann: Kritische Gesamtwürdigung des Bundesnaturschutzgesetzes und der Ländernaturschutzgesetze, in: Deutscher Rat für Landespflege (Hrsg.), Analyse und Fortentwicklung des neuen Naturschutzrechts in der Bundesrepublik Deutschland, Schriftenreihe des Deutschen Rates für Landespflege, H. 36, Bonn 1981, S. 555 – 560.

— Naturschutz- und Landschaftspflegerecht, in: *Salzwedel*, Jürgen (Hrsg.), Grundzüge des Umweltrechts, Beiträge zur Umweltgestaltung A 80, Berlin 1982, S. 481 – 568.

— Neuere Entwicklungen des Naturschutz- und Landschaftspflegerechtes in der Bundesrepublik Deutschland, NuR 1980, S. 1 – 11.

— Schutzgebiete in Naturschutz- und Landschaftspflegerecht, in: Naturschutz- und Landschaftspflegerecht im Wandel, 8. Trierer Kolloquium zum Umwelt- und Technikrecht vom 23. bis 25. September 1992, Heidelberg 1992, S. 133 – 181.

Sollmann, Achim: Inhalte des sektoralen Fachbeitrags freiraumbezogene Erholung, in: Bund Deutscher Landschaftsarchitekten (Hrsg.): Der Landschaftsplan nach den Naturschutzgesetzen, Bonn 1983, S. 72 – 75.

Spaemann, Robert: Technische Eingriffe in die Natur als Problem der politischen Ethik, in: *Birnbacher*, Dieter (Hrsg.), Ökologie und Ethik, 2. Aufl., Stuttgart 1986, S. 180 – 206.

Städtisches Grün in Geschichte und Gegenwart, Veröffentlichungen der Akademie für Raumforschung und Landesplanung, Forschungs- und Sitzungsberichte, Bd. 101, Hannover 1975.

Steiger, Heinhard: Die rechtliche Bedeutung der Ziele und Grundsätze des Bundesnaturschutzgesetzes und der Ländernaturschutzgesetze, in: Deutscher Rat für Landespflege (Hrsg.), Analyse und Fortentwicklung des neuen Naturschutzrechts in der Bundesrepublik Deutschland, Schriftenreihe des Deutschen Rates für Landespflege H. 36, Bonn 1981, S. 470 – 474.

— Umweltschutz durch planende Gestaltung, Grundfragen des verwaltungsrechtlichen Umweltschutzes, ZRP 1971, S. 133 – 139.

Stein, Erwin: Die neue Situation im Naturschutzrecht im Bund und in den Ländern, in: Die neue Rechtsentwicklung im Naturschutz und Probleme der Landschaftsplanung, Jahrbuch für Naturschutz und Landschaftspflege, Bd. 25, Bonn-Bad Godesberg 1976, S. 21 – 30.

Stelkens/Pagenkopf: Rechtliche Bindung und gerichtliche Kontrolle planender Verwaltung im Bereich des Bodenrechts, DVBl. 1977, S. 668 – 672.

Stich, Rudolf: Die Bedeutung der Landschafts- und Grünordnungsplanung bei der Bereitstellung von Bauland für Gewerbe- und Industriezwecke, WiVerw. 1992, S. 145 – 174.

— Die Rechtsbeziehungen zwischen örtlicher Landschaftsplanung und Bauleitplanung, UPR 1983, S. 177 – 186.

— Die Rechtsverbindlichkeit der Landschaftsplanung in den Landesnaturschutzgesetzen, das Verhältnis der Landschafts- und Raumplanung zur Fachplanung nach diesen Gesetzen und die Integration der Landschaftsplanung in die Bauleitplanung – Ein Problemabriß, in: Analyse und Fortentwicklung des neuen Naturschutzrechts in der Bundesrepublik Deutschland, Schriftenreihe des Deutschen Rates für Landespflege H. 36, Bonn 1981, S. 502 – 505.

— Landschafts- und Grünordnungsplanung in Siedlungs- und Außenbereichen, in: Die neue Rechtsentwicklung im Naturschutz und Probleme der Landschaftsplanung, Jahrbuch für Naturschutz und Landschaftspflege, Bd. 25, Bonn – Bad Godesberg 1976, S. 58 – 77.

— Rechtsprobleme des Verhältnisses der kommunalen Bauleitplanung zur örtlichen Landschaftsplanung, Teil 1, ZfBR 1986, S. 61 – 64, Teil 2, ZfBR 1986, S. 111 – 114.

— Verfassungs- und verwaltungsrechtliche Aspekte der Nutzungsbeeinflußung durch überörtliche Planung sowie der Durchsetzbarkeit dahingehender raumplanerischer Festlegungen, insbesondere im Hinblick auf die raumbezogenen Forderungen des Umweltschutzes – Ein Problemabriß –, in: Aktuelle Probleme der Landesplanung Baden-Württemberg, Landesentwicklungsplan, Nahbereichsmodelle, Freiräume, Umweltschutz, Veröffentlichungen der Akademie für Raumforschung und Landesplanung, Beiträge, Bd. 52, Hannover 1983, S. 28 – 39.

Stich, Rudolf/*Porger*, Karl-Wilhelm: Immissionsschutzrecht des Bundes und der Länder, Bd. 1, Stuttgart 14. Lfg. April 1993.

Stich, Rudolf/*Porger*, Karl-Wilhelm/*Steinebach*, Gerhard: Örtliche Landschaftsplanung und kommunale Bauleitplanung: Rechts- und Fachgrundlagen – Planungs- und Verwaltungspraxis – Regelungsvorschläge, Beiträge zur Umweltgestaltung, Bd. A 100, Berlin 1986.

Sträter, Detlev: Die Planungskonzeption der großräumigen Vorrangfunktionen. Instrumente und politisch-administrative Durchsetzungsmöglichkeiten einer agglomerationsorientierten Raumordnungsstrategie, München 1983.

Suderow, Wolfgang: Das Verhältnis der Fachplanungen zur Raumordnung und Landesplanung, Beiträge zum Siedlungs- und Wohnungswesen und zur Raumplanung, Bd. 36, Münster 1976.

Sukopp, Herbert: Veränderungen von Flora und Vegetation durch den Menschen, in: *Olschowy*, Gerhard (Hrsg.), Natur- und Umweltschutz in der Bundesrepublik Deutschland, Hamburg 1978, S. 251 – 259.

Sukopp, Herbert/*Trautmann*, Werner/*Korneck*, Dieter: Auswertung der Roten Listen gefährdeter Farn- und Blütenpflanzen in der Bundesrepublik Deutschland für den Arten und Biotopschutz, Schriftenreihe für Vegetationskunde H. 12, Bonn – Bad Godesberg 1978.

Tesdorpf, Jürgen C.: Landschaftsverbrauch. Begriffsbestimmung, Ursachenanalyse und Vorschläge zur Eindämmung. Dargestellt am Beispiel Baden-Württembergs, Berlin 1984.

TRENT – Team Regionale Entwicklungsplanung, Forschungsgruppe an der Universität Dortmund: Typologische Untersuchungen zur rationellen Vorbereitung umfassender Landschaftsplanungen, Ms. Dortmund/Hannover 1973.

Umweltplanungen und ihre Weiterentwicklung, Veröffentlichungen der Akademie für Raumforschung und Landesplanung, Beiträge, Bd. 73, Hannover 1983.

Umweltprogramm der Bundesregierung 1971, BT/Drs. 6/2710, S. 8.

Umweltverträglichkeitsprüfung für raumbezogene Planungen und Vorhaben – Verfahren, methodische Ausgestaltung und Forderungen –, Stellungnahme des Arbeitskreises "Umweltverträglichkeitsprüfung" des Beirats für Naturschutz und Landschaftspflege beim Bundesminister für Ernährung, Landwirtschaft und Forsten, Schriftenreihe des Bundesministers für Ernährung, Landwirtschaft und Forsten, Reihe A: Angewandte Wissenschaft, H. 313, Münster-Hiltrup 1985.

Valentin, Donata: Verwirklichung der Landschaftsplanung in der Kommune, in: Verwirklichung der Landschaftsplanung in der Regional- und Kommunalplanung, Veröffentlichungen der Akademie für Raumforschung und Landesplanung, Beiträge, Bd. 80, Hannover 1984, S. 89 – 101.

Wagener, Frido: System einer integrierten Entwicklungsplanung im Bund, in den Ländern und in den Gemeinden, in: Politikverflechtung zwischen Bund, Ländern und Gemeinden, Schriftenreihe der Hochschule Speyer, Bd. 55, Berlin 1975, S. 129 – 165.

Wahl, Rainer: Aktuelle Probleme im Verhältnis der Landesplanung zu den Gemeinden, Steuerung der Siedlungsentwicklungen und Standortplanungen, DÖV 1981, S. 597 – 606.

— Durchsetzung ökologischer Vorrangbereiche gegenüber konkurrierenden Nutzungen, in: Ökologische Vorrangbereiche, Arbeitsmaterial der Akademie für Raumforschung und Landesplanung, Bd. 54, Hannover 1981, S. 55 – 82.

— Rechtliche Wirkungen landesplanerischer Festlegungen gegenüber gemeindlichen Planungen und Fachplanungen, in: Verwirklichung von Umweltschutz durch Raumordnung und Landesplanung und Rechtliche Wirkungen landesplanerischer Festlegungen gegenüber gemeindlichen Planungen und Fachplanungen, Veröffentlichungen der Akademie für Raumforschung und Landesplanung, Arbeitsmaterial Nr. 90, Hannover 1984, S. 47 – 83.

— Rechtsfragen der Landesplanung und Landesentwicklung, Bd. 1, Das Planungssystem der Landesplanung, Grundlagen und Grundlinien, Schriften zum öffentlichen Recht, Bd. 341, Berlin 1978.

— Rechtsfragen der Landesplanung und Landesentwicklung, Bd. 2, Die Konzepte zur Siedlungsstruktur in den Planungssystemen der Länder, Schriften zum öffentlichen Recht, Bd. 341, Berlin 1978.

— Zur Integration der Umweltplanungen in die raumordnerische Planung, in: Umweltplanungen und ihre Weiterentwicklung, Veröffentlichungen der Akademie für Raumforschung und Landesplanung, Beiträge, Bd. 73, Hannover 1983, S. 43 – 67.

Weber, Werner: Das Recht der Landschaft, in: Beiträge zum Recht der Wasserwirtschaft und zum Energierecht, Festschrift für Paul Gieseke, Karlsruhe 1958, S. 95 – 113.

— Staats- und Selbstverwaltung in der Gegenwart, 2. Aufl., Göttingen 1967.

Weidemann, Clemens: Die Staatsaufsicht im Städtebaurecht als Instrument zur Durchsetzung der Raumordnung und Landesplanung, Beiträge zum Siedlungs- und Wohnungswesen und zur Raumplanung, Bd. 79, Münster 1982.

Weimar, Robert/*Leidig*, Guido: Die Umweltvorsorge im Rahmen der Landesplanung Nordrhein-Westfalen, Frankfurt 1983.

Werkmeister, Hans-Friederich: Erfahrung mit der Landschaftsplanung aus Sicht der Praxis, Landesbericht zu Niedersachsen, in: Landschaftsplanung – Erfahrungen mit dem neuen Naturschutzrecht, Schriftenreihe des Deutschen Rates für Landespflege, H. 45, Bonn 1984, S. 479 – 481.

Weyreuther, Felix: Die Bedeutung des Eigentums als abwägungserheblicher Belang bei der Planfeststellung nach dem Bundesfernstraßengesetz, DÖV 1977, S. 419 – 426.

— Rechtliche Bindung und gerichtliche Kontrolle planender Verwaltung im Bereich des Bodenrechts, BauR 1977, S. 293 – 309.

— Über die Erforderlichkeit von Bebauungsplänen, DVBl. 1981, S. 369 – 373.

— Umweltschutz und öffentliche Planung, UPR 1981, S. 33 – 41.

Widera, Bernd: Zur verfassungsrechtlichen Gewährleistung gemeindlicher Planungshoheit, Schriften zum öffentlichen Recht, Bd. 489, Berlin 1985.

Wiederhold, Ludwig: Fallbeispiel Baden-Württemberg, in: Integration der Landschaftsplanung in die Raumplanung, Veröffentlichungen der Akademie für Raumforschung und Landesplanung, Forschungs- und Sitzungsberichte, Bd. 180, Hannover 1988, S. 41 – 50.

Wöbse, Hans Hermann: Erlebniswirksamkeit der Landschaft und Flurbereinigung – Untersuchungen zur Landschaftsästhethik, Landschaft + Stadt 1984, S. 33 – 54.

Wolff, Hans J./*Bachof*, Otto: Verwaltungsrecht, Bd. 2, Organisations- und Dienstrecht, 4. Aufl., München 1976.

Wollmann, Helmut: Vorwort, in: *Konukiewitz*, Manfred: Die Implemantation räumlicher Politik: eine empirische Untersuchung zur Koordination des Vollzugs raumwirksamer Maßnahmeprogramme, Schriften des Zentralinstituts für sozialwissenschaftliche Forschung der Freien Universität Berlin, Bd. 46, Opladen 1985.

10 Jahre Bundesnaturschutzgesetz, Erfahrungen und Erfordernisse, herausgegeben von der Arbeitsgemeinschaft beruflicher und ehrenamtlicher Naturschutz e. V., Jahrbuch für Naturschutz und Landschaftspflege, Bd. 39, Bonn 1987.

Stichwortverzeichnis

Kolibri 360 GmbH
Ferdinand-Jühlke-Straße 7
99095 Erfurt, Deutschland
produktsicherheit@kolibri360.de

Druck:
CPI Druckdienstleistungen GmbH
im Auftrag der
Kolibri 360 GmbH
Ferdinand-Jühlke-Str. 7
99095 Erfurt